精髓陰陽絕學

陰陽學著作人劉訓昇大師
誓授門生　游　景著

育林出版社印行

徽不有神至扣聲
逢則自信悟誠襲易
則可久自安有頌可
低則不有神至知
高自悟逢徽
明逢徽誠襲

君臨道德合以陰
聖卦德參化陰
野推解究紀
祖人命天絕
煉色運地倫

序言

　　此次編纂「精髓陰陽學」乃將恩師劉訓昇先生畢生精髓公佈於世，讓後學者更了解天文地理學之奧義妙訣，而不是蒙著神祕的面紗，或無從摸索的學術。

　　易經學術包羅萬象：有天文哲學、地理哲學、生物哲學、物理哲學、博物哲學、數學哲學、人生哲學、政治哲學、日常生活哲學。大凡哲學是統計學，地理陰陽宅絕不可不用統計之法則來統計吉凶，陰陽宅興衰生死全靠統計之數字結果論其吉凶。

　　恩師所學乃家傳絕學，恩師因從軍而履遍中國大江南北，印證古帝陵墓及皇都併前賢居處之實例數千例，細心整理出陰陽宅之奧祕並公佈於世。恩師懼此絕學有失傳之虞，趕在 1966 年三月出版陰陽學初版，1974 年再版，1978 年三版，此絕學斷驗如神。

　　恩師因大陸淪陷，於 1949 年四月三十日隨國民政府來台，並定居於台北市，居台期間惦念家親，特請香港友人打聽親人安危，經友人多年探訪得知家人安康，隨後於 1985 年五月八日透過管道將師母黃建吾女士接回台灣居住，恩師及師母來台後日夜思念兒孫，適逢政府當

局大陸政策開放，夫婦倆協商後於 1988 年四月十二日回浙江省臨安縣府前路，師母家鄉定居並同享三代同堂之樂。閒暇之時仍不斷精研易經奧祕，以流傳後學者，此種精神令人欽佩也。

筆者有幸初次接觸陰陽學，乃於 1980 年因工作傷及腰椎，並有如癱瘓，四處求醫竟毫無起色，隔壁老李見狀便介紹朱姓地理師查看陽宅，朱老師改造陽宅後約一個多月，病情竟然不藥而癒，當時我心中仍存疑惑，陸續介紹一百多位親朋好友請朱老師改善風水後，結果成效良好。其中一對余姓夫婦婚後多年連生七女，經朱洋正老師改陽宅後竟喜獲一男，此後筆者便對陰陽學產生濃厚之興趣，經師兄朱洋正老師引薦後，有幸拜劉訓昇老師為師。此後即展開一段學易之路。

1988 年恩師回大陸後，台灣鞋廠陸續前往大陸投資，筆者隨廠商前往大陸裝機，抽空與恩師再深研陰陽學，恩師並將畢生精髓傳授，經筆者多年研究整理，現今出書公佈於世，與青年同好共享之，敬請各界賢達先進不吝指教。

　　　　　西元二〇〇六年歲次丙戌　游景序於中壢市

目錄

序言	…………………………………………	5
第一節	易學致用須知 …………………………	23
第二節	風水學之發源 …………………………	25
第三節	太陽行星與人事關係 …………………	27
第四節	月球滿月與人事關係 …………………	30
第五節	風水陰陽學與人事吉凶 ………………	32
第六節	河圖洛書八卦干支 ……………………	34
第七節	河圖 ……………………………………	37
第八節	洛書 ……………………………………	38
第九節	伏羲先天八卦 …………………………	39
第十節	先天八卦乾卦初卦 ……………………	41
	先天八卦坤卦初卦 ……………………	42
	先天八卦震卦初卦 ……………………	43
	先天八卦巽卦初卦 ……………………	44
	先天八卦坎卦初卦 ……………………	45
	先天八卦離卦初卦 ……………………	46
	先天八卦艮卦初卦 ……………………	47
	先天八卦兌卦初卦 ……………………	48

先天八卦玉卦初卦 ················· 49
第十一節　伏羲先天八卦本圖 ················· 50
第十二節　文王戰略八卦一十八式 ················· 51
　　　　　文王八卦第一式 ················· 52
　　　　　文王八卦第二式 ················· 53
　　　　　文王八卦第三式 ················· 54
　　　　　文王八卦第四式 ················· 55
　　　　　文王八卦第五式 ················· 56
　　　　　文王八卦第六式 ················· 57
　　　　　文王八卦第七式 ················· 58
　　　　　文王八卦第八式 ················· 59
　　　　　文王八卦第九式 ················· 60
　　　　　文王八卦第十式 ················· 61
　　　　　文王八卦第十一式 ················· 62
　　　　　文王八卦第十二式 ················· 63
　　　　　文王八卦第十三式 ················· 64
　　　　　文王八卦第十四式 ················· 65
　　　　　文王八卦第十五式 ················· 66
　　　　　文王八卦第十六式 ················· 67
　　　　　文王八卦第十七式 ················· 68
　　　　　文王八卦第十八式 ················· 69
第十三節　年紫白掌訣 ················· 70

第十四節	飛星順逆推紫白掌	71
第十五節	天地人卦生死辨	72
第十六節	男女命宮推算法及表	74
第十七節	文昌位、財位、貴人位	76
第十八節	命宮生尅生死辨	78
	運星宮命對照圖	81
	一運宮命對照圖	81
	二運宮命對照圖	82
	三運宮命對照圖	83
	四運宮命對照圖	84
	五運宮命對照圖	85
	六運宮命對照圖	86
	七運宮命對照圖	87
	八運宮命對照圖	88
	九運宮命對照圖	89
第十九節	九星召吉應驗事項	90
第二十節	九星召凶應驗事項	92
第二十一節	山向吉凶對照圖	104
	對照 1 一運壬山丙向	104
	對照 2 一運子癸山午丁向	108
	對照 3 一運丑山未向	110

對照 4　一運艮(寅)山坤(申)向…………… 112

對照 5　一運甲山庚向…………… 114

對照 6　一運卯(乙)山酉(辛)向…………… 116

對照 7　一運辰山戌向…………… 118

對照 8　一運巽(巳)山乾(亥)向…………… 120

對照 9　一運丙山壬向…………… 122

對照 10　一運午(丁)山子(癸)向…………… 124

對照 11　一運未山丑向…………… 126

對照 12　一運坤(申)山艮(寅)向…………… 128

對照 13　一運庚山甲向…………… 130

對照 14　一運酉(辛)山卯(乙)向…………… 132

對照 15　一運戌山辰向…………… 134

對照 16　一運乾(亥)山巽(巳)向…………… 136

對照 17　二運壬山丙向…………… 138

對照 18　二運子(癸)山午(丁)向…………… 140

對照 19	二運丑山未向	142
對照 20	二運艮寅山坤申向	144
對照 21	二運甲山庚向	146
對照 22	二運卯乙山酉辛向	148
對照 23	二運辰山戌向	150
對照 24	二運巽巳山乾亥向	152
對照 25	二運丙山壬向	154
對照 26	二運午丁山子癸向	156
對照 27	二運未山丑向	158
對照 28	二運坤申山艮寅向	160
對照 29	二運庚山甲向	162
對照 30	二運酉辛山卯乙向	164
對照 31	二運戌山辰向	166
對照 32	二運乾亥山巽巳向	168
對照 33	三運壬山丙向	170

對照 34	三運 子癸山午丁向	172
對照 35	三運 丑山未向	174
對照 36	三運 艮寅山坤申向	176
對照 37	三運 甲山庚向	178
對照 38	三運 卯乙山酉辛向	180
對照 39	三運 辰山戌向	182
對照 40	三運 巽巳山乾亥向	184
對照 41	三運 丙山壬向	186
對照 42	三運 午丁山子癸向	188
對照 43	三運 未山丑向	190
對照 44	三運 坤申山艮寅向	192
對照 45	三運 庚山甲向	194
對照 46	三運 酉辛山卯乙向	196
對照 47	三運 戌山辰向	198
對照 48	三運 乾亥山巽巳向	200

對照 49	四運壬山丙向	…………	202
對照 50	四運子癸山午丁向	…………	204
對照 51	四運丑山未向	…………	206
對照 52	四運艮寅山坤申向	…………	208
對照 53	四運甲山庚向	…………	210
對照 54	四運卯乙山酉辛向	…………	212
對照 55	四運辰山戌向	…………	214
對照 56	四運巽巳山乾亥向	…………	216
對照 57	四運丙山壬向	…………	218
對照 58	四運午丁山子癸向	…………	220
對照 59	四運未山丑向	…………	222
對照 60	四運坤申山艮寅向	…………	224
對照 61	四運庚山甲向	…………	226
對照 62	四運酉辛山卯乙向	…………	228
對照 63	四運戌山辰向	…………	230

對照 64	四運 乾亥 山 巽巳 向	………………	232
對照 65	五運 壬 山 丙 向	………………	234
對照 66	五運 子癸 山 午丁 向	………………	236
對照 67	五運 丑 山 未 向	………………	238
對照 68	五運 艮寅 山 坤申 向	………………	240
對照 69	五運 甲 山 庚 向	………………	242
對照 70	五運 卯乙 山 酉辛 向	………………	244
對照 71	五運 辰 山 戌 向	………………	246
對照 72	五運 巽巳 山 乾亥 向	………………	248
對照 73	五運 丙 山 壬 向	………………	250
對照 74	五運 午丁 山 子癸 向	………………	252
對照 75	五運 未 山 丑 向	………………	254
對照 76	五運 坤申 山 艮寅 向	………………	256
對照 77	五運 庚 山 甲 向	………………	258
對照 78	五運 酉辛 山 卯乙 向	………………	260

對照 79	五運戌山辰向	262
對照 80	五運乾亥山巽巳向	264
對照 81	六運壬山丙向	266
對照 82	六運子癸山午丁向	268
對照 83	六運丑山未向	270
對照 84	六運艮寅山坤申向	272
對照 85	六運甲山庚向	274
對照 86	六運卯乙山酉辛向	276
對照 87	六運辰山戌向	278
對照 88	六運巽巳山乾亥向	280
對照 89	六運丙山壬向	282
對照 90	六運午丁山子癸向	284
對照 91	六運未山丑向	286
對照 92	六運坤申山艮寅向	288
對照 93	六運庚山甲向	290

對照 94	六運 酉辛山 卯乙向	292
對照 95	六運戌山辰向	294
對照 96	六運 乾亥山 巽巳向	296
對照 97	七運壬山丙向	298
對照 98	七運 子癸山 午丁向	300
對照 99	七運丑山未向	302
對照 100	七運 艮寅山 坤申向	304
對照 101	七運甲山庚向	306
對照 102	七運 卯乙山 酉辛向	308
對照 103	七運辰山戌向	310
對照 104	七運 巽巳山 乾亥向	312
對照 105	七運丙山壬向	314
對照 106	七運 午丁山 子癸向	316
對照 107	七運未山丑向	318
對照 108	七運 坤申山 艮寅向	320

對照 109　七運庚山甲向 ……………… 322

對照 110　七運 酉辛 山 卯乙 向 ……………… 324

對照 111　七運戌山辰向 ……………… 326

對照 112　七運 乾亥 山 巽巳 向 ……………… 328

對照 113　八運壬山丙向 ……………… 330

對照 114　八運 子癸 山 午丁 向 ……………… 332

對照 115　八運丑山未向 ……………… 334

對照 116　八運 艮寅 山 坤申 向 ……………… 336

對照 117　八運甲山庚向 ……………… 338

對照 118　八運 卯乙 山 酉辛 向 ……………… 340

對照 119　八運辰山戌向 ……………… 342

對照 120　八運 巽巳 山 乾亥 向 ……………… 344

對照 121　八運丙山壬向 ……………… 346

對照 122　八運 午丁 山 子癸 向 ……………… 348

對照 123　八運未山丑向 ……………… 350

對照 124	八運 坤申山艮寅向	352
對照 125	八運庚山甲向	354
對照 126	八運 酉辛山卯乙向	356
對照 127	八運戌山辰向	358
對照 128	八運 乾亥山巽巳向	360
對照 129	九運壬山丙向	362
對照 130	九運 子癸山午丁向	364
對照 131	九運丑山未向	366
對照 132	九運 艮寅山坤申向	368
對照 133	九運甲山庚向	370
對照 134	九運 卯乙山酉辛向	372
對照 135	九運辰山戌向	374
對照 136	九運 巽巳山乾亥向	376
對照 137	九運丙山壬向	378
對照 138	九運 午丁山子癸向	380

	對照 139 九運未山丑向	382
	對照 140 九運坤申山艮寅向	384
	對照 141 九運庚山甲向	386
	對照 142 九運酉辛山卯乙向	388
	對照 143 九運戌山辰向	390
	對照 144 九運乾亥山巽巳向	392
第二十二節	四季月令節氣表	394
第二十三節	論葬	395
第二十四節	人生破月鐵掃破骨免忌論	396
第二十五節	改換天心生死辨	399
第二十六節	八曜歌	401
第二十七節	零正催照水	402
第二十八節	論城門水	406
第二十九節	實例 1	410
	實例 2	412
	實例 3	414
	實例 4	418
	實例 5	422
	實例 6	424

實例 7	428
實例 8	430
實例 9	432
實例 10	434
實例 11	436
實例 12	438
實例 13	440
實例 14	442
實例 15	444
實例 16	449
實例 17	451
實例 18	453
實例 19	455
實例 20	458
實例 21	460
實例 22	462
實例 23	464
實例 24	466
實例 25	468
實例 26	469
實例 27	471
實例 28	474

實例 29 ………………………………… 477
實例 30 ………………………………… 480
實例 31 ………………………………… 482
實例 32 ………………………………… 484
實例 33 ………………………………… 486
十辰行星九運二十四山向擇吉優劣比對表 ……… 488

第一節　易學致用須知

　　學易者必須止於眞學之大志。知止而後有定。知止而後能約。所以孔子在易辭中亙在言吉凶。豈無意義呼。國人竟視爲迷信。何冥頑不是之甚也。人類日常生活，顯有猛變。今人只空樂，而忽視住的絕學。不學無知也，有學者還是不知也。人類研究學問，務必注意實用於日常生活方面。

　　易經起源於河圖洛書，河出圖，洛出書，聖人則之。伏羲氏觀天俯地，仰觀天體太陽系十大星辰。觀出天體結構，始作河圖。伏羲氏又觀出本太陽系共有九大行星。始作洛書。依河圖洛書作八卦。先後天八卦以九星之五黃星入中宮統八方爲八卦。五出中宮爲九星、有八卦然後有八十一卦，有洛書然後有文王八卦。河圖爲體。洛書爲用。易經祇有二萬九千一百零七字，其學包羅萬象：有數學哲學，有天文哲學，有地理哲學，有生理哲學，有物理哲學，有博物哲學，有人生哲學，有政治哲學，有日常生活實用科學……一般學者不知河圖洛書八卦爲何物，祇得玄虛空洞之理論，言之無物，故不能實用於日常生活衣食住行育樂。

易經在在講究吉凶，吉凶決定大業之成敗，奚可忽視。中國五術，山醫命卜相中，何以山術為前矛，可見仙人以宅疾同源。人類生死病痛都和住宅有密切關係。凡屬人類不可不信也。

　　筆者深受恩師教導數十年，恩師軍旅北伐、剿匪、抗戰、走遍大江南北數十載，實地求證不計多數，實事求是，悟得陰陽絕學，深知學易如用兵，學易在精不在多。易經深奧，必要真知，方能化用，祇要真知數言，觸類旁通，即可化為有用之實學。誠孔子所說「引而伸之，觸類而長之，天下之能事畢矣。」

第二節　風水學之發源

　　堪輿、風水、陰陽學，發源於易經。專事研究陰陽二宅吉凶是因天、因地、因時、因物、因氣、因人而制宜。天運時運及地理環境確能影響人類性形。如生長於窮山惡水之地者，多呆笨醜陋；如生長於明山秀水之地者，多活潑清秀出人頭地。地理環境確能影響人類先天畸形、啞吧、兔唇、雙目失明等等。絕非由於生理遺傳或藥物導致。地理環境確能影響人類後天殘廢、破碎、死別、添丁、發秀、發財等一切禍福。

　　孔子在易經中謂「八卦定吉凶，吉凶生大業」（實應為吉凶定大業）蓋人如召吉，自然易成大業。若果召凶，生命難保，論何大業。

　　堪輿、風水、陰陽學為一門哲學，實為綜合數學。易學包含星辰、天文、地理、生物、物理、博物等之自然科學，故亦適用於世界，為舉世人類日常生活所必需之一門學問。無論何人，若不注意均可能隨時突遭凶禍。以是推知一般家庭一連串人倫不幸。人生貧富生死別離，絕非無因。人類陰陽宅必受地理環境之影響，此類影響，絕非西方科學家所能了解，唯有中國陰陽學家

一望而知。堪輿師如有眞學，可以校正自然科學之錯誤，可以趨吉避凶造福人群、發展事業、優生子女、醫療宿病、免於殘廢、掌握一家生命安全；國家用之得當，可以優生國民，安定社會，輔佐軍事，指導外交，愼選國都，安定一國政治。

　　惜乎中國古代帝王自私，企圖萬世子孫永襲帝位，唯恐民間精於此學，葬得大地，出生帝王以爭天下，故盡力消滅此學。始作俑者：爲唐玄宗，羅致學者，沒收眞籍。復使一行禪師僞著：銅函經、之後江湖術士又陸續著出：地理五訣、地理四大局、地理大成、地理大全、地理精華、地理玄眞、地理統會不求人、地理心法、地理辨正、地理註解、地理辨解、地理審判、地理正宗、青囊經、青囊序、青囊奧語、天玉經、玉尺經、都天寶照經、三元地理、三合地理、九宮地理、八宅明鏡等等書籍，來搗亂吉凶，以愚百姓。自此以後，僞書集出，致使學者不得其門。江湖術士，更難言中，以故世人目爲迷信。而今人研習此學，是利已潤金，只學死地理，而不研究行星強大電磁波對人體之感應，又無眞學，亂斷人事，江湖術士一派胡言，不識天機，只說福地福人居，天機不可洩漏等句語來搪塞受騙騙人也。

第三節　太陽行星與人事關係

　　本太陽系十大星辰九大行星都是強力電磁場，互有錯綜強力電磁波之感應。九大行星繞著太陽星運轉，九大行星離太陽星次序排為：水王星、金王星、地王星、火王星、木王星、土王星、天王星、海王星、冥王星。

　　水王星及金王星離太陽星太近溫度太高均無生物，木王星、土王星、天王星、海王星、冥王星離太陽星太遠溫度太低亦無生物。地球星離太陽星不遠也不近，溫度適當故有人類及各種生物存在，火王星可能有生物存在。依科學家記載太陽赤道直徑一百三十九萬二千公里，水王星赤道直徑四千八百八十公里，金王星赤道直徑一萬二千一百零四公里，地王星赤道直徑一萬二千七百五十六公里，火王星赤道直徑六千七百九十四公里，木王星赤道直徑十四萬二千九百八十四公里，土王星赤道直徑十二萬零五百三十六公里，天王星赤道直徑五萬一千一百一十八公里，海王星赤道直徑四萬九千五百二十八公里，冥王星赤道直徑二千二百七十四公里。

　　據中國古仙及科學家記載水王星能影響人類神經、腎臟、膀胱等病症。金王星能影響人類腺體炎、脾胃

病、精神病等病症。地王星能影響人類腿足病、肝病等病症。火王星能影響人類精力、目病、色盲等病症。木王星能影響人類黃腫、毒瘡、煙毒等病症。土王星能影響人類頭項病、腦病、肺病等病症。天王星能影響人類口喉病、大腸病等病症。海王星能影響人類指病、臂病、鼻病、脊椎等病症。冥王星能影響人類小腸病、血病、心臟病等病症。

　　九大行星以木星爲最大，影響人類也最大。木王星與次大之土王星每二十年會合一次，所謂會合，指地球視之，土木二星轉至同一宮位。太陽周圍依十二地支之方位分爲十二宮，每宮三十度，土王星每年繞行太陽移轉十二度，二十年共轉二百四十度。木王星每年繞行太陽轉移三十度，二十年共轉一周又二百四十度。故土木二星每二十年會合一次，此種會合，對人類影響更大，常爲人類帶來不幸；人類生性最愛自由，美國是自由世界領導者，美國總統更是美國人民領導者，自一八四〇年以來，每遇土木二星會合時，美國當年在位及新當選之總統，二者必有其一在任內死亡：計一八四〇年庚子年哈利生總統身亡。一八六〇年庚申年林肯總統身亡。一八八〇年庚辰年伽菲爾德總統身亡。一九〇〇年庚子年麥金萊總統身亡。一九二〇年庚申年哈定總統身亡。一九四〇年庚辰年羅斯福總統身亡。一九六〇年庚子年

甘迺迪總統身亡。一九八〇年庚申年雷根總統被刺幸免。

美國科學家上天有術。但要趨吉避凶，卻是難於上天。

第四節　月球滿月與人事關係

　　地球星以南北極為主軸，傾斜二十三又二分之一斜度，繞太陽星公轉，地球星循軌道繞太陽一周為一年，實則為三百六十五日又五小時八分四十六秒，地球自轉一圈為一日，月球繞地球一周為二十九日十二時四十四分三秒。

　　在我們天空的鄰居之中，太陽對人類影響是每日可見也。月球的引力效應，可在海洋潮汐中見到。當地球繞太陽運行時，其他行星會把它引離其正軌。由星體送達我們的光是一種輻射，這種輻射並非人類肉眼都可見著，行星的力量是會影響地球天氣。而天氣與太空之間有明確之關係對於人類宿命又如何呢？

　　日月星辰的位置會使一個人榮、辱、貴、賤、生、死、別、離有關。人體本是一座小電磁場，有如電子裝置，人體電磁場，顯然依照地磁變化情形而波動。在人類身體與日月星辰、行星相關連電磁現象之間，有某種一般性的關係。科學發達的今天，各國研究單位與警察局、消防隊、各大醫院統計，研究人類對月球盈虧之反應，而得到一項重大結論：在滿月期間突發性謀殺、強

姦、暴行、作賊、自殺、縱火等案件發生得最多。

　　農曆每月約十五號為滿月，滿月是太陽星、地球、月球成一直線，尤其滿月前後各五日內，突發性犯罪次數多達整月的百分之八十以上。人類一生中，似乎有許多事是取決於偶然的機會，而日月星辰顯有某種力量對人類造成影響。

第五節　風水陰陽學與人事吉凶

　　地球星上所有動植物之性型，必受地理環境之影響，例如爬蟲類保護色之變化，其最顯著也。人類之性型，有先天畸型，有後天殘疾，一切禍福亦受太陽系行星運轉地球星自轉及地理環境之影響，我們父母所居住之住宅，為何能影響遠離他方之子女？那祖先之骸骨墳墓，又何能影響在世之子孫？本太陽系九大行星均含強大電磁場，互有錯綜強力電磁波之感應，人類身體為一導體也，導體本身能割斷地磁線，人體猶如小電磁場，小電磁場即當生電，有如發電機一樣，人體能生電，生電就能通血氣。父母、配偶、子女及有血緣關係者，其電波亦當相等，當受其電波之感應，人類骸骨即由數千萬種之化學元素所組成，各種元素均含有強力放射性。因子女骸骨所組成之化學元素，與父母骸骨所組成之化學元素最相似，與父母之父母骸骨所組成之化學元素次相似。人體骸骨裡各種元素均有放射性之電波元素相似、電波相等，猶如無線電收發機一樣。波長相等即能接收同步發信。常見有家屬凶亡親人見之七孔流血等等。這種現象都是骨骸組成之化學元素放射性電波感應

第五節　風水陰陽學與人事吉凶

所致。

　　筆者回憶一九八八年八月至廣東省一遊時，剎那間身體不適數分鐘，事後得知在台灣小兒發生車禍，時間分秒不差。

　　一九九三年筆者友人邱先生於服役期間其父親在自家工廠喝農藥自殺，雖經急救一星期仍回天乏術，邱先生自父親喝農藥自殺同時間，身體剎那間出現不適，尤其喉嚨有灼熱現象，此現象一直維持至父親去世後才漸漸消失。

　　這種現象確實是人體骸骨化學元素相似所致。

第六節　河圖洛書八卦干支

　　易經起源於河洛，易辭云：「天垂象，見吉凶。」可知河洛必與天文及人類吉凶有關。人類吉凶，係受太空星球所產生電磁波之影響。北極星等五十多顆星均為外太空之星球，距離地球太遠，其電磁波對於地球人類吉凶之影響，微不足道。祇有本太陽系十大星辰九大行星，距離地球較近，其電磁波方能影響地球人類吉凶，欲證此理，指南針因受地球南北兩極強大電磁場之吸引，其兩端指向南北。試用瓷碗裝水九分，拿出縫衣小針擺在衛生紙上，再把衛生紙輕放水面，等衛生紙沉碗底。小針自然浮在水面。針頭轉向北方。針尾轉向南方，因北極磁場大以南極所致。若以極小之磁針近之，可立即引其兩端指向東西，而使地球南北兩極大於小磁針磁場億萬倍之電磁無能為力。由此可知河圖洛書確能影響人類吉凶。

　　伏羲氏觀天俯地，仰觀太陽系十大星辰作河圖，河圖一六在下為水，二七在上為火，三八在左為木，四九在右為金，五十居中為土。天干甲乙屬木在左為東方，丙丁屬火在上為南方，戊己屬土居中央，庚辛屬金在右

爲西方，壬癸屬水在下爲北方。可知仙人根據太陽系十大星辰作河圖，甲乙丙丁戊己庚辛壬癸十天干，代表太陽系十大星辰。

地球自轉一週爲一日，月球繞地球公轉一周爲一月，地球繞太陽公轉一周爲一年，木星每年繞太陽轉移三十度，二十年共轉一周又二百四十度。土星每年繞太陽轉移十二度，二十年共轉二百四十度。故土木二星每二十年會合一次。土木二星繞太陽轉到同一宮爲一運。自上元甲子年 1864 年至 1883 年爲一運，1884 年至 1903 年爲二運，1904 年至 1923 年爲三運，1924 年至 1943 年爲四運，1944 年至 1963 年爲五運，1964 年至 1983 年爲六運，1984 年至 2003 年爲七運，2004 年至 2023 年爲八運，2024 年至 2043 年爲九運，2044 年至 2063 年爲一運，周而復始，萬世不息。

地支係由古仙因木星而作，本太陽系九大行星中，木星爲最大，赤道直徑十四萬二千九百八十四公里，其電磁波最強，輻射威力最大，影響人類吉凶亦最甚。木星繞太陽每年公轉三十度，十二年公轉一周 360 度，古仙將太陽周圍分爲十二宮，每宮三十度，用子丑寅卯辰巳午未申酉戌亥來代表木星繞到之處。故木星稱爲歲星、又稱太歲。太歲頭上動土，當有意外之不幸，故每年太歲方，若要動土興工宜謹慎。

木星繞太陽星順時鐘方向計算，子年表示木星太歲轉到三百四十五度至十五度，丑年表示木星太歲轉到十五度至四十五度，寅年表示木星太歲轉到四十五度至七十五度，卯年表示木星太歲轉到七十五度至一百零五度，辰年表示木星太歲轉到一百零五度至一百三十五度，巳年表示木星太歲轉到一百三十五度至一百六十五度，午年表示木星太歲轉到一百六十五度至一百九十五度，未年表示木星太歲轉到一百九十五度至二百二十五度，申年表示木星太歲轉至二百二十五度至二百五十五度，酉年表示木星太歲轉到二百五十五度至二百八十五度，戌年表示木星太歲轉到二百八十五度至三百一十五度，亥年表示木星太歲轉到三百一十五度至三百四十五度。

　　綜上所述，河圖確實是本太陽系十大星辰圖，乃古仙伏羲氏早在西元前四千五百二十三年間純以肉眼觀察天文，竟觀出本太陽系共有十大星辰，作成河圖，又知本太陽系共有九大行星，作成洛書，同傳後世。並以代數學（一十－－）作成八卦，以又代數學（一十－－）作成八十一卦）。顯見我中華民族，祖先在天文及數學上的成就上之偉大。

第七節　河圖

此圖為一三五七九均屬陽，故以明星◎表示之；二四六八十均屬陰，故以暗星●表示之。

此圖一六為水在北為下方，水性就下也；二七為火在南為上方，火性炎上也；三八為木在東為左方，木有生機，猶東方之有朝氣也；四九為金在西為右方，金無生機，猶西方之無朝氣也；五十為土在中央，土性適合中也。

河圖為本太陽系十大星辰圖。

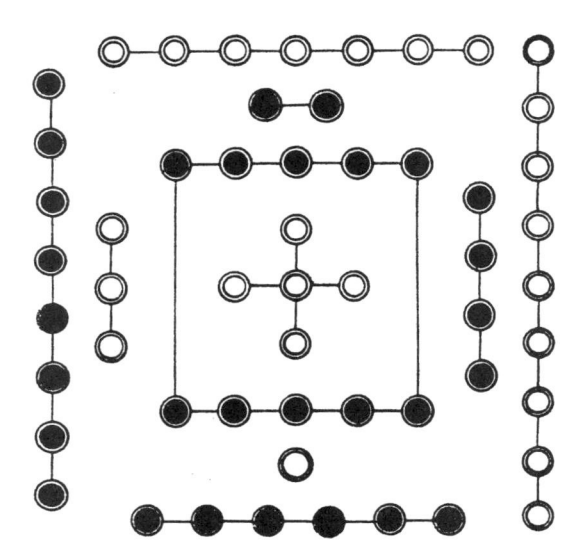

第八節　洛書

下圖一三五七九均屬陽，故以明星〇表示之；二四六八均屬陰，故以暗星●表示之。

此圖載九履一，左三右七，二四為肩，六八為足，而五居中。一星屬水在北方，二星屬土在西南，三星屬木在東方，四星屬木在東南，五星屬土在中央，六星屬金在西北，七星屬金在西方，八星屬土在東北，九星屬火在南方。順逆飛星，必須依照此圖，斷驗吉凶，方可準確。

洛書為本太陽系九大行星圖。

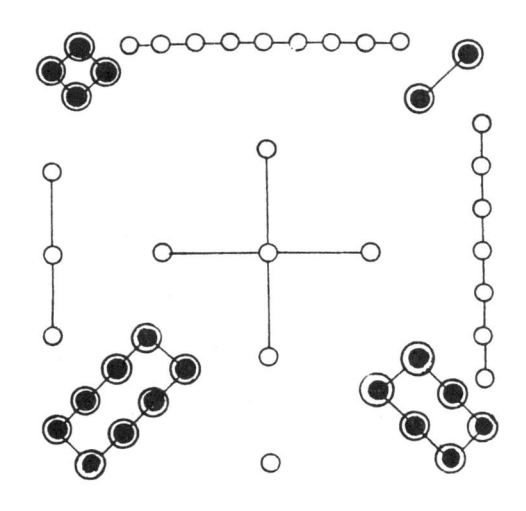

第九節　伏羲先天八卦

古帝伏羲氏，見河圖而觀天文，地理，鳥獸，人物，植物，悟得陰陽哲學，作八卦，以象徵男女性器官之陽（━），陰（╌╌）等符號，來表示人類男與女，長幼，先後，動靜，強弱及求偶之法則，作成先天八卦。

如乾，性剛屬陽（━）符號，乘三次，等於（☰）乾卦。卦爻在上為父親，五行屬水，水當由天而降也。

如坤，性柔屬陰（╌╌）符號，乘三次，等於（☷）坤卦。卦爻在下為母親，五行屬火，火當由地而生也。乾坤天地定位，表示男女陰陽調合，為傳宗接代生生不息。中國古帝均在南方，故以南為天，為乾，為老父。北方為地，為坤，為老母。

生男育女乃人類之道，當第一胎生男兒時，古仙用乾卦第一爻擺在震卦第一爻，表示長男，上中爻用坤卦二三爻補滿，等於（☳）震卦也。五行屬木在東北。

當第一胎生女兒時，用坤卦第一爻擺在巽卦第一爻，表示長女，上中爻用乾卦二三爻補滿。（☴）巽卦也。五行屬金在西南，震巽為正配。

當第二胎生男兒時，用乾卦第二爻擺在坎卦第二

爻，表示中男，上下爻用坤卦一三爻補滿。（☵）坎卦也。五行屬水在西方。

當第二胎生女兒時，用坤卦第二爻擺在離卦第二爻，表示中女，上下爻用乾卦一三爻補滿。（☲）離卦也。五行屬金在東方，坎離為正配。

當第三胎生男兒時，用乾卦第三爻擺在艮卦第三爻，表示少男，中下爻用坤卦一二爻補滿。（☶）艮卦也。五行屬木在西北方。

當第三胎生女兒時，用坤卦第三爻擺在兌卦第三爻，表示少女，中下爻用乾卦一二爻補滿。（☱）兌卦也。五行屬火在東南，艮兌為正配。

河圖中宮居五十，太陽也，太陽日出照大地，萬物叢生世人得，洛書中宮居五星、木星也，木星太歲統八方，戰略八方聽令中央主，主控八方毒計施、玉卦也（▦）卦爻不陰不陽、不明不暗、四面八通、無空不入，毒卦也。文王湯陰被困深研河圖、洛書奧祕真理作後天戰略八卦十八式破陣得天下。

第十節　先天八卦乾卦初卦

乾卦（☰）乾爲老父、卦爻全陽、質堅純剛能斷萬物而爲金、色白純粹而爲玉、性健不息而爲馬、爲老翁、爲宅長、爲官吏、爲武官、爲軍人、爲兵權、爲戎武、爲兵器、爲老賊、爲盜賊、爲剛堅、爲首、爲項、爲寶石、爲肺、爲骨、爲天、爲大赤、爲石、爲性動。

先天八卦坤卦初卦

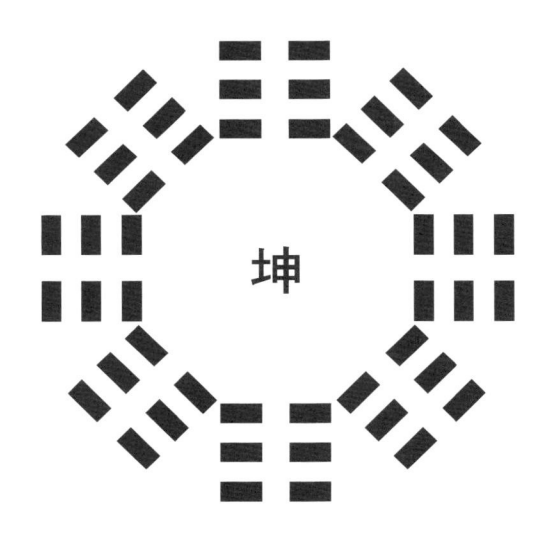

坤卦（☷）坤爲老母、卦爻全陰中空暗而不明而爲陰謀、虛而有容衆陰所藏而爲腹、爲主婦、爲老媼、爲寡婦、爲女子、爲小人、爲女僕、爲女賊、爲邪、爲鬼、爲牛、爲脾胃、爲皮肉、爲皮、爲土地、爲黑、爲大輿、爲火車、爲布帛、爲布帶、爲毛巾、爲斧頭、爲吝嗇、爲棠、爲塚墓、爲衆多。

先天八卦震卦初卦

震卦（☳）震為長男、震得到乾卦第一爻、上中得到坤卦、上柔下剛而為雷、靜息重陰之下而為龍、為青年、為的顙、為暴徒、為男賊、為兇手、為棟樑、為桎梏、為腳鐐、為手銬、為腿足、為肝、為聲響、為震動、為爆炸、為車、為棍、為驚恐、為跌仆、為玄黃。

先天八卦巽卦初卦

巽卦（☴）巽爲長女、巽得到坤卦第一爻、上中得到乾卦、上剛下柔而爲木、陰靜於下中分不動而爲股、暗中有聲而爲雞、爲少婦、爲美女、爲文人、爲文藝、爲文臣、爲藝術、爲婢妾、爲女賊、爲膽、爲風、爲氣、爲乳、爲繩、爲廣顙、爲叩頭、爲白眼、爲魚、爲色、爲床、爲臭、爲不果、爲近市利三倍。

先天八卦坎卦初卦

坎卦（☵）坎為中男、坎得到乾卦中爻，上下得到坤卦，陽剛藏於陰暗之中而為陷為盜，外質濁而心躁剛在內而為豕，坎中陽內明而為水，在人身為血，外陰爻中有薄膜能震動而為耳。足十六歲為少年，為酒徒，為水車，為水兵，為水賊，為海盜，為液體，為刑具，為小舟，為輪船，為軍艦，為潛艇，為腎臟，為膀胱，為睪丸，為子宮，為孕婦，為淫亂，為江湖河海之類。

先天八卦離卦初卦

離卦（☲）離為中女、離得到坤卦第二爻、上下得到乾卦、為足十六歲、暗中有光而為火、外白內黑而為目，外陽內陰而為陰險、為少女、為文士、為心、為小腸、為血、為不孕、為電、為焚、為銳器、為甲殼類、為胃、為雉、為飛機、為三焦、為熱、為戈矛。

先天八卦艮卦初卦

艮卦（☶）艮為少男、艮得到乾卦第三爻、中下得到坤卦、為不足十六歲、陽卦中最幼者而為男童、上剛能止盜而為狗、剛動能止物而為手、凸起於上而為鼻、為僮僕、為君子、為忠臣、為樵夫、為隱士、為老虎、為狐、為臂、為指、為山、為頭、為筋脈、為神經、為人面、為人氣、為脊、為脾胃、為小石、為小骨、為宅舍、為門闕、為懸崖、為鼠、為徑路。

先天八卦兌卦初卦

兌卦（☱）兌爲少女、兌得到坤卦第三爻、中下得到乾卦，爲不足十六歲、陰卦中最幼者而爲女童、上柔下剛內狠而爲羊、開口於上而爲口、爲少女、爲婢妾、爲巫醫、爲娼妓、爲女賊、爲伶人、爲喉、爲肺、爲兵器、爲刀斧、爲兇器、爲女僕、爲女巫、爲醫師、爲武人、爲口舌、爲澤、爲毀折、爲痰。

先天八卦玉卦初卦

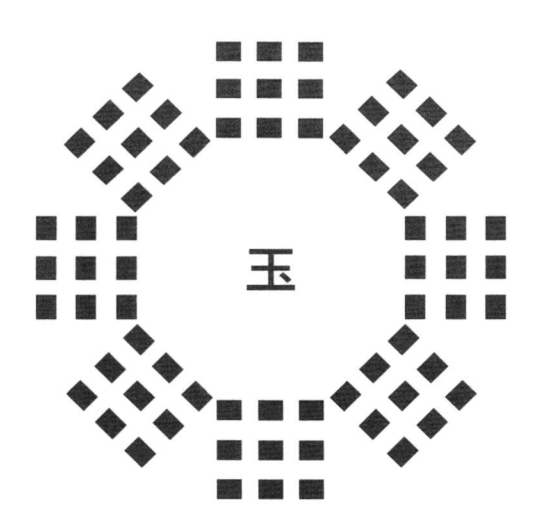

玉卦（☷）統中機動，卦爻不明不暗，不陰又不陽，四面八通，無空不入，而為毒、為脾胃、為黃腫、為毒瘡、為癌症、為煙毒、為淫亂、為瘟六畜、為暴力、為殘廢、為畸形、為破碎、為死別、為無奈、為毒藥、為失去理智、為傳染病、為瘟床、為病變、為疫情、為腐爛、為煽動，為內鬨，為叛逆，為叛變，為奪權。

第十一節　伏羲先天八卦本圖

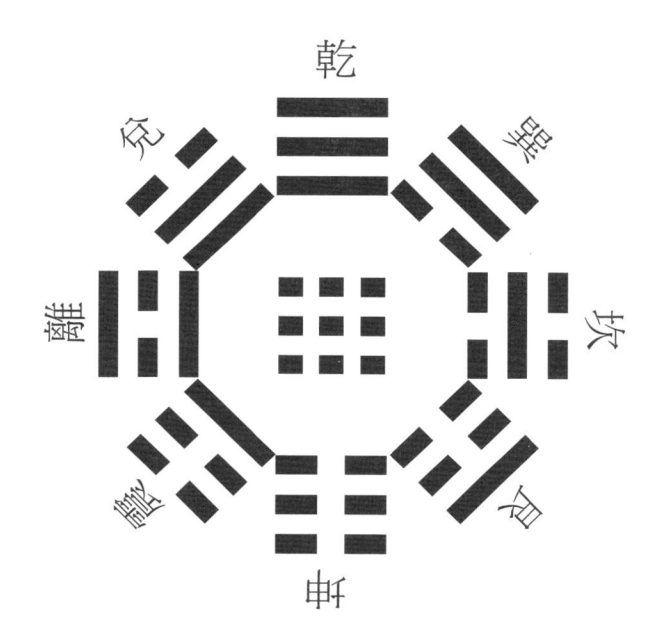

第十二節　文王戰略八卦一十八式

洛書大數先天矩，何常非八而有九，五者妙在媾精之所也，五居中宮臨制八方，中統八方易圭臬。洛書取象行星一至九數，數之變化在于動，動者有順，有逆，有多公式實爲用。

殷朝末代帝王，殘忍無義，重兵囚周文王在河南省，湯陰縣，羑里。當時周文王細心推演河圖、洛書，古易八十一卦。重新釐訂後天戰略八卦一十八式，來破解紂王重兵陣，成爲湯武革命成功。釋歸後益行善政，諸侯歸之，三分天下有其二，武王伐紂得天下追尊爲文王。

文王八卦第一式

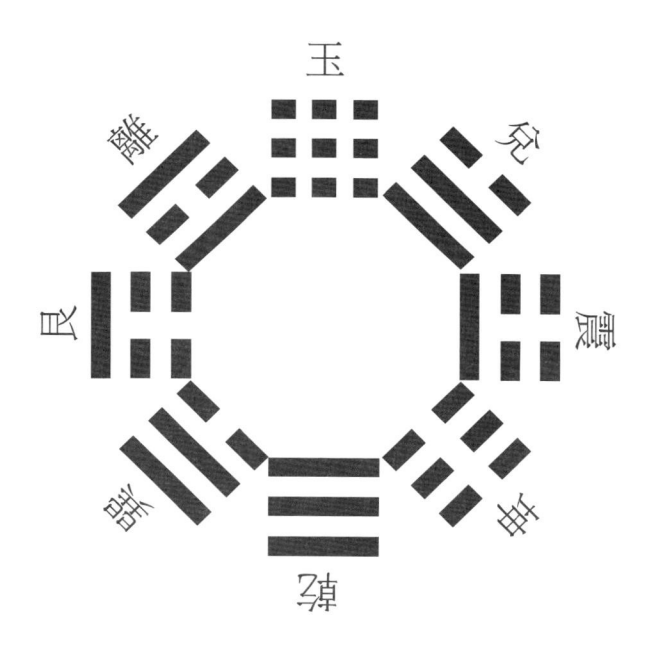

　　出神童、出才子、出秀士、出文臣、發文貴、旺丁財、發文名、祿壽考、出文武全才、利養豬、利飲食店、利酒店。

文王八卦第二式

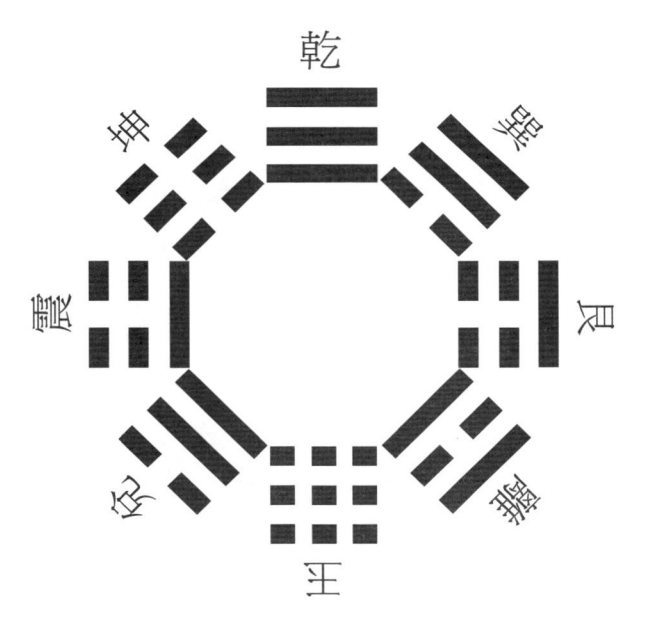

　　先後天聾啞耳病、陰陽人、性器官畸形、腎臟病、膀胱病、疝氣睪丸病、輸精管病、尿道炎、卵巢輸卵管病、子宮病、赤白帶花柳病、風流韻事、血病高血壓、失血、血崩、貧血、頭痛、遺精、水災、水厄、心理病、精神異常、失竊、作賊、刑殺，心涼心病、淫蕩、好色、因酒色而死、酒毒、不孕、流產、難產、產厄、刑妻、自殺、自縊、勒死、夭亡、橫禍、車禍、撞舟、豬咬、瘟豬、水淹死、水腫、下肢受寒、損丁、敗財。

文王八卦第三式

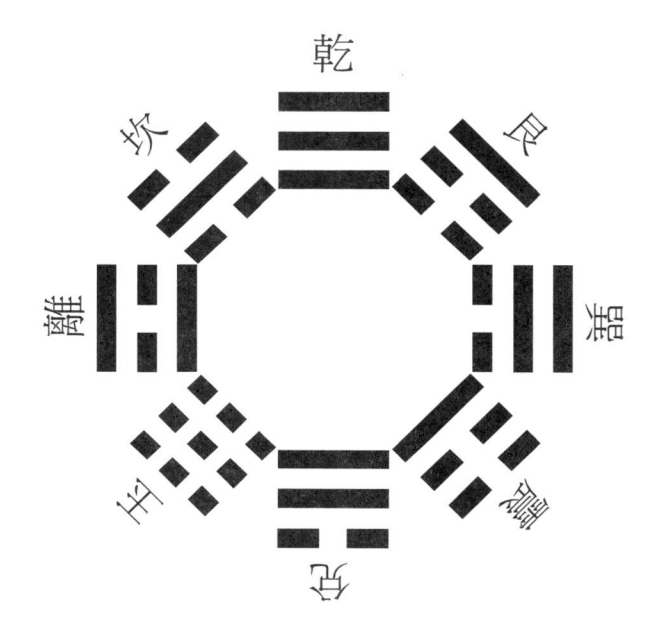

　　發丁財、發武貴、多計謀、出才女、旺田宅、利養牛、利農人、利建築、利土地。

文王八卦第四式

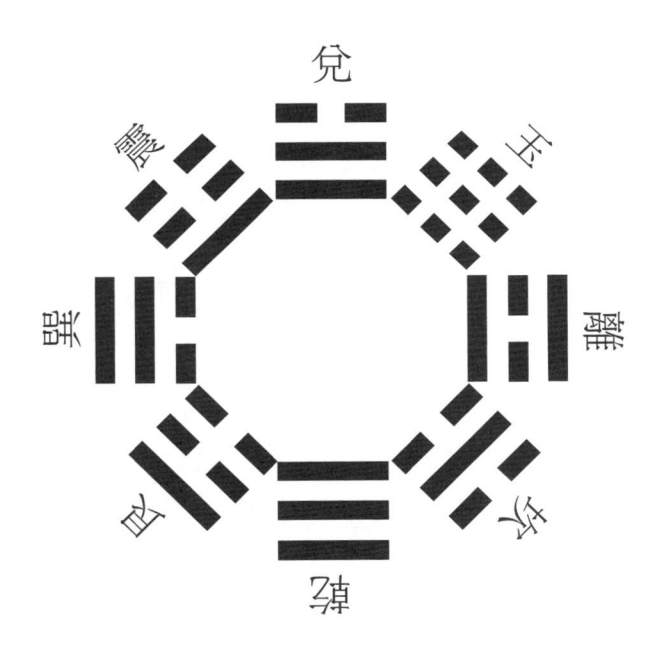

兌
震
艮
巽
離
坤
乾

　　先後天腹病、脾胃病、邪病、精神病、精神異常、胃病、胃癌、腸病、腹痢、腹痛、皮肉病、皮膚癌、皮肉流血、不育、亂淫、流產、產厄、多病、凶死、自殺、自縊、勒死火災、作賊、失竊、刑獄、見女鬼、受女子小人害、爲人吝嗇、受小人陰謀暗算、死女子、死老母、死主婦、出寡婦、土擊、土埋、車禍、牛傷人、死牛、容器傷人、吝嗇鬼、用布上吊、損丁、敗財。

文王八卦第五式

　　主興家立業、功名富貴、出文才、多子孫、文武全權、利土木業、利花草業、利電器業。

文王八卦第六式

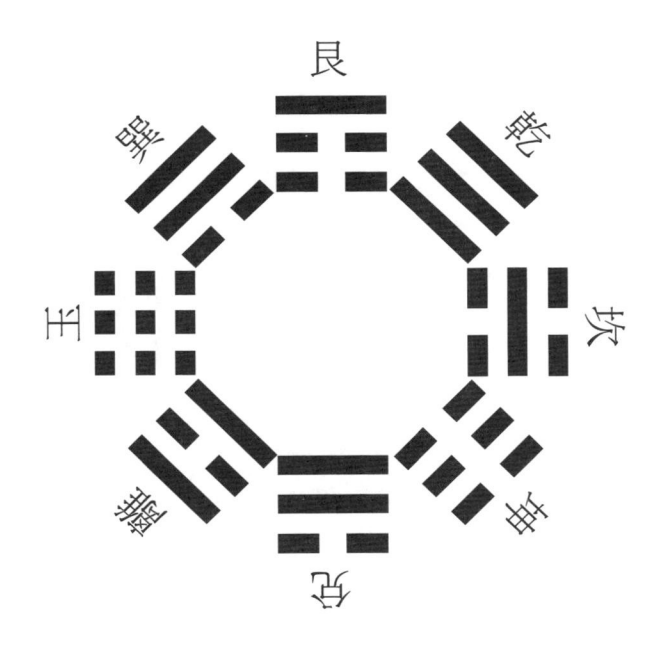

先後天腿足病、跌死、無腿足、肝病、口臭、肝癌、作賊、作亂、交友忘恩負義、刑殺、雷殛、震災、炸死、樑擊、棍擊、車禍、龍害、蛇咬、刑妻、手臂病、脊椎病、筋絡病、腰酸背痛、睡眠不足、風流好色、驚恐、聲響、震動、爆炸、繩絞、用麻繩上吊、背義不仁、馬失前蹄、損丁、敗財。

文王八卦第七式

　　出文才、得功名、旺丁財、得賢妻、生美女、好文藝、發文貴、文武全才、生貴子、文才壽考、利養雞。

第十二節　文王戰略八卦一十八式

文王八卦第八式

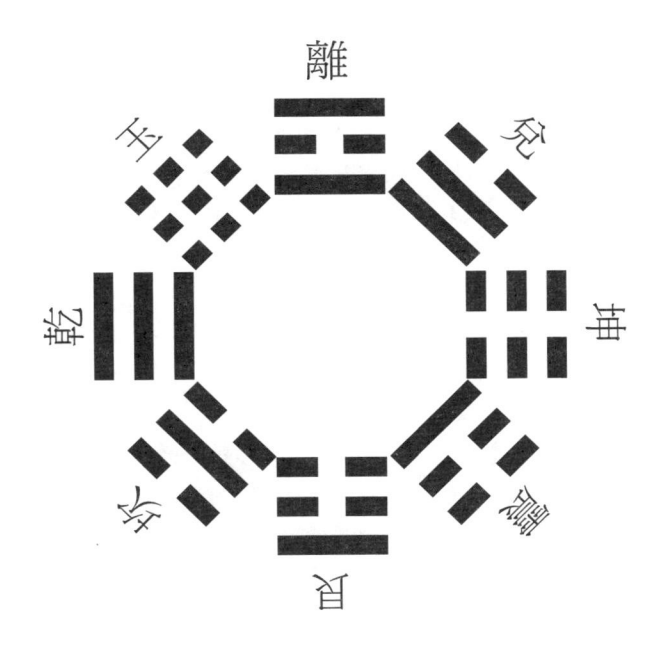

先後天股病、膽病、乳病、乳癌、中風、風淫病、氣管病、感冒、鼻塞、精神恍惚、遇金光黨、風災、流產、產厄、神精病、腰酸背痛、做惡夢、睡不著、夜遊、癲瘋、跳樓、白痴、犬咬、墮崖、山崩受難、雞胸人、淫亂、自縊、作賊、女賊、刑獄、勒死、瘟雞、雞傷人、呼吸氣管病、見女鬼、損丁、敗財。

文王八卦第九式

丁財兩旺、富貴雙全、利醫學、利農藥買賣。

文王八卦第十式

先後天脾胃病、黃腫、毒瘡、酒毒、安毒、麻毒、癌症、煙毒、尿毒症、梅毒、淋病、服毒、販毒、中毒、潰爛、瘰癧、青春豆、自殺、胃潰瘍、胃癌、鼻癌、口腔癌、大腸癌、乳癌、肝癌、食道癌、子宮癌、血癌、畸形兒、刑殺、淫亂、瘟六畜、損丁、敗財。

文王八卦第十一式

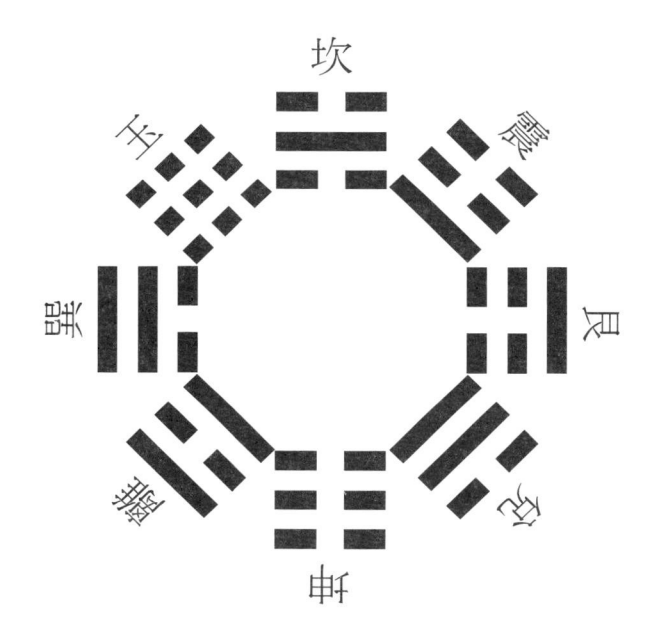

富豪旺丁、武貴當權、掌兵權、發才祿、文武全才、利軍人、達官顯貴、利養馬、利金玉石店。

文王八卦第十二式

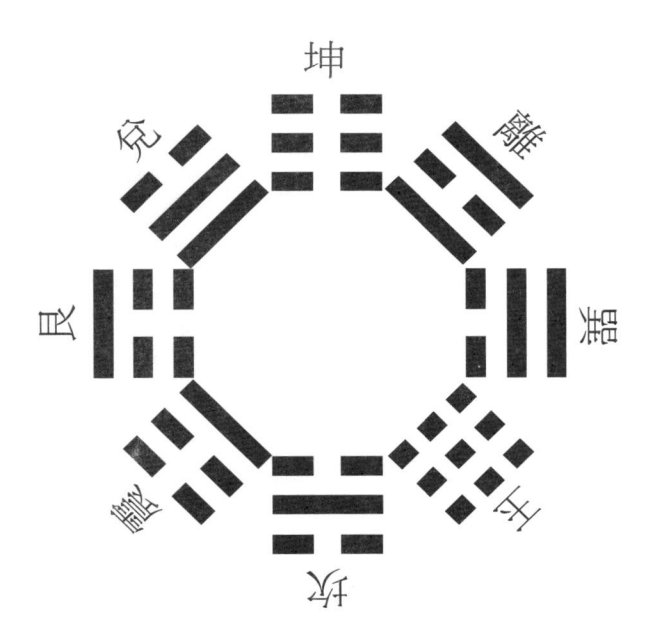

　　先後天頭病、頭痛、項痛、肺癆、墜樓、甲狀腺病、腦病、腦死、腦癌、骨病、胃癌、肺病、肺癌、大腸病、大腸癌、直腸癌、跳樓、腦震盪、頭受寒、頭出血、刑妻、失竊、作賊、刑殺、死老翁、墮馬、瘟馬、馬傷人、損丁、敗財。

文王八卦第十三式

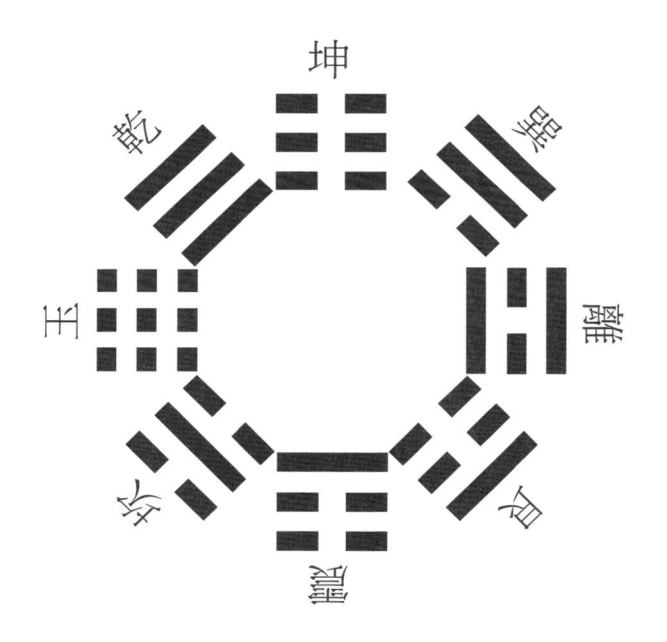

旺丁財、出武貴、發刑名、生貴子、黑道掌權、發名利、醫卜興家、利醫術、利歌伶、利口才、利養羊。

文王八卦第十四式

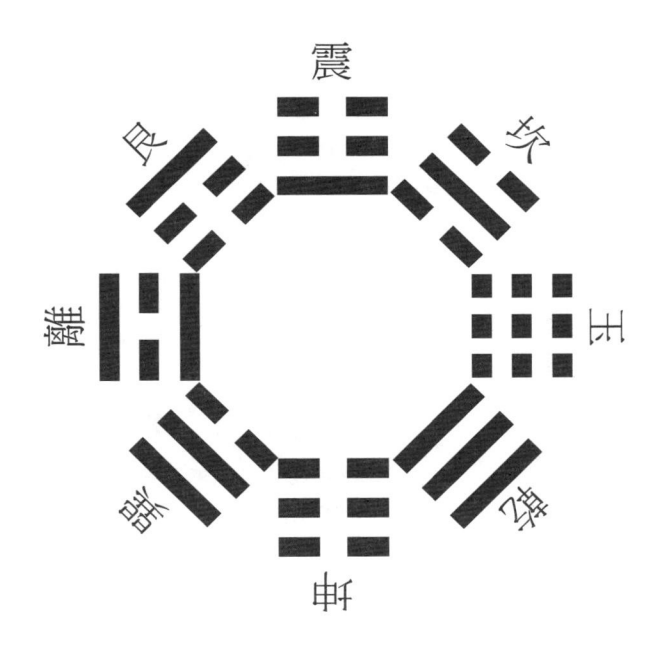

先後天口病、喉病、口臭、口腔癌、肺病、肺癌、大腸病、腸癌、啞巴、兔唇、損女童、損女僕、失竊、作賊、為娼、淫亂、刑殺、凶死、火災、燒死、女賊、風流韻事、口舌是非、瘟羊、損丁、敗財、忘恩負義。

文王八卦第十五式

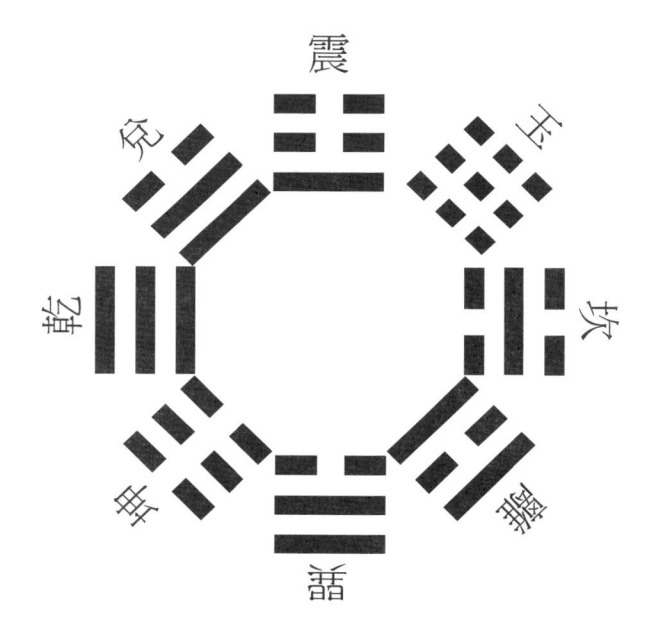

旺田宅、發丁財、出忠臣、出孝子、富貴壽考、宜修佛學、升官發財、利養狗、利營建事業。

文王八卦第十六式

先後天手病、砍斷指、手或臂痛、指病、臂病、無指、無手、無臂、頭病、腦病、鼻病、脊病、脊椎癌、駝腰、斜頭、脾胃病、胃癌、精神病、跳樓、癲瘋、神精病、筋絡病、小骨病、結石、白痴、虎噬、犬咬、狂犬病、狐媚、自縊、損男童、墮崖、山崩受難、瘟狗、損丁、敗財。

文王八卦第十七式

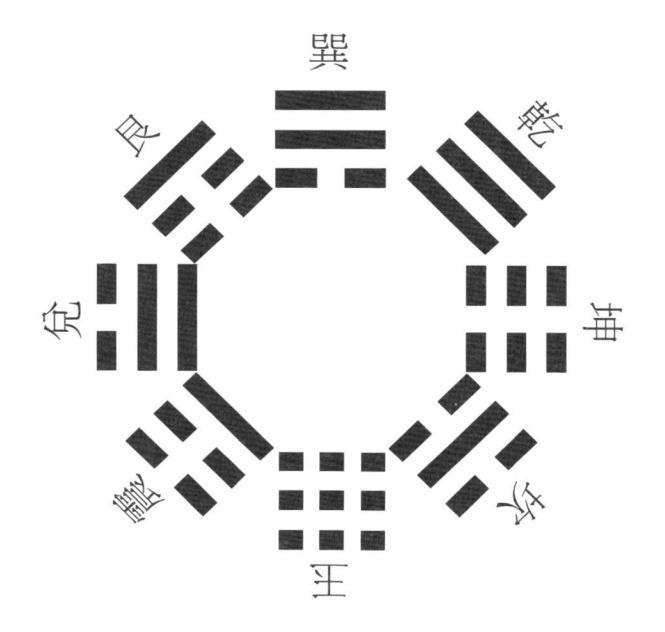

巽　乾　坤　坎　艮　兌　震　離

　　旺丁財、文才忠孝、貴秀壽考、主得佳兒、生秀士、利眼鏡行、利電器行、利熱飲店。

文王八卦第十八式

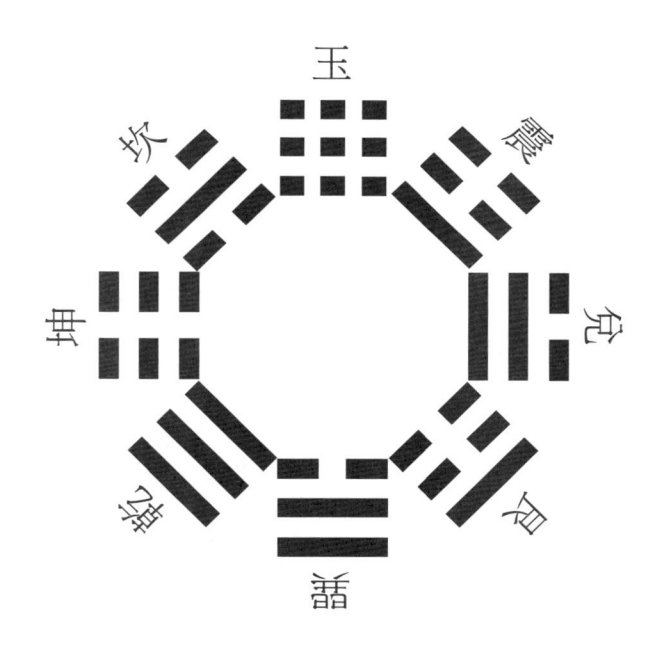

先後天目疾、色盲、熱病、目瞎、血病、血癌、腸病、小腸癌、飛機炸死、刀槍殺死、銳器殺死、心臟病、火症、炎症、中暑、血病、失血、凶死、肺病、肺病死、燒死、熱病、中暑、熱死、燙死、觸電死、飛機失事死、自縊、刑殺、自殺、槍殺、凶殺、癲狂、不育、流產、產厄、高血壓、女人月事不順、夫妻反目、情侶失和、動刀槍、淫亂、絕嗣、火災、損丁、敗財。

第十三節　年紫白掌訣

　　年紫白均逆推：如上元甲子年一白主事，乙丑年九紫主事，丙寅年八白主事，丁卯年七赤主事。如中元甲子年四綠主事，乙丑年三碧主事，丙寅年二黑主事，丁卯年一白主事。如下元甲子年七赤主事，乙丑年六白主事，丙寅年五黃主事，丁卯年四綠主事……。

　　月紫白亦逆推：如子午卯酉年正月八白主事。二月七赤主事……寅申巳亥年正月二黑主事，二月一白主事……辰戌丑未年正月五黃主事，二月四綠主事……。

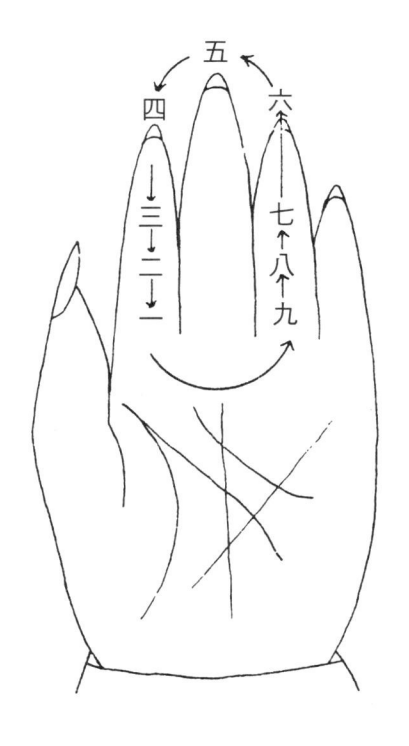

第十四節　飛星順逆推紫白掌

　　此圖根據洛書星數而作，乃順逆飛星九星掌訣。順飛著，自中宮起，依五六七八九一二三四之次序飛星也。逆飛則依五四三二一九八七六之次序飛星。

　　此圖為五運之運盤。如值一運，則其運盤為一入中，二到西北，三到西方，四到東北，五到南方，六到北方，七到西南，八到東方，九到東南。其他運盤可依此類推。

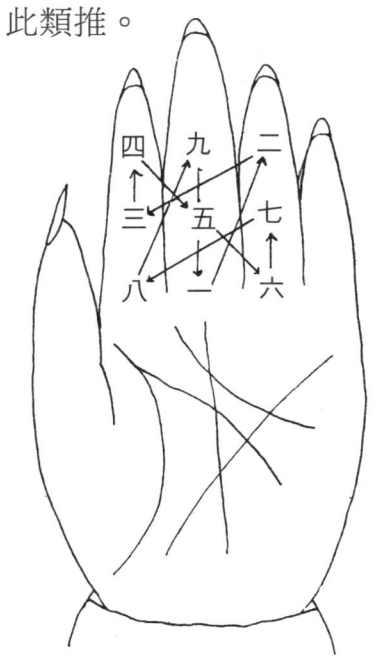

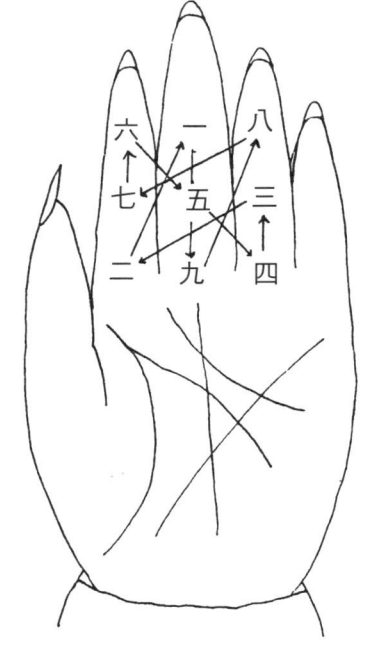

第十五節　天地人卦生死辨

　　近代各國學易者日衆，苦於深奧難懂，歷近代註易者總計不下數萬家，有妄註者，有未註者，有偽註者；造成後人學者無從求實，各門各派各說各話，無一定法則。

　　現代學者研究五術，不求印證真實，講究有形之物論斷吉凶，有如龍，穴，脈，頂，峽，砂，青龍，白虎，壓樑，牆角，壁刀，路沖，巷沖，沖門，穿堂風等等⋯⋯論吉凶。每當世人時事不如意時，四處求教名師，術師常抓著人性無奈弱點，言出嚇詐，世人無知每每一騙再受騙，俗師利己潤金，家家戶戶墳墳墓墓易能改造。無求學術理論真實，戶戶能改，有違常情。

　　恩師劉訓昇大師著作陰陽學，在學術斷驗理論上，陽宅及陰宅，能改者佔百分之七十，無法改者佔百分之三十。無改者除非重新建造，無二法則。其原因在於宅墓定向問題。立向稍有差錯，事倍功半，甚至徒勞無功。

　　大地山川立向周圍三百六十度，不可立向者共有一百七十六度，可立向者有一百八十四度，若立向差錯三

第十五節 天地人卦生死辨

度者，破財，病痛，傷殘，刑獄，淫蟲，男賊女賊，難免其一。若差錯五度者，亂倫，逆子女，無法無天，住久必損人口，若差錯七度半，爲騎縫向，最凶，終必丁財兩敗，家破人亡。

　　恩師訓昇先生歷經北伐，剿匪，抗戰履遍中國大江南北，印證古帝墳墓及皇都併前賢居處時，發現其立向均用南北正子午線，現代學者不察真理，不做印證，定向必兼三分，受害他人也。

　　依恩師研究學術數十載及筆者多年驗證，得知仙人用心良苦，精研大地周圍三百六十度，分八方，每方四十五度，分地天人三山，每山十五度，天元卦及人元卦均可共兼，兼者有如坐飛機，上太空翱翔萬里，隨心所慾，天元卦及人元卦均不可兼地元卦，地元卦均不可兼天元卦及人元卦，如兼者，有如下地獄、生不如死，凶禍連連。學者切記。

　　1999 年喪家葬父於桃園縣大園公墓，立向坐亥山兼壬山六度半，葬後三年內，家屬橫禍連死三人。

　　2005 年新竹縣新豐鄉，有座神壇，建造時，請神明起駕立向，坐辰山兼巽山六度，建後三年內，主持及家屬三人車禍凶亡。

第十六節　男女命宮推算法及表

　　男命與逆推年紫白同：如上元甲子年一白入中，生男為一宮命，乙丑年九紫入中，生男為九宮命，丙寅年八白入中，生男為八宮命，依此類推：中元甲子年生男為四宮命，下元甲子年生男為七宮命；女命順推：上元甲子年生女為五宮命，中元甲子年生女為二宮命。下元甲子年生女為八宮命。查表如下：

第十六節　男女命宮推算法及表

三元六十甲子		甲子	乙丑	丙寅	丁卯	戊辰	己巳	庚午	辛未	壬申
		癸酉	甲戌	乙亥	丙子	丁丑	戊寅	己卯	庚辰	辛巳
		壬午	癸未	甲申	乙酉	丙戌	丁亥	戊子	己丑	庚寅
		辛卯	壬辰	癸巳	甲午	乙未	丙申	丁酉	戊戌	己亥
		庚子	辛丑	壬寅	癸卯	甲辰	乙巳	丙午	丁未	戊申
		己酉	庚戌	辛亥	壬子	癸丑	甲寅	乙卯	丙辰	丁巳
		戊午	己未	庚申	辛酉	壬戌	癸亥			
上元	男命	一宮	九宮	八宮	七宮	六宮	五宮	四宮	三宮	二宮
	女命	五宮	六宮	七宮	八宮	九宮	一宮	二宮	三宮	四宮
中元	男命	四宮	三宮	二宮	一宮	九宮	八宮	七宮	六宮	五宮
	女命	二宮	三宮	四宮	五宮	六宮	七宮	八宮	九宮	一宮
下元	男命	七宮	六宮	五宮	四宮	三宮	二宮	一宮	九宮	八宮
	女命	八宮	九宮	一宮	二宮	三宮	四宮	五宮	六宮	七宮

第十七節　文昌位、財位、貴人位

生年	貴人	方向	生年	貴人	方向
甲子	乙己	東方	癸未	甲戊庚	甲方西方
乙丑	甲戊庚	東方西方	甲申	乙己	東方
丙寅	辛	西方	乙酉	丙丁	南方
丁卯	壬癸	北方	丙戌	酉亥	西方西北方
戊辰	丑未	東北方西南	丁亥	丙丁	南方
己巳	壬癸	北方	戊子	乙己	東方
庚午	辛	西方	己丑	甲戊庚	東方西方
辛未	甲戊庚	東方西方	庚寅	辛	西方
壬申	乙己	東方	辛卯	壬癸	北方
癸酉	丙丁	南方	壬辰	卯巳	東方東南方
甲戌	丑未	東北方西南	癸巳	壬癸	北方
乙亥	丙丁	南方	甲午	辛	西方
丙子	乙己	東方	乙未	甲戊庚	東方西方
丁丑	甲戊庚	甲方西方	丙申	乙己	東方
戊寅	辛	西方	丁酉	丙丁	南方
己卯	壬癸	北方	戊戌	丑未	東北方西南
庚辰	丑未	東北方西南	己亥	丙丁	南方
辛巳	壬癸	北方	庚子	乙己	東方
壬午	辛	西方	辛丑	甲戊庚	東方西方

第十七節　文昌位、財位、貴人位

生年	貴人	方向	生年	貴人	方向
壬寅	辛	西方	癸丑	甲戊庚	東方西方
癸卯	壬癸	北方	甲寅	辛	西方
甲辰	丑未	東北方西南	乙卯	壬癸	北方
乙巳	壬癸	北方	丙辰	酉亥	西方西北方
丙午	辛	西方	丁巳	壬癸	北方
丁未	甲戊庚	東方西方	戊午	辛	西方
戊申	乙己	東方	己未	甲戊庚	東方西方
己酉	丙丁	南方	庚申	乙己	東方
庚戌	丑未	東北方西南	辛酉	丙丁	南方
辛亥	丙丁	南方	壬戌	卯巳	東方東南方
壬子	乙己	東方	癸亥	丙丁	南方

第十八節　命宮生尅生死辨

　　命宮生尅重要，古仙未曾言及，依玄空大卦，以陰陽宅運星，山向星入中立極，飛佈九星，每宮各有五行，各有衰旺生死之時，專以九星五行論生尅，生我為父母，生我必養我最利，我生為子女，我生必負責洩氣，尅我為官鬼小人，尅我必傷身最忌，我尅為妻妾，我尅必用精力傷財，同我為兄弟姊妹，同我和平相處亦利。

　　論命宮生尅本當最重要，以一宮命屬水，一運無忌，二運向西方，西北屬木為我生洩氣，三運向北方，東南，西方屬土為尅我最忌，四運向東北，西方屬金為生我最利，五運向南方屬火為我尅傷財，六運向北方，東南，西方屬土為尅我最忌，七運向北方，西南屬木為我生洩氣，八運向東方，東南屬金為生我最利，九運向西北屬水同我亦利。

　　二宮命屬土，一運向東南屬火為生我最利，二運無忌，三運向西北屬木為尅我最忌，四運向西方，東北屬金為我生洩氣，五運向東北，西南屬土為同我亦利，六運向南方屬水為我尅傷財，七運向北方，西南屬木為尅我最忌，八運向西南，東北屬土為同我亦利，九運向東

方,西南屬金爲我生洩氣。

三宮命屬木,一運向東方,南方,西北屬土爲我尅傷財,二運向東南屬水爲生我最利,三運無忌,四運向西北,東方,南方屬土爲我尅傷財,五運向西方,西北屬金爲尅我最忌,六運向東北屬火爲我生洩氣,七運向南方,西北,東方屬土爲我尅傷財,八運向北方,南方屬木爲同我亦利,九運向東方,西南屬金爲尅我最忌。

四宮命屬木,一運向西南,北方屬金爲尅我最忌,二運向東方屬火爲我生洩氣,三運向東南、北方,西方屬土爲我尅傷財,四運無忌,五運向西方,西北屬金爲尅我最忌,六運向西方、北方,東南屬土爲我尅傷財,七運向東北屬水爲生我最利,八運向南方北方屬木爲同我亦利,九運向北方、東南,西方屬土爲我尅傷財。

五宮命屬土、一運向北方、西南屬金爲我生洩氣,二運向西南,東北屬土爲同我亦利,三運向東方屬水爲我尅傷財,四運向東南屬木爲尅我最忌,五運無忌,六運向西北屬金爲我生洩氣,七運向西方屬火爲生我最利,八運向東北、西南屬土爲同我亦利,九運向南方、東北屬木爲尅我最忌。

六宮命屬金、一運向南方、西北、東方屬土爲生我最利,二運向北方、南方屬金爲同我亦利,三運向西南屬火爲尅我最忌,四運向東方、南方、西北屬土爲生我

最利，五運向東方、東南屬木為我尅傷財，六運無忌，七運向西北，東方，南方屬土為生我最利，八運向西方屬水為我生洩氣，九運向東北，南方屬木為我尅傷財。

七宮命屬金，一運向東北，西方屬木為我尅傷財，二運向南方、北方屬金為同我亦利，三運向北方、東南，西方屬土為生我最利，四運向西南屬水為我生洩氣，五運向東方、東南，屬木為我尅傷財，六運向東南、北方，西方屬土為生我最利，七運無忌，八運向西北屬火為尅我最忌，九運向西方、北方，東南屬土為生我最利。

八宮命屬土，一運向西方、東北方屬木為尅我最忌，二運向東北、西南屬土為同我亦利，三運向南方，東北屬金為我生傷財，四運向北方屬火為生我最利，五運向西南、東北屬土為同我亦利，六運向東方，西南屬木為尅我最忌，七運向東南屬金為我生傷財，八運無忌、九運向西北屬水為我尅傷財。

九宮命屬火，一運向西北、東方、南方屬土為我生洩氣，二運向西方，西北屬木為生我最利，三運向東北，南方屬金為我尅傷財，四運向南方，東方，西北屬土為我生洩氣，五運向南方屬火為同我亦利，六運向西北屬金為我尅傷財，七運向東方、西北、南方屬土為我生洩氣，八運向東南，東方屬金為我尅傷財，九運無忌。

第十八節　命宮生尅生死辨

運星宮命對照圖

一運宮命對照圖

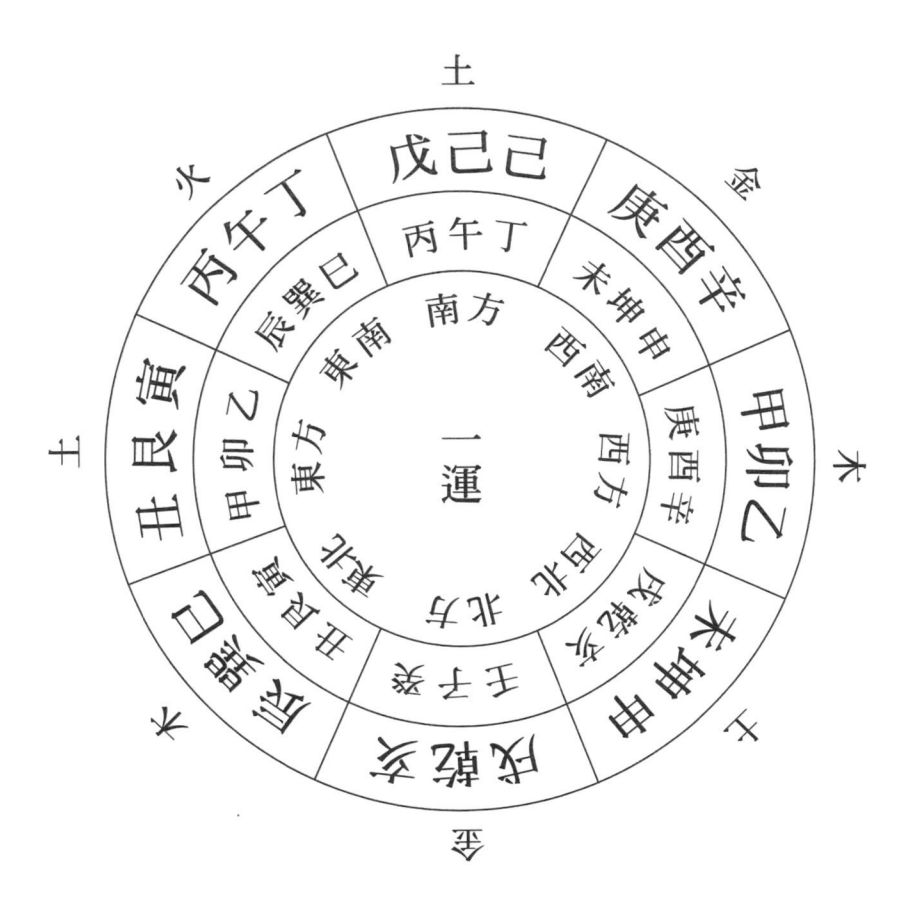

二運宮命對照圖

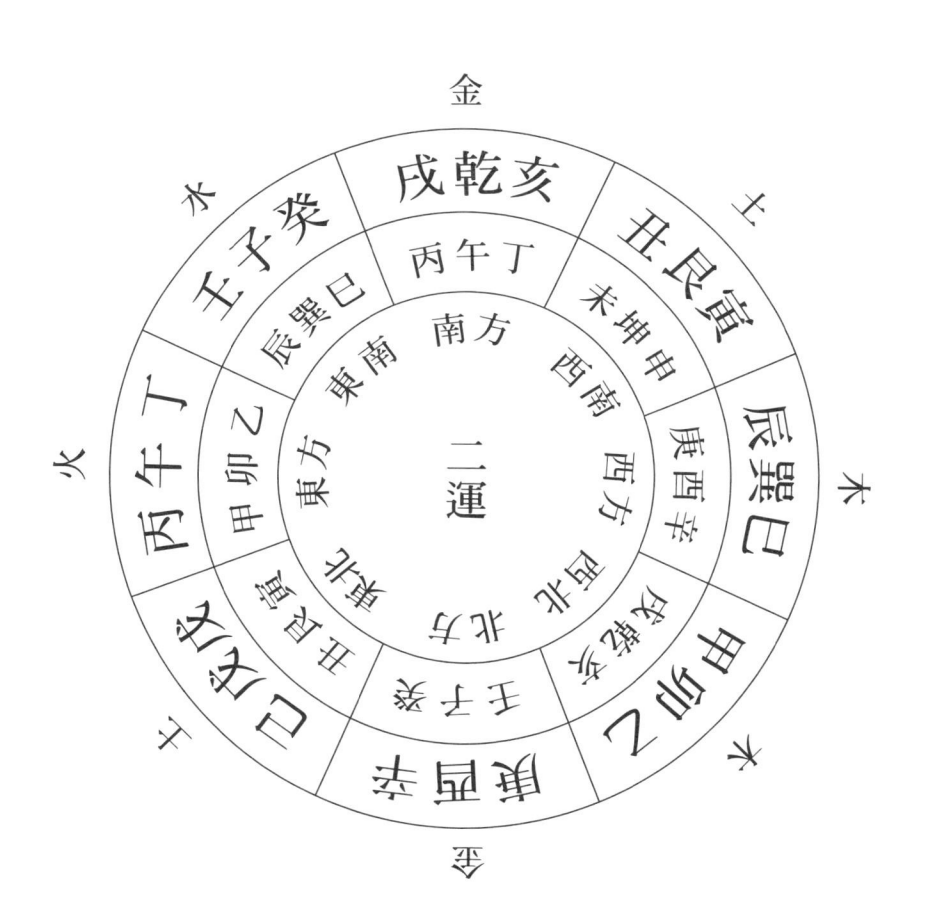

第十八節　命宮生尅生死辨

三運宮命對照圖

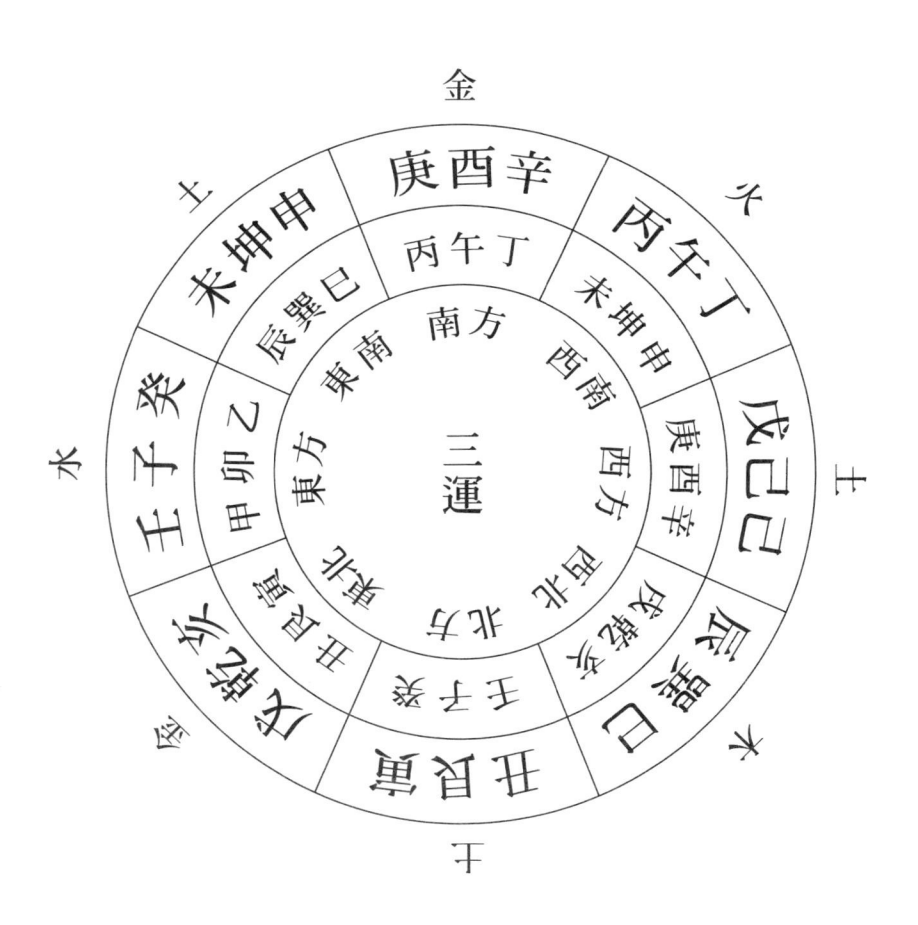

四運宮命對照圖

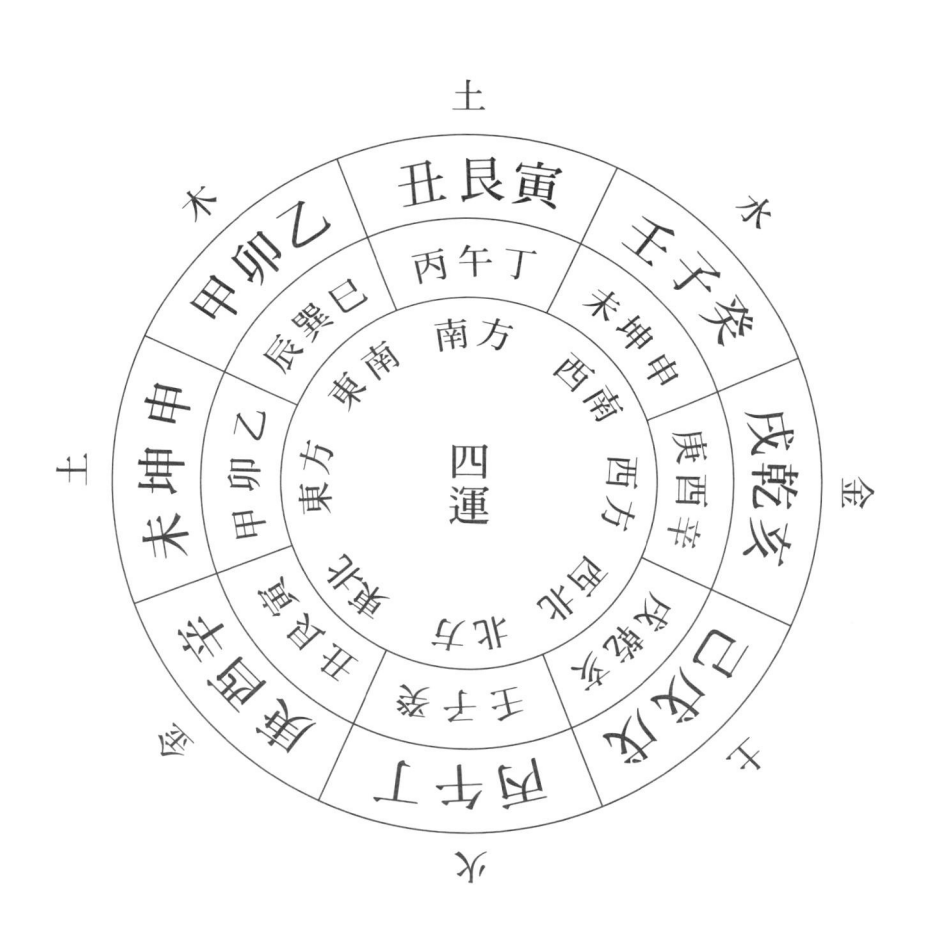

第十八節　命宮生尅生死辨

五運宮命對照圖

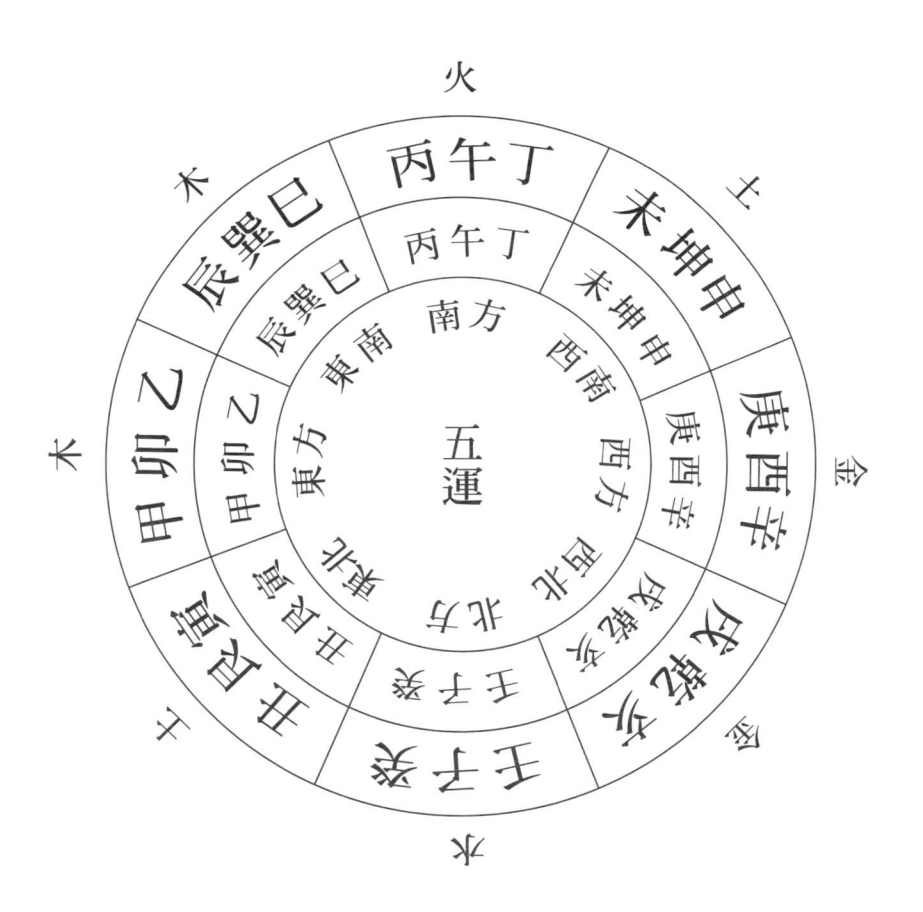

六運宮命對照圖

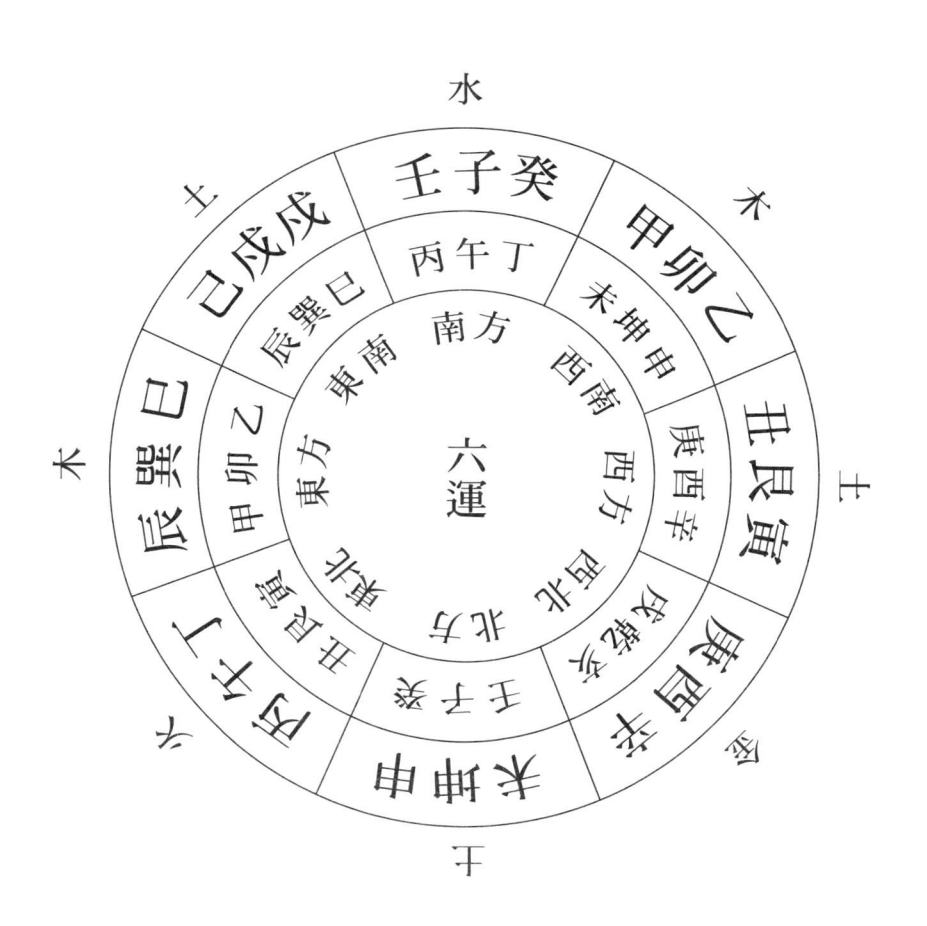

第十八節　命宮生尅生死辨

七運宮命對照圖

（圖：七運宮命對照圖）

八運宮命對照圖

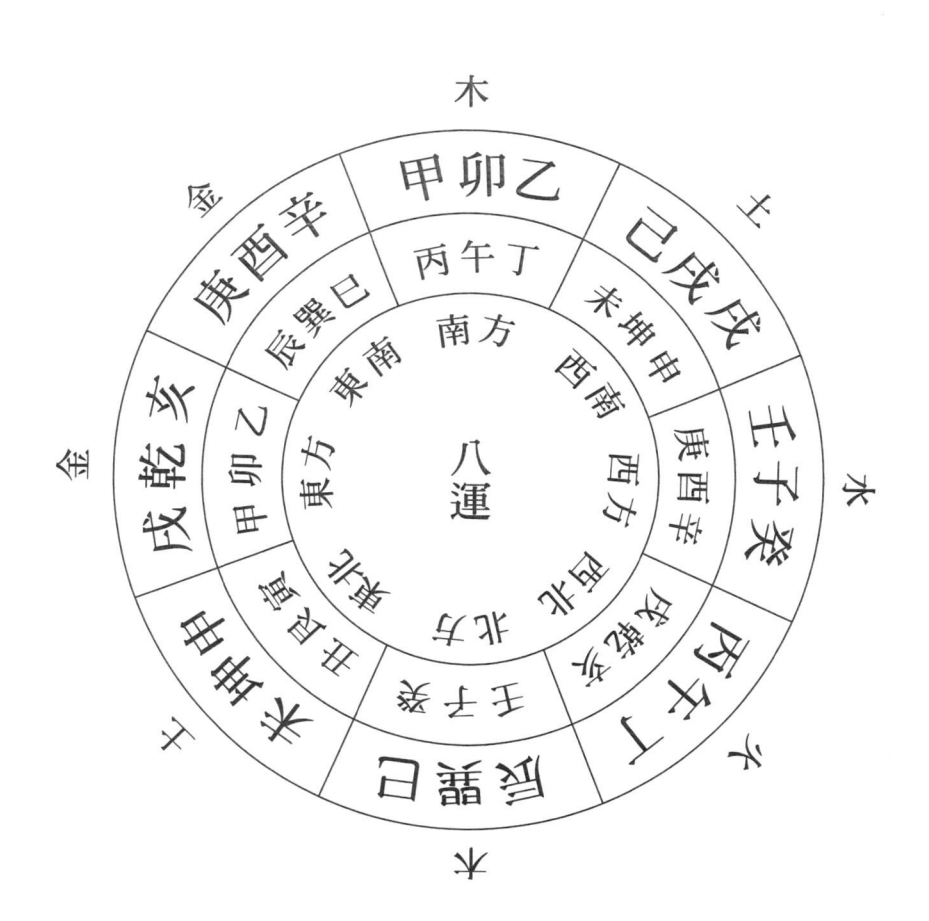

第十八節　命宮生剋生死辨

九運宮命對照圖

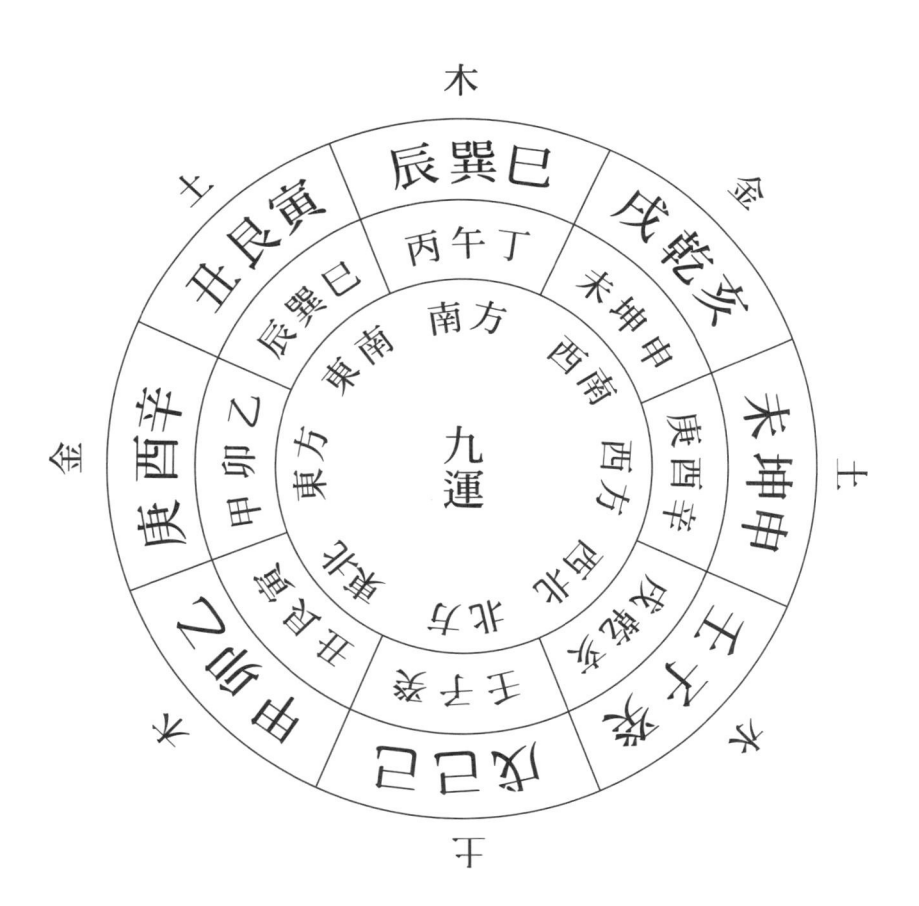

第十九節　九星召吉應驗事項

一白召吉貪狼星：出神童、出才子、出秀士、出文臣，少年科甲、發文貴，名播四海、旺丁財、發文名、祿壽考、出文武全才、利養豬、利飲食店、利酒店。

二黑召吉巨門星：發丁財、發武貴、多計謀、出才女、旺田宅，發田財、女掌權、利養牛、利農人、利建築、利土地。

三碧召吉祿存星：主興家立業、功名富貴，財祿豐盈、出文才、多子孫、文武全權、利土木業、利花草業、利電器業。

四綠召吉文曲星：出文才、得功名，文章名世，科甲聯芳、旺丁財、得賢妻、生美女，好容貌端妍、好文藝、聯姻貴族、發文貴、文武全才、生貴子、文才壽考、利養雞。

五黃召吉廉貞星：丁財兩旺，統八方、富貴雙全，名揚四海、利醫學、利農藥買賣。

六白召吉武曲星：富豪旺丁、武貴當權、掌兵權，威武震世、武職勳貴、發才祿、文武全才、利軍人、達官顯貴、利養馬、利金玉石店。

七赤召吉破軍星：旺丁財、出武貴，武途仕宦、發刑名、生貴子、黑道掌權、發名利、醫卜興家、利醫術、利歌伶、利口才、利養羊。

八白召吉左輔星：旺田宅、發丁財、出忠臣，孝義忠良、出孝子、富貴壽考、宜修佛學、升官發財、利養狗、利營建事業。

九紫召吉右弼星：旺丁財、文才忠孝、文章科第、貴秀壽考、主得佳兒、生秀士、利眼鏡行、利電器行、利熱飲店。

第二十節　九星召凶應驗事項

　　凡屬人類，日出而作，日入而息，晝夜睡床六小時，日間行動無定，夜必歸房。住房關係人生榮、辱、貴、賤、生、死、別離最重要，添丁、壽夭，一係於此。

　　如某命住某房，床頭在某方幾度，房門開某向某卦，主事發育、發財、富貴雙全、文武全才。如某命住某房，床頭在某方幾度，房門開某向某卦，主事不發育，橫禍、損丁、散財。臥房門氣之吉凶，不可不辨，不論樓上樓下，十層八層、東間西間、南間北間定位，再以床中心點作引長線，量出門氣在某宮某卦論吉凶。吉者富貴達京城，凶者萬丈火坑深。

　　1.先後天聾啞耳病、陰陽人、性器官畸形、腎臟病、膀胱病、疝氣睪丸病、輸精管病、尿道炎、卵巢輸卵管病、子宮病、赤白帶花柳病、風流韻事、血病高血壓、失血、血崩、貧血、頭痛、遺精、水災、水厄、心理病、精神異常、加憂、憂鬱症、失竊、作賊、刑殺、心涼心病、淫蕩、好色、因酒色而死、酒毒、尅煞、刑妻、飄蕩、不孕、流產、難產、產厄、刑妻、自殺、自

第二十節　九星召凶應驗事項

縊、勒死、夭亡、橫禍、車禍、撞舟、豬咬、瘟豬、水淹死、水腫、下肢受寒、損丁、敗財。

2.先後天腹病、脾胃病、邪病、精神病、精神異常、憂鬱症、胃病、胃癌、腸病、腹痢、腹痛、皮肉病、皮膚癌、皮肉流血、不育、亂淫、流產、產厄、多病、凶死、自殺、自縊、勒死火災、作賊、失竊、刑獄、見女鬼、受女子小人害、為人吝嗇、妻奪夫權、受小人陰謀暗算、死女子、死老母、死主婦、出寡婦、土擊、土埋、車禍、牛傷人、死牛、容器傷人、吝嗇鬼、用布上吊、損丁、敗財。

3.先後天腿足病、跌死、無腿足、肝病、口臭、肝癌、作賊、作亂、交友忘恩負義、刑殺、雷殛、震災、炸死、樑擊、棍擊、車禍、龍害、蛇咬、刑妻、瘋魔、是非、官訟、手臂病、脊椎病、筋絡病、腰酸背痛、睡眠不足、風流好色、驚恐、聲響、震動、爆炸、繩絞、用麻繩上吊、背義不仁、馬失前蹄、損丁、敗財。

4.先後天股病、膽病、乳病、乳癌、中風、風淫病、氣管病、感冒、鼻塞、精神恍惚、遇金光黨、風災、流產、產厄、精神病、腰酸背痛、做惡夢、睡不著、夜遊、癲瘋、瘋哮、酒色、體臭、憂鬱症、跳樓、白痴、犬咬、墮崖、山崩受難、雞胸人、淫亂、自縊、作賊、女賊、刑獄、勒死、瘟雞、雞傷人、呼吸氣管

病、見女鬼、損丁、敗財。

5.先後天脾胃病、黃腫、毒瘡、酒毒、安毒、麻毒、癌症、煙毒、尿毒症、梅毒、淋病、服毒、販毒、中毒、癡呆、官訟、潰爛、瘰癧、青春豆、自殺、胃潰瘍、胃癌、鼻癌、口腔癌、大腸癌、乳癌、肝癌、食道癌、子宮癌、血癌、畸形兒、刑殺、淫亂、瘟六畜、損丁、敗財。

6.先後天頭病、頭病、項病、肺癆、墜樓、甲狀腺病、腦病、腦死、腦癌、骨病、骨癌、肺病、肺癌、大腸病、大腸癌、直腸癌、孤獨、跳樓、腦震盪、頭受寒、頭出血、刑妻、失竊、作賊、刑殺、死老翁、墮馬、瘟馬、馬傷人、損丁、敗財。

7.先後天口病、喉病、口臭、口腔癌、肺病、肺癌、大腸病、腸癌、啞巴、兔唇、損女童、損女僕、失竊、作賊、離鄉、牢獄、為娼、淫亂、刑殺、凶死、火災、燒死、女賊、風流韻事、口舌是非、瘟羊、損丁、敗財、忘恩負義。

8.先後天手病、砍斷指、手或臂痛、指病、臂病、無指、無手、無臂、頭病、腦病、鼻病、脊病、脊椎病、駝腰、斜頭、脾胃病、胃癌、精神病、跳樓、癲瘋、神精病、憂鬱症、筋絡病、小骨病、結石、白痴、虎噬、犬咬、狂犬病、狐媚、自縊、損男童、墮崖、山

崩受難、瘟狗、損丁、敗財。

9.先後天目疾、色盲、熱病、目瞎、血病、血癌、腸病、小腸癌、飛機炸死、刀槍殺死、銳器殺死、心臟病、火症、炎症、中暑、血病、失血、吐血、凶死、肺病、肺病死、燒死、熱病、中暑、熱死、燙死、觸電死、飛機失事死、自縊、刑殺、自殺、槍殺、凶殺、癲狂、不育、流產、產厄、高血壓、女人月事不順、夫妻反目、情侶失和、動刀槍、淫亂、絕嗣、火災、損丁、敗財。

11.水臟病、高血壓、耳出血、耳水腫、血崩、多耳病；如山或水形惡，淹死或勒死少年；如山或水形淫（破碎、掀裙、交頸、抱肩等）少年同性戀。

12.腎病、皮肉受涼而感冒、失水病、腹脹、腹病、水腹、貧血、糖尿病、敗血病、壞血病、腹部失血、盲腸炎、胃出血、脾出血、脾腫大、陽痿（坎為腎、坤卦均為陰爻，其質至柔）、剋次男、少夫畏老妻、少年多病、婦女性病、婦見血凶死；如水形兇惡，淹死或勒死婦女；如山形兇惡，勒死少年，惡母殺子；如水形淫，少年迷戀婦女；如山形淫，老婦強姦少年，長幼亂倫（女長男幼，主動在女）如水形淫而惡，姦夫淹死或勒死淫婦……如山形淫而惡，主淫婦勒死姦夫。

13.下肢受寒、下肢失血、腿腳腫、腳水腫、少年肝

病或腿足病、青年水厄……如水形惡，淹死或勒死青年；如山形惡，雷殛少年；如水形淫，青少年同性戀（少年誘青年）。

14.風濕病、乳頭出血、氣管出血、男女淫亂；如水形惡，淹死少婦；如山形惡，勒死少年；如水形淫，少年戀少婦、姊弟或叔嫂亂倫（男主動）如水形淫惡，姦夫淹殺淫婦；如山形淫惡，淫婦勒死或木棍打死姦夫。

15.剋中男、失水症、貧血、胃酸過少、壞血病、尿毒症、腎臟癌、腎臟中毒、梅毒、妊娠中毒、血液中毒、飲酒中毒、子宮癌、血癌、黃腫病、胃出血、少年吸毒、服毒、販毒、中毒；如山形惡，毒殺少年。

16.頭受寒、骨受寒，頭出血、腦充血、腦出血、骨出血、肺出血、肺水腫、子宮下垂、睪丸下垂，疝氣、睪丸硬化、腎結石；如水形惡、淹死或醉死老翁；如山形惡，刀殺少年；如山形淫，老翁引誘少年同性戀。

17.吐血、肺出血、肺受寒、肺水腫，男女極度淫亂、少年受刑殺、少年肺病、女童腎臟病、多聾啞；如水形惡，淹殺女童；如山形惡，刀殺少年；如山形淫，女童勾引少年、兄妹或大伯與弟媳亂倫（女主動）如水形淫惡，主姦夫淹殺勒死淫婦；如山形淫惡，淫婦刀殺姦夫。

18.腎病，上肢受寒，鼻出血、剋中男、失水病、貧

血、胃酸過少、壞血病、耳結石、尿道石、輸卵管石、尿石、子宮石、腎臟結石、膀胱結石、少年精神病、兄弟不睦；如水形惡，淹殺男童；如山形惡，少年墮崖、狂犬咬死少年、惡弟弒兄；如山形淫，男童戀少年。

22.撞車，婦女淫狂、多病人、多寡婦；如山或水形惡，勒死婦女；如山形或水形淫，婦女同性戀。

23.胃病，腹病，黑腿病、烏腳病、剋母、兇殺婦女、青年多病、長男自縊、長子邪病；如水形惡，勒死長子；如山形惡，雷殛婦女、逆子弒母；如山形淫，青年強姦婦女、長幼亂倫（男主動）如水形淫惡，淫婦勒死姦夫；如山形淫惡，姦夫棍打淫婦。

24.皮肉受風寒、胃病、腹病、婦女亂淫、婦女自縊；如水形惡，勒死少婦；如山形惡，逆女辱母，逆媳欺姑、勒死老婦；如山形淫，少婦迫使老婦同性戀。

25.胃潰瘍、腹潰瘍、脾潰爛、皮肉潰爛、皮肉癌症、胃癌、食道癌、婦女癌症或煙毒；如山形惡，毒殺婦女。

26.胃下垂、脾胃結石、脾硬化、婦女頭病或肺病、老翁自縊、老夫妻反目；如水形惡，勒死老翁或老夫；如山形惡，刀殺老媼或老妻，勒死親夫，自縊死。

27.婦女淫狂、火災、女童腹病；如水形惡，勒死女童；如山形惡，刀殺婦女；如水形淫，老婦引誘女童同

性戀。

28.皮膚石、胃結石、胃麻痺、皮膚麻木、婦女精神病、男童腹病；如水形惡，勒死男童；如山形惡，狂犬咬死婦女；如水形淫，婦女姦男童、長幼亂倫，如山形淫，男童戀婦女、長幼亂倫；如水形淫惡；淫婦勒死姦夫；如山形淫惡，姦夫扼死淫婦。

29.脾出血，婦女見血凶死，脾炎、胃熱、胃腸病、皮肉出血、皮肉炎、婦女淫狂、腹膜炎、胃炎、腹部失血、盲腸炎、胃出血；如水形惡，勒死少女；如山形惡，燒死婦女或耕牛；如山形淫，少女戀老婦。

33.殺人狂、家多惡人受刑殺、多癱瘓、多肝病；如山或水形惡，主撞車，雷殛青年；如山或水形淫，青年同性戀。

34.肝膽俱病、懸梁；如水形兇惡，雷殛少婦，青年踢死或殺死髮妻；如山形兇惡，少婦勒死親夫。

35.肝癌、肝梅毒、腿腳潰爛、青年癌症、毒蛇咬、青年煙毒；如山形兇惡，毒死青年，如有大水為用神，下毒害眾生。

36.肝病、剋長子、腦震盪、肝結石、肝硬化、失足墮馬、雷殛老翁、跌斷腿骨、青年刑殺；如水形兇惡，梁擊老翁；如山形兇惡，刀殺青年，惡父殺子，如山有淫形，老翁迫使青年同性戀。

37.肝病、青年肺病或口喉病、女童肝病或腿足病；如水形兇惡，車輾女童；如山形兇惡，刀殺青年；如山有淫形，女童戀青年、兄妹或大伯與弟媳亂倫（女主動）；如水形淫而惡，姦夫棍打淫婦；如山形淫而惡，淫婦刀殺姦夫。

38.鼻病、跳樓跌死、跌傷頭部、脊骨或手臂、損男童、四肢俱病、手足畸形、多殘廢人、肝結石、無手足、無四肢、青年精神病、男童肝病或腿足病、失足墮崖、跳崖；如水形兇惡，煮荳燃萁、蛇咬男童、車輾男童；如山形兇惡，狂犬咬死青年；如水有淫形，青年迫使男童同性戀。

39.炸斷腿、跌傷目、炸傷眼、燒傷腿足、青年目疾、少女足病、肝炎；如水形兇惡，車輾少女；如山形兇惡，燒死青年；如水有淫形，青年誘姦少女、兄妹或大伯與弟媳亂倫（男主動）；如水形淫而惡，姦夫踢死淫婦，如山形淫而惡，淫婦以銳器殺姦夫。

44.婦女多淫亂或多自縊；如山或水形惡，主勒死或木棍打死少婦；如山或水形淫，少婦同性戀。

45.乳癌、販毒、少婦煙毒、黃膽病、瘟雞；如山形惡，毒殺少婦；如有大水用神，下毒害眾生。

46.膽下垂、肺氣腫、膽結石、頭風、少婦刑殺、老翁自縊；如水形兇惡，勒死老翁；如山形兇惡，刀殺少

婦、惡父殺女；如山有淫形，老翁強姦少婦、長幼亂倫（男長女幼男主動）；如水形淫而惡，淫婦勒死姦夫；如山形淫而惡，姦夫刀殺淫婦。

47.風濕症、肺氣腫、婦女淫亂、姊妹不睦、少婦刑殺、女童股病；如水形兇惡，勒殺女童；如山形兇惡，刀殺少婦；如山水形勢均兇惡，勒死分屍；如山有淫形；女童戀少婦。

48.鼻病、手病、上肢受風寒、少婦精神病、男童氣喘病、膽結石；如水形兇惡，勒死男童；如山形兇惡，扼死少婦；如水有淫形，少婦強姦男童、姊弟或叔嫂亂倫（女主動），如水形淫而惡；淫婦勒死姦夫；如山形淫而惡，姦夫扼死淫婦。

49.乳房炎、綠色盲、膽管炎、氣管炎、頭部失血死、生雞胸龜背人、乳腺炎、婦女淫亂、少婦目疾、少女膽病；如水形兇惡，勒死或木棍打死少女；如山形兇惡，燒死少婦；如山水形勢均兇惡，勒死焚屍；如水有淫形，少婦引誘少女同性戀。

56.胃瘍、胃寒、頭部毒瘡癌症、瘰癧、骨癌、肺癌、大腸癌，頭部癌、胃結石、胃下垂、脾硬化、老翁癌症、老翁煙毒、服毒或中毒；如水形兇惡，毒殺老翁。

57.舌癌、唇癌、喉癌、口腔癌、肺癌、大腸癌、吸

毒、服毒、飲食中毒、女童煙毒、癌症或毒瘡；如水形兇惡，毒殺女童。

58.胃結石、胃麻痺、頭部毒瘡或癌症、鼻癌、脊椎癌、胃癌、胃潰瘍、指疔、男童煙毒、癌症或毒瘡；如水形兇惡，毒殺男童或家犬。

59.血癌、胃熱、黃色盲、眼角疔、小腸癌、指腸潰瘍、火瘡、熱毒、胃炎、胃出血、少女煙毒或癌症，如水形兇惡，毒殺少女。

66.多盜賊刑殺之人、多頭病、項病、肺病或骨病之人；如山或水形惡，刀殺老翁；如山或水形淫，老翁同性戀。

67.肺硬化、老翁口喉病、女童肺病、頭病或骨病、老翁刑殺、女童作賊；如水形兇惡，刀殺女童；如山形兇惡，主刀殺老翁；如山或水有淫形，老翁戀女童、長幼亂倫（男長女幼）；如水形淫而惡，姦夫刀殺淫婦，如山形淫而惡，淫婦刀殺姦夫。

68.神經硬化、腦硬化、肺石、胃下垂、老翁精神病、男童骨病；如水形兇惡，刀殺男童；如山形兇惡，扼殺老翁；如山有淫形，主男童戀老翁。

69.燒死宅長、骨炎、心下垂、心硬化、腦炎、甲狀腺炎、寒熱病、剋父、腦膜炎、腦充血、腦出血、頭部出血、肺炎、肺出血、老翁心臟病、少女肺病或骨病、

父女不睦；如水形兇惡，刀殺少女；如山形兇惡，燒死老翁、逆子弒父；如山有淫形，少女戀老翁、長幼亂倫（女主動）；如水形淫而惡，姦夫刀殺淫婦；如山形淫而惡，淫婦以銳器殺姦夫。

77.女性極度淫亂、多盜賊、女小口不存、多兔唇、多肺病、多啞吧、多刑殺；如山或水形勢兇惡，刀殺女童；如山或水有淫形，女童同性戀。

78.肺石、大腸石、羊癲瘋、男女小口不存、小夫妻反目、女童精神病、男童口喉病；如水形兇惡，刀殺男童或親夫；如山形兇惡，扼殺女童或髮妻。

79.喉炎、喉出血、腸炎、腸出血、赤色盲、剋女童、濕熱、肺炎、肺出血、吐血、口腔炎、婦女淫亂、女童目疾、女童心臟病或血病、少女肺病或口喉病；如水形兇惡，主刀殺少女；如山形兇惡，燒死女童；如山有淫形，少女迫使女童同性戀。

88.胃結石、胃麻痺、男小口不存、多精神病、上肢多畸形；如山或水形勢兇惡，扼殺男童、狂犬咬死男童；如山或水有淫神，男童同性戀。

89.頭、手、指、或上肢出血、高血壓、燒死狗、自焚死、心石、小腸石、骨炎，脊骨炎、男童驚風、血石、神經炎、心麻痺、砂眼、腦充血、鼻出血、鼻炎、胃出血、男童心臟病、少女精神病；如水形兇惡，扼死

少女，如山形兇惡，燒死男童；如山有淫形，少女誘男童、姊弟或叔嫂亂倫（女主動）；如水形淫而惡，姦夫扼死淫婦；如山形淫而惡，淫婦以銳器殺姦夫。

99.飛機相撞，心臟炎、小腸炎、紫色盲、婦女多淫狂、血崩、高血壓、大量失血、發高熱、大火災、眼出血、小腸出血、心臟血病、少女血病、少女目疾、少女刑殺、少女見血凶死；如山或水形惡，主燒死少女，銳器殺死少女；如山或水有淫形，主少女同性戀。

第二十一節　山向吉凶對照圖

大國字運盤，小國字山盤，阿拉伯字數水盤

對照 1　一運壬山丙向

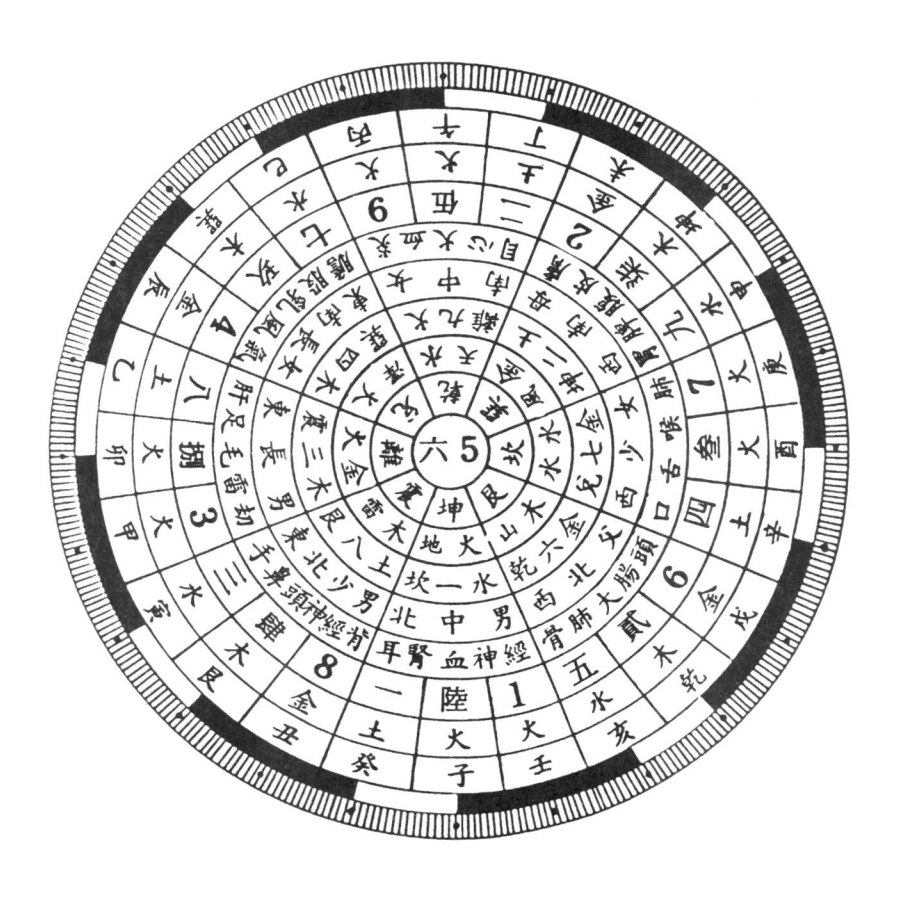

公式 1　一運壬山、丙向

九 4 7	五 9 2	七 2 9
八 3 8	一 5 6 向山	三 7 4
四 8 3	六 1 1	二 6 5

　　此式旺星會於北方，北方有山，高樓，高大樹竹，電桿，劈刀等等⋯⋯當運旺丁，北方有水，空地，路沖等等⋯⋯當運發財。南方有山，高樓，高大樹竹，電桿，劈刀等等⋯⋯二運旺丁，西南有水，空地，路沖等等⋯⋯二運發財。東北有山，高樓，高大樹竹，電桿，壁刀等等⋯⋯三運丁旺，東方有水，空地，路沖等等⋯⋯三運發財。西方有山，高樓，高大樹竹，電桿，壁刀等等⋯⋯四運旺丁，東南有水，空地，路沖等等⋯⋯四運發財。西北有山，高樓，高大樹竹，電桿，壁刀等等⋯⋯五運旺丁，西北有水，空地，路沖等等⋯⋯五運財平。東南有山，高樓，高大樹竹，電桿，壁刀等等

……六運丁平，西北有水，空地、路沖等等……六運發財。東南有山，高樓，高大樹竹，電桿，劈刀等等……七運旺丁，西方有水，空地，路沖等等……七運發財。東方有山，高樓，高大樹竹，電桿，壁刀等等……八運旺丁，東北有水，空地，路沖等等……八運發財。西南有山，高樓，高大樹竹，電桿，壁刀等等……九運旺丁，南方有水，空地，路沖等等……九運發財。一運復始，萬古不變，學者循序推算可也。以上一至九運公式實爲風水輪流轉。

　　知運妙無窮：一般學者莫知時空，地運，祇得玄虛空洞之理論斷吉凶，宅墓首重吉凶，吉者無往不利，自然生大業，凶者生命不保，如何生大業。

　　綿延若千里，節節起峰者，山也，高樓，高大樹竹，人造建築物，寶塔，墩阜，崗隴，削壁，電桿，牆頭，牆角，壁刀等等亦以山論，總以高大靠近爲斷驗吉凶之用神，得運者大吉，旺丁生武士，出神童，事事如意。失運者大凶，損丁，敗財，病痛，傷殘，刑獄，難免其一，談何功名。

　　富貴貧賤在水神，水是山家血脈精，水也，環抱水，反弓水，直射水，瀑布水，破碎水，河流水，深澄水，蓄聚水，水池水，低陷，空地，路沖，巷沖等等亦以水論，得運者大吉，大富大貴，財祿雙收，事事如

第二十一節　九星應用公式圖

意。失運者大凶，損丁，敗財，病痛，傷殘，刑獄，難免其一，談何財祿。

世人對於宅墓吉凶，祇重高貴物質條件，江湖術士，不知易經深奧，祇言真龍真穴，左右龍虎高低形式好壞，有無靠山，路沖，巷沖，壁刀，樑柱或天機不可洩漏等句語，一派胡言來搪塞受騙騙人也。

學易如用兵，在精不在多，易經深奧，必要真知方能化用，祇要真知數言，觸類旁通。即可化為有用之實學。誠如孔子所言：「引而伸之，觸類而長之，天下之能事畢矣。」

陰陽宅四面八方高低形式好壞，得不得運要以時間制宜，以地形制宜，俗師莫名其妙，不分元運，有地即用，有形即斷吉凶，禍延子孫。

108　精髓陰陽絕學

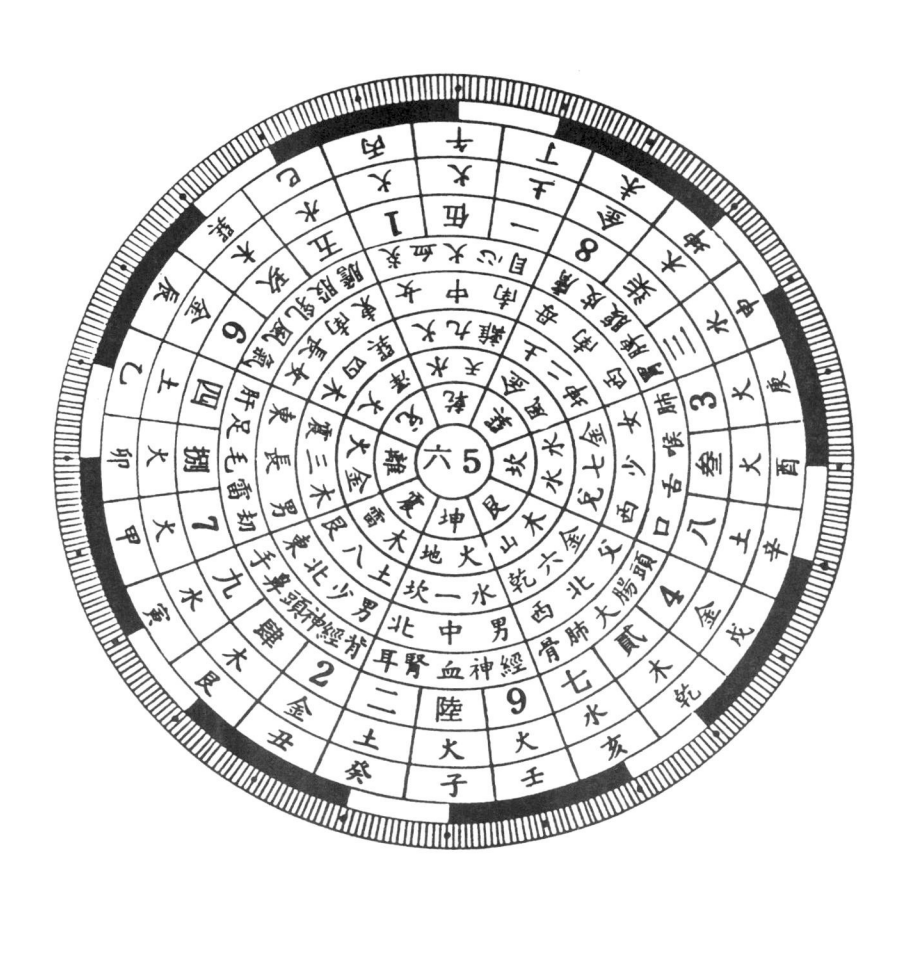

對照 2　一運 子癸山 午丁向

公式 2　一運子癸山、午丁向

九 6 5	五 1 1	七 8 3
八 7 4	一 5 6 向山	三 3 8
四 2 9	六 9 2	二 4 7

　　此式旺星會於南方，南方有山，當運旺丁，南方有水，當運發財，北方有山，二運旺丁，東北有水，二運發財，西南有山，三運旺丁，西方有水，三運發財，東方有山，四運旺丁，西北有水，四運發財，東南有山，五運旺丁，東南有水，五運財平，西北有山，六運丁平，東南有水，六運發財，西北有山，七運旺丁，東方有水，七運發財，西方有山，八運旺丁，西南有水，八運發財，東北有山，九運旺丁，北方有水，九運發財。

110 精髓陰陽絕學

對照 3　一運丑山未向

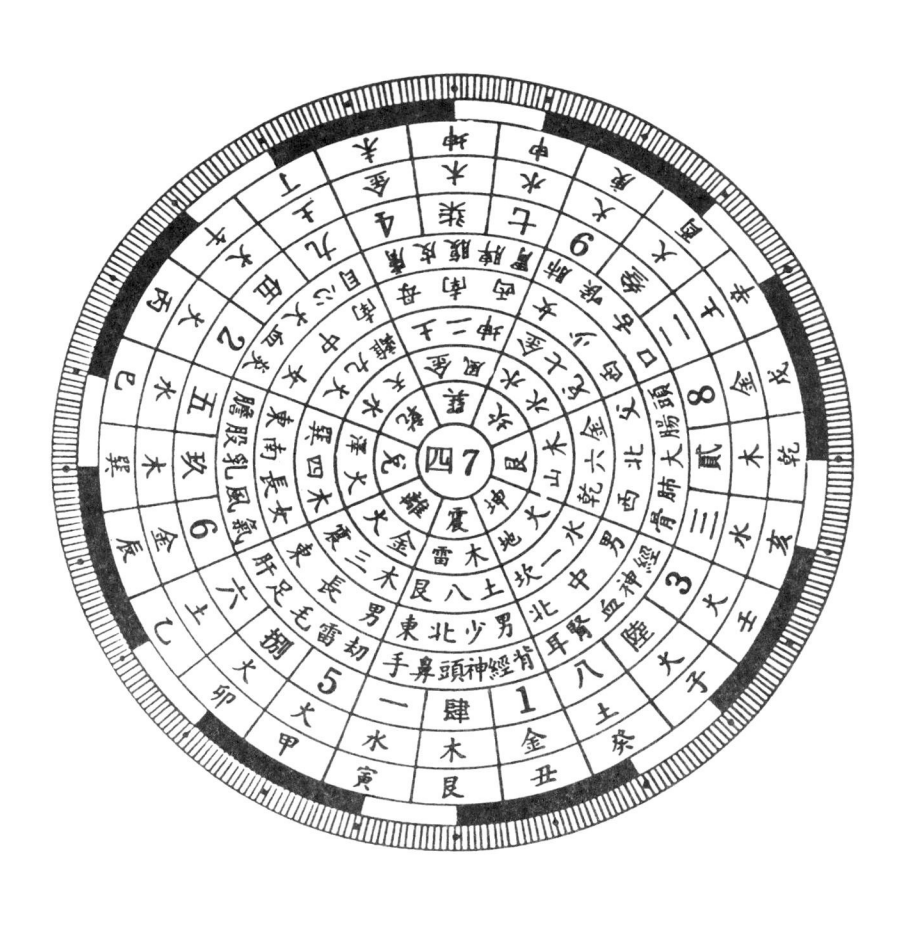

公式 3　一運丑山，未向

九 6 5	五 2 9	七 4 7
八 5 6	一 7 4 向山	三 9 2
四 1 1	六 3 8	二 8 3

　　此式旺星會於東北，東北有山，當運旺丁，東北有水，當運發財，西方有山，二運旺丁，南方有水，二運發財，西北有山，三運旺丁，北方有水，三運發財，東南有山，四運丁平，西南有水，四運發財，東南有山，五運旺丁，東方有水，五運發財，東方有山，六運旺丁，東南有水，六運發財，西南有山，七運旺丁，西北有水，七運財平，北方有山，八運旺丁，西北有水，八運發財，南方有山，九運旺丁，西方有水，九運發財。

對照 4　一運 艮山坤向 / 寅山申向

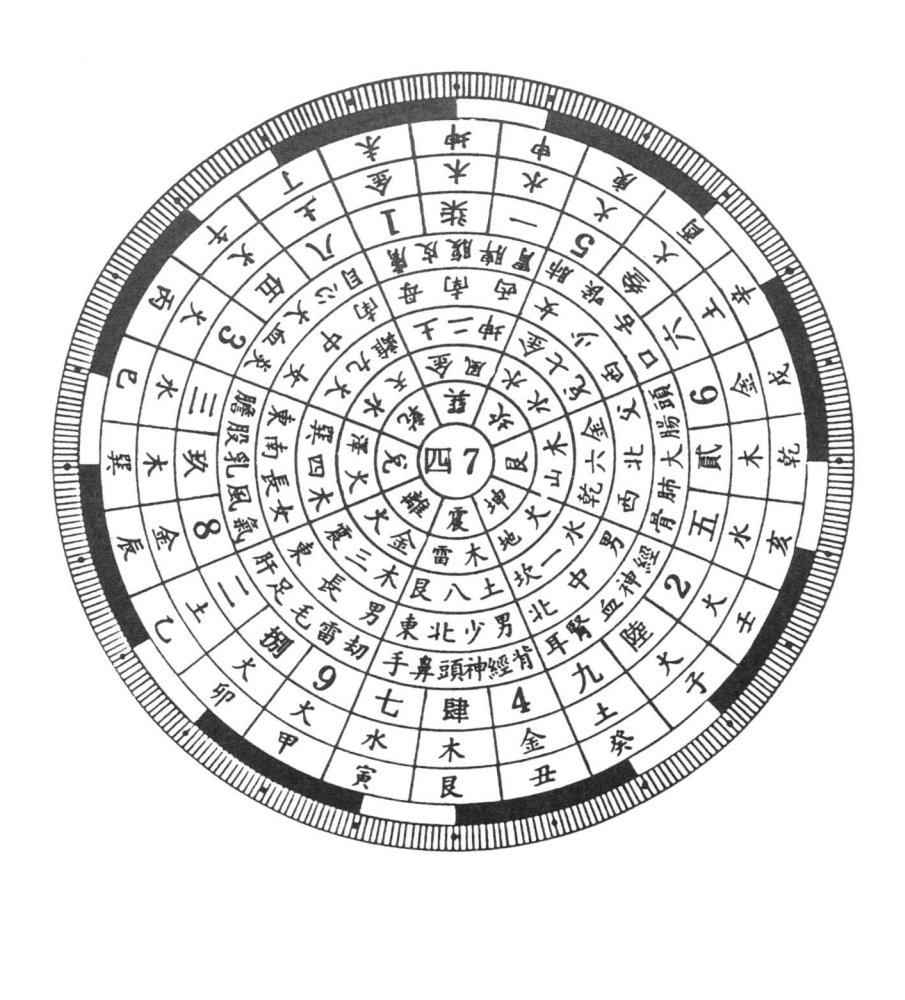

公式 4　一運艮寅山、坤申向

```
   九          五          七
  8 3         3 8         1 1

   八          一          三
  9 2         7 4         5 6
              向山

   四          六          二
  4 7         2 9         6 5
```

　　此式旺星會於西南，西南有山，當運旺丁，西南有水，當運發財，東方有山，二運旺丁，北方有水，二運發財，東南有山，三運旺丁，南方有水，三運發財，西北有山，四運丁平，東北有水，四運發財，西北有山，五運旺丁，西方有水，五運發財，西方有山，六運旺丁，西北有水，六運發財，東北有山，七運旺丁，東南有水，七運財平，南方有山，八運旺丁，東南有水，八運發財，北方有山，九運旺丁，東方有水，九運發財。

對照 5　一運甲山庚向

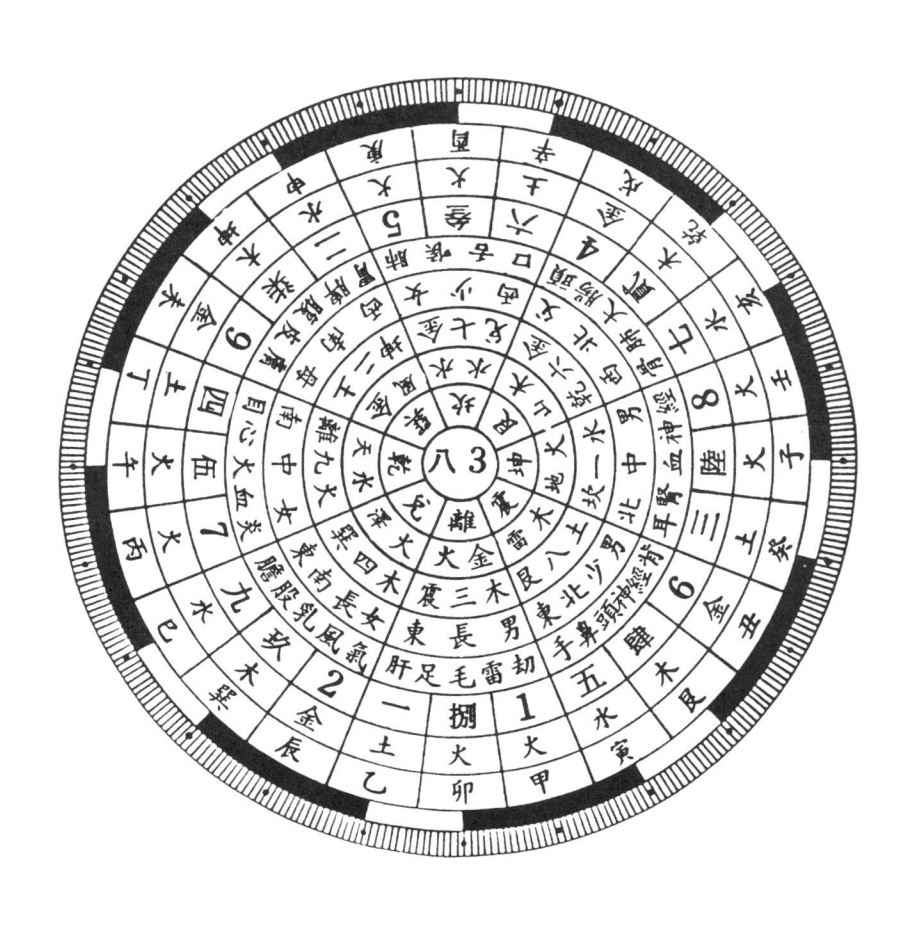

公式 5　一運甲山、庚向

九 2 9	五 7 4	七 9 2
八 1 1	一 3 8 向山	三 5 6
四 6 5	六 8 3	二 4 7

　　此式旺星會於東方，東方有山，當運旺丁，東方有水，當運發財，西南有山，二運旺丁，東南有水，二運發財，北方有山，三運旺丁，西北有水，三運財平，南方有山，四運旺丁，西北有水，四運發財，東北有山，五運旺丁，西方有水，五運發財，西方有山，六運旺丁，東北有水，六運發財，西北有山，七運旺丁，南方有水，七運發財，東南有山，八運丁平，北方有水，八運發財，東南有山，九運旺丁，西南有水，九運發財。

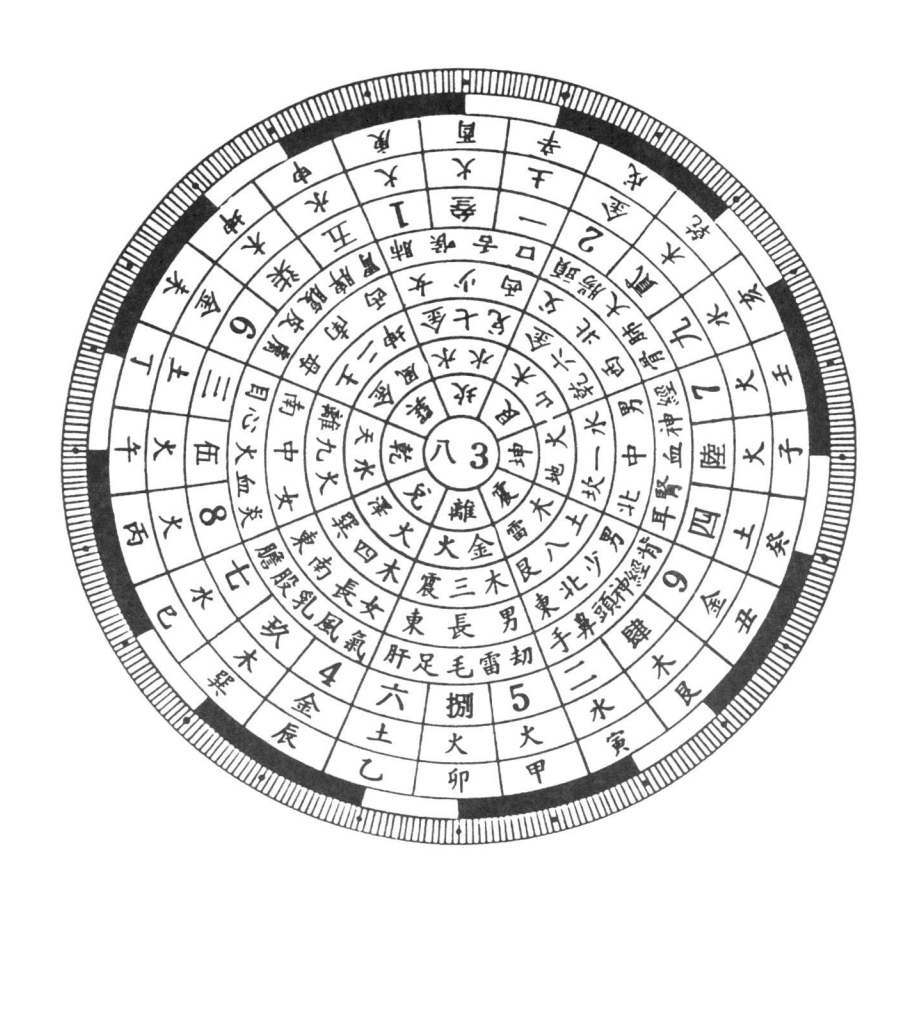

對照 6　一運 卯乙 山 酉辛 向

公式 6　一運卯乙山、酉辛向

九 4 7	五 8 3	七 6 5
八 5 6	一 3 8 向山	三 1 1
四 9 2	六 7 4	二 2 9

　　此式旺星會於西方，西方有山，當運旺丁，西方有水，當運發財，東北有山，二運旺丁，西北有水，二運發財，南方有山，三運旺丁，東南有水，三運財平，北方有山，四運旺丁，東南有水，四運發財，西南有山，五運旺丁，東方有水，五運發財，東方有山，六運旺丁，西南有水，六運發財，東南有山，七運旺丁，北方有水，七運發財，西北有山，八運丁平，南方有水，八運發財，西北有山，九運旺丁，東北有水，九運發財。

對照7 一運辰山戌向

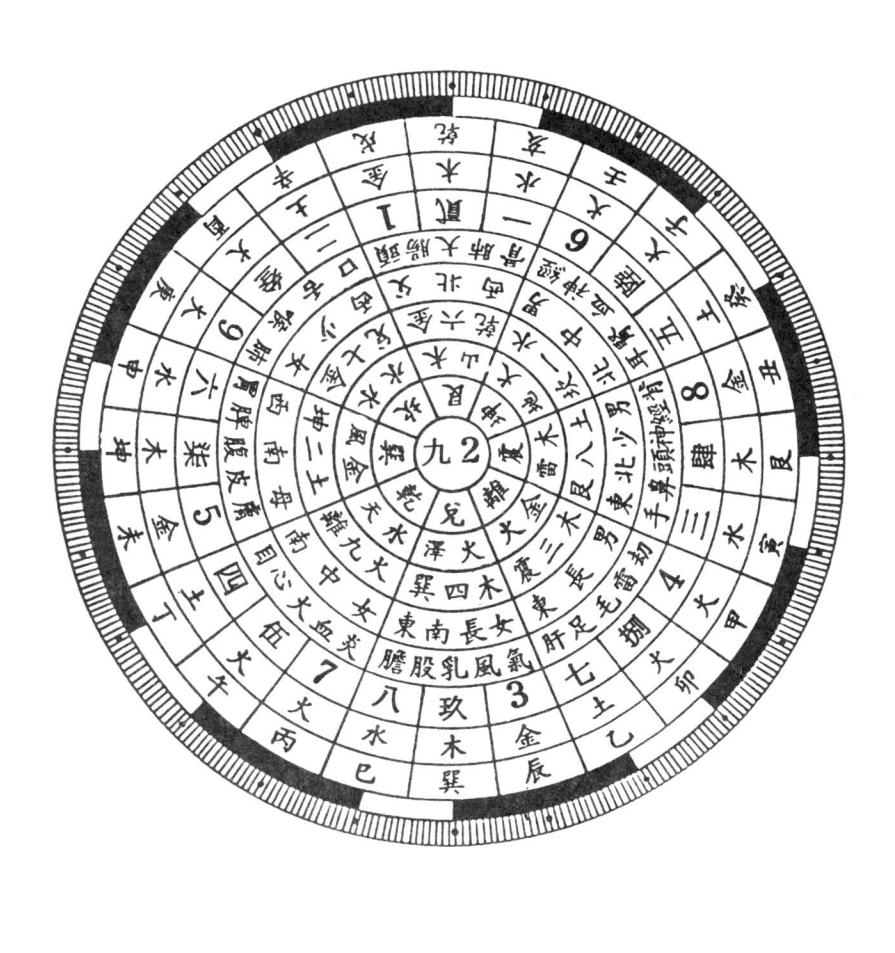

公式 7　一運辰山、戌向

九 3 8	五 7 4	七 5 6
八 4 7	一 2 9 向山	三 9 2
四 8 3	六 6 5	二 1 1

　　此式旺星會於西北，西北有山，當運旺丁，西北有水，當運發財，西方有山，二運旺丁，東南有水，二運財平，東北有山，三運旺丁，東南有水，三運發財，南方有山，四運旺丁，東方有水，四運發財，北方有山，五運旺丁，西南有水，五運發財，西南有山，六運旺丁，北方有水，六運發財，東方有山，七運旺丁，南方有水，七運發財，東南有山，八運旺丁，東北有水，八運發財，西北有山，九運丁平，西方有水，九運發財。

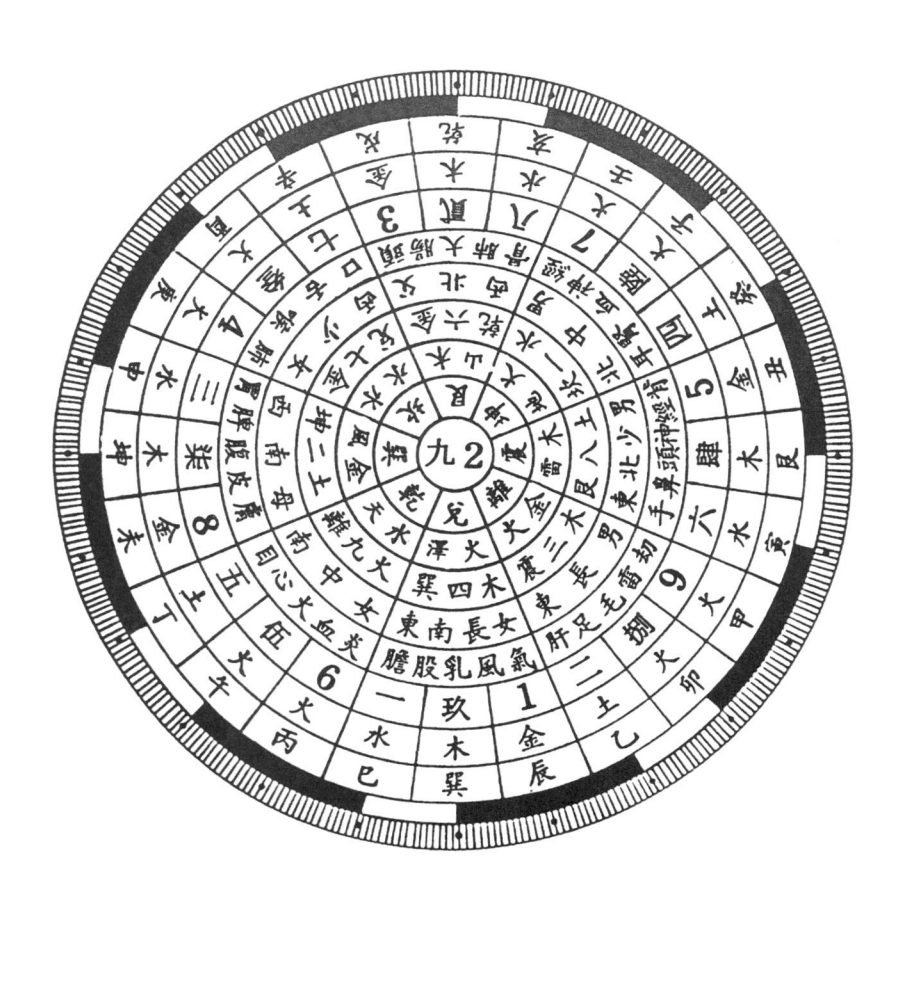

對照 8　一運 巽山乾向 / 巳山亥向

公式 8　一運巽巳山、乾亥向

九 1 1	五 6 5	七 8 3
八 9 2	一 2 9 向山	三 4 7
四 5 6	六 7 4	二 3 8

　　此式旺星會於東南，東南有山，當運旺丁，東南有水，當運發財，東方有山，二運旺丁，西北有水，二運財平，西南有山，三運旺丁，西北有水，三運發財，北方有山，四運旺丁，西方有水，四運發財，南方有山，五運旺丁，東北有水，五運發財，東北有山，六運旺丁，南方有水，六運發財，西方有山，七運旺丁，北方有水，七運發財，西北有山，八運旺丁，西南有水，八運發財，東南有山，九運丁平，東方有水，九運發財。

對照 9 一運丙山壬向

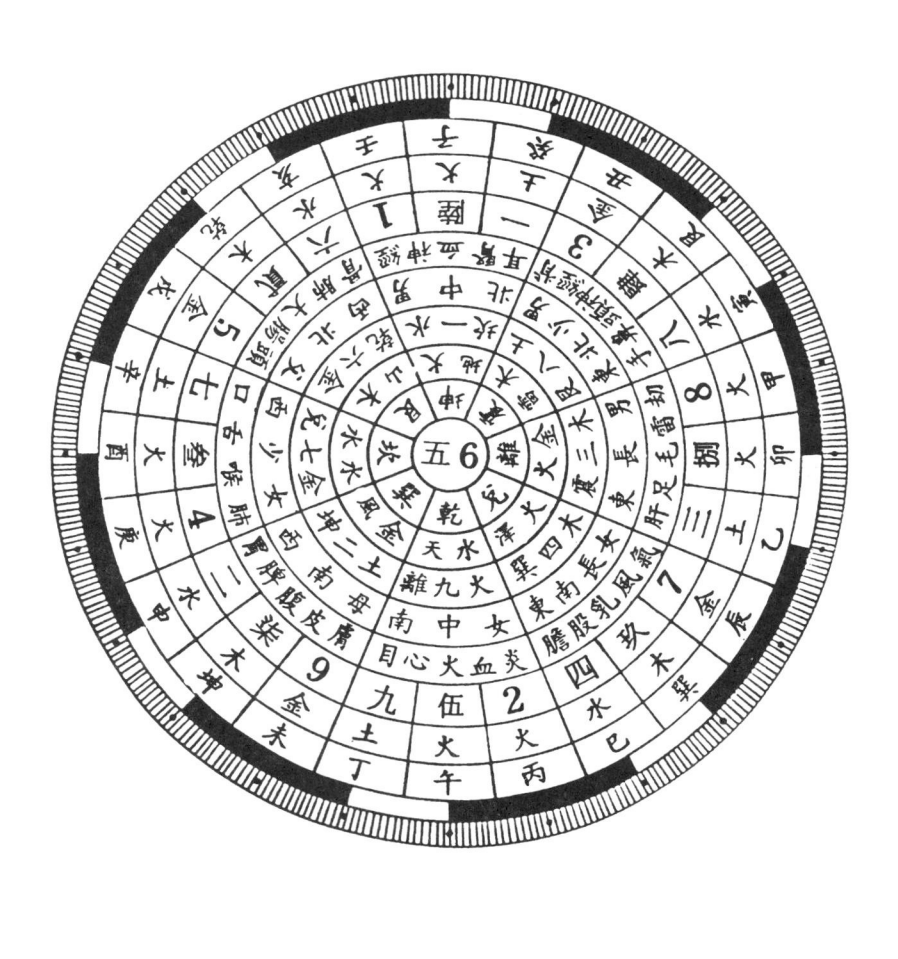

公式 9　一運丙山、壬向

九 7 4	五 2 9	七 9 2
八 8 3	一 6 5 向山	三 4 7
四 3 8	六 1 1	二 5 6

　　此式旺星會於北方，北方有山，當運旺丁，北方有水，當運發財，西南有山，二運旺丁，南方有水，二運發財，東方有山，三運旺丁，東北有水，三運發財，東南有山，四運旺丁，西方有水，四運發財，西北有山，五運丁平，西北有水，五運發財，西北有山，六運旺丁，東南有水，六運丁平，西方有山，七運旺丁，東南有水，七運發財，東北有山，八運旺丁，東方有水，八運發財，南方有山，九運旺丁，西南有水，九運發財。

對照 10　一運午山子向 / 丁山癸向

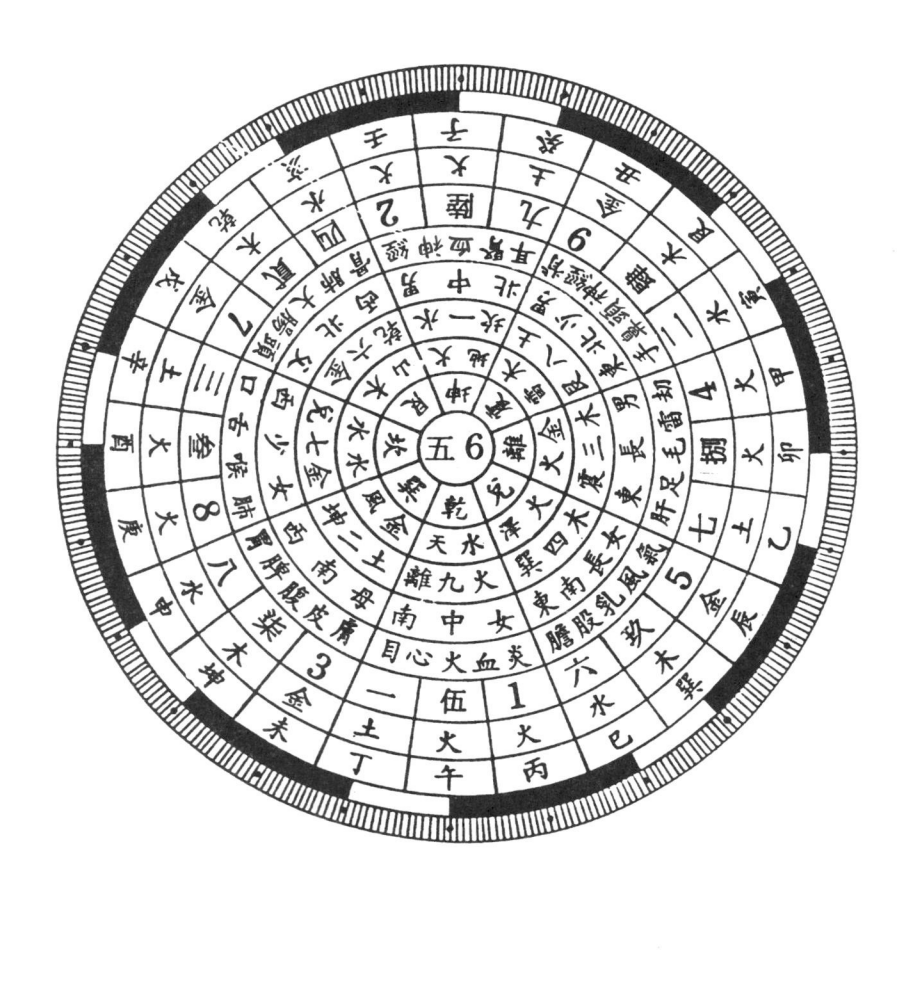

公式 10　一運午丁山、子癸向

九 5 6	五 1 1	七 3 8
八 4 7	一 6 5 向山	三 8 3
四 9 2	六 2 9	二 7 4

　　此式旺星會於南方，南方有山，當運旺丁，南方有水，當運發財，東北有山，二運旺丁，北方有水，二運發財，西方有山，三運旺丁，西南有水，三運發財，西北有山，四運旺丁，東方有水，四運發財，東南有山，五運丁平，東南有水，五運發財，東南有山，六運旺丁，西北有水，六運財平，東方有山，七運旺丁，西北有水，七運發財，西南有山，八運旺丁，西方有水，八運發財，北方有山，九運旺丁，東北有水，九運發財。

126　精髓陰陽絕學

對照 11　一運未山丑向

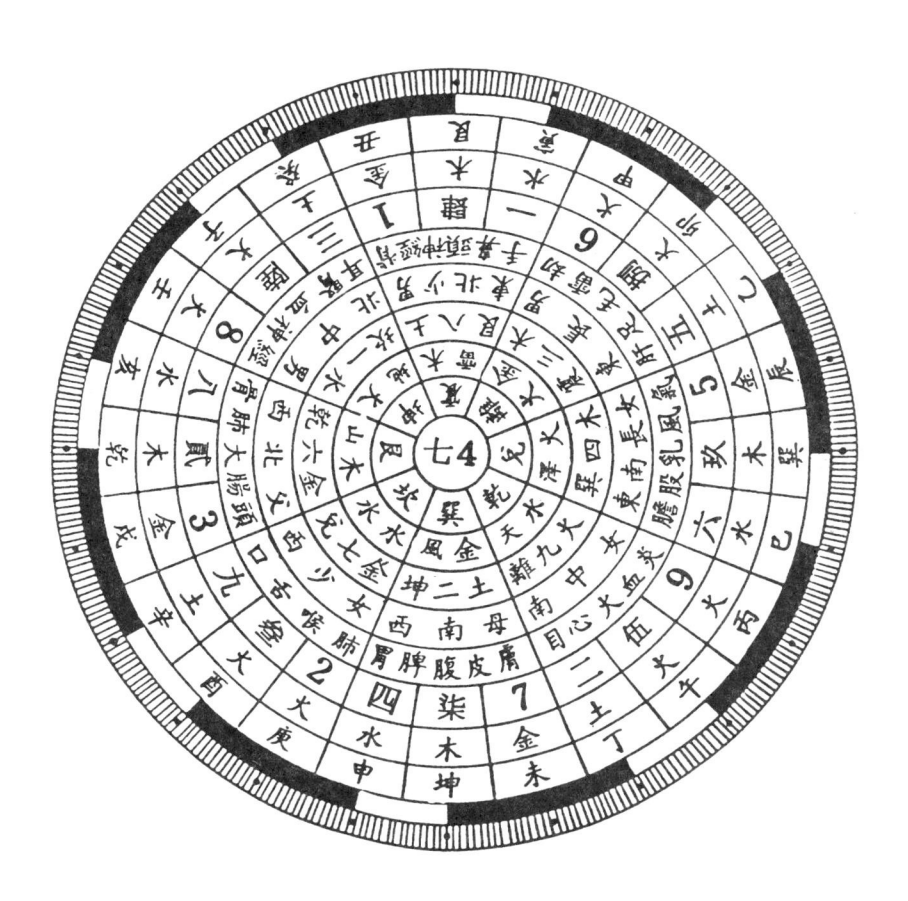

公式 11　一運未山、丑向

九 5 6	五 9 2	七 7 4
八 6 5	一 4 7 向山	三 2 9
四 1 1	六 8 3	二 3 8

　　此式旺星會於東北，東北有山，當運旺丁，東北有水，當運發財，南方有山，二運旺丁，西方有水，二運發財，北方有山，三運旺丁，西北有水，三運發財，西南有山，四運旺丁，東南有水，四運財平，東方有山，五運旺丁，東南有水，五運發財，東南有山，六運旺丁，東方有水，六運發財，西北有山，七運丁平，西南有水，七運發財，西北有山，八運旺丁，北方有水，八運發財，西方有山，九運旺丁，南方有水，九運發財。

128　精髓陰陽絕學

對照 12　一運 坤申山 艮寅向

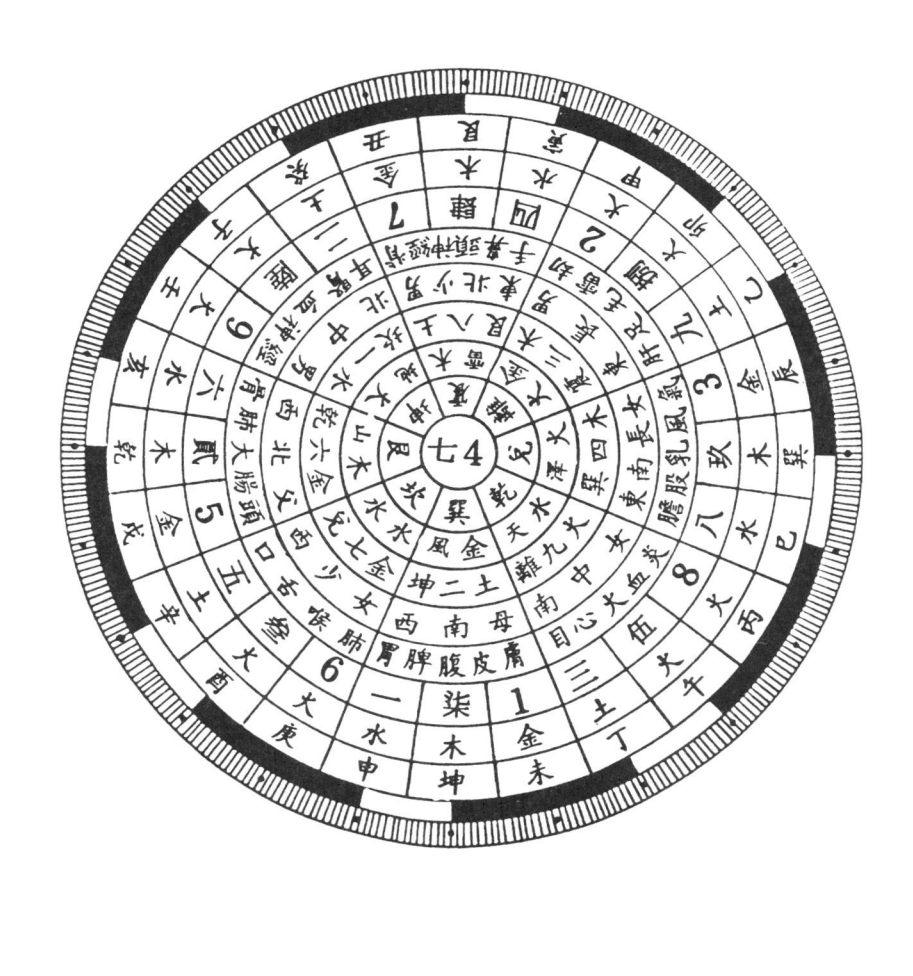

公式 12　一運坤申山、艮寅向

九 3 8	五 8 3	七 1 1
八 2 9	一 4 7 向山	三 6 5
四 7 4	六 9 2	二 5 6

　　此式旺星會於西南，西南有山，當運旺丁，西南有水，當運發財，北方有山，二運旺丁，東方有水，二運發財，南方有山，三運旺丁，東南有水，三運發財，東北有山，四運旺丁，西北有水，四運丁平，西方有山，五運旺丁，西北有水，五運發財，西北有山，六運旺丁，西方有水，六運發財，東南有山，七運丁平，東北有水，七運發財，東南有山，八運旺丁，南方有水，八運發財，東方有山，九運旺丁，北方有水，九運發財。

130　精髓陰陽絕學

對照 13　一運庚山甲向

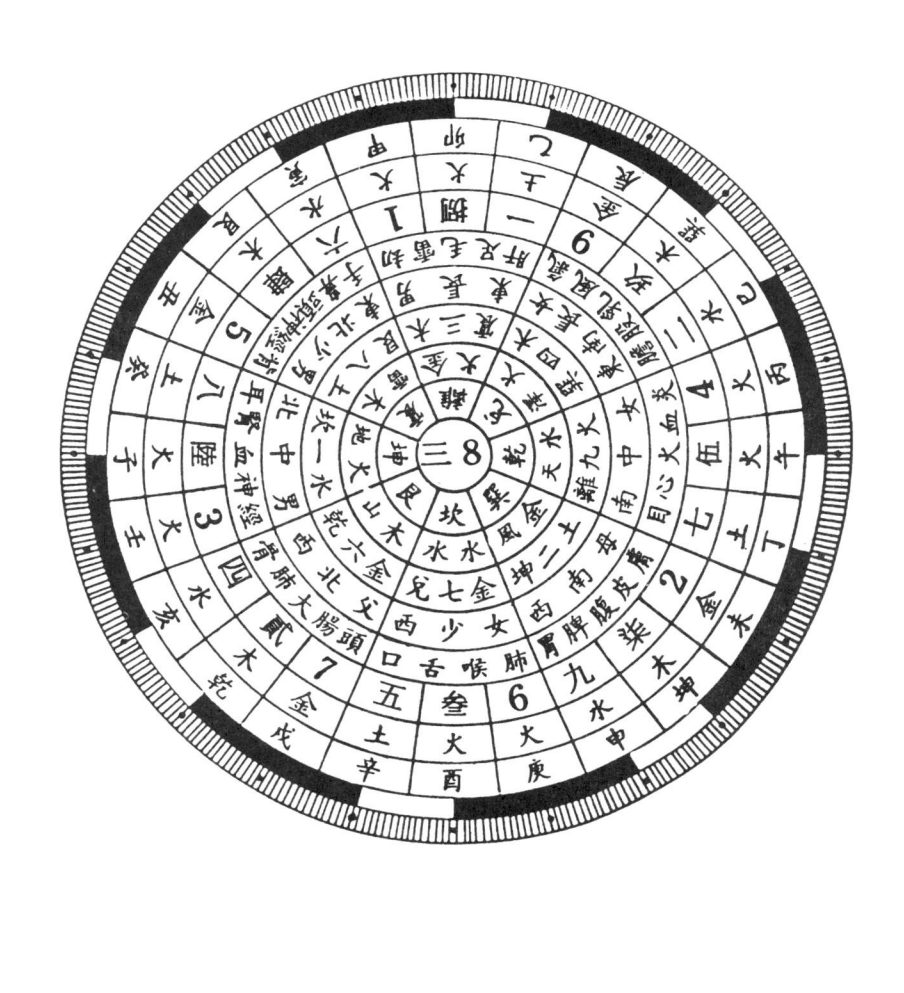

公式 13　一運庚山、甲向

九 9 2	五 4 7	七 2 9
八 1 1	一 8 3 向山	三 6 5
四 5 6	六 3 8	二 7 4

　　此式旺星會於東方，東方有山，當運旺丁，東方有水，當運發財，東南有山，二運旺丁，西南有水，二運發財，西北有山，三運財平，北方有水，三運發財，西北有山，四運旺丁，南方有水，四運發財，西方有山，五運旺丁，東北有水，五運發財，東北有山，六運旺丁，西方有水，六運發財，南方有山，七運旺丁，西北有水，七運發財，北方有山，八運旺丁，東南有水，八運財平，西南有山，九運旺丁，東南有水，九運發財。

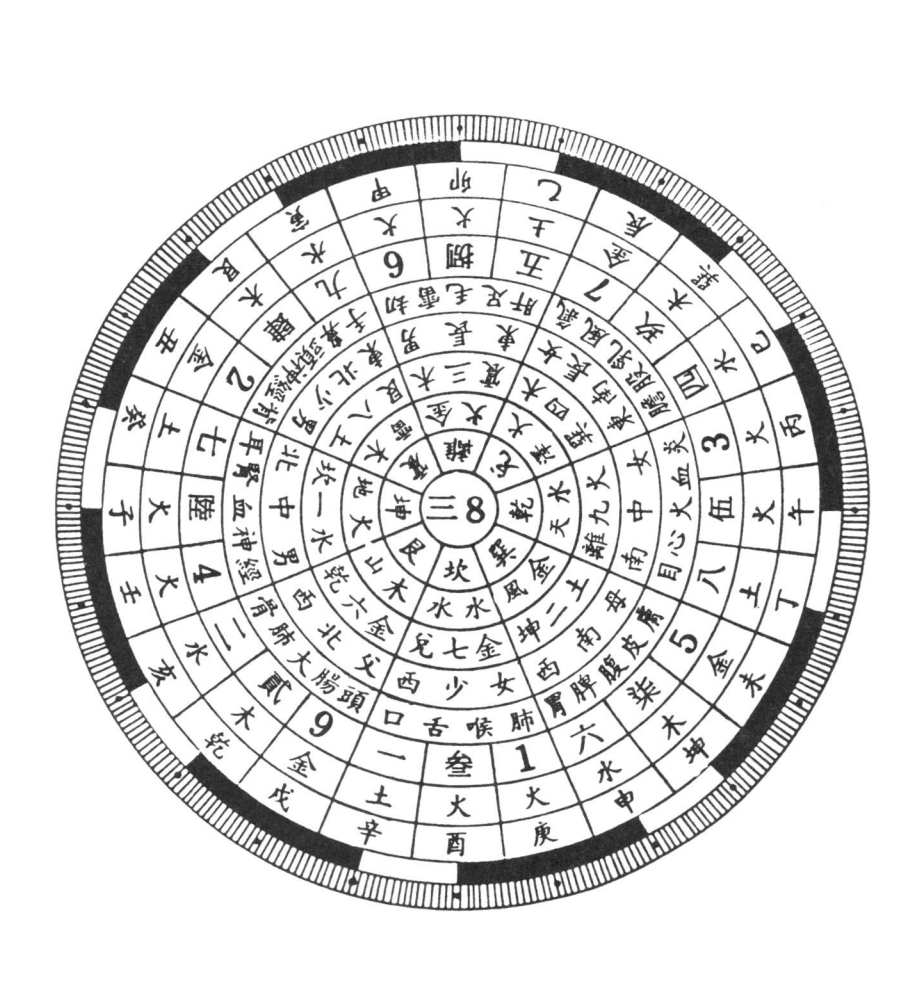

對照 14　一運 酉辛山 卯乙向

公式 14　一運酉辛山、卯乙向

九 7 4	五 3 8	七 5 6
八 6 5	一 8 3 向山	三 1 1
四 2 9	六 4 7	二 9 2

　　此式旺星會於西方，西方有山，當運旺丁，西方有水，當運發財，西北有山，二運旺丁，東北有水，二運發財，東南有山，三運丁平，南方有水，三運發財，東南有山，四運旺丁，北方有水，四運發財，東方有山，五運旺丁，西南有水，五運發財，西南有山，六運旺丁，東方有水，六運發財，北方有山，七運旺丁，東南有水，七運發財，南方有山，八運旺丁，西北有水，八運財平，東北有山，九運旺丁，西北有水，九運發財。

對照 15　一運戌山辰向

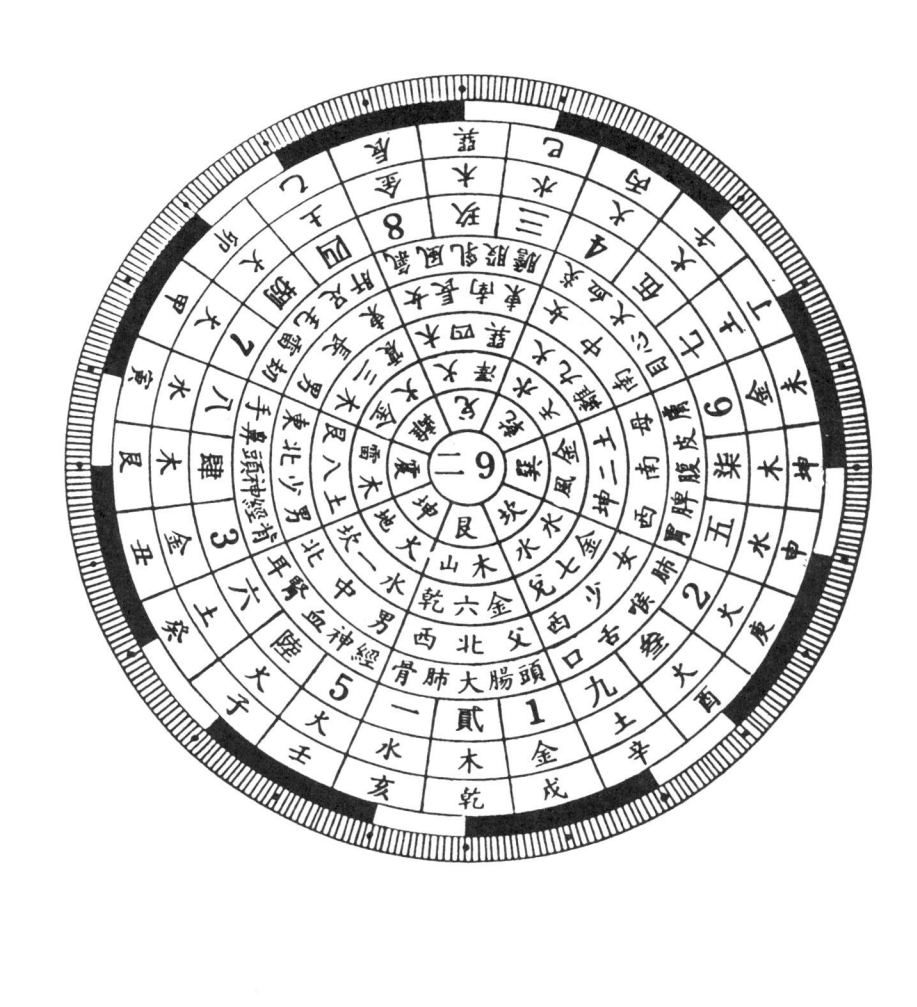

公式 15　一運戌山、辰向

九	五	七
8 3	4 7	6 5
八	一	三
7 4	9 2　向山	2 9
四	六	二
3 8	5 6	1 1

　　此式旺星會於西北，西北有山，當運旺丁，西北有水，當運發財，東南有山，二運丁平，西方有水，二運發財，東南有山，三運旺丁，東北有水，三運發財，東方有山，四運旺丁，南方有水，四運發財，西南有山，五運旺丁，北方有水，五運發財，北方有山，六運旺丁，西南有水，六運發財，南方有山，七運旺丁，東方有水，七運發財，東北有山，八運旺丁，東南有水，八運發財，西方有山，九運旺丁，西北有水，九運丁平。

136　精髓陰陽絕學

對照 16　一運 乾亥山 巽巳向

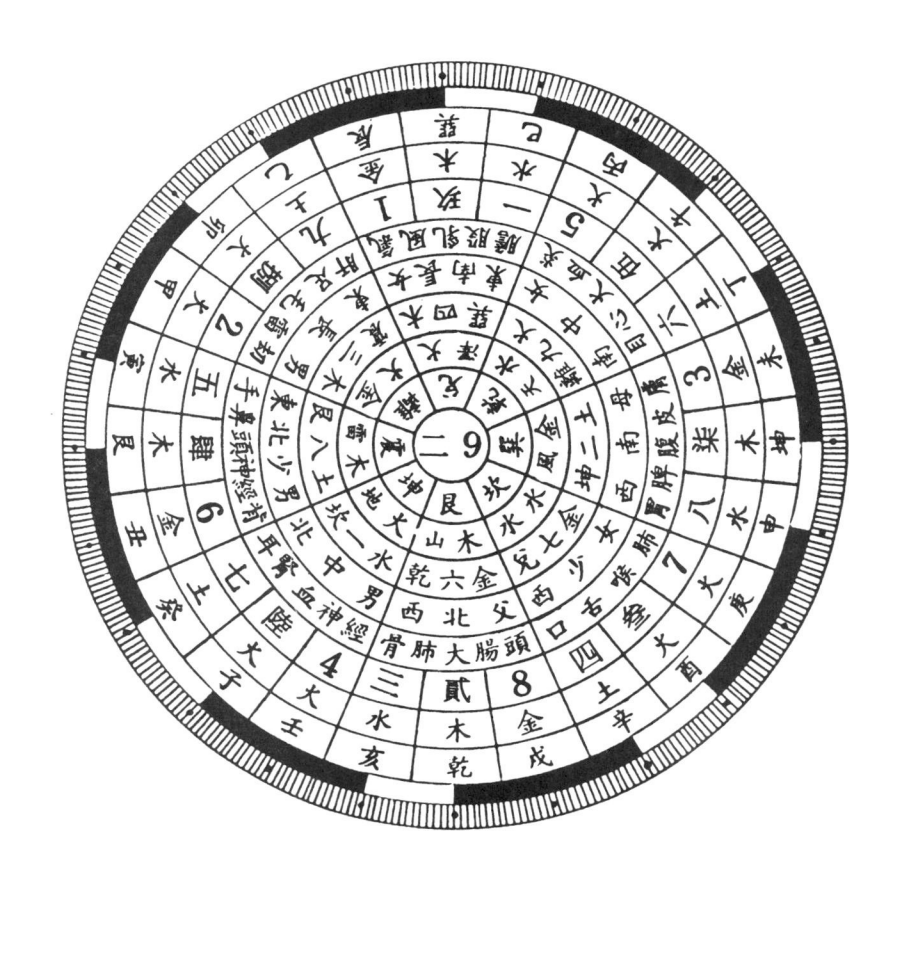

公式 16　一運乾亥山、巽巳向

九 1 1	五 5 6	七 3 8
八 2 9	一 9 2 向山	三 7 4
四 6 5	六 4 7	二 8 3

　　此式旺星會於東南，東南有山，當運旺丁，東南有水，當運發財，西北有山，二運丁平，東方有水，二運發財，西北有山，三運旺丁，西南有水，三運發財，西方有山，四運旺丁，北方有水，四運發財，東北有山，五運旺丁，南方有水，五運發財，南方有山，六運旺丁，東北有水，六運發財，北方有山，七運旺丁，西方有水，七運發財，西南有山，八運旺丁，西北有水，八運發財，東方有山，九運旺丁，東南有水，九運財平。

對照 17　二運壬山丙向

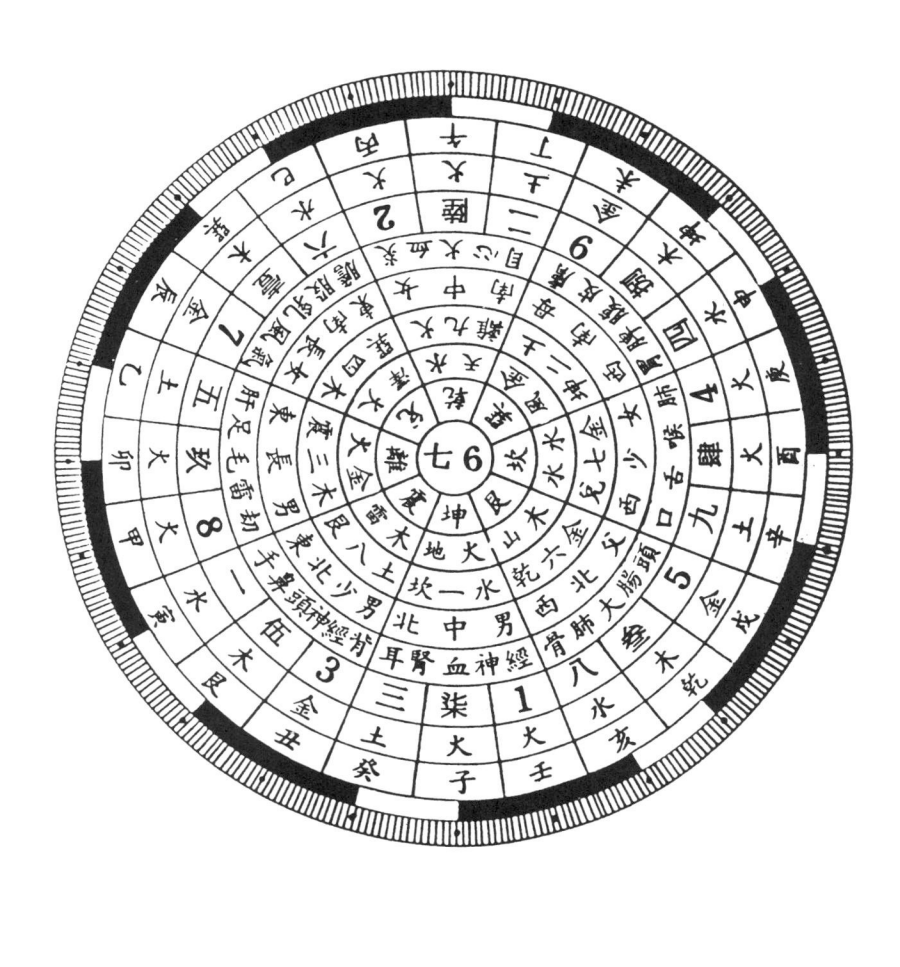

公式 17　二運壬山、丙向

一 7 6	六 2 2	八 9 4
九 8 5	二 6 7 向山	四 4 9
五 3 1	七 1 3	三 5 8

　　此式旺星會於南方，南方有山，當運旺丁，南方有水，當運發財。北方有山，三運旺丁，東北有水，三運發財。西南有山，四運旺丁，西方有水，四運發財。東方有山，五運旺丁，西北有水，五運發財。東南有山，六運旺丁，東南有水，六運財平。西北有山，七運丁平，東南有水，七運發財。西北有山，八運旺丁，東方有水，八運發財。西方有山，九運旺丁，西南有水，九運發財。東北有山，一運旺丁，北方有水，一運發財。

140　精髓陰陽絕學

對照 18　二運 子山午向 / 癸山丁向

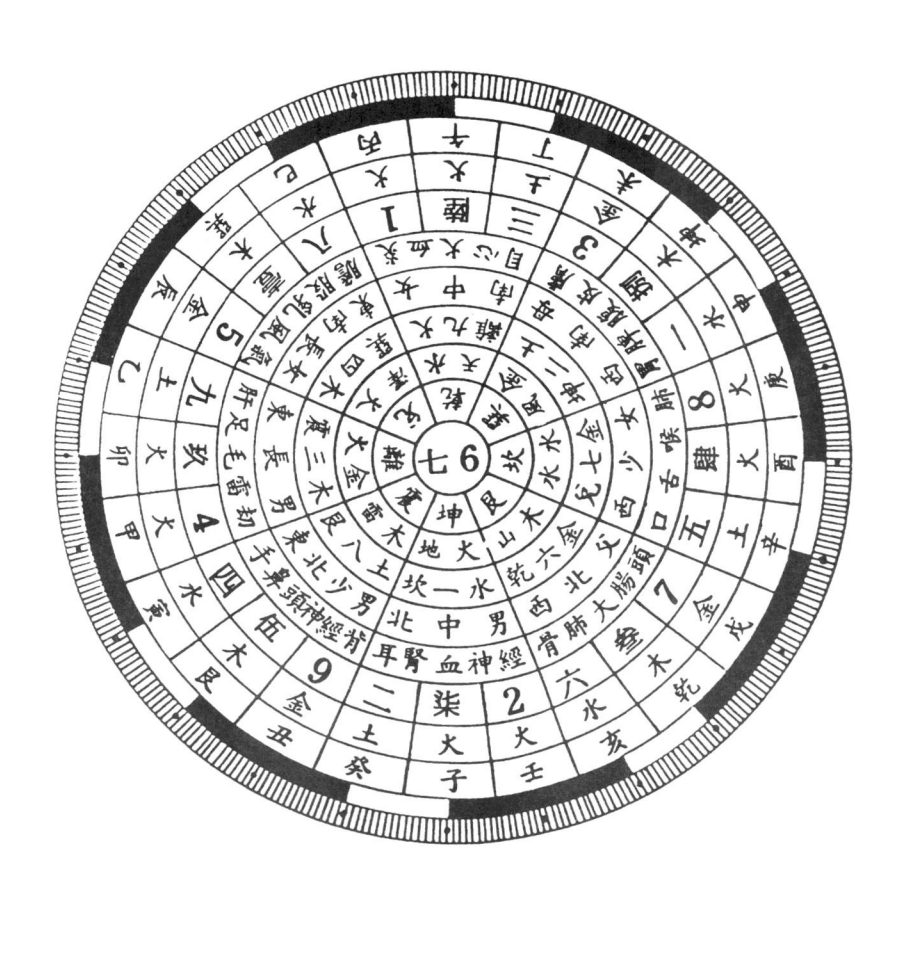

公式 18　二運子癸山、午丁向

```
　一　　　　六　　　　八
　5 8　　　 1 3　　　 3 1

　九　　　　二　　　　四
　4 9　　　 6 7　　　 8 5
　　　　　　向山

　五　　　　七　　　　三
　9 4　　　 2 2　　　 7 6
```

　　此式旺星會於北方，北方有山，當運旺丁，北方有水，當運發財。南方有山，三運旺丁，西南有水，三運發財。東北有山，四運旺丁，東方有水，四運發財。西方有山，五運旺丁，東南有水，五運發財。西北有山，六運旺丁，西北有水，六運財平。東南有山，七運丁平，西北有水，七運發財。東南有山，八運旺丁，西方有水，八運發財。東方有山，九運旺丁，東北有水，九運發財。西南有山，一運旺丁，南方有水，一運發財。

142　精髓陰陽絕學

對照 19　二運丑山未向

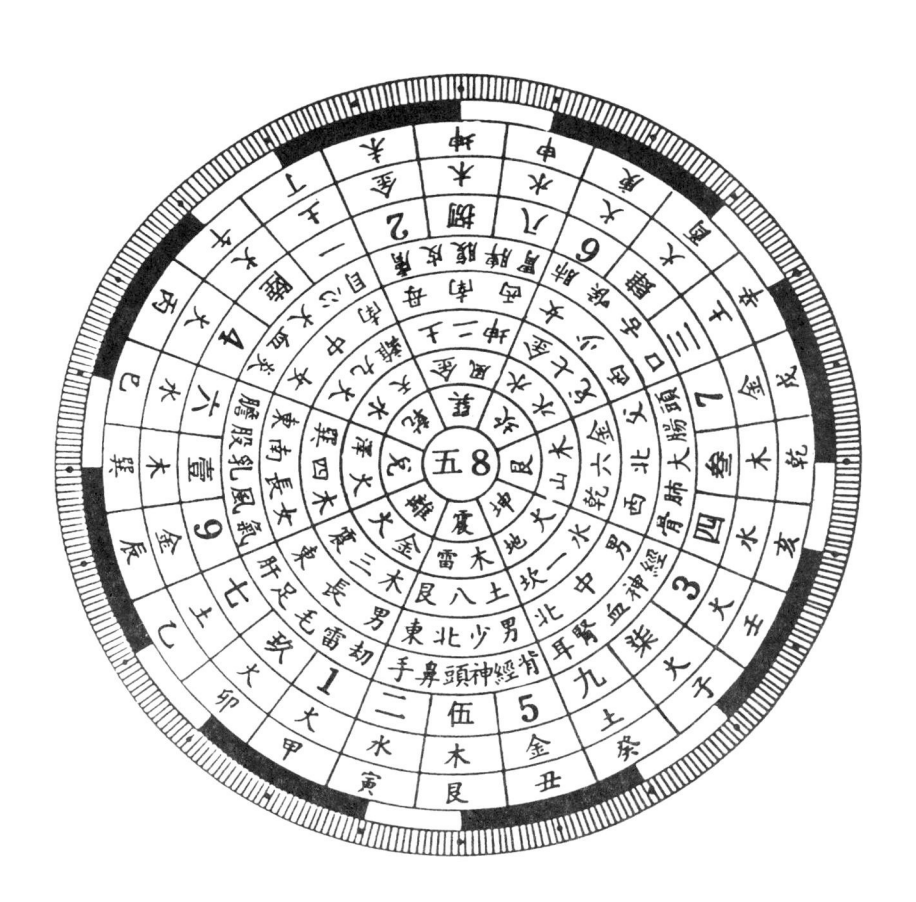

公式 19　二運丑山、未向

一 9 6	六 4 1	八 2 8
九 1 7	二 8 5 向山	四 6 3
五 5 2	七 3 9	三 7 4

　　此式旺星到山到向，東北有山，當運旺丁，西南有水，當運發財。西方有山，三運旺丁，北方有水，三運發財。西北有山，四運旺丁，南方有水，四運發財。東南有山，五運丁平，東北有水，五運發財。東南有山，六運旺丁，西方有水，六運發財。東方有山，七運旺丁，西北有水，七運發財。西南有山，八運旺丁，東南有水，八運財平。北方有山，九運旺丁，東南有水，九運發財。南方有山，一運旺丁，東方有水，一運發財。

144　精髓陰陽絕學

對照 20　二運 艮山 坤向
　　　　　　　寅山 申向

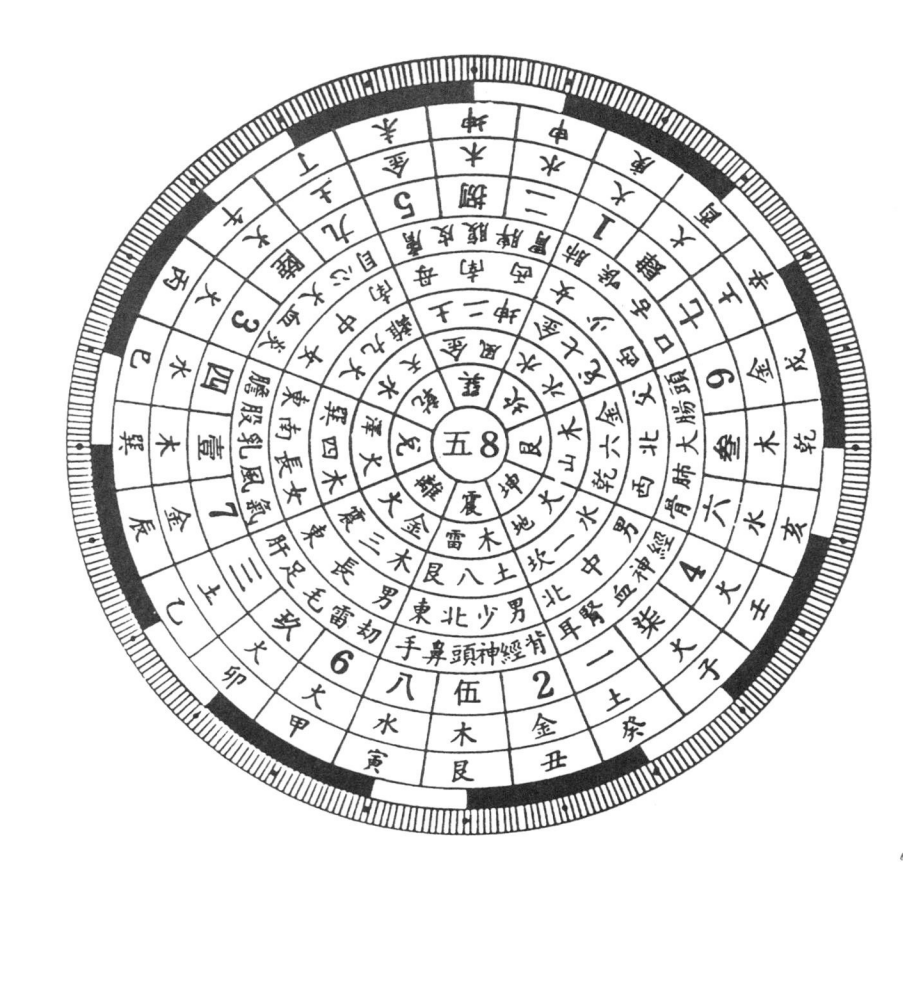

公式 20　二運艮寅山、坤申向

一 7 4	六 3 9	八 5 2
九 6 3	二 8 5 向山	四 1 7
五 2 8	七 4 1	三 9 6

　　此式旺星上山下水，西南有山，當運旺丁，東北有水，當運發財。東方有山，三運旺丁，南方有水，三運發財。東南有山，四運旺丁，北方有水，四運發財。西北有山，五運丁平，西南有水，五運發財。西北有山，六運旺丁，東方有水，六運發財。西方有山，七運旺丁，東南有水，七運發財。東北有山，八運旺丁，西北有水，八運丁平。南方有山，九運旺丁，西北有水，九運發財。北方有山，一運旺丁，西方有水，一運發財。

對照 21　二運甲山庚向

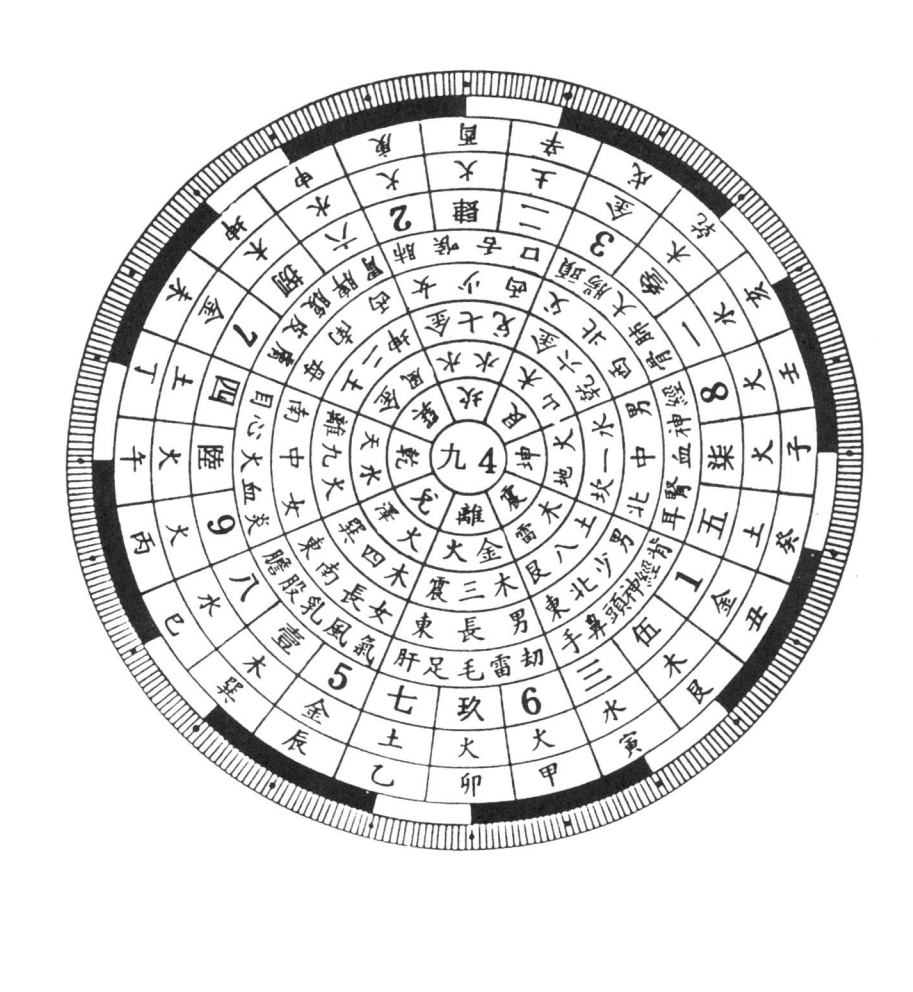

公式 21　二運甲山、庚向

一 5 8	六 9 4	八 7 6
九 6 7	二 4 9 向山	四 2 2
五 1 3	七 8 5	三 3 1

　　此式旺星會於西方，西方有山，當運旺丁，西方有水，當運發財。東北有山，三運旺丁，西北有水，三運發財。南方有山，四運旺丁，東南有水，四運財平。北方有山，五運旺丁，東南有水，五運發財。西南有山，六運旺丁，東方有水，六運發財。東方有山，七運旺丁，西南有水，七運發財。東南有山，八運旺丁，北方有水，八運發財。西北有山，九運丁平，南方有水，九運發財。西北有山，一運旺丁，東北有水，一運發財。

148 精髓陰陽絕學

對照 22　二運 卯山酉向 / 乙山辛向

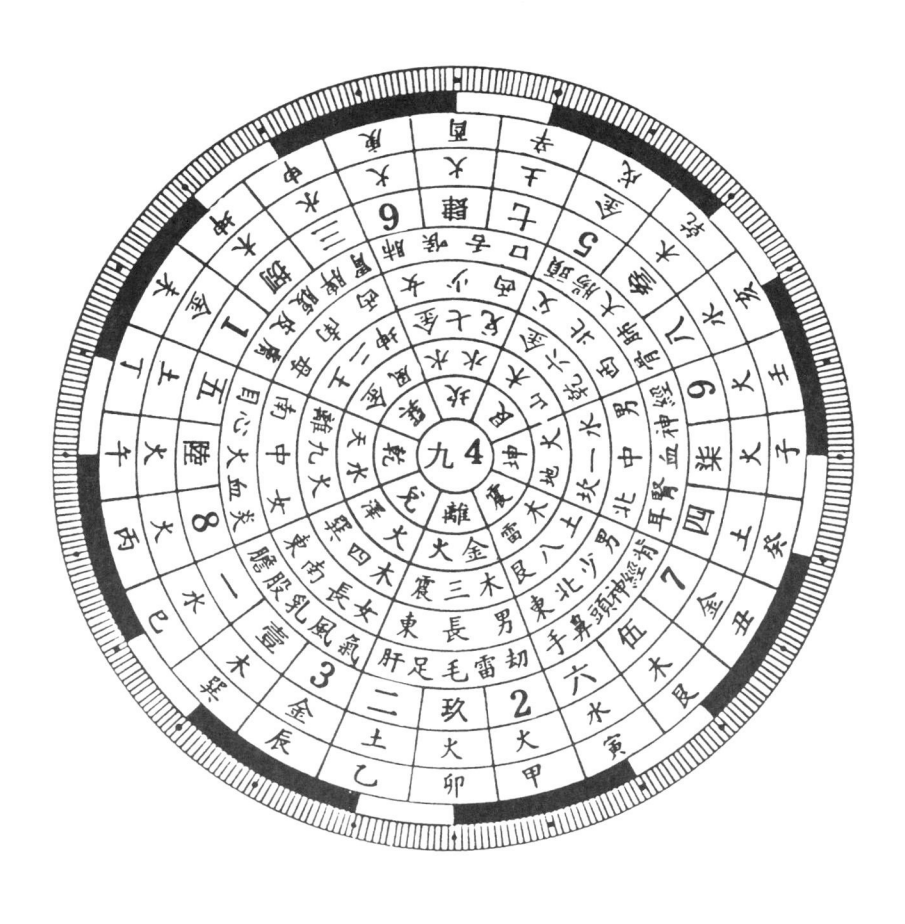

公式 22　二運卯乙山、西辛向

一 3 1	六 8 5	八 1 3
九 2 2	二 4 9 向山	四 6 7
五 7 6	七 9 4	三 5 8

　　此式旺星會於東方，東方有山，當運旺丁，東方有水，當運發財。西南有山，三運旺丁，東南有水，三運發財。北方有山，四運旺丁，西北有水，四運丁平。南方有山，五運旺丁，西北有水，五運發財。東北有山，六運旺丁，西方有水，六運發財。西方有山，七運旺丁，東北有水，七運發財。西北有山，八運旺丁，南方有水，八運發財。東南有山，九運丁平，北方有水，九運發財。東南有山，一運旺丁，西南有水，一運發財。

對照 23　二運辰山戌向

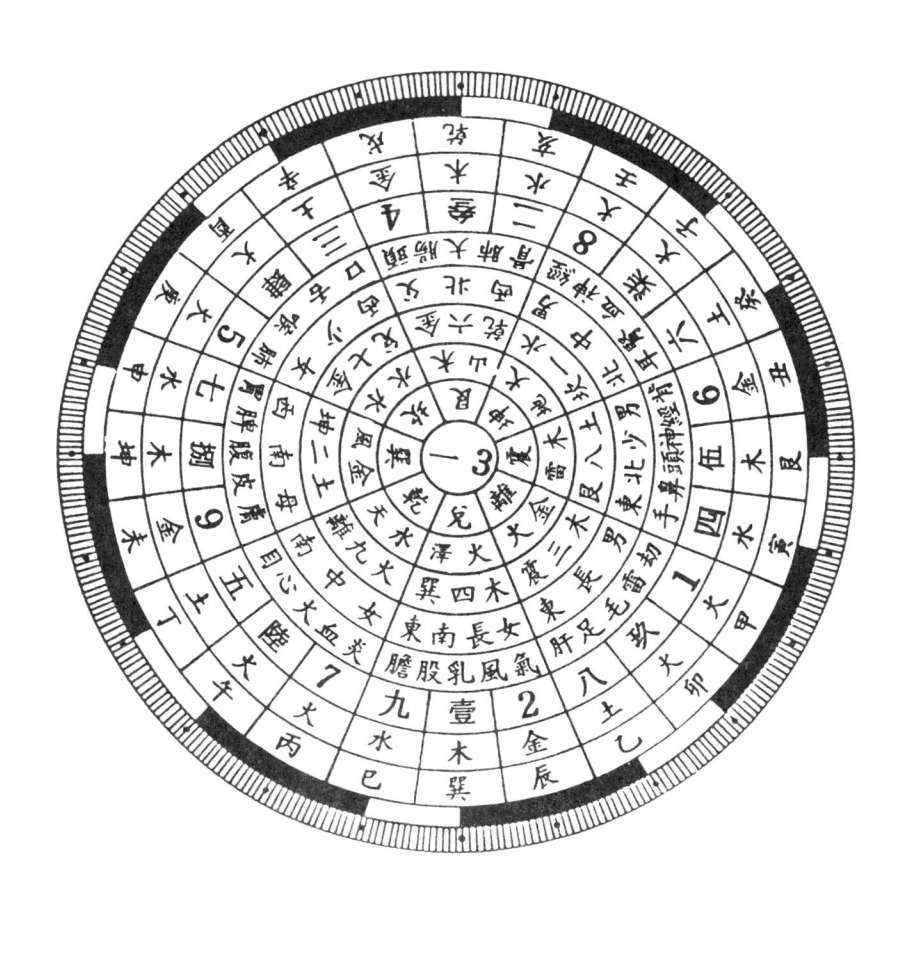

公式 23　二運辰山、戌向

一 2 9	六 7 5	八 9 7
九 1 8	二 3 1 向山	四 5 3
五 6 4	七 8 6	三 4 2

　　此式旺星上山下水，西北有山，當運旺丁，東南有水，當運發財。西方有山，三運旺丁，西北有水，三運財平。東北有山，四運旺丁，西北有水，四運發財。南方有山，五運旺丁，西方有水，五運發財。北方有山，六運旺丁，東北有水，六運發財。西南有山，七運旺丁，南方有水，七運發財。東方有山，八運旺丁，北方有水，八運發財。東南有山，九運旺丁，西南有水，九運發財。西北有山，一運丁平，東方有水，一運發財。

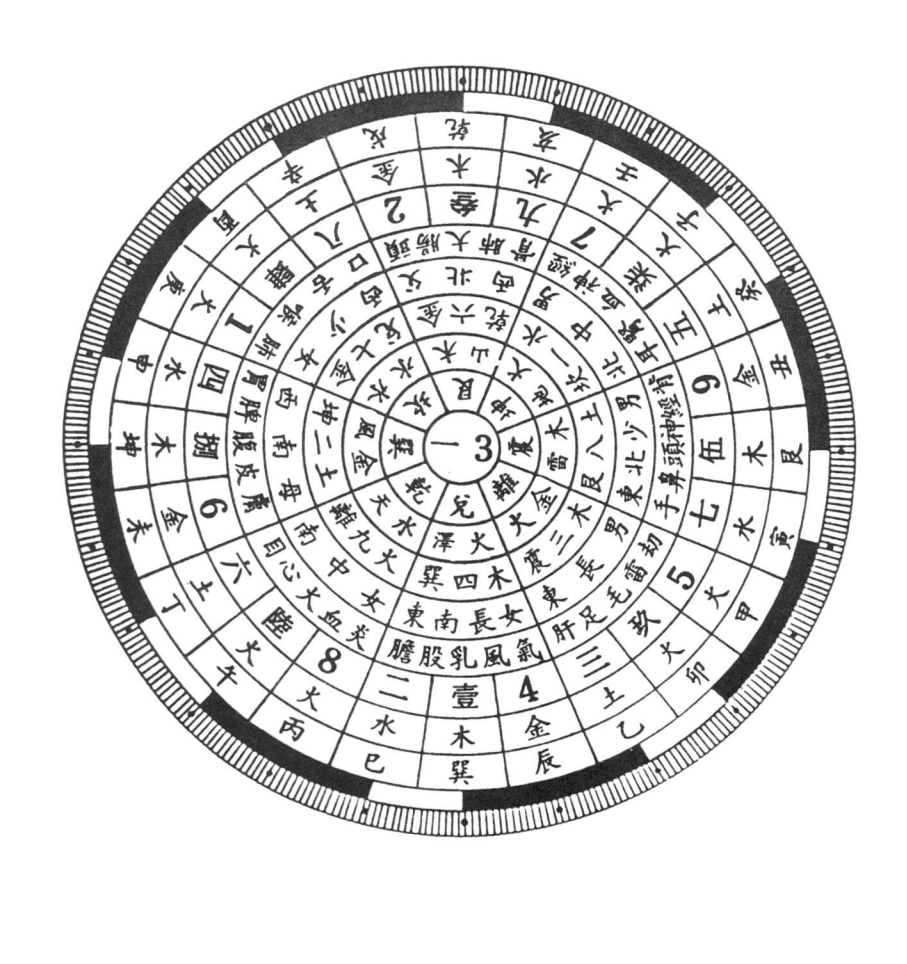

對照 24　二運 巽巳山 乾亥向

公式 24　二運巽巳山、乾亥向

一 4 2	六 8 6	八 6 4
九 5 3	二 3 1 向山	四 1 8
五 9 7	七 7 5	三 2 9

　　此式旺星到山到向，東南有山，當運旺丁，西北有水，當運發財。東方有山，三運旺丁，東南有水，三運財平。西南有山，四運旺丁，東南有水，四運發財。北方有山，五運旺丁，東方有水，五運發財。南方有山，六運旺丁，西南有水，六運發財。東北有山，七運旺丁，北方有水，七運發財。西方有山，八運旺丁，南方有水，八運發財。西北有山，九運旺丁，東北有水，九運發財。東南有山，一運丁平，西方有水，一運發財。

154 精髓陰陽絕學

對照 25　二運丙山壬向

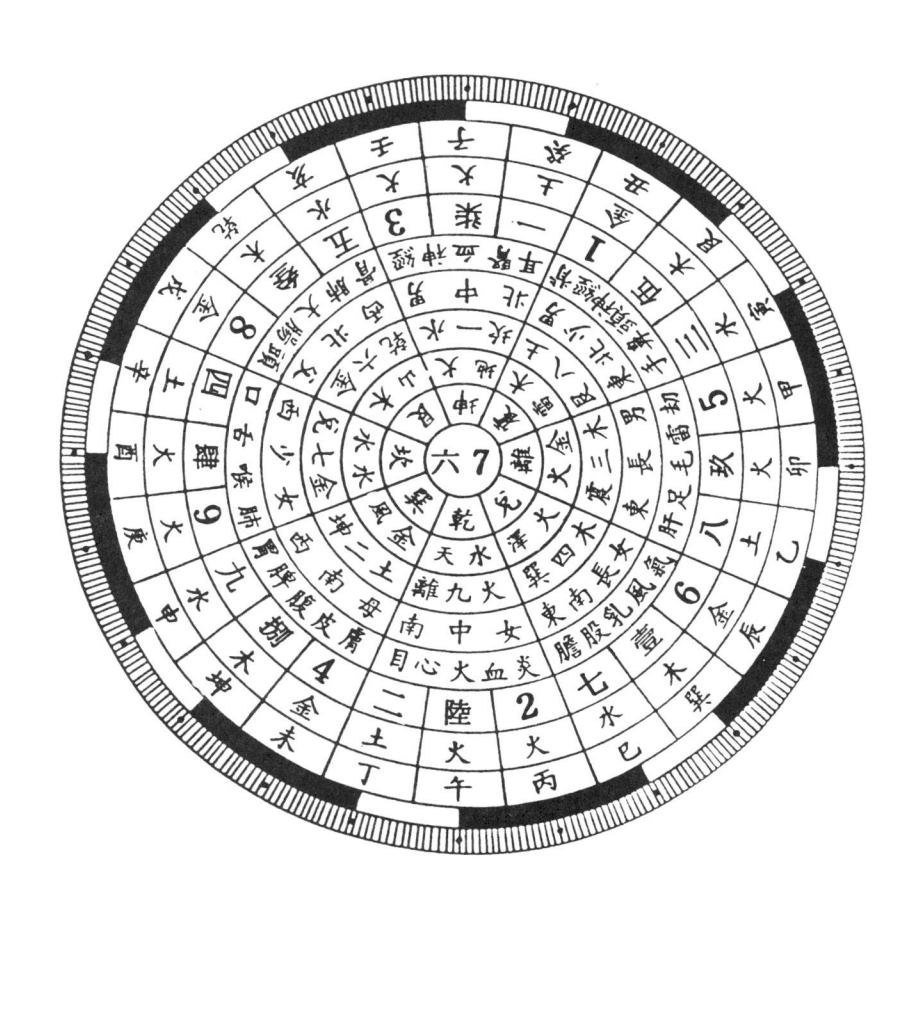

公式 25　二運丙山、壬向

```
   一            六            八
   6 7          2 2          4 9

   九            二            四
   5 8          7 6          9 4
                向山

   五            七            三
   1 3          3 1          8 5
```

　　此式旺星會於南方，南方有山，當運旺丁，南方有水，當運發財。東北有山，三運旺丁，北方有水，三運發財。西方有山，四運旺丁，西南有水，四運發財。西北有山，五運旺丁，東方有水，五運發財。東南有山，六運丁平，東南有水，六運發財。東南有山，七運旺丁，西北有水，七運財平。東方有山，八運旺丁，西北有水，八運發財。西南有山，九運旺丁，西方有水，九運發財。北方有山，一運旺丁，東北有水，一運發財。

對照 26　二運 午山子向 / 丁山癸向

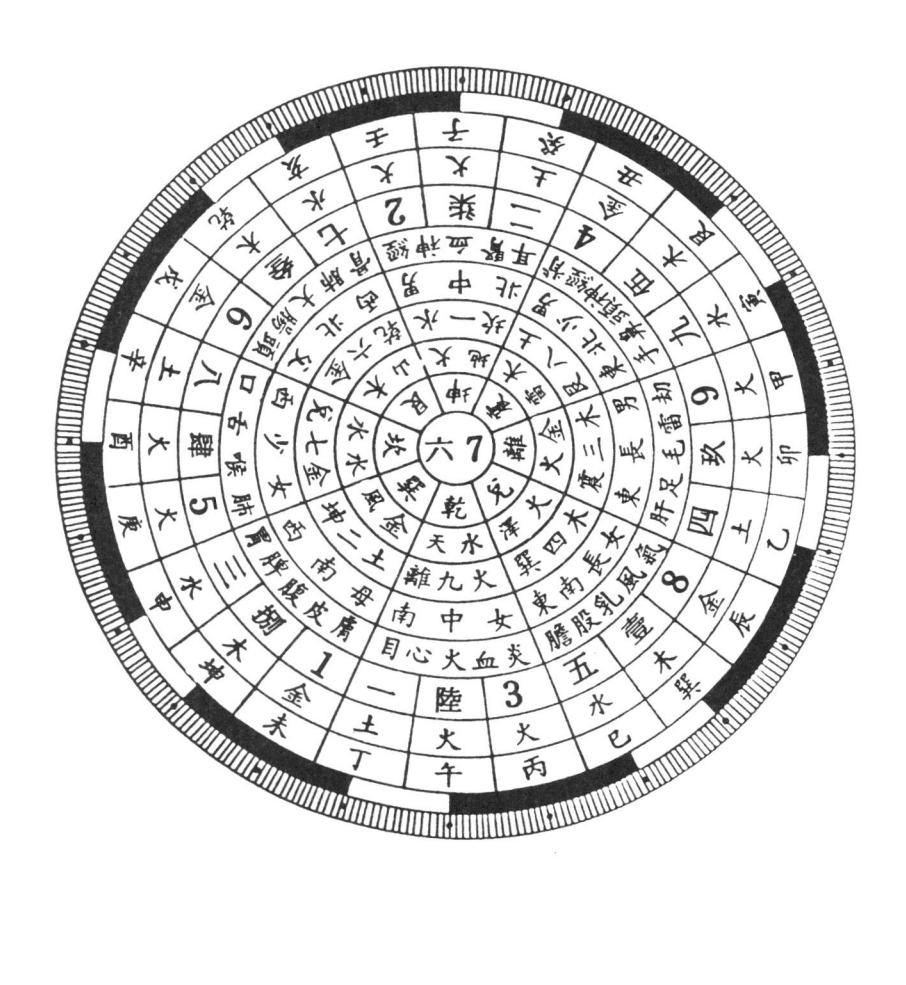

公式 26　二運午丁山、子癸向

一 8 5	六 3 1	八 1 3
九 9 4	二 7 6 向山	四 5 8
五 4 9	七 2 2	三 6 7

　　此式旺星會於北方，北方有山，當運旺丁，北方有水，當運發財。西南有山，三運旺丁，南方有水，三運發財。東方有山，四運旺丁，東北有水，四運發財。東南有山，五運旺丁，西方有水，五運發財。西北有山，六運丁平，西北有水，六運發財。西北有山，七運旺丁，東南有水，七運財平。西方有山，八運旺丁，東南有水，八運發財。東北有山，九運旺丁，東方有水，九運發財。南方有山，一運旺丁，西南有水，一運發財。

158　精髓陰陽絕學

對照 27　二運未山丑向

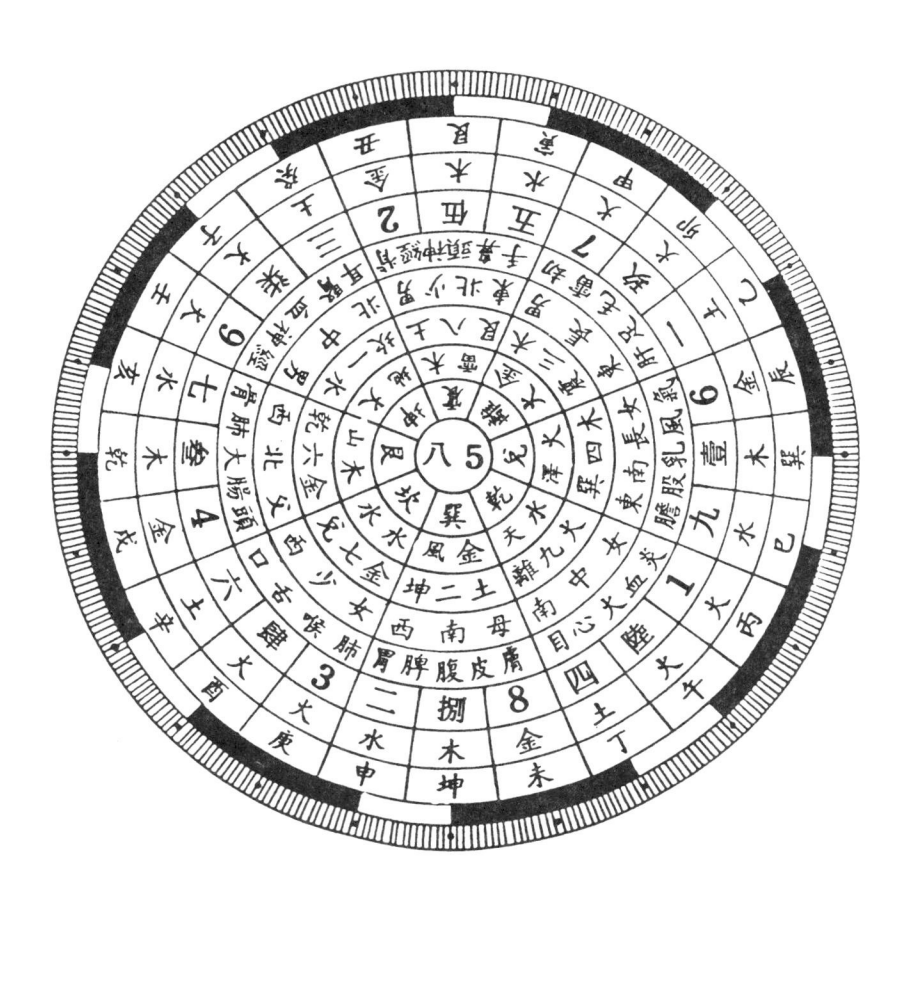

公式 27　二運未山、丑向

一	六	八
6 9	1 4	8 2

九	二	四
7 1	5 8 向山	3 6

五	七	三
2 5	9 3	4 7

　　此式旺星到山到向，西南有山，當運旺丁，東北有水，當運發財。北方有山，三運旺丁，西方有水，三運發財。南方有山，四運旺丁，西北有水，四運發財。東北有山，五運旺丁，東南有水，五運財平。西方有山，六運旺丁，東南有水，六運發財。西北有山，七運旺丁，東方有水，七運發財。東南有山，八運丁平，西南有水，八運發財。東南有山，九運旺丁，北方有水，九運發財。東方有山，一運旺丁，南方有水，一運發財。

160 精髓陰陽絕學

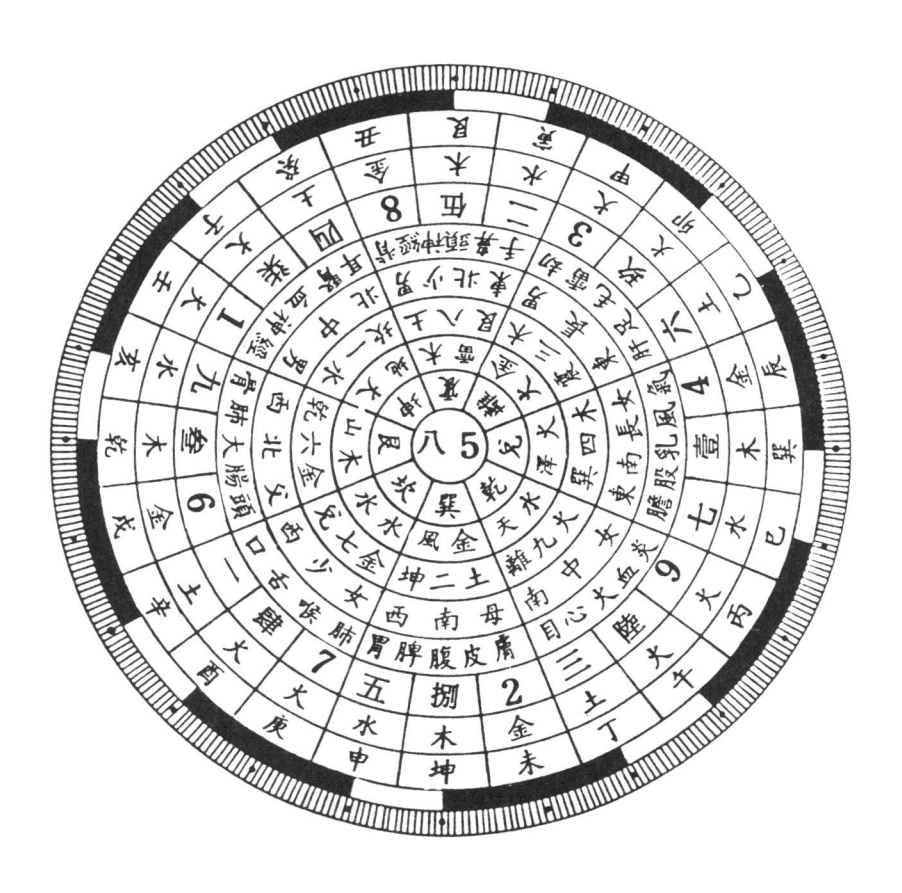

對照 28　二運　坤山艮向
　　　　　　　申山寅向

公式 28　二運坤申山、艮寅向

一 4 7	六 9 3	八 2 5
九 3 6	二 5 8 向山	四 7 1
五 8 2	七 1 4	三 6 9

　　此式旺星上山下水，東北有山，當運旺丁，西南有水，當運發財。南方有山，三運旺丁，東方有水，三運發財。北方有山，四運旺丁，東南有水，四運發財。西南有山，五運旺丁，西北有水，五運財平。東方有山，六運旺丁，西北有水，六運發財。東南有山，七運旺丁，西方有水，七運發財。西北有山，八運丁平，東北有水，八運發財。西北有山，九運旺丁，南方有水，九運發財。西方有山，一運旺丁，北方有水，一運發財。

對照 29　二運庚山甲向

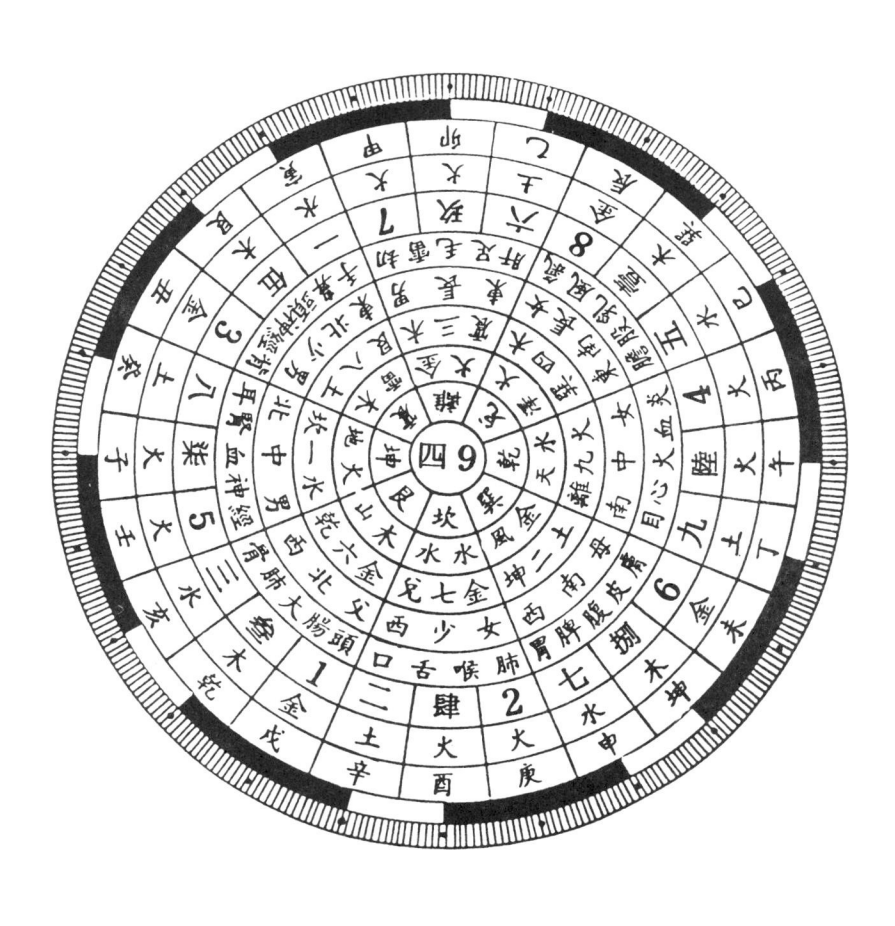

公式 29　二運庚山、甲向

```
  一          六          八
 8 5         4 9         6 7

  九          二          四
 7 6         9 4         2 2
             向山

  五          七          三
 3 1         5 8         1 3
```

　　此式旺星會於西方，西方有山，當運旺丁，西方有水，當運發財。西北有山，三運旺丁，東北有水，三運發財。東南有山，四運丁平，南方有水，四運發財。東南有山，五運旺丁，北方有水，五運發財。東方有山，六運旺丁，西南有水，六運發財。西南有山，七運旺丁，東方有水，七運發財。北方有山，八運旺丁，東南有水，八運發財。南方有山，九運旺丁，西北有水，九運財平。東北有山，一運旺丁，西北有水，一運發財。

164 精髓陰陽絕學

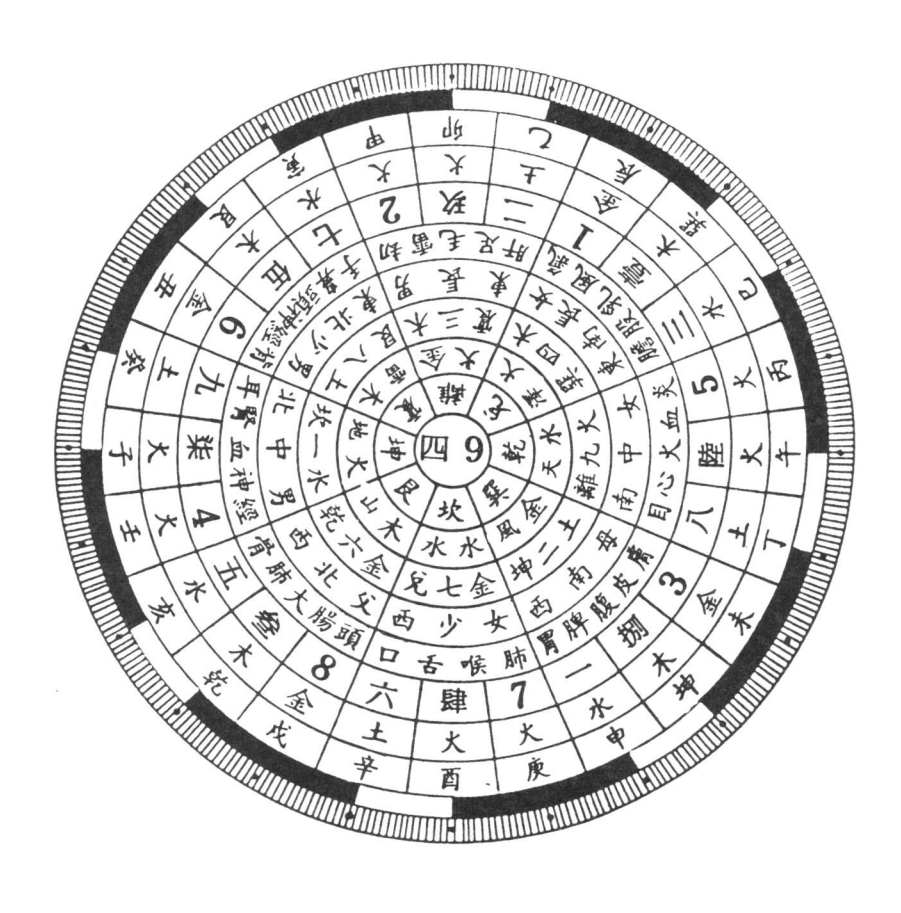

對照 30　二運 酉山卯向

公式 30　二運酉辛山、卯乙向

一 1 3	六 5 8	八 3 1
九 2 2	二 9 4 向山	四 7 6
五 6 7	七 4 9	三 8 5

　　此式旺星會於東方，東方有山，當運旺丁，東方有水，當運發財。東南有山，三運旺丁，西南有水，三運發財。西北有山，四運丁平，北方有水，四運發財。西北有山，五運旺丁，南方有水，五運發財。西方有山，六運旺丁，東北有水，六運發財。東北有山，七運旺丁，西方有水，七運發財。南方有山，八運旺丁，西北有水，八運發財。北方有山，九運旺丁，東南有水，九運財平。西南有山，一運旺丁，東南有水，一運發財。

166 精髓陰陽絕學

對照 31　二運戌山辰向

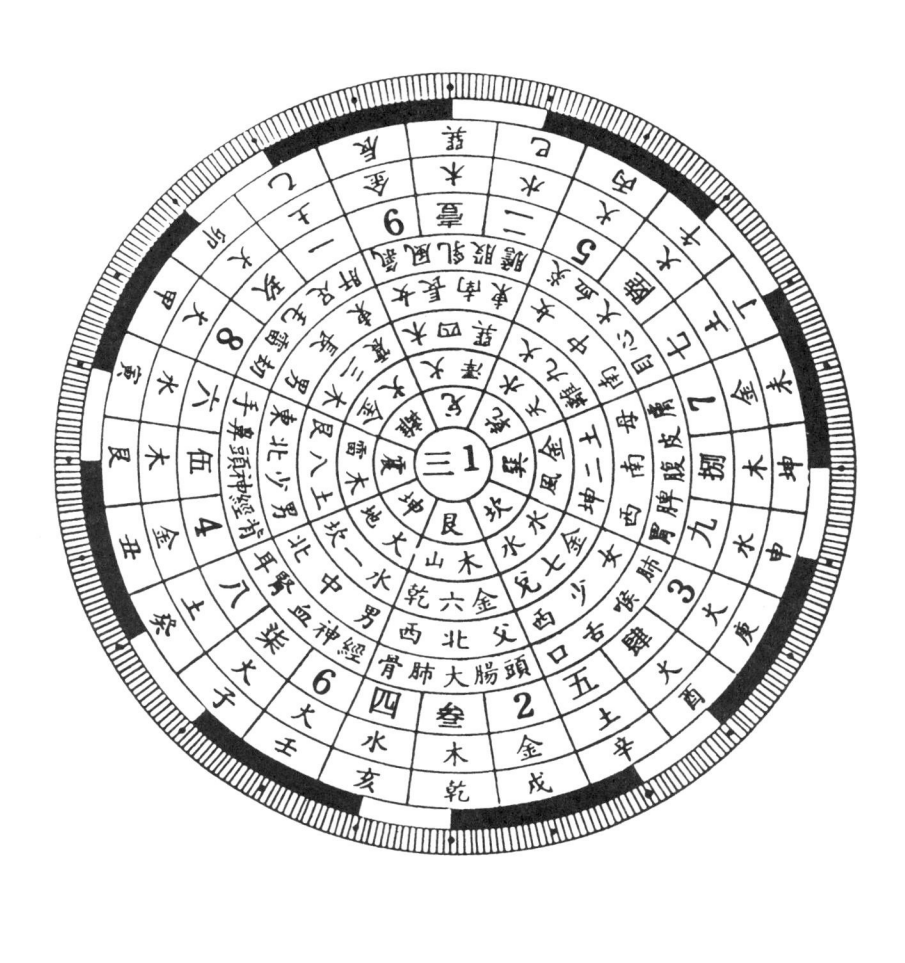

公式 31　二運戌山、辰向

一 9 2	六 5 7	八 7 9
九 8 1	二 1 3 向山	四 3 5
五 4 6	七 6 8	三 2 4

　　此式旺星上山下水，東南有山，當運旺丁，西北有水，當運發財。西北有山，三運丁平，西方有水，三運發財。西北有山，四運旺丁，東北有水，四運發財。西方有山，五運旺丁，南方有水，五運發財。東北有山，六運旺丁，北方有水，六運發財。南方有山，七運旺丁，西南有水，七運發財。北方有山，八運旺丁，東方有水，八運發財。西南有山，九運旺丁，東南有水，九運發財。東方有山，一運旺丁，西北有水，一運財平。

對照32　二運 乾山 巽向
　　　　　　　亥山 巳向

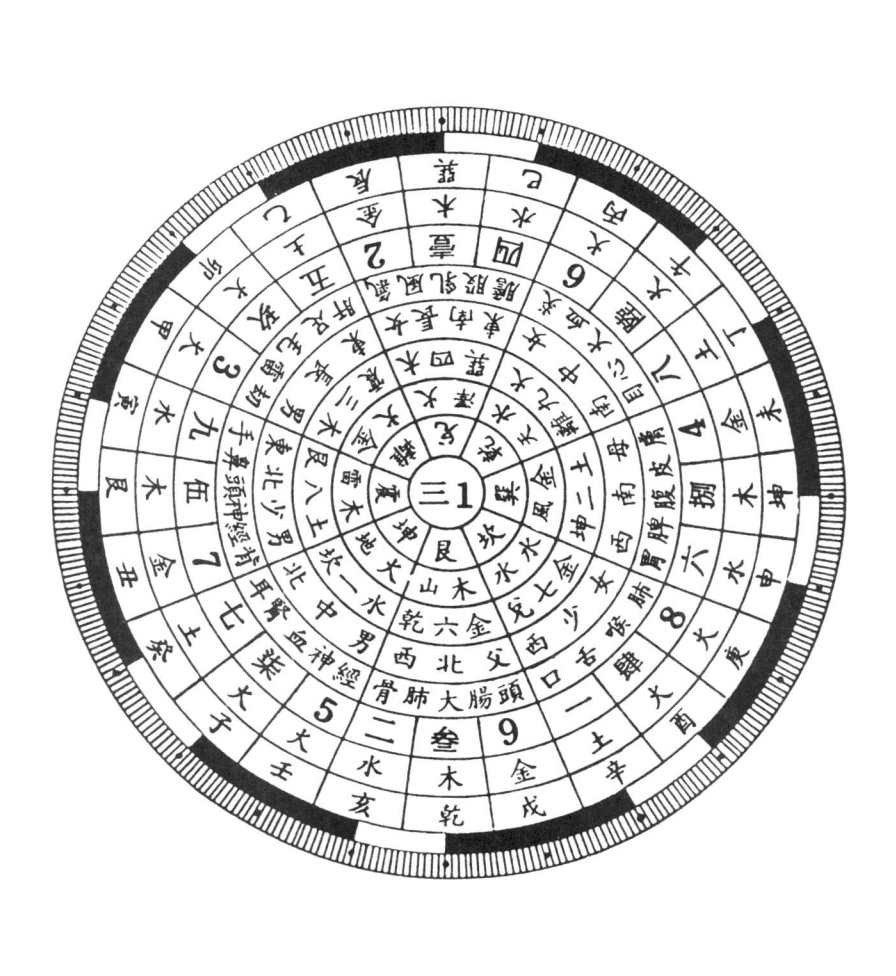

公式 32　二運乾亥山、巽巳向

```
   一          六          八
  2 4        6 8        4 6

   九          二          四
  3 5        1 3        8 1
             向山

   五          七          三
  7 9        5 7        9 2
```

　　此式旺星到山到向，西北有山，當運旺丁，東南有水，當運發財。東南有山，三運丁平，東方有水，三運發財。東南有山，四運旺丁，西南有水，四運發財。東方有山，五運旺丁，北方有水，五運發財。西南有山，六運旺丁，南方有水，六運發財。北方有山，七運旺丁，東北有水，七運發財。南方有山，八運旺丁，西方有水，八運發財。東北有山，九運旺丁，西北有水，九運發財。西方有山，一運旺丁，東南有水，一運財平。

對照 33　三運壬山丙向

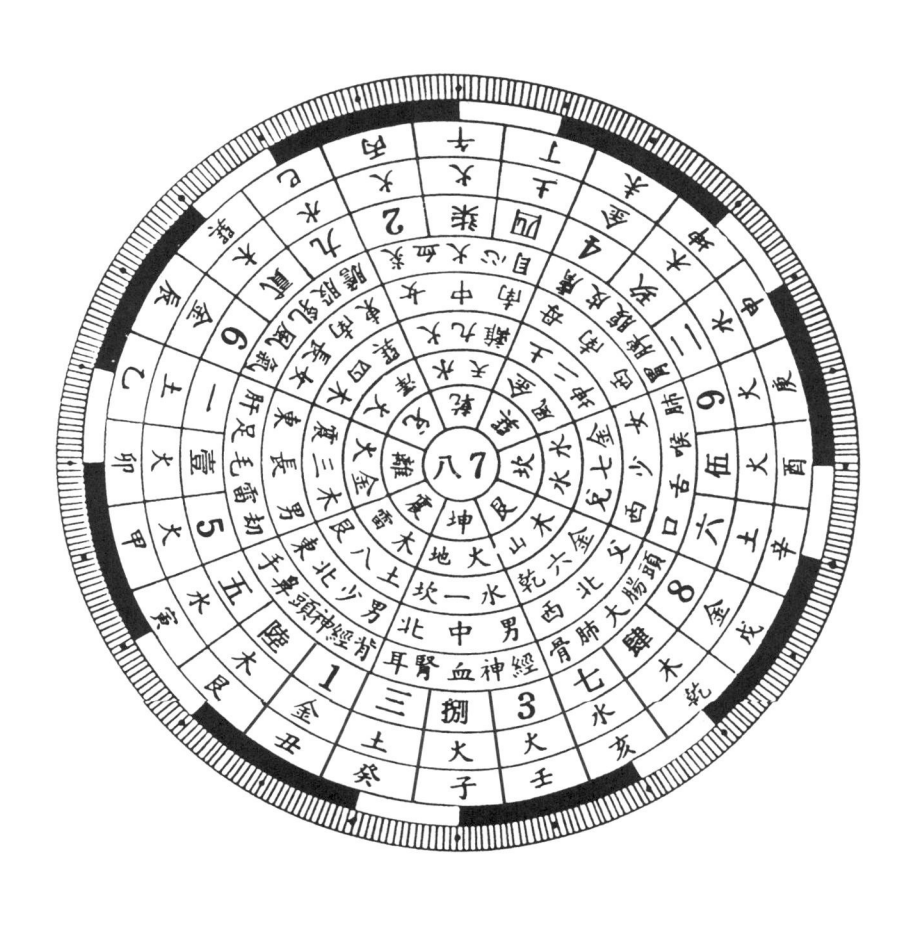

公式 33　三運壬山、丙向

二 6 9	七 2 4	九 4 2
一 5 1	三 7 8 向山	五 9 6
六 1 5	八 3 3	四 8 7

　　此式旺星會於北方，北方有山，當運旺丁，北方有水，當運發財。南方有山，四運旺丁，西南有水，四運發財。東北有山，五運旺丁，東方有水，五運發財。西方有山，六運旺丁，東南有水，六運發財。西北有山，七運旺丁，西北有水，七運財平。東南有山，八運丁平，西北有水，八運發財。東南有山，九運旺丁，西方有水，九運發財。東方有山，一運旺丁，東北有水，一運發財。西南有山，二運旺丁，南方有水，二運發財。

對照34 三運 子癸山午丁向

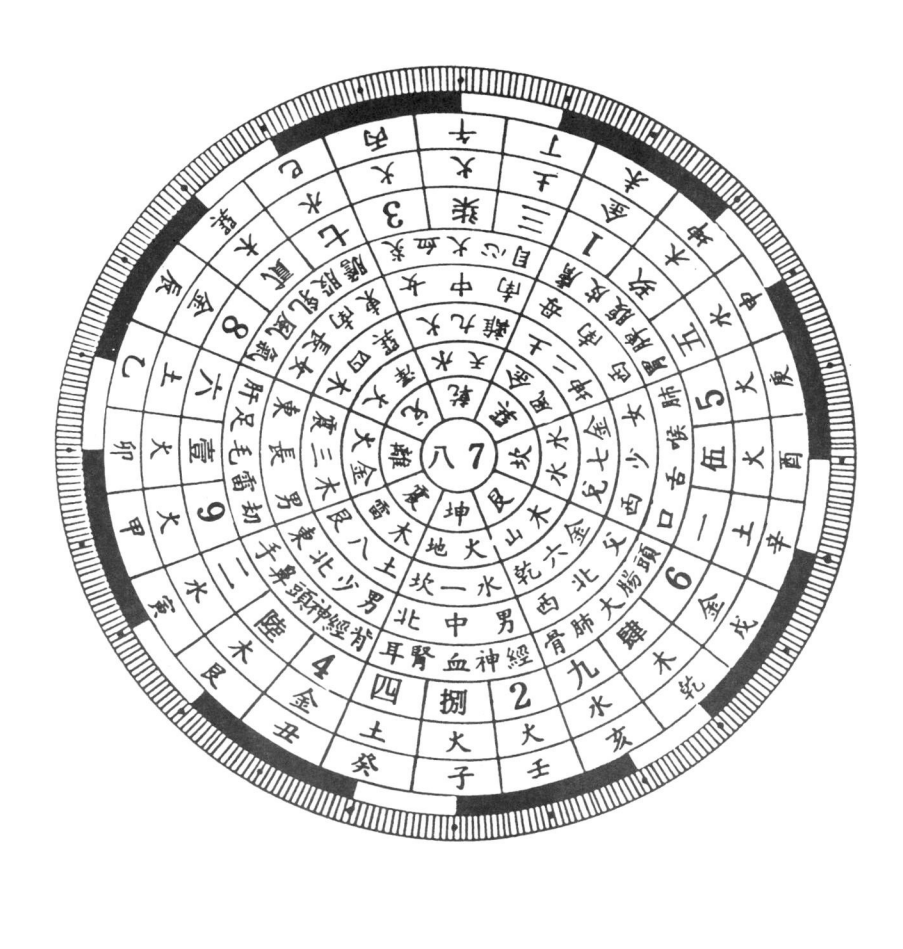

公式 34　三運子癸山、午丁向

二 8 7	七 3 3	九 1 5
一 9 6	三 7 8 向山	五 5 1
六 4 2	八 2 4	四 6 9

　　此式旺星會於南方，南方有山，當運旺丁，南方有水，當運發財。北方有山，四運旺丁，東北有水，四運發財。西南有山，五運旺丁，西方有水，五運發財。東方有山，六運旺丁，西北有水，六運發財。東南有山，七運旺丁，東南有水，七運財平。西北有山，八運丁平，東南有水，八運發財。西北有山，九運旺丁，東方有水，九運發財。西方有山，一運旺丁，西南有水，一運發財。東北有山，二運旺丁，北方有水，二運發財。

174 精髓陰陽絕學

對照 35 三運丑山未向

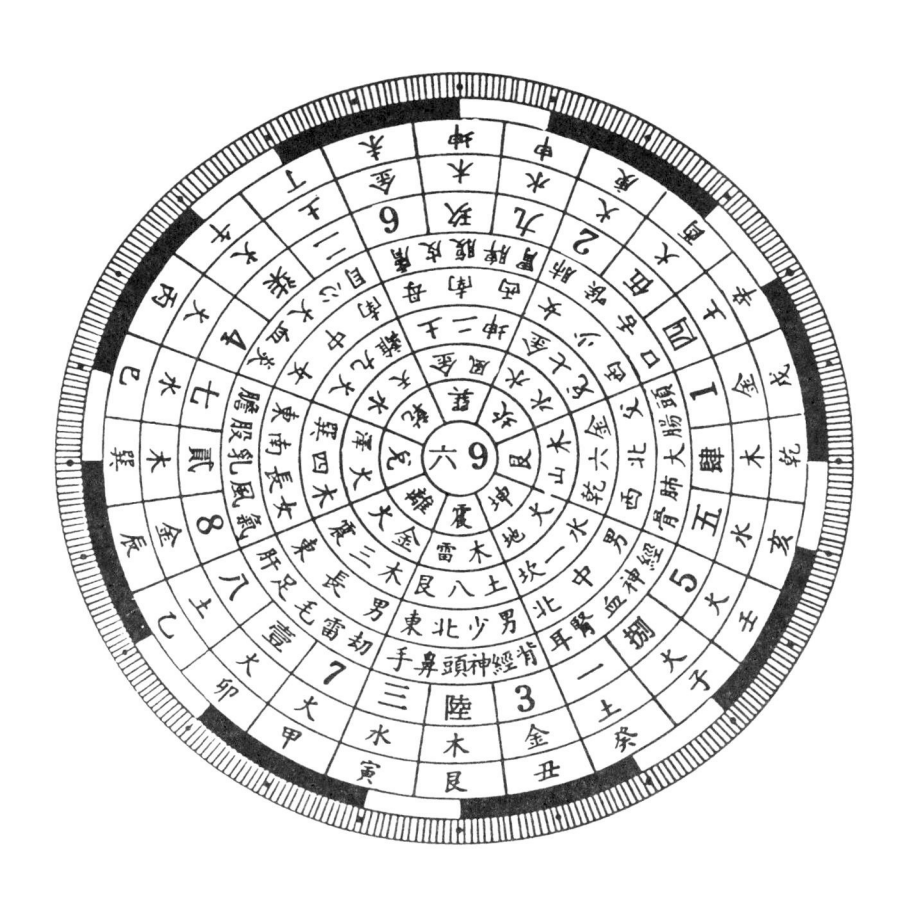

公式 35　三運丑山、未向

二 8 7	七 4 2	九 6 9
一 7 8	三 9 6 向山	五 2 4
六 3 3	八 5 1	四 1 5

　　此式旺星會於東北，東北有山，當運旺丁，東北有水，當運發財。西方有山，四運旺丁，南方有水，四運發財。西北有山，五運旺丁，北方有水，五運發財。東南有山，六運丁平，西南有水，六運發財。東南有山，七運旺丁，東方有水，七運發財。東方有山，八運旺丁，東南有水，八運發財。西南有山，九運旺丁，西北有水，九運財平。北方有山，一運旺丁，西北有水，一運發財。南方有山，二運旺丁，西方有水，二運發財。

對照36　三運 艮山坤向
　　　　　　 寅山申向

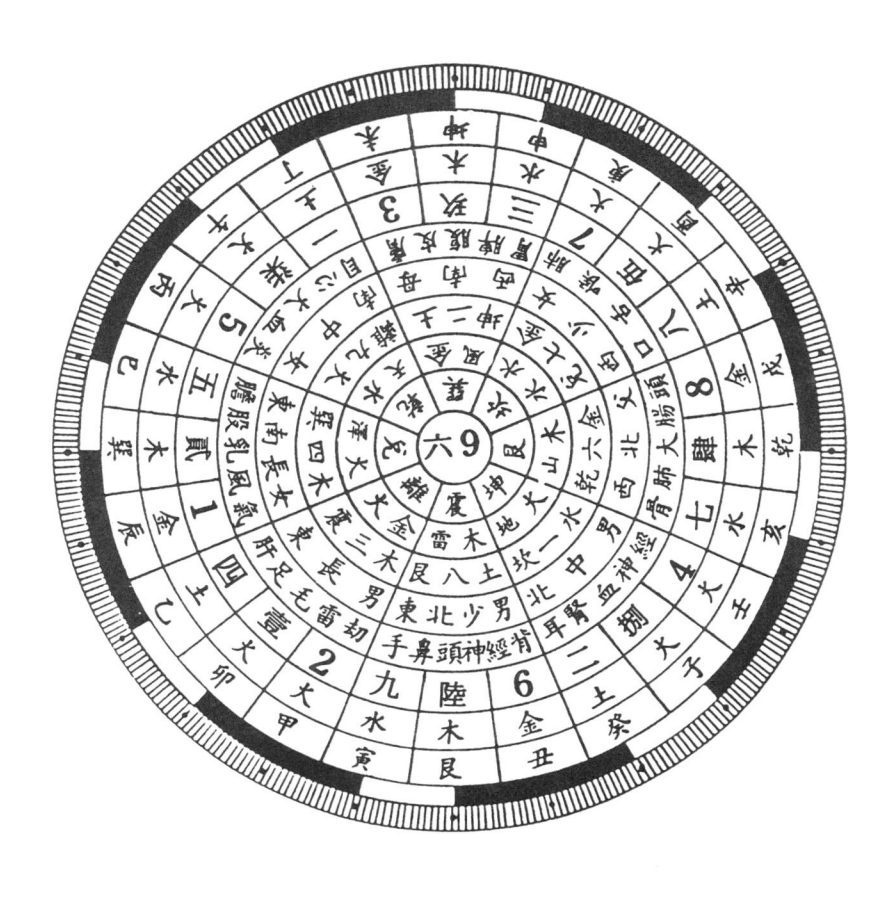

公式 36　三運艮寅山、坤申向

二 1 5	七 5 1	九 3 3
一 2 4	三 9 6 向山	五 7 8
六 6 9	八 4 2	四 8 7

　　此式旺星會於西南，西南有山，當運旺丁，西南有水，當運發財。東方有山，四運旺丁，北方有水，四運發財。東南有山，五運旺丁，南方有水，五運發財。西北有山，六運丁平，東北有水，六運發財。西北有山，七運旺丁，西方有水，七運發財。西方有山，八運旺丁，西北有水，八運發財。東北有山，九運旺丁，東南有水，九運財平。南方有山，一運旺丁，東南有水，一運發財。北方有山，二運旺丁，東方有水，二運發財。

178　精髓陰陽絕學

對照 37　三運甲山庚向

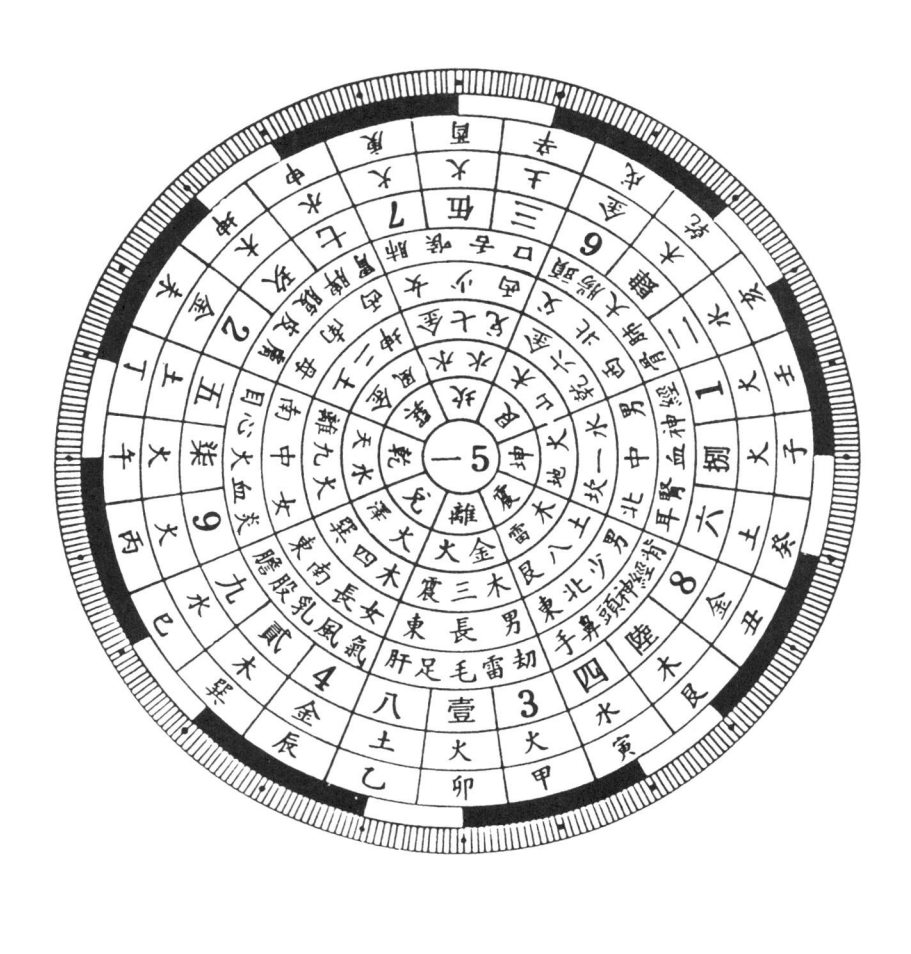

公式 37　三運甲山、庚向

二 4 9	七 9 5	九 2 7
一 3 8	三 5 1 向山	五 7 3
六 8 4	八 1 6	四 6 2

　　此式旺星上山下水，西方有山，當運旺丁，東方有水，當運發財。東北有山，四運旺丁，東南有水，四運發財。南方有山，五運旺丁，西北有水，五運財平。北方有山，六運旺丁，西北有水，六運發財。西南有山，七運旺丁，西方有水，七運發財。東方有山，八運旺丁，東北有水，八運發財。東南有山，九運旺丁，南方有水，九運發財。西北有山，一運丁平，北方有水，一運發財。西北有山，二運旺丁，西南有水，二運發財。

180　精髓陰陽絕學

對照 38　三運 卯乙山 酉辛向

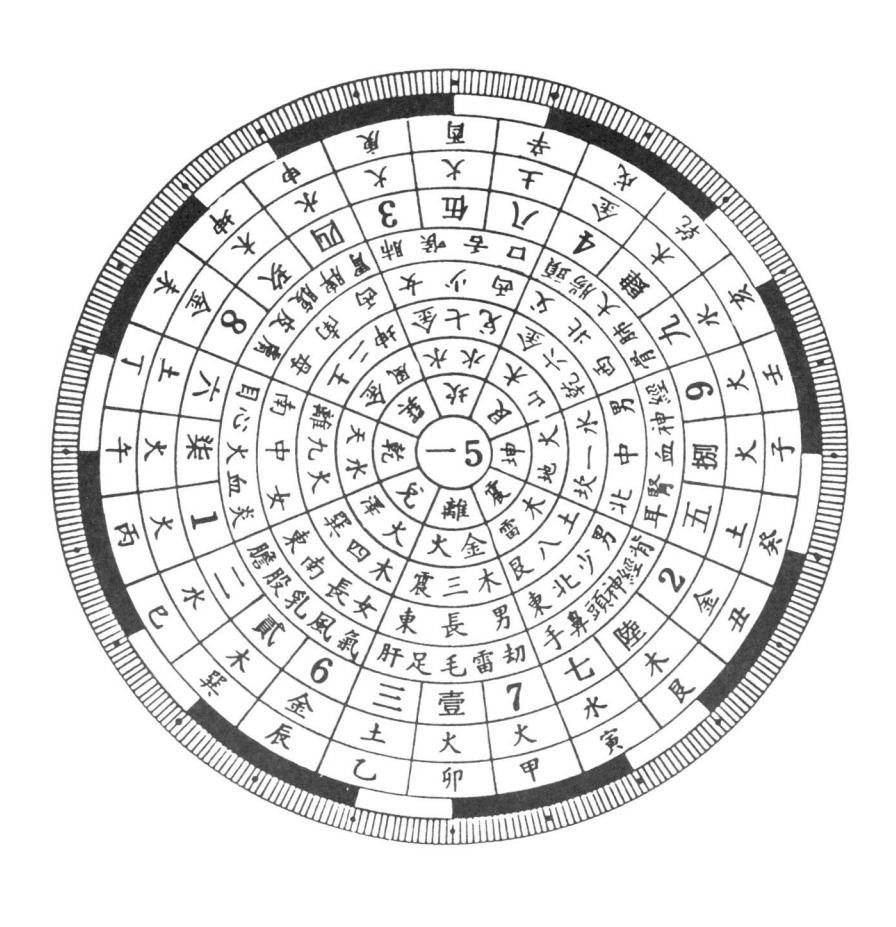

公式 38　三運卯乙山、酉辛向

二 6 2	七 1 6	九 8 4
一 7 3	三 5 1 向山	五 3 8
六 2 7	八 9 5	四 4 9

　　此式旺星到山到向，東方有山，當運旺丁，西方有水，當運發財。西南有山，四運旺丁，西北有水，四運發財。北方有山，五運旺丁，東南有水，五運財平。南方有山，六運旺丁，東南有水，六運發財。東北有山，七運旺丁，東方有水，七運發財。西方有山，八運旺丁，西南有水，八運發財。西北有山，九運旺丁，北方有水，九運發財。東南有山，一運丁平，南方有水，一運發財。東南有山，二運旺丁，東北有水，二運發財。

對照 39　三運辰山戌向

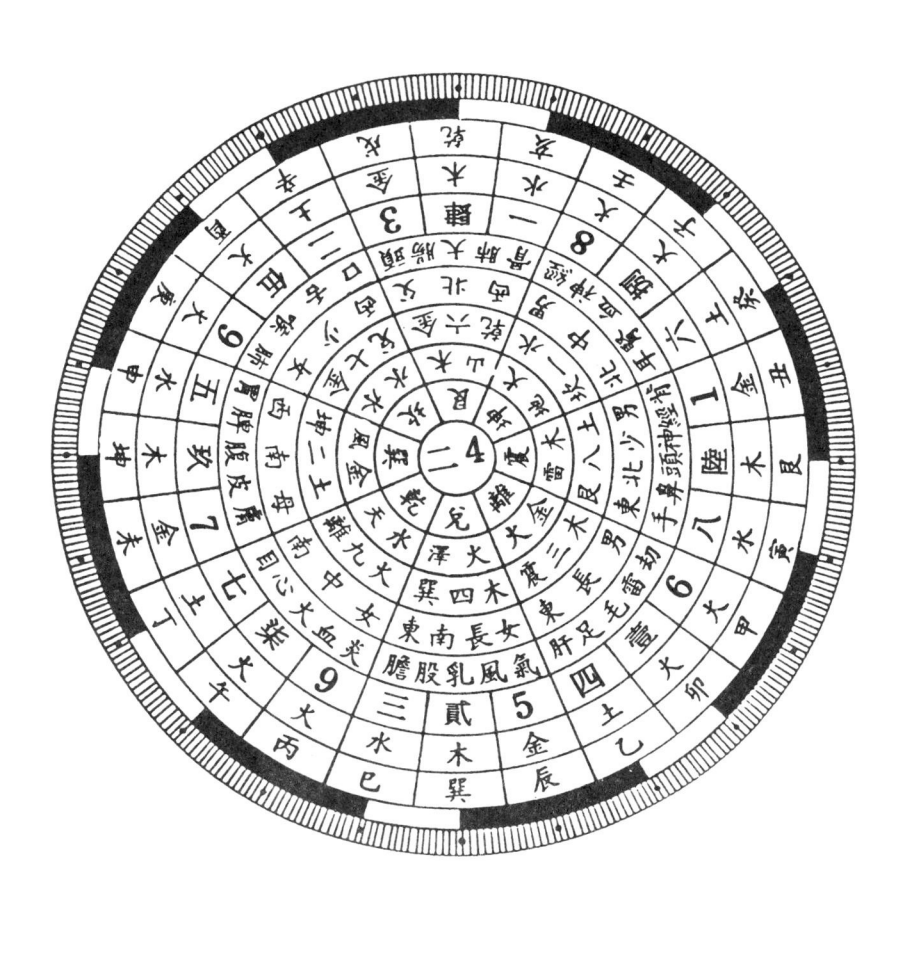

公式 39　三運辰山、戌向

二 5 3	七 9 7	九 7 5
一 6 4	三 4 2 向山	五 2 9
六 1 8	八 8 6	四 3 1

　　此式旺星到山到向，東南有山，當運旺丁，西北有水，當運發財。東方有山，四運旺丁，東南有水，四運財平。西南有山，五運旺丁，東南有水，五運發財。北方有山，六運旺丁，東方有水，六運發財。南方有山，七運旺丁，西南有水，七運發財。東北有山，八運旺丁，北方有水，八運發財。西方有山，九運旺丁，南方有水，九運發財。西北有山，一運旺丁，東北有水，一運發財。東南有山，二運丁平，西方有水，二運發財。

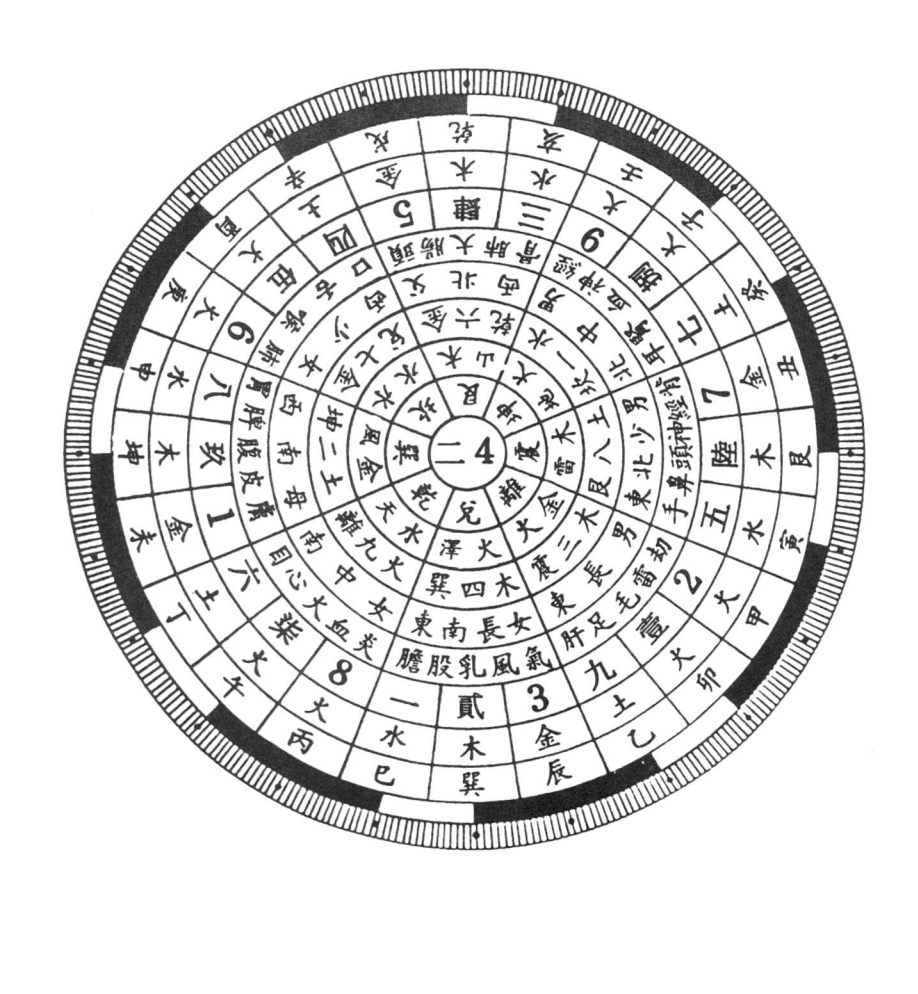

對照 40　三運 巽山乾向 / 巳山亥向

公式 40　三運巽巳山、乾亥向

二	七	九
3 1	8 6	1 8

一	三	五
2 9	4 2	6 4
	向山	

六	八	四
7 5	9 7	5 3

　　此式旺星上山下水，西北有山，當運旺丁，東南有水，當運發財。西方有山，四運旺丁，西北有水，四運財平。東北有山，五運旺丁，西北有水，五運發財。南方有山，六運旺丁，西方有水，六運發財。北方有山，七運旺丁，東北有水，七運發財。西南有山，八運旺丁，南方有水，八運發財。東方有山，九運旺丁，北方有水，九運發財。東南有山，一運旺丁，西南有水，一運發財。西北有山，二運丁平，東方有水，二運發財。

對照 41　三運丙山壬向

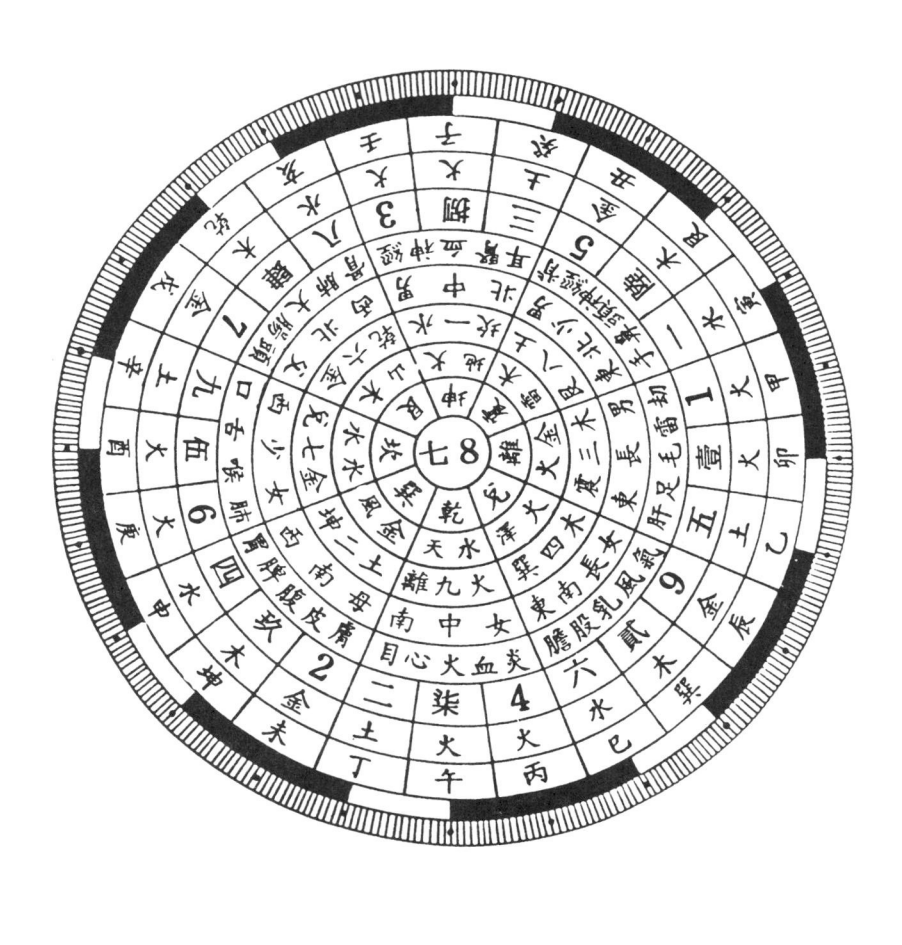

公式 41　三運丙山、壬向

二 9 6	七 4 2	九 2 4
一 1 5	三 8 7 向山	五 6 9
六 5 1	八 3 3	四 7 8

　　此式旺星會於北方，北方有山，當運旺丁，北方有水，當運發財。西南有山，四運旺丁，南方有水，四運發財。東方有山，五運旺丁，東北有水，五運發財。東南有山，六運旺丁，西方有水，六運發財。西北有山，七運丁平，西北有水，七運發財。西北有山，八運旺丁，東南有水，八運丁平。西方有山，九運旺丁，東南有水，九運發財。東北有山，一運旺丁，東方有水，一運發財。南方有山，二運旺丁，西南有水，二運發財。

對照42　三運午山子向／丁山癸向

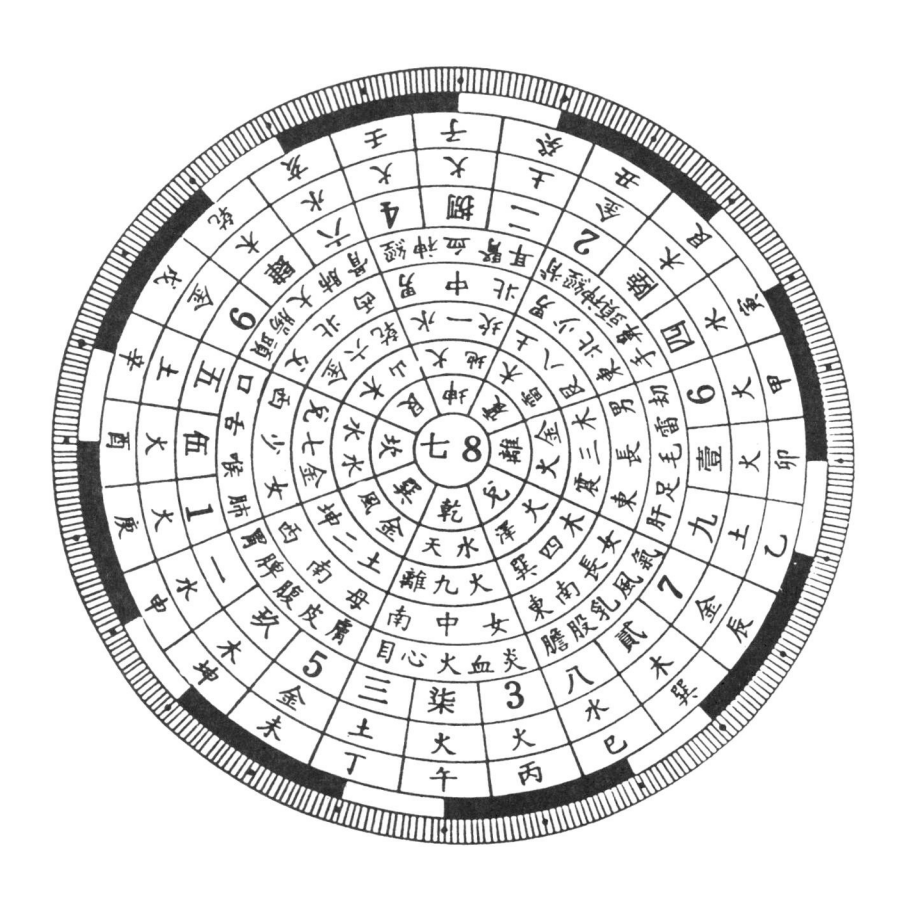

公式 42　三運午丁山、子癸向

二 7 8	七 3 3	九 5 1
一 6 9	三 8 7 向山	五 1 5
六 2 4	八 4 2	四 9 6

　　此式旺星會於南方，南方有山，當運旺丁，南方有水，當運發財。東北有山，四運旺丁，北方有水，四運發財。西方有山，五運旺丁，西南有水，五運發財。西北有山，六運旺丁，東方有水，六運發財。東南有山，七運丁平，東南有水，七運發財。東南有山，八運旺丁，西北有水，八運財平。東方有山，九運旺丁，西北有水，九運發財。西南有山，一運旺丁，西方有水，一運發財。北方有山，二運旺丁，東北有水，二運發財。

對照 43　三運未山丑向

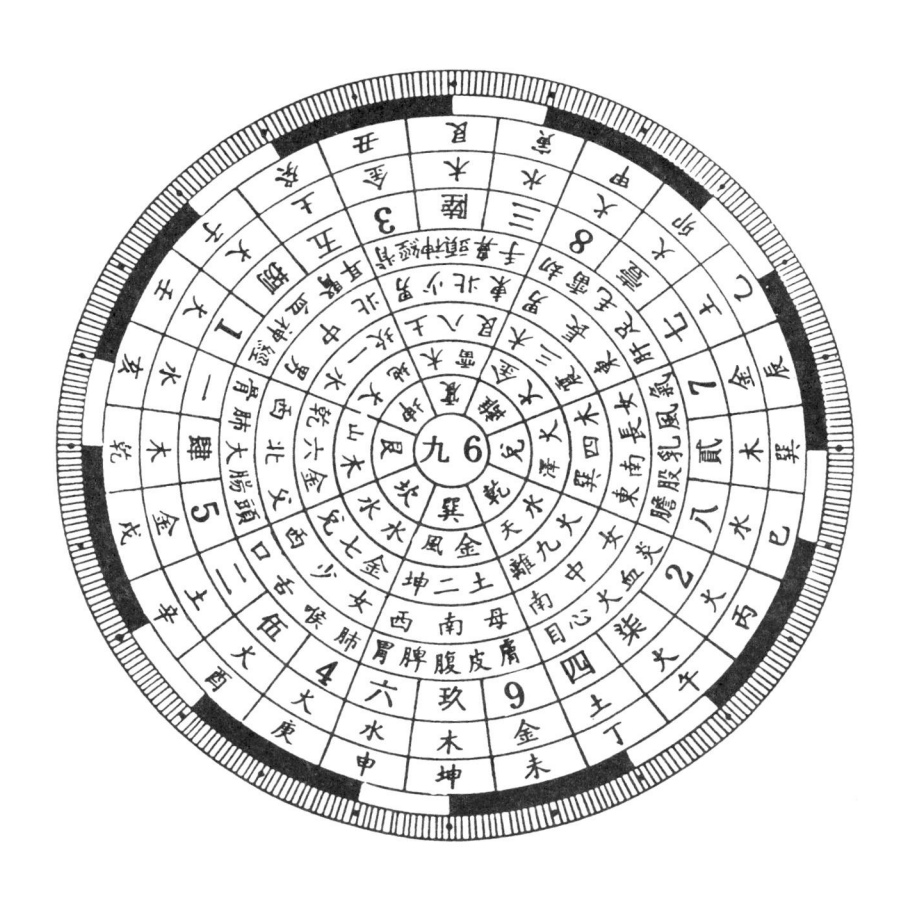

公式 43　三運未山、丑向

二 7 8	七 2 4	九 9 6
一 8 7	三 6 9 向山	五 4 2
六 3 3	八 1 5	四 5 1

　　此式旺星會於東北，東北有山，當運旺丁，東北有水，當運發財。南方有山，四運旺丁，西方有水，四運發財。北方有山，五運旺丁，西北有水，五運發財。西南有山，六運旺丁，東南有水，六運財平。東方有山，七運旺丁，東南有水，七運發財。東南有山，八運旺丁，東方有水，八運發財。西北有山，九運丁平，西南有水，九運發財。西北有山，一運旺丁，北方有水，一運發財。西方有山，二運旺丁，南方有水，二運發財。

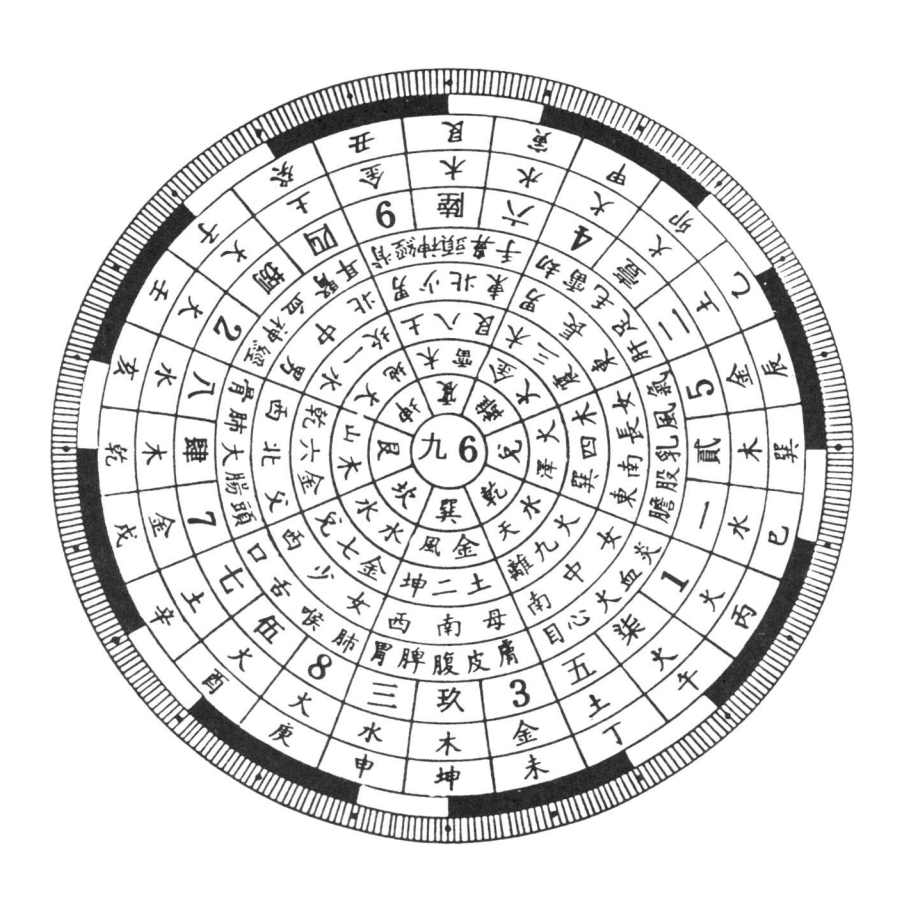

對照 44　三運 坤山艮向
　　　　　　　申山寅向

公式 44　三運坤申山，艮寅向

二 5 1	七 1 5	九 3 3
一 4 2	三 6 9 向山	五 8 7
六 9 6	八 2 4	四 7 8

　　此式旺星會於西南，西南有山，當運旺丁，西南有水，當運發財。北方有山，四運旺丁，東方有水，四運發財。南方有山，五運旺丁，東南有水，五運發財。東北有山，六運旺丁，西北有水，六運財平。西方有山，七運旺丁，西北有水，七運發財。西北有山，八運旺丁，西方有水，八運發財。東南有山，九運丁平，東北有水，九運發財。東南有山，一運旺丁，南方有水，一運發財。東方有山，二運旺丁，北方有水，二運發財。

194 精髓陰陽絕學

對照 45　三運庚山甲向

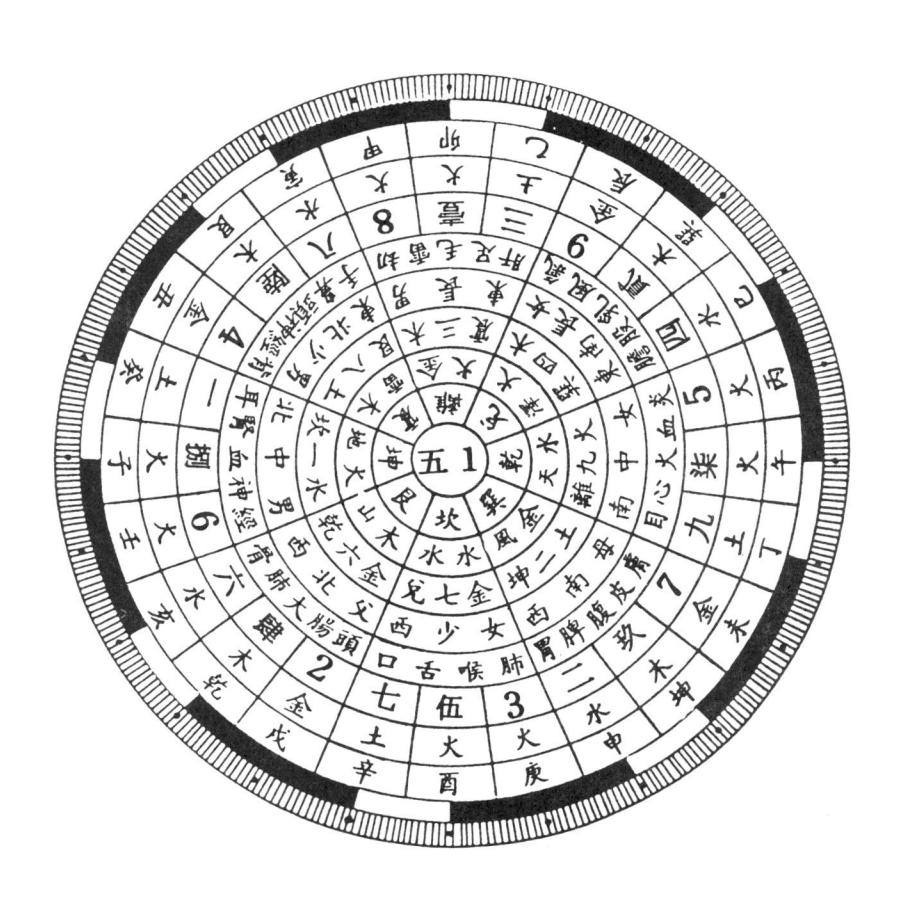

公式 45　三運庚山、甲向

二 9 4	七 5 9	九 7 2
一 8 3	三 1 5 向山	五 3 7
六 4 8	八 6 1	四 2 6

　　此式旺星上山下水，東方有山，當運旺丁，西方有水，當運發財。東南有山，四運旺丁，東北有水，四運發財。西北有山，五運丁平，南方有水，五運發財。西北有山，六運旺丁，北方有水，六運發財。西方有山，七運旺丁，西南有水，七運發財。東北有山，八運旺丁，東方有水，八運發財。南方有山，九運旺丁，東南有水，九運發財。北方有山，一運旺丁，西北有水，一運財平。西南有山，二運旺丁，西北有水，二運發財。

196 精髓陰陽絕學

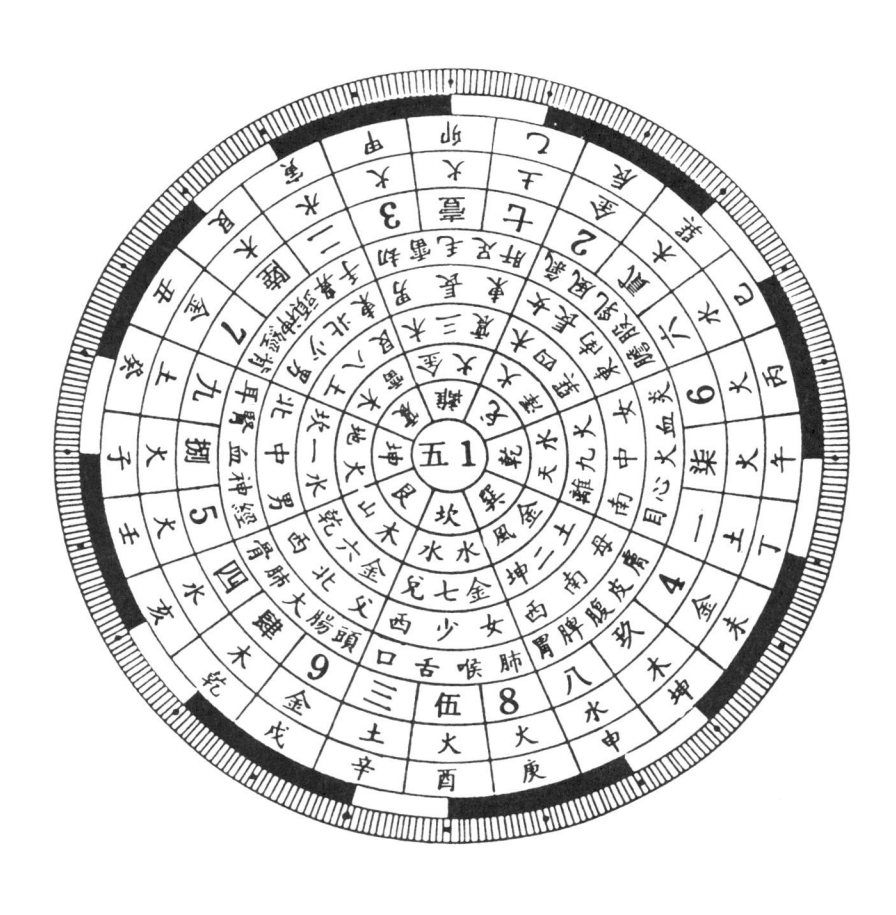

對照 46　三運 酉辛山 卯乙向

公式 46　三運酉辛山、卯乙向

二 2 6	七 6 1	九 4 8
一 3 7	三 1 5 向山	五 8 3
六 7 2	八 5 9	四 9 4

　　此式旺星到山到向，西方有山，當運旺丁，東方有水，當運發財。西北有山，四運旺丁，西南有水，四運發財。東南有山，五運丁平，北方有水，五運發財。東南有山，六運旺丁，南方有水，六運發財。東方有山，七運旺丁，東北有水，七運發財。西南有山，八運旺丁，西方有水，八運發財。北方有山，九運旺丁，西北有水，九運發財。南方有山，一運旺丁，東南有水，一運財平。東北有山，二運旺丁，東南有水，二運發財。

198 精髓陰陽絕學

對照 47　三運戌山辰向

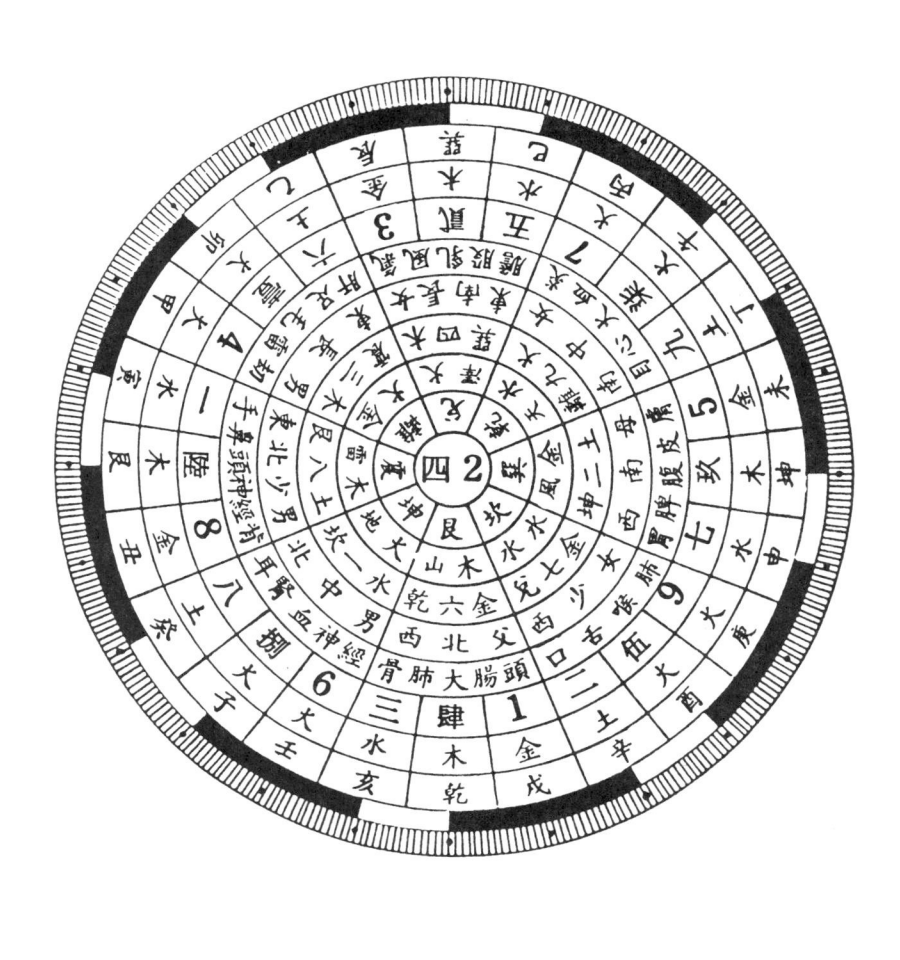

公式 47　三運戌山、辰向

二 3 5	七 7 9	九 5 7
一 4 6	三 2 4 向山	五 9 2
六 8 1	八 6 8	四 1 3

　　此式旺星到山到向，西北有山，當運旺丁，東南有水，當運發財。東南有山，四運丁平，東方有水，四運發財。東南有山，五運旺丁，西南有水，五運發財。東方有山，六運旺丁，北方有水，六運發財。西南有山，七運旺丁，南方有水，七運發財。北方有山，八運旺丁，東北有水，八運發財。南方有山，九運旺丁，西方有水，九運發財。東北有山，一運旺丁，西北有水，一運發財。西方有山，二運旺丁，東南有水，二運財平。

對照 48　三運 乾山 巽向
　　　　　　　亥山 巳向

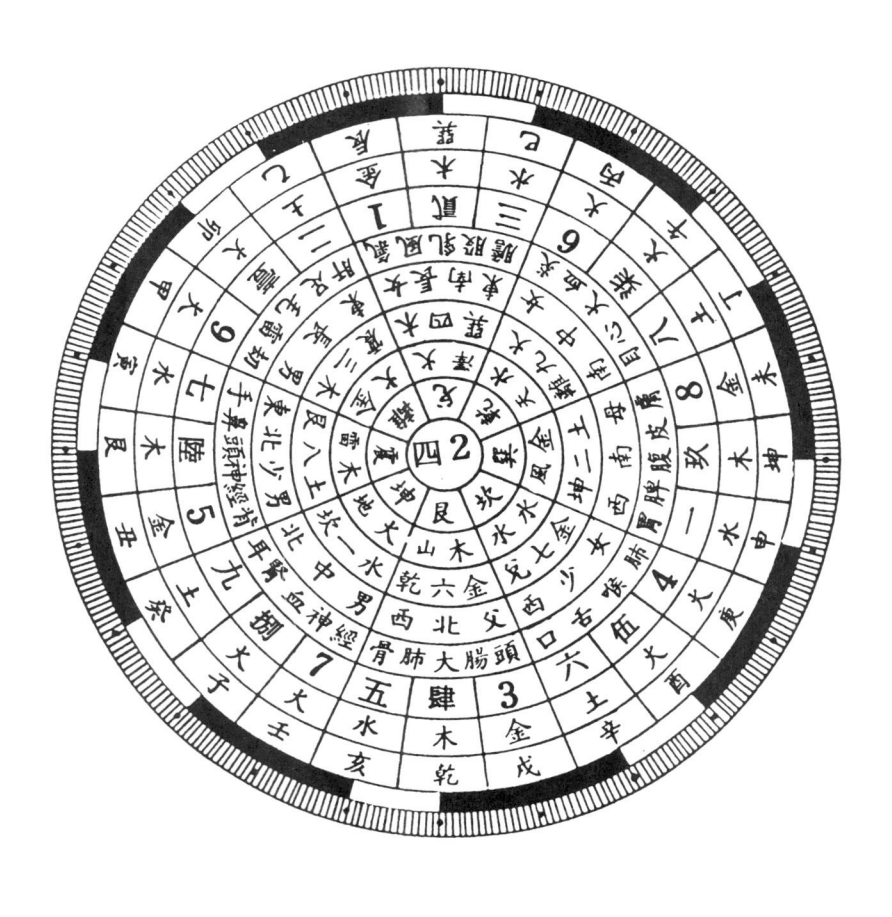

公式 48　三運乾亥山、巽巳向

二 1 3	七 6 8	九 8 1
一 9 2	三 2 4 向山	五 4 6
六 5 7	八 7 9	四 3 5

　　此式旺星山上下水，東南有山，當運旺丁，西北有水，當運發財。西北有山，四運丁平，西方有水，四運發財。西北有山，五運旺丁，東北有水，五運發財。西方有山，六運旺丁，南方有水，六運發財。東北有山，七運旺丁，北方有水，七運發財。南方有山，八運旺丁，西南有水，八運發財。北方有山，九運旺丁，東方有水，九運發財。西南有山，一運旺丁，東南有水，一運發財。東方有山，二運旺丁，西北有水，二運財平。

對照 49　四運壬山丙向

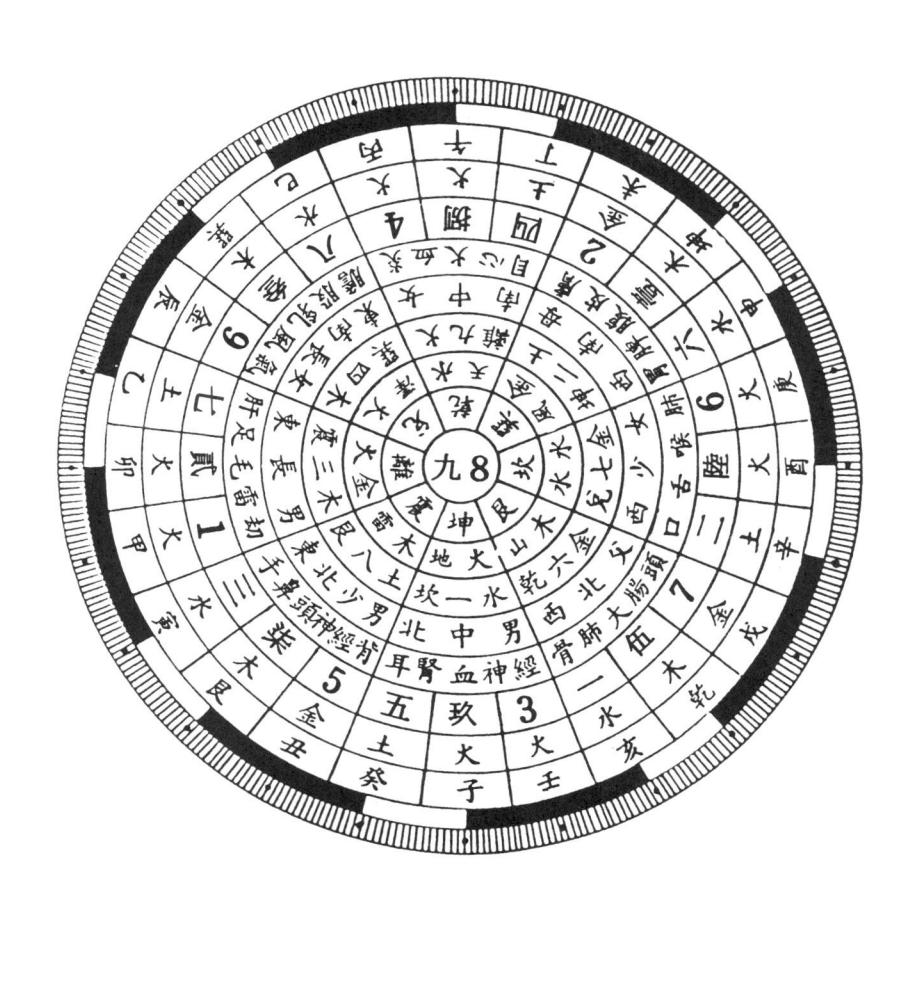

公式 49　四運壬山、丙向

三 9 8	八 4 4	一 2 6
二 1 7	四 8 9 向山	六 6 2
七 5 3	九 3 5	五 7 1

　　此式旺星會於南方，南方有山，當運旺丁，南方有水，當運發財。北方有山，五運旺丁，東北有水，五運發財。西南有山，六運旺丁，西方有水，六運發財。東方有山，七運旺丁，西北有水，七運發財。東南有山，八運旺丁，東南有水，八運財平。西北有山，九運丁平，東南有水，九運發財。西北有山，一運旺丁，東方有水，一運發財。西方有山，二運旺丁，西南有水，二運發財。東北有山，三運旺丁，北方有水，三運發財。

對照 50　四運 子山午向 / 癸山丁向

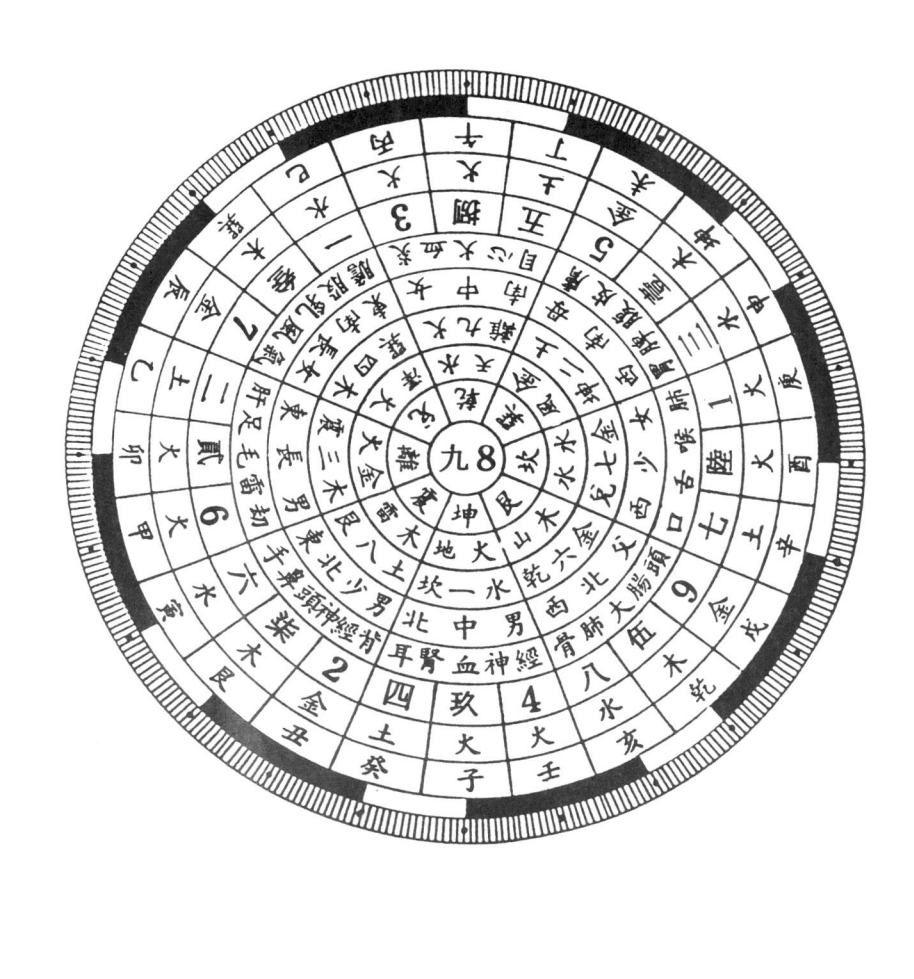

公式 50　四運子癸山、午丁向

三 7 1	八 3 5	一 5 3
二 6 2	四 8 9 向山	六 1 7
七 2 6	九 4 4	五 9 8

　　此式旺星會於北方，北方有山，當運旺丁，北方有水，當運發財。南方有山，五運旺丁，西南有水，五運發財。東北有山，六運旺丁，東方有水，六運發財。西方有山，七運旺丁，東南有水，七運發財。西北有山，八運旺丁，西北有水，八運財平。東南有山，九運丁平，西北有水，九運發財。東南有山，一運旺丁，西方有水，一運發財。東方有山，二運旺丁，東北有水，二運發財。西南有山，三運旺丁，南方有水，三運發財。

對照 51　四運丑山未向

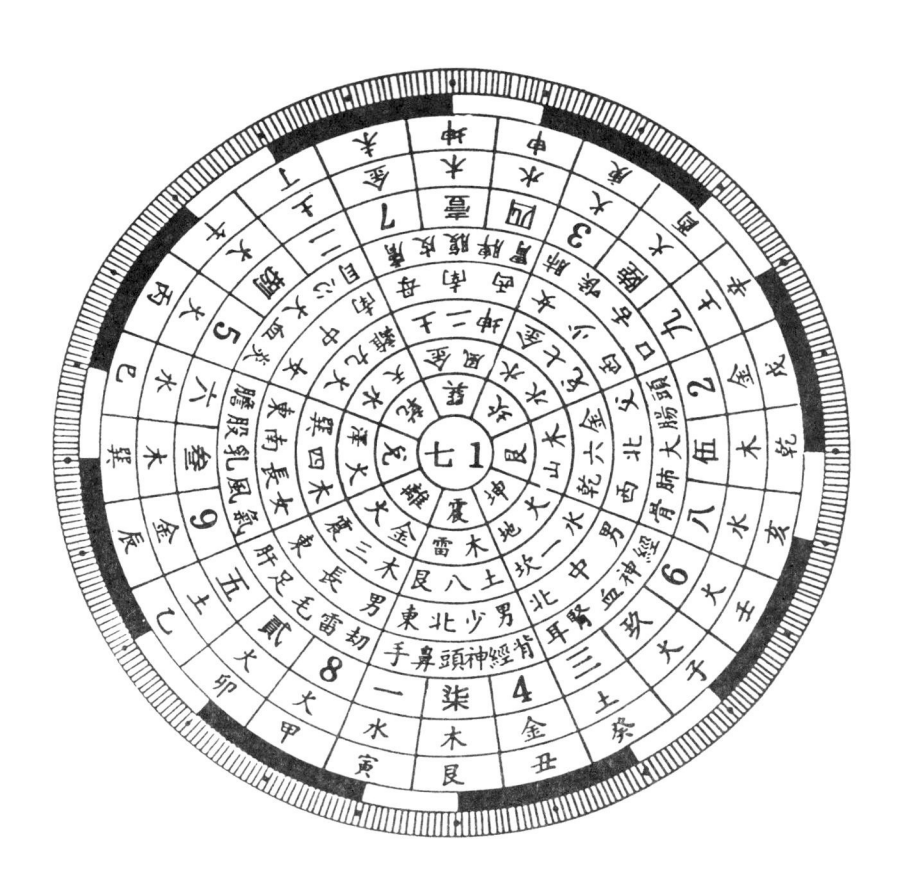

公式 51　四運丑山、未向

三 9 6	八 5 2	一 7 4
二 8 5	四 1 7 向山	六 3 9
七 4 1	九 6 3	五 2 8

　　此式旺星上山下水，西南有山，當運旺丁，東北有水，當運發財。東方有山，五運旺丁，南方有水，五運發財。東南有山，六運旺丁，北方有水，六運發財。西北有山，七運丁平，西南有水，七運發財。西北有山，八運旺丁，東方有水，八運發財。西方有山，九運旺丁，東南有水，九運發財。東北有山，一運旺丁，西北有水，一運財平。南方有山，二運旺丁，西北有水，二運發財。北方有山，三運旺丁，西方有水，三運發財。

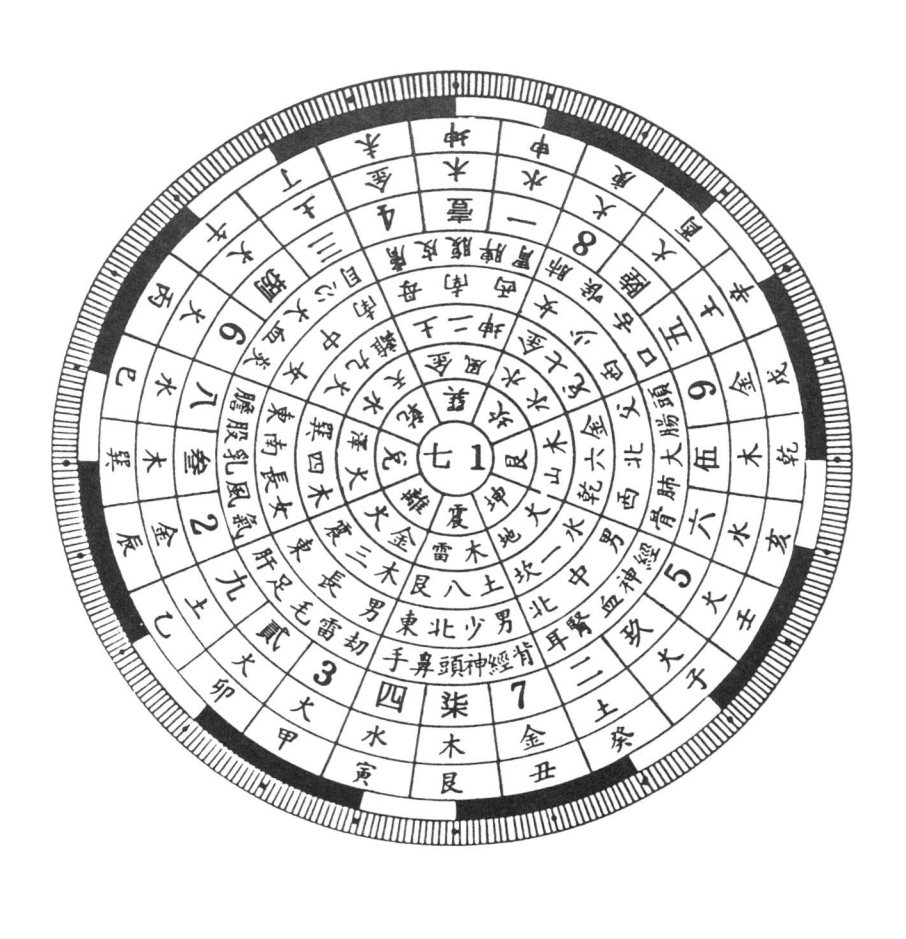

對照 52　四運 艮山　坤向
　　　　　　　寅山　申向

公式 52　四運艮寅山、坤申向

三 2 8	八 6 3	一 4 1
二 3 9	四 1 7 向山	六 8 5
七 7 4	九 5 2	五 9 6

　　此式旺星到山到向，東北有山，當運旺丁，西南有水，當運發財。西方有山，五運旺丁，北方有水，五運發財。西北有山，六運旺丁，南方有水，六運發財。東南有山，七運丁平，東北有水，七運發財。東南有山，八運旺丁，西方有水，八運發財。東方有山，九運旺丁，西北有水，九運發財。西南有山，一運旺丁，東南有水，一運財平。北方有山，二運旺丁，東南有水，二運發財。南方有山，三運旺丁，東方有水，三運發財。

對照 53　四運甲山庚向

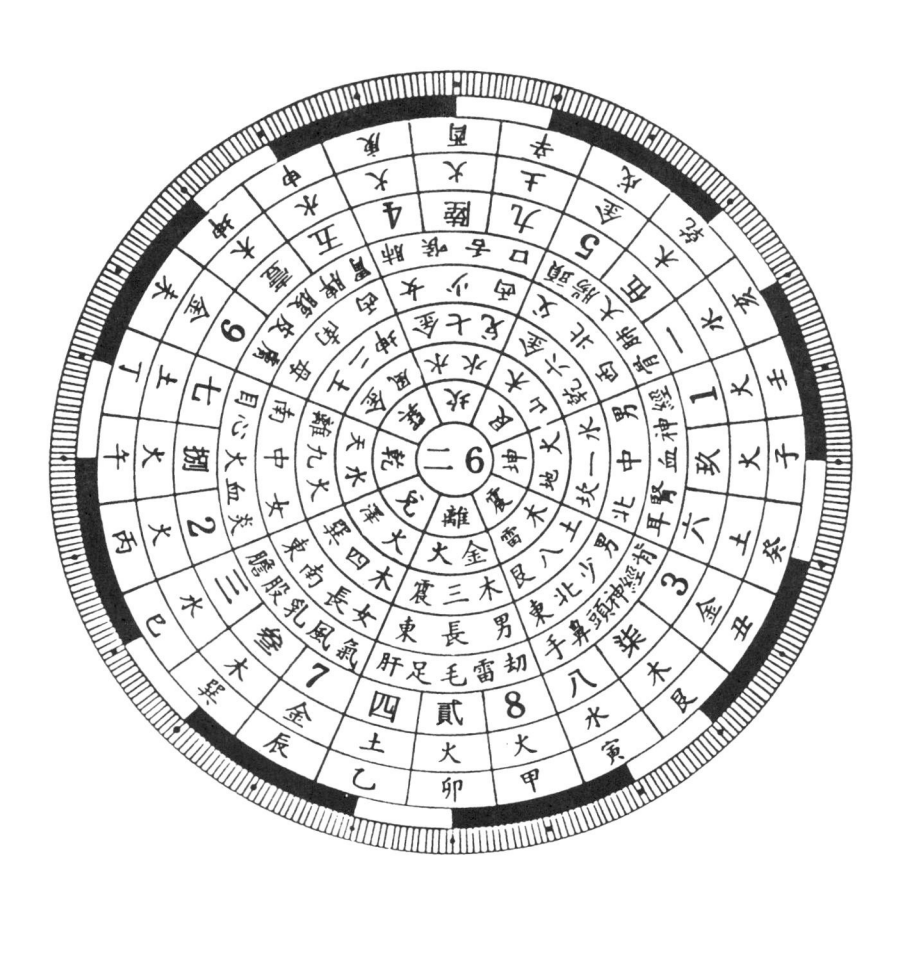

公式 53　四運甲山、庚向

```
  三           八           一
  7 3         2 7         9 5

  二           四           六
  8 4         6 2         4 9
              向山

  七           九           五
  3 8         1 6         5 1
```

　　此式旺星到山到向，東方有山，當運旺丁，西方有水，當運發財。西南有山，五運旺丁，西北有水，五運發財。北方有山，六運旺丁，東南有水，六運財平。南方有山，七運旺丁，東南有水，七運發財。東北有山，八運旺丁，東方有水，八運發財。西方有山，九運旺丁，西南有水，九運發財。西北有山，一運旺丁，北方有水，一運發財。東南有山，二運丁平，南方有水，二運發財。東南有山，三運旺丁，東北有水，三運發財。

212　精髓陰陽絕學

對照 54　四運 卯乙山 酉辛向

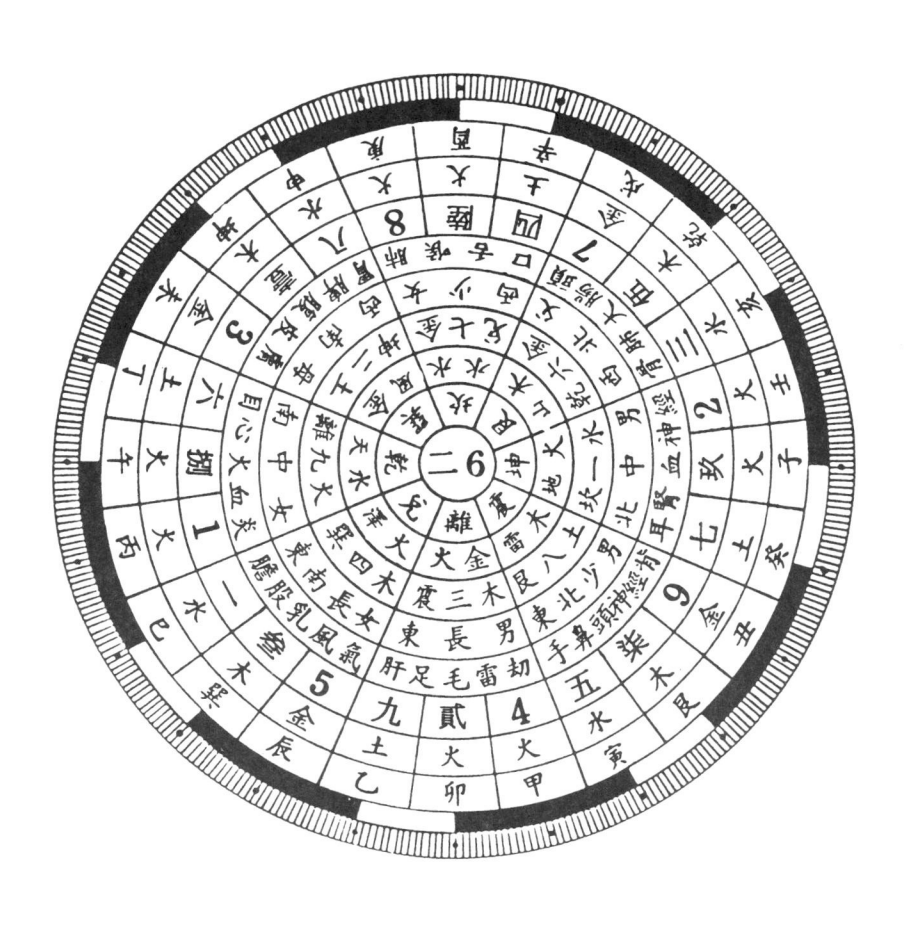

公式 54　四運卯乙山、酉辛向

三 5 1	八 1 6	一 3 8
二 4 9	四 6 2 向山	六 8 4
七 9 5	九 2 7	五 7 3

　　此式旺星山上下水，西方有山，當運旺丁，東方有水，當運發財。東北有山，五運旺丁，東南有水，五運發財。南方有山，六運旺丁，西北有水，六運財平。北方有山，七運旺丁，西北有水，七運發財。西南有山，八運旺丁，西方有水，八運發財。東方有山，九運旺丁，東北有水，九運發財。東南有山，一運旺丁，南方有水，一運發財。西北有山，二運丁平，北方有水，二運發財。西北有山，三運旺丁，西南有水，三運發財。

對照 55　四運辰山戌向

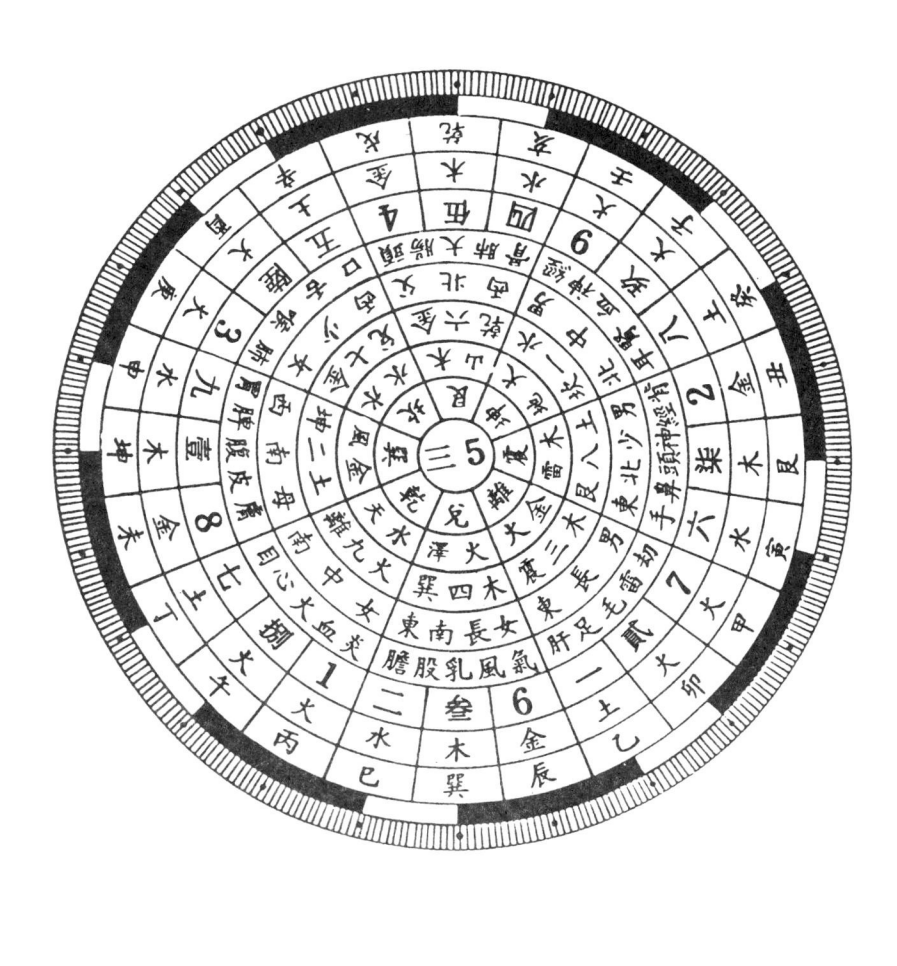

公式 55　四運辰山、戌向

三 6 2	八 1 7	一 8 9
二 7 1	四 5 3 向山	六 3 5
七 2 6	九 9 8	五 4 4

　　此式旺星會於西北，西北有山，當運旺丁，西北有水，當運發財。西方有山，五運旺丁，東南有水，五運財平。東北有山，六運旺丁，東南有水，六運發財。南方有山，七運旺丁，東方有水，七運發財。北方有山，八運旺丁，西南有水，八運發財。西南有山，九運旺丁，北方有水，九運發財。東方有山，一運旺丁，南方有水，一運發財。東南有山，二運旺丁，東北有水，二運發財。西北有山，三運丁平，西方有水，三運發財。

216　精髓陰陽絕學

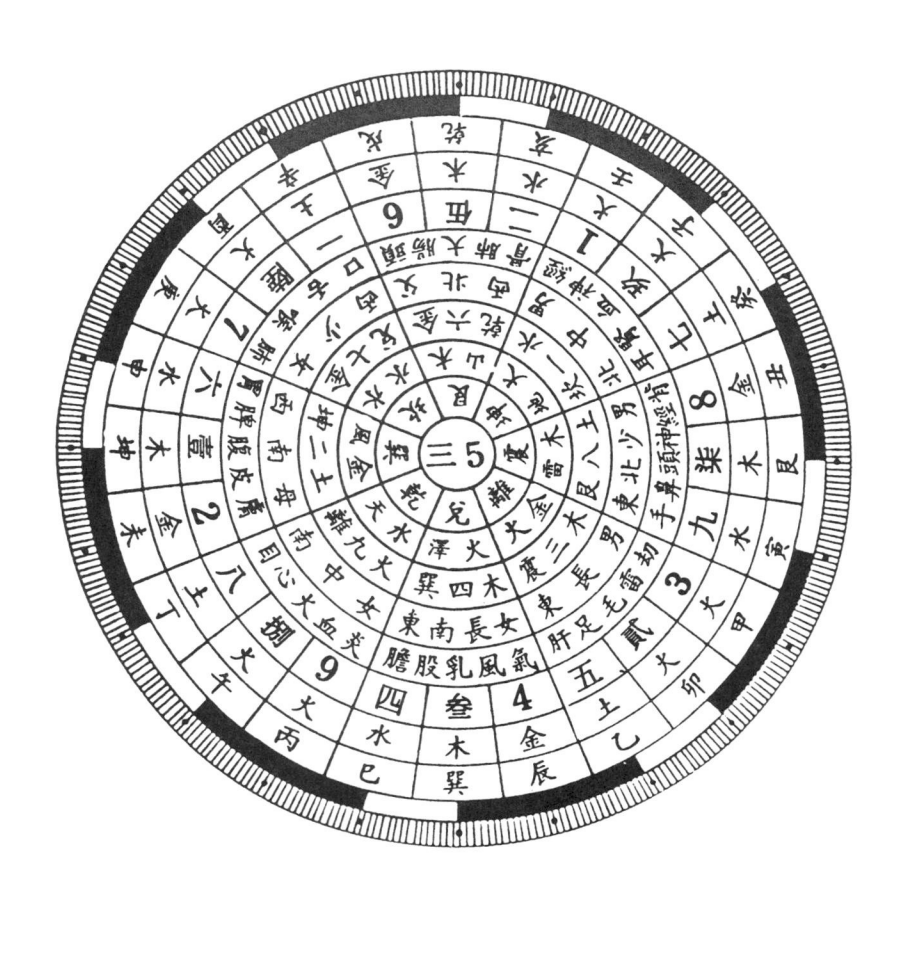

對照 56　四運 巽山乾向／巳山亥向

公式 56　四運巽巳山、乾亥向

三 4 4	八 9 8	一 2 6
二 3 5	四 5 3 向山	六 7 1
七 8 9	九 1 7	五 6 2

　　此式旺星會於東南，東南有山，當運旺丁，東南有水，當運發財。東方有山，五運旺丁，西北有水，五運財平。西南有山，六運旺丁，西北有水，六運發財。北方有山，七運旺丁，西方有水，七運發財。南方有山，八運旺丁，東北有水，八運發財。東北有山，九運旺丁，南方有水，九運發財。西方有山，一運旺丁，北方有水，一運發財。西北有山，二運旺丁，西南有水，二運發財。東南有山，三運丁平，東方有水，三運發財。

218　精髓陰陽絕學

對照 57　四運丙山壬向

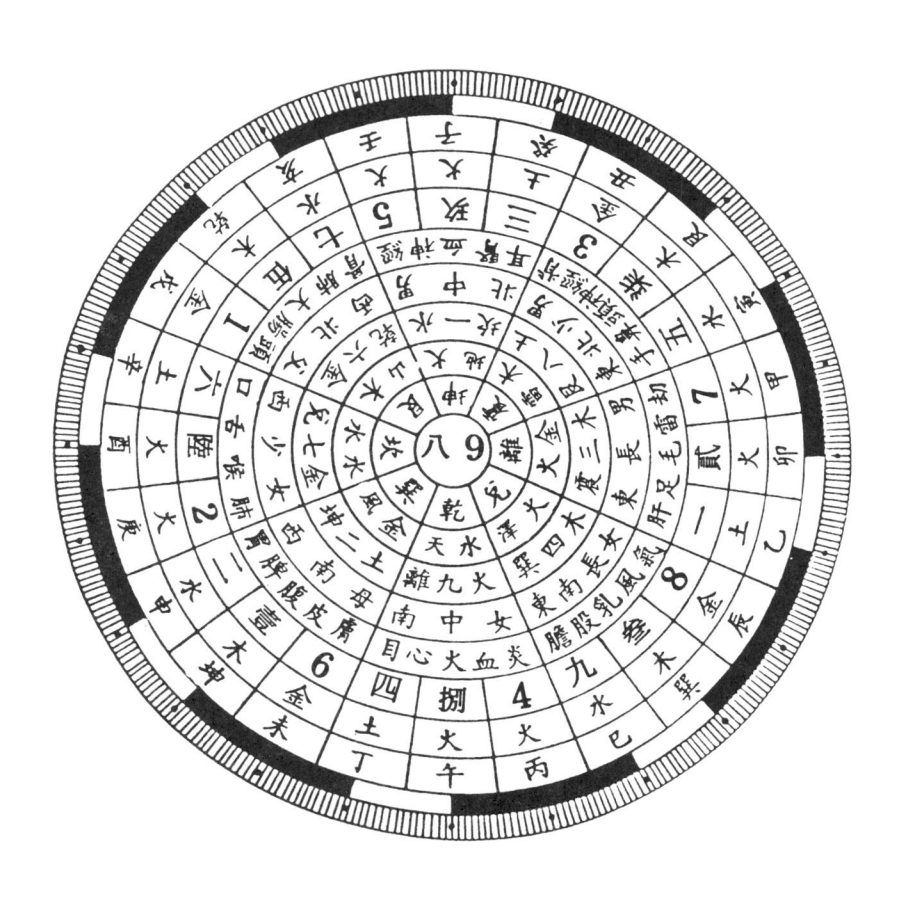

公式 57　四運丙山、壬向

三 8 9	八 4 4	一 6 2
二 7 1	四 9 8 向山	六 2 6
七 3 5	九 5 3	五 1 7

　　此式旺星會於南方，南方有山，當運旺丁，南方有水，當運發財。東北有山，五運旺丁，北方有水，五運發財。西方有山，六運旺丁，西南有水，六運發財。西北有山，七運旺丁，東方有水，七運發財。東南有山，八運丁平，東南有水，八運發財。東南有山，九運旺丁，西北有水，九運財平。東方有山，一運旺丁，西北有水，一運發財。西南有山，二運旺丁，西方有水，二運發財。北方有山，三運旺丁，東北有水，三運發財。

對照 58　四運 午山子向/丁山癸向

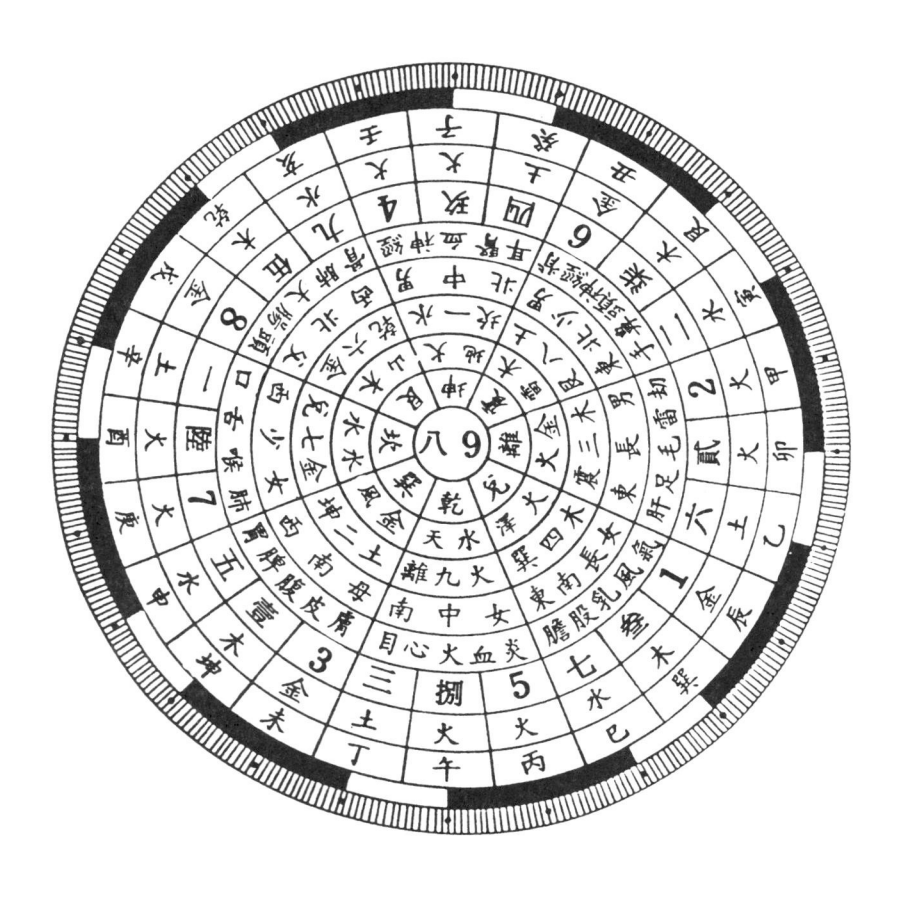

公式 58　四運午丁山、子癸向

三 1 7	八 5 3	一 3 5
二 2 6	四 9 8 向山	六 7 1
七 6 2	九 4 4	五 8 9

此式旺星會於北方，北方有山，當運旺丁，北方有水，當運發財。西南有山，五運旺丁，南方有水，五運發財。東方有山，六運旺丁，東北有水，六運發財。東南有山，七運旺丁，西方有水，七運發財。西北有山，八運丁平，西北有水，八運發財。西北有山，九運旺丁，東南有水，九運財平。西方有山，一運旺丁，東南有水，一運發財。東北有山，二運發財，東方有水，二運發財。南方有山，三運旺丁，西南有水，三運發財。

222　精髓陰陽絕學

對照 59　四運未山丑向

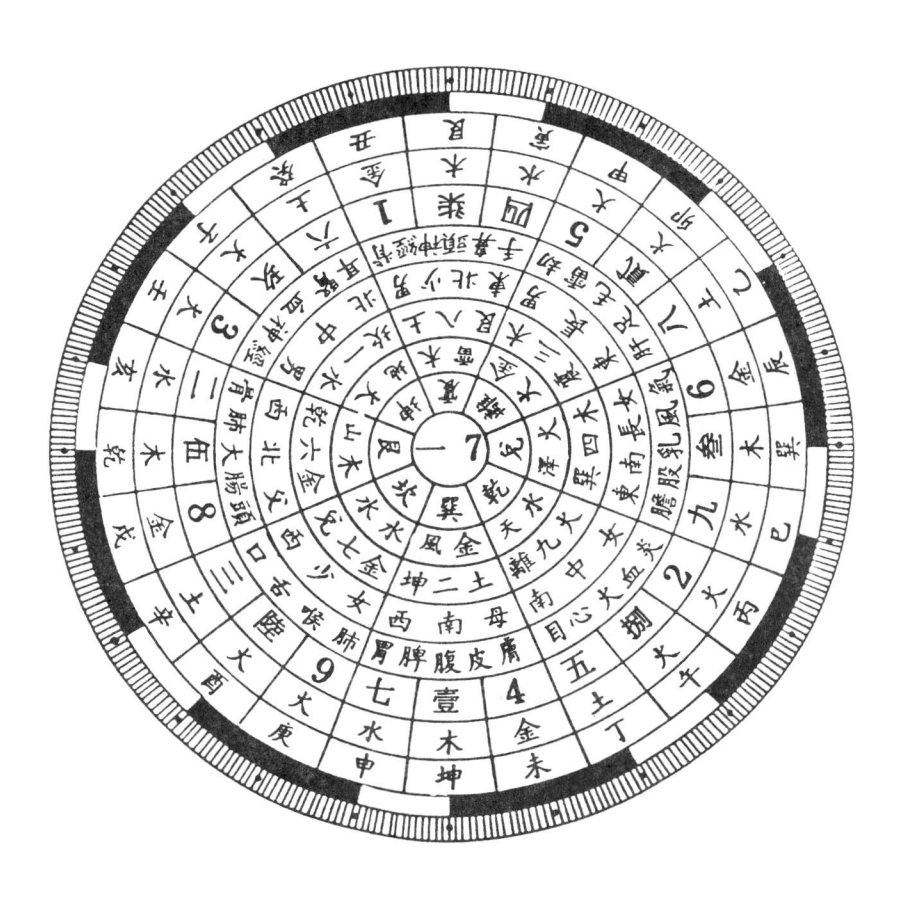

公式 59　四運未山、丑向

三 6 9	八 2 5	一 4 7
二 5 8	四 7 1 向山	六 9 3
七 1 4	九 3 6	五 8 2

　　此式旺星上山下水，東北有山，當運旺丁，西南有水，當運發財。南方有山，五運旺丁，東方有山，五運發財。北方有山，六運旺丁，東南有水，六運發財。西南有山，七運旺丁，西北有水，七運財平。東方有山，八運旺丁，西北有水，八運發財。東南有山，九運旺丁，西方有水，九運發財。西北有山，一運丁平，東北有水，一運發財。西北有山，二運旺丁，南方有水，二運發財。西方有山，三運旺丁，北方有水，三運發財。

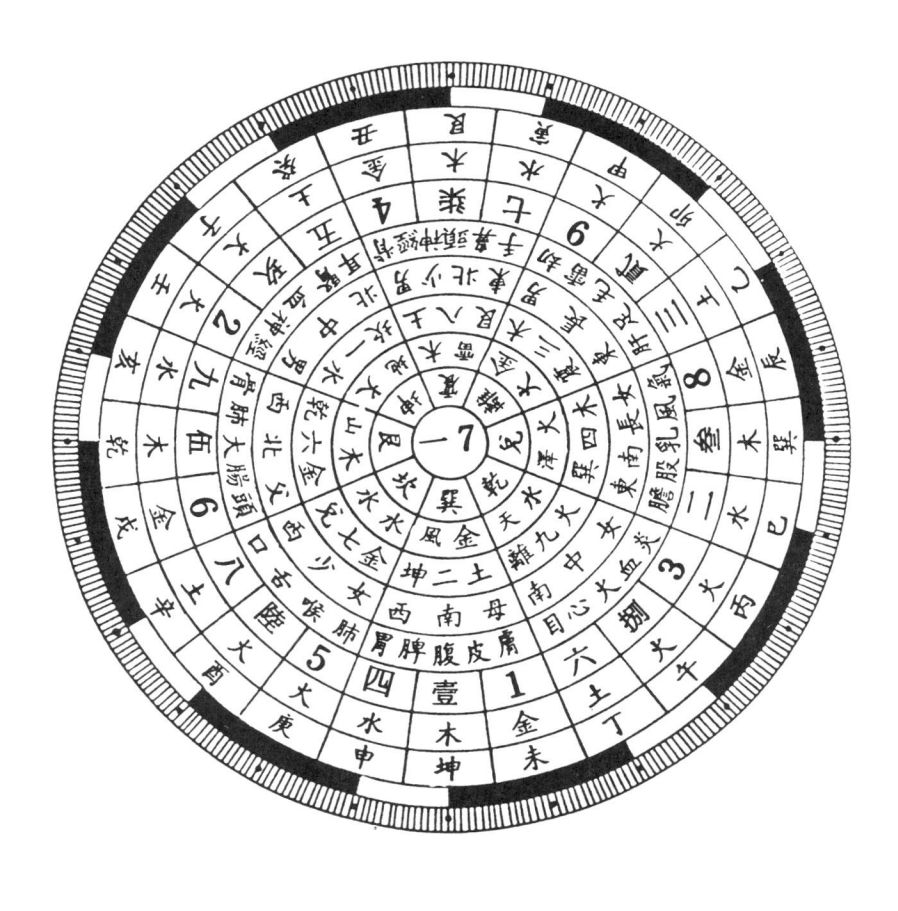

對照 60　四運　坤山艮向
　　　　　　　申山寅向

公式 60　四運坤申山、艮寅向

三 8 2	八 3 6	一 1 4
二 9 3	四 7 1 向山	六 5 8
七 4 7	九 2 5	五 6 9

　　此式旺星到山到向，西南有山，當運旺丁，東北有水，當運發財。北方有山，五運旺丁，西方有水，五運發財。南方有山，六運旺丁，西北有水，六運發財。東北有山，七運旺丁，東南有水，七運財平。西方有山，八運旺丁，東南有水，八運發財。西北有山，九運旺丁，東方有水，九運發財。東南有山，一運丁平，西南有水，一運發財。東南有山，二運旺丁，北方有水，二運發財。東方有山，三運旺丁，南方有水，三運發財。

對照 61　四運庚山甲向

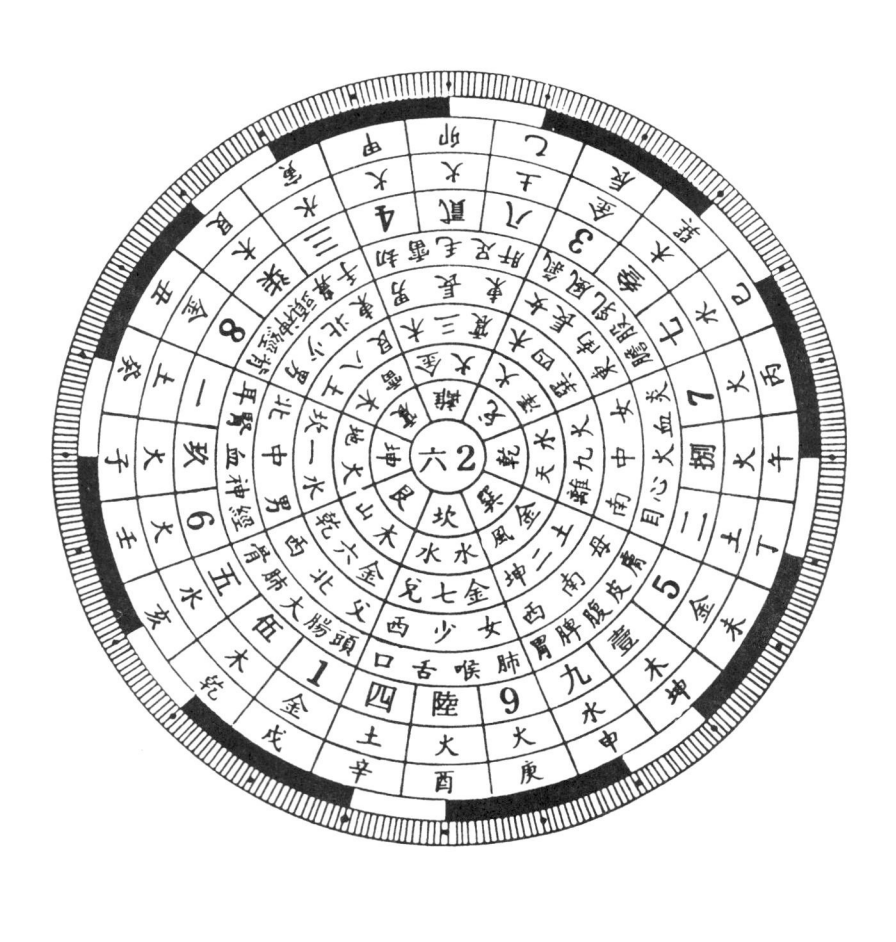

公式 61　四運庚山、甲向

三 3 7	八 7 2	一 5 9
二 4 8	四 2 6 向山	六 9 4
七 8 3	九 6 1	五 1 5

　　此式旺星到山到向，西方有山，當運旺丁，東方有水，當運發財。西北有山，五運旺丁，西南有水，五運發財。東南有山，六運丁平，北方有水，六運發財。東南有山，七運旺丁，南方有水，七運發財。東方有山，八運旺丁，東北有水，八運發財。西南有山，九運旺丁，西方有水，九運發財。北方有山，一運旺丁，西北有水，一運發財。南方有山，二運旺丁，東南有水，二運財平。東北有山，三運旺丁，東南有水，三運發財。

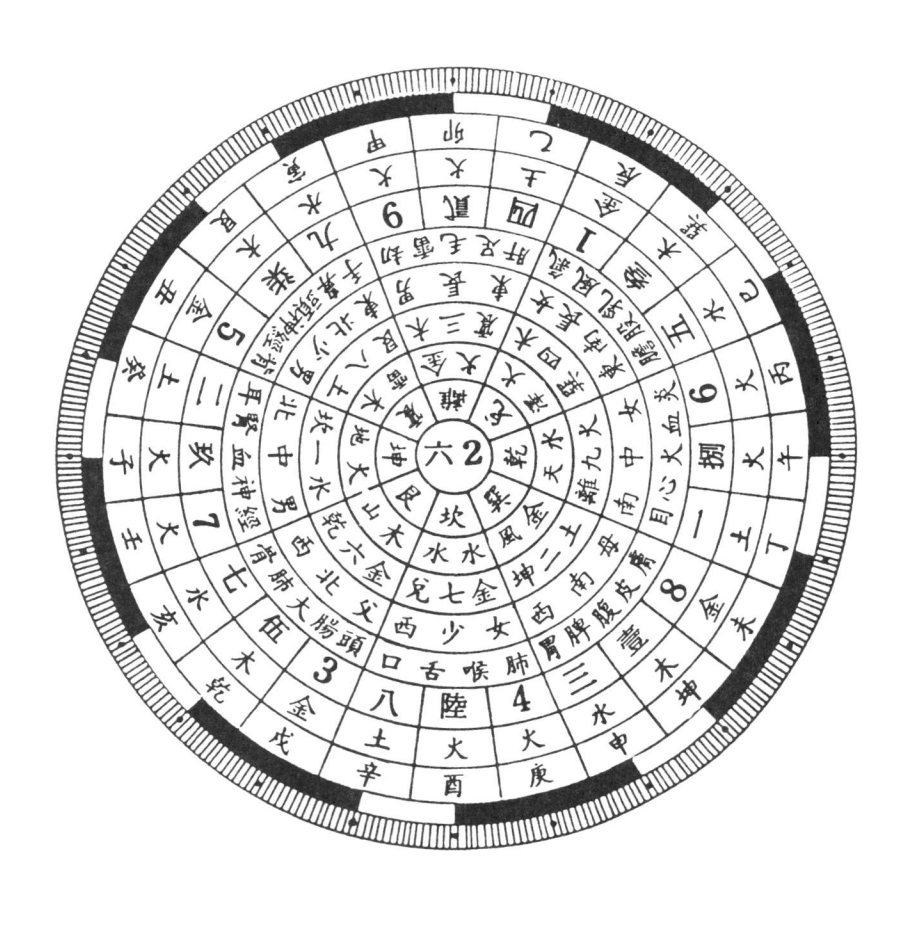

對照 62　四運 酉山卯向 / 辛山乙向

公式 62　四運酉辛山、卯乙向

```
 三        八        一
1 5      6 1      8 3

 二        四        六
9 4      2 6      4 8
         向山

 七        九        五
5 9      7 2      3 7
```

　　此式旺星山上下水，東方有山，當運旺丁，西方有水，當運發財。東南有山，五運旺丁，東北有水，五運發財。西北有山，六運丁平，南方有水，六運發財。西北有山，七運旺丁，北方有水，七運發財。西方有山，八運旺丁，西南有水，八運發財。東北有山，九運旺丁，東方有水，九運發財。南方有山，一運旺丁，東南有水，一運發財。北方有山，二運旺丁，西北有水，二運財平。西南有山，三運旺丁，西北有水，三運發財。

對照 63　四運戌山辰向

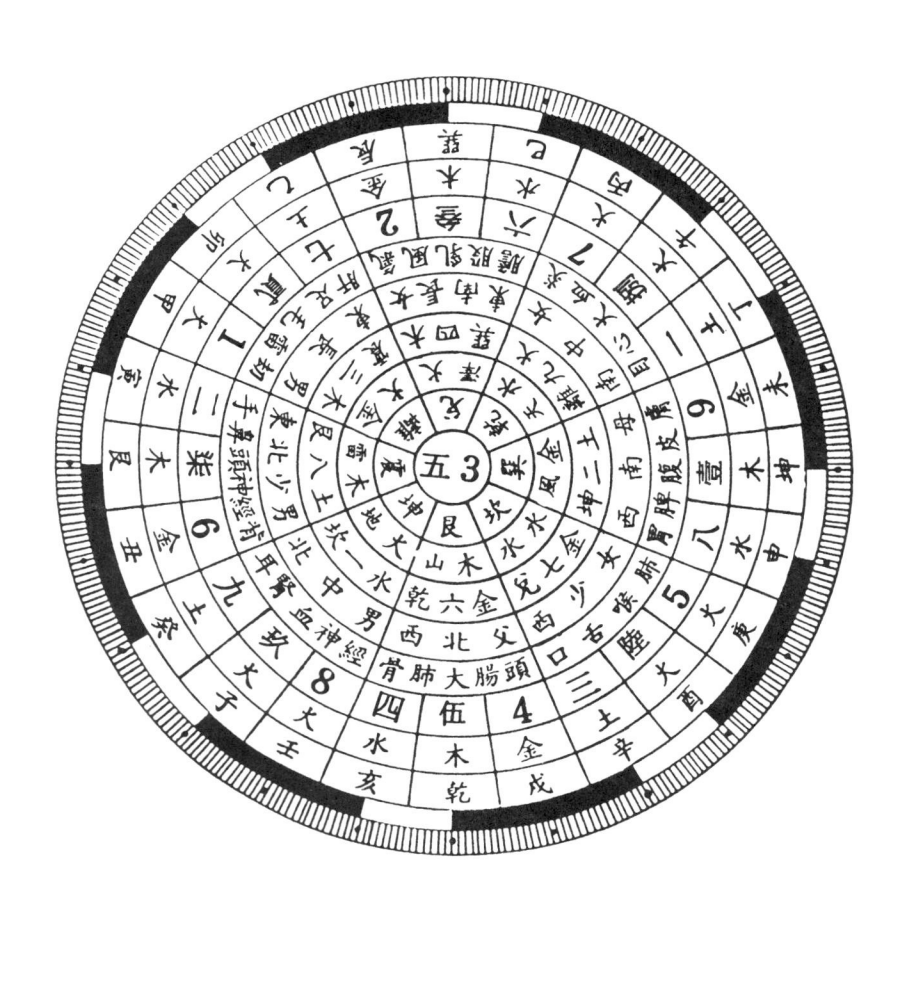

第二十一節　九星應用公式圖

公式 63　公運戌山、辰向

三 2 6	八 7 1	一 9 8
二 1 7	四 3 5 向山	六 5 3
七 6 2	九 8 9	五 4 4

　　此式旺星會於西北，西北有山，當運旺丁，西北有水，當運發財。東南有山，五運丁平，西方有水，五運發財。東南有山，六運旺丁，東北有水，六運發財。東方有山，七運旺丁，南方有水，七運發財。西南有山，八運旺丁，北方有水，八運發財。北方有山，九運旺丁，西南有水，九運發財。南方有山，一運旺丁，東方有水，一運發財。東北有山，二運旺丁，東南有水，二運發財。西方有山，三運旺丁，西北有水，三運財平。

232　精髓陰陽絕學

對照 64　四運 乾山巽向 / 亥山巳向

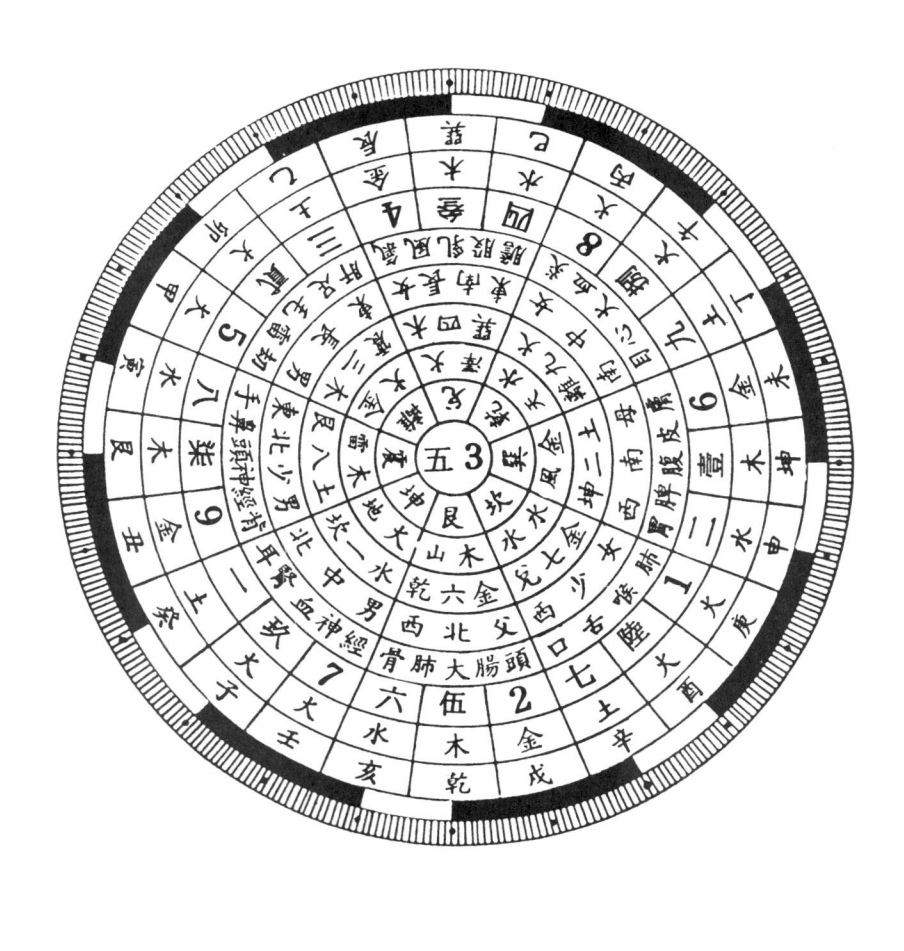

公式 64　四運乾亥山、巽巳向

三 4 4	八 8 9	一 6 2
二 5 3	四 3 5 向山	六 1 7
七 9 8	九 7 1	五 2 6

　　此式旺星會於東南，東南有山，當運旺丁，東南有水，當運發財，西北有山，五運丁平，東方有水，五運發財，西北有山，六運旺丁，西南有水，六運發財，西方有山，七運旺丁，北方有水，七運發財，東北有山，八運旺丁，南方有水，八運發財，南方有山，九運旺丁，東北有水，九運發財，北方有山，一運旺丁，西方有水，一運發財，西南有山，二運旺丁，西北有水，二運發財，東方有山，三運旺丁，東南有水，三運財平。

對照 65　五運壬山丙向

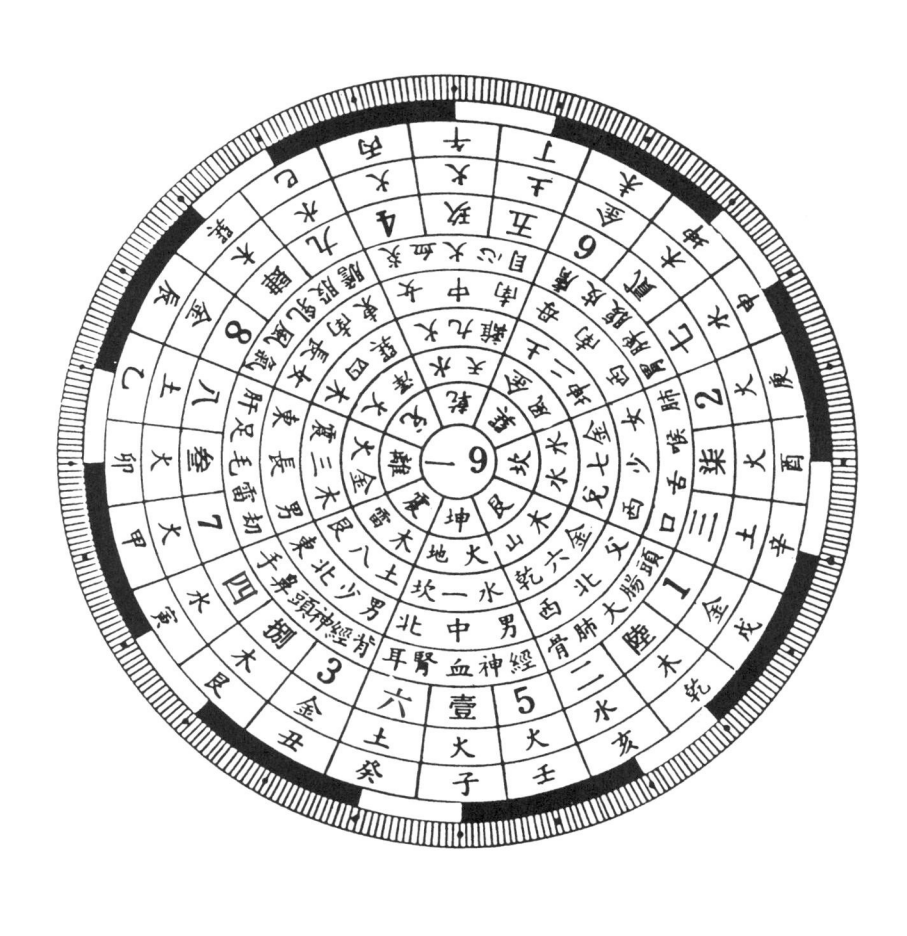

公式 65　五運壬山、丙向

四 8 9	九 4 5	二 6 7
三 7 8	五 9 1 向山	七 2 3
八 3 4	一 5 6	六 1 2

　　此式旺星上山下水，南方有山，當運旺丁，北方有水，當運發財。北方有山，六運旺丁，西南有水，六運發財。西南有山，七運旺丁，東方有水，七運發財。東方有山，八運旺丁，東南有水，八運發財。東南有山，九運旺丁，西北有水，九運財平。西北有山，一運丁平，西北有水，一運發財。西北有山，二運旺丁，西方有水，二運發財。西方有山，三運旺丁，東北有水，三運發財。東北有山，四運旺丁，南方有水，四運發財。

對照66　五運 子癸山 午丁向

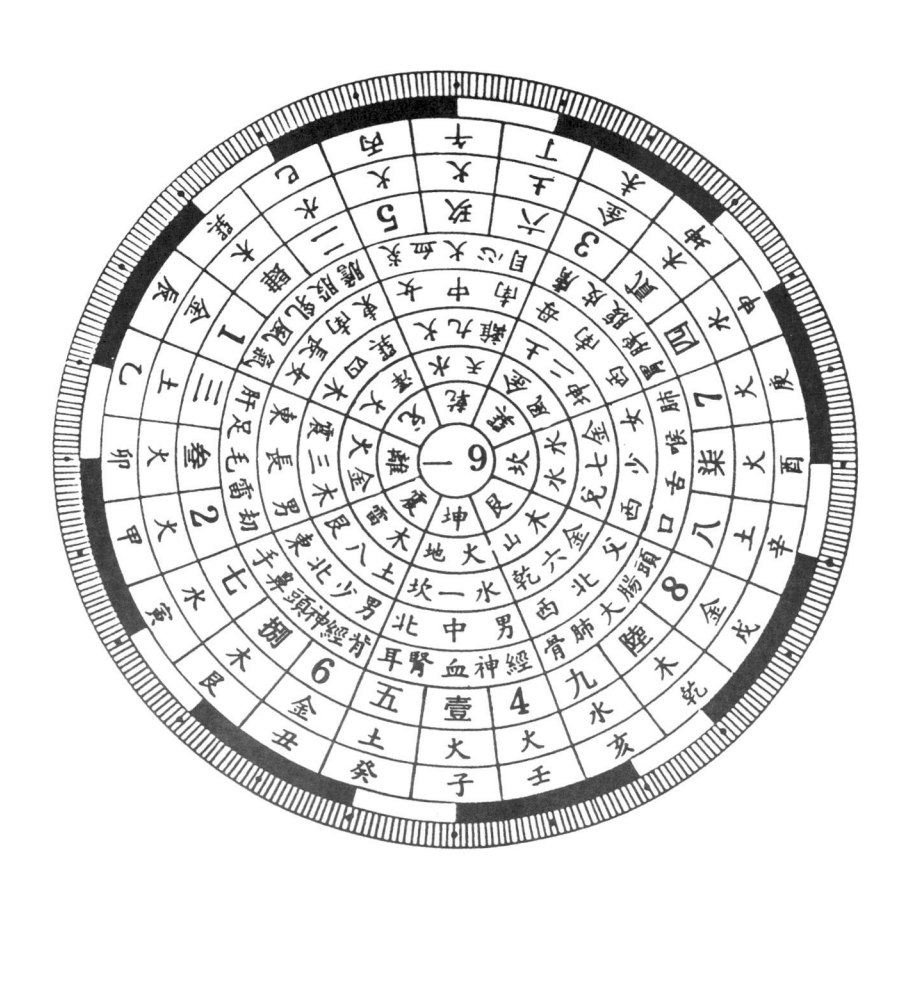

公式 66　五運子癸山、午丁向

四 1 2	九 5 6	二 3 4
三 2 3	五 9 1 向山	七 7 8
八 6 7	一 4 5	六 8 9

　　此式旺星到山到向，北方有山，當運旺丁，南方有水，當運發財。南方有山，六運旺丁，東北有水，六運發財。東北有山，七運旺丁，西方有水，七運發財。西方有山，八運旺丁，西北有水，八運發財。西北有山，九運旺丁，東南有水，九運財平。東南有山，一運丁平，東南有水，一運發財，東南有山，二運旺丁，東方有水，二運發財。東方有山，三運旺丁，西南有水，三運發財。西南有山，四運旺丁，北方有水，四運發財。

238 精髓陰陽絕學

對照 67　五運丑山未向

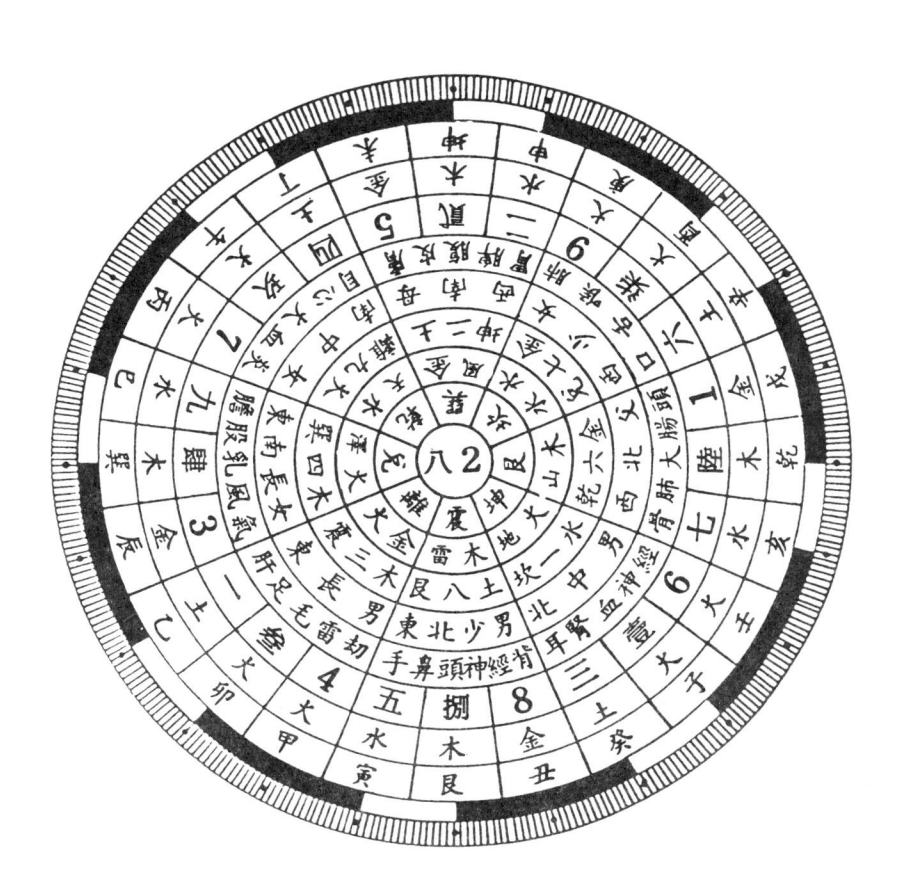

公式 67　五運丑山、未向

四 3 9	九 7 4	二 5 2
三 4 1	五 2 8 向山	七 9 6
八 8 5	一 6 3	六 1 7

　　此式旺星到山到向，東北有山，當運旺丁，西南有水，當運發財。西方有山，六運旺丁，北方有水，六運發財。西北有山，七運旺丁，南方有水，七運發財。東南有山，八運丁平，東北有水，八運發財。東南有山，九運旺丁，西方有水，九運發財。東方有山，一運旺丁，西北有水，一運發財。西南有山，二運旺丁，東南有水，二運財平。北方有山，三運旺丁，東南有水，三運發財。南方有山，四運旺丁，東方有水，四運發財。

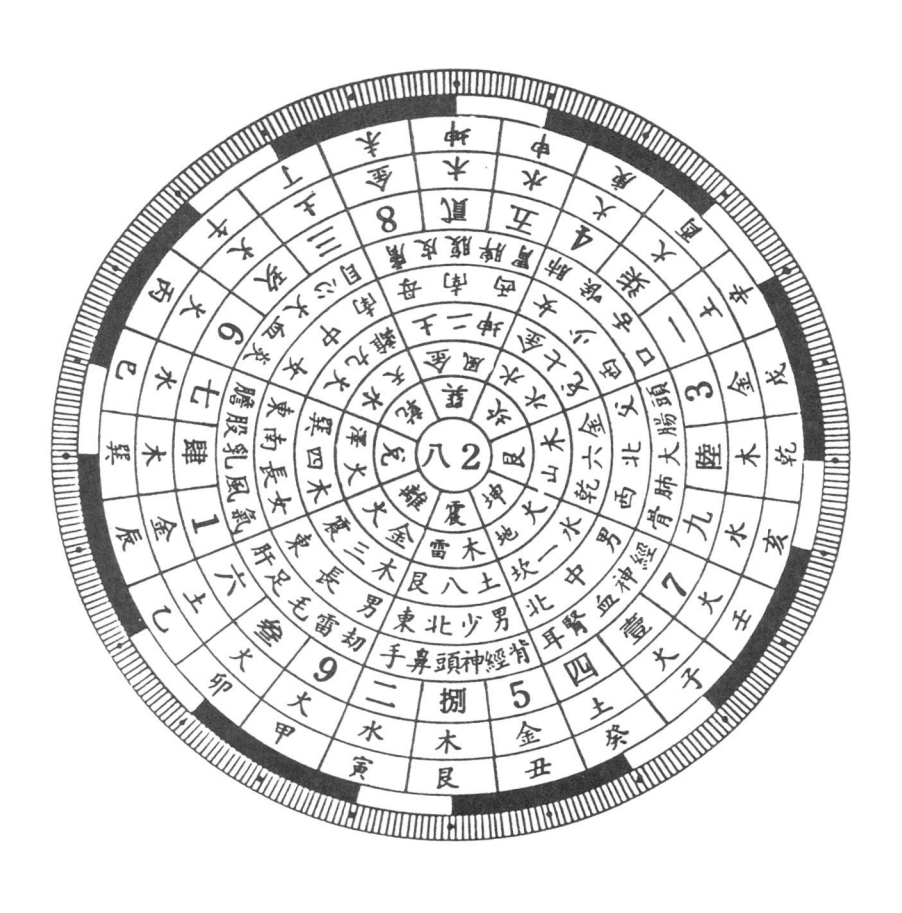

對照 68　五運 艮山 坤向
　　　　　　　　寅　 申

公式 68　五運艮寅山、坤申向

四 1 7	九 6 3	二 8 5
三 9 6	五 2 8 向山	七 4 1
八 5 2	一 7 4	六 3 9

　　此式旺星上山下水，西南有山，當運旺丁，東北有水，當運發財。東方有山，六運旺丁，南方有水，六運發財。東南有山，七運旺丁，北方有水，七運發財。西北有山，八運丁平，西南有水，八運發財。西北有山，九運旺丁，東方有水，九運發財。西方有山，一運旺丁，東南有水，一運發財。東北有山，二運旺丁，西北有水，二運財平。南方有山，三運旺丁，西北有水，三運發財。北方有山，四運旺丁，西方有水，四運發財。

對照 69　五運甲山庚向

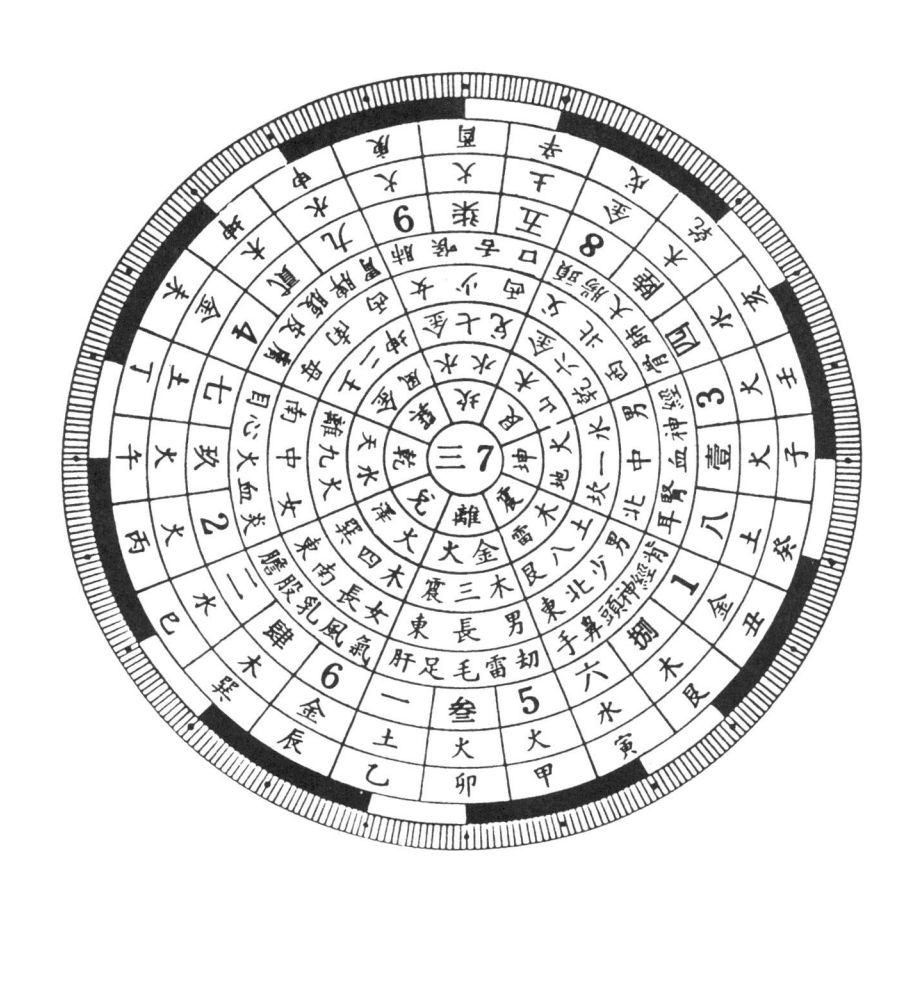

公式 69　五運甲山、庚向

四 6 2	九 2 7	二 4 9
三 5 1	五 7 3 向山	七 9 5
八 1 6	一 3 8	六 8 4

　　此式旺星上山下水，西方有山，當運旺丁，東方有水，當運發財。東北有山，六運旺丁，東南有水，六運發財。南方有山，七運旺丁，西北有水，七運財平。北方有山，八運旺丁，西北有水，八運發財。西南有山，九運旺丁，西方有水，九運發財。東方有山，一運旺丁，東北有水，一運發財。東南有山，二運旺丁，南方有水，二運發財。西北有山，三運丁平，北方有水，三運發財。西北有山，四運旺丁，西南有水，四運發財。

對照 70　五運 卯乙山 酉辛向

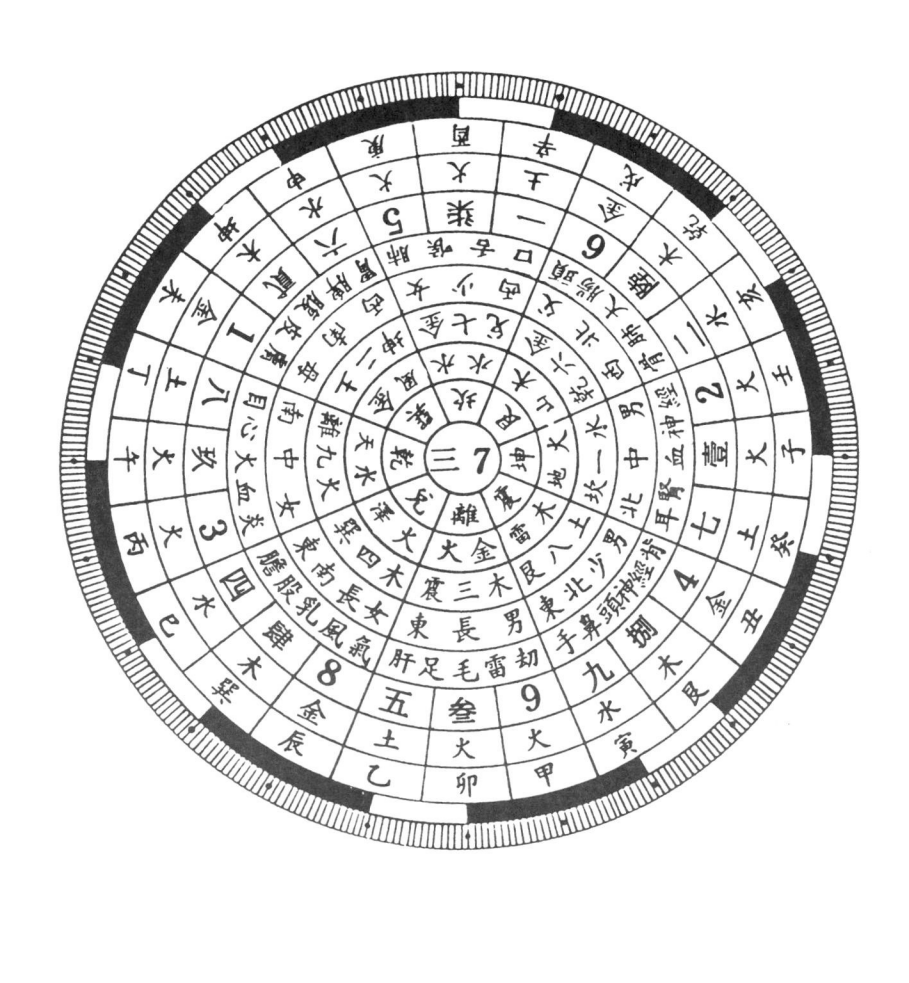

公式 70　五運卯乙山、酉辛向

```
  四          九          二
  8 4        3 8        1 6

  三          五          七
  9 5        7 3        5 1
             向山

  八          一          六
  4 9        2 7        6 2
```

　　此式旺星到山到向，東方有山，當運旺丁，西方有水，當運發財。西南有山，六運旺丁，西北有水，六運發財。北方有山，七運旺丁，東南有水，七運財平。南方有山，八運旺丁，東南有水，八運發財。東北有山，九運旺丁，東方有水，九運發財。西方有山，一運旺丁，西南有水，一運發財。西北有山，二運旺丁，北方有水，二運發財。東南有山，三運丁平，南方有水，三運發財。東南有山，四運旺丁，東北有水，四運發財。

246　精髓陰陽絕學

對照 71　五運辰山戌向

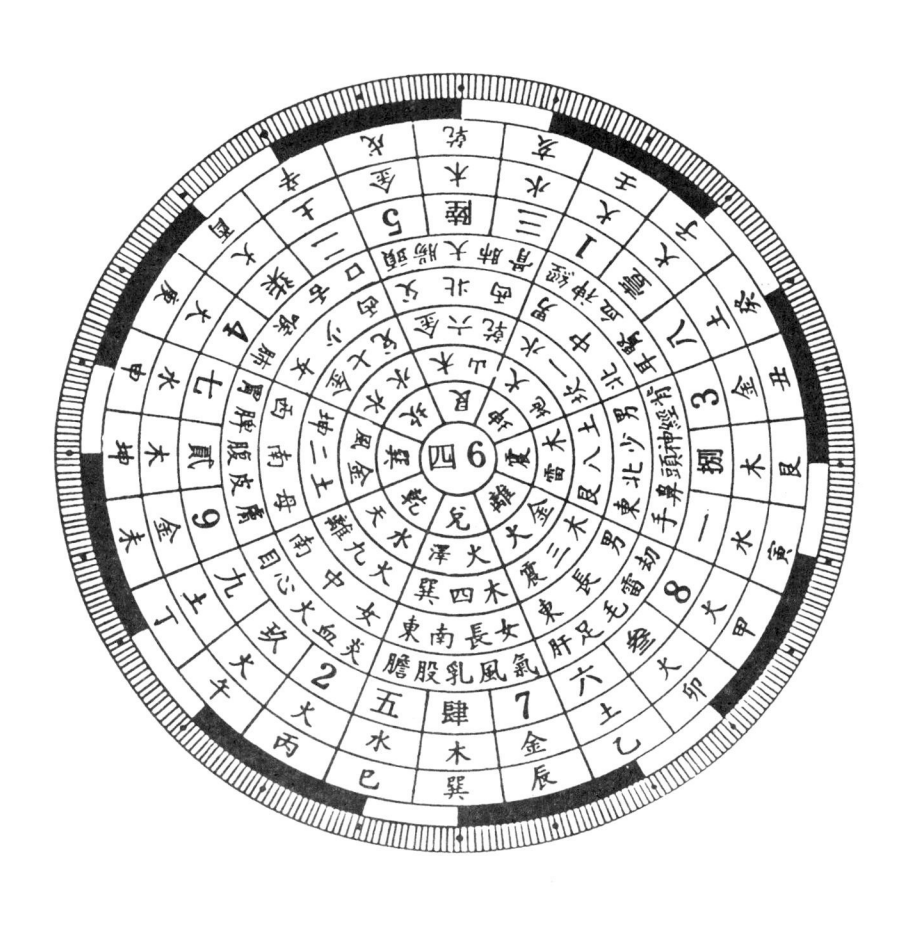

公式 71　五運辰山、戌向

四 7 5	九 2 9	二 9 7
三 8 6	五 6 4 向山	七 4 2
八 3 1	一 1 8	六 5 3

　　此式旺星到山到向，東南有山，當運旺丁，西北有水，當運發財。東方有山，六運旺丁，東南有水，六運財平。西南有山，七運旺丁，東南有水，七運發財。北方有山，八運旺丁，東方有水，八運發財。南方有山，九運旺丁，西南有水，九運發財。東北有山，一運旺丁，北方有水，一運發財。西方有山，二運旺丁，南方有水，二運發財。西北有山，三運旺丁，東北有水，三運發財。東南有山，四運丁平，西方有水，四運發財。

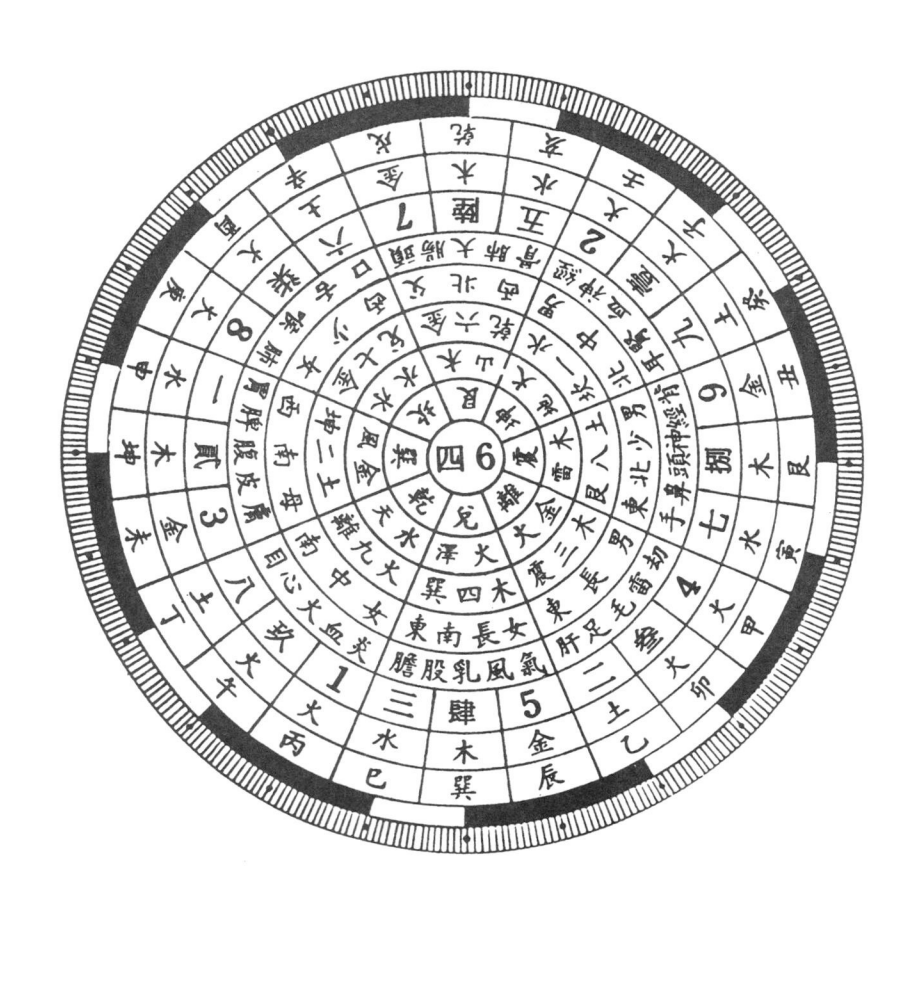

對照72　五運 巽巳山 乾亥向

公式 72　五運巽巳山、乾亥向

四　 5 3	九　 1 8	二　 3 1
三　 4 2	五　 6 4 向山	七　 8 6
八　 9 7	一　 2 9	六　 7 5

　　此式旺星上山下水，西北有山，當運旺丁，東南有水，當運發財。西方有山，六運旺丁，西北有水，六運財平。東北有山，七運旺丁，西北有水，七運發財。南方有山，八運旺丁，西方有水，八運發財。北方有山，九運旺丁，東北有水，九運發財。西南有山，一運旺丁，南方有水，一運發財。東方有山，二運旺丁，北方有水，二運發財。東南有山，三運旺丁，西南有水，三運發財。西北有山，四運丁平，東方有水，四運發財。

對照 73　五運丙山壬向

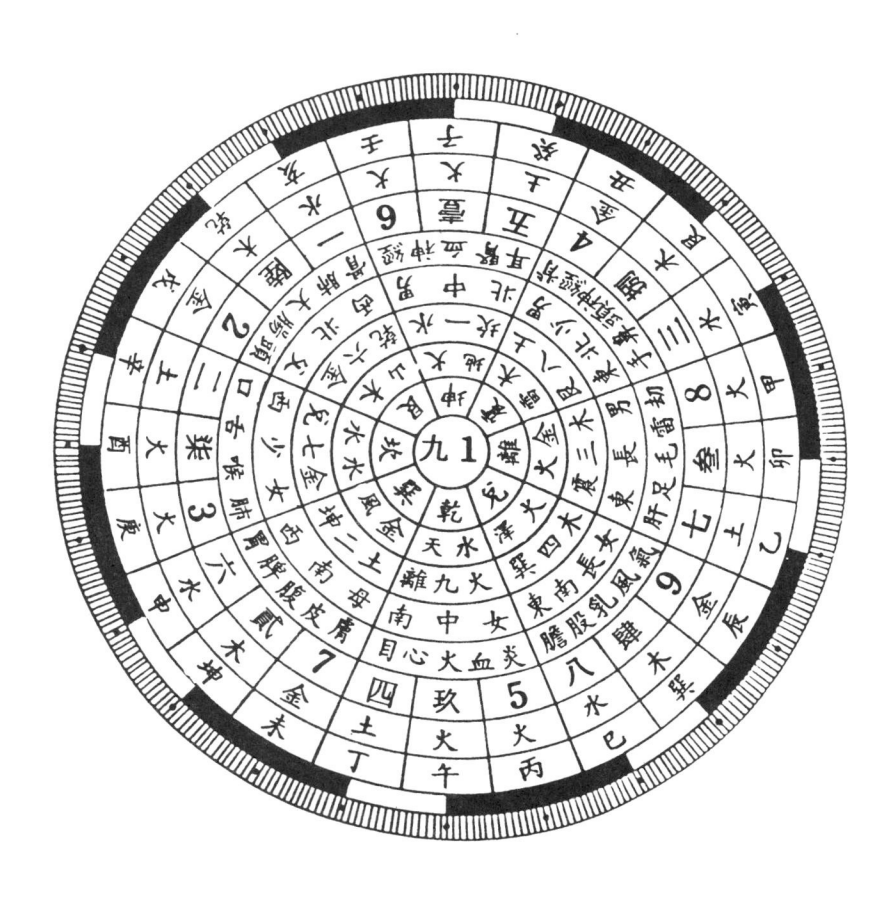

公式 73　五運丙山、壬向

四	九	二
9 8	5 4	7 6

三	五	七
8 7	1 9 向山	3 2

八	一	六
4 3	6 5	2 1

　　此式旺星上山下水，北方有山，當運旺丁，南方有水，當運發財。西南有山，六運旺丁，北方有水，六運發財。東方有山，七運旺丁，西南有水，七運發財。東南有山，八運旺丁，東方有水，八運發財。西北有山，九運丁平，東南有水，九運發財。西北有山，一運旺丁，西北有水，一運財平。西方有山，二運旺丁，西北有水，二運發財。東北有山，三運旺丁，西方有水，三運發財。南方有山，四運旺丁，東北有水，四運發財。

對照 74　五運 午山子向 / 丁山癸向

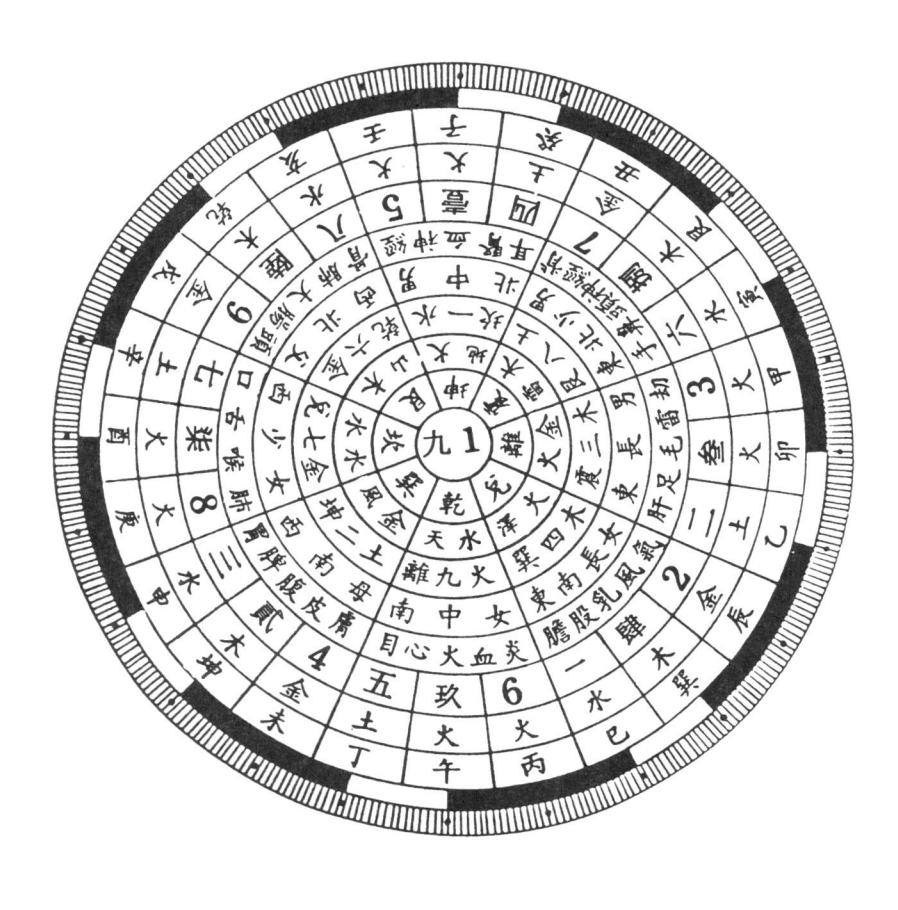

公式 74　五運午丁山、子癸向

四 2 1	九 6 5	二 4 3
三 3 2	五 1 9 向山	七 8 7
八 7 6	一 5 4	六 9 8

　　此式旺星到山到向，南方有山，當運旺丁，北方有水，當運發財。東北有山，六運旺丁，南方有水，六運發財。西方有山，七運旺丁，東北有水，七運發財。西北有山，八運旺丁，西方有水，八運發財。東南有山，九運丁平，西北有水，九運發財。東南有山，一運旺丁，東南有水，一運財平。東方有山，二運旺丁，東南有水，二運發財。西南有山，三運旺丁，東方有水，三運發財。北方有山，四運旺丁，西南有水，四運發財。

254　精髓陰陽絕學

對照 75　五運未山丑向

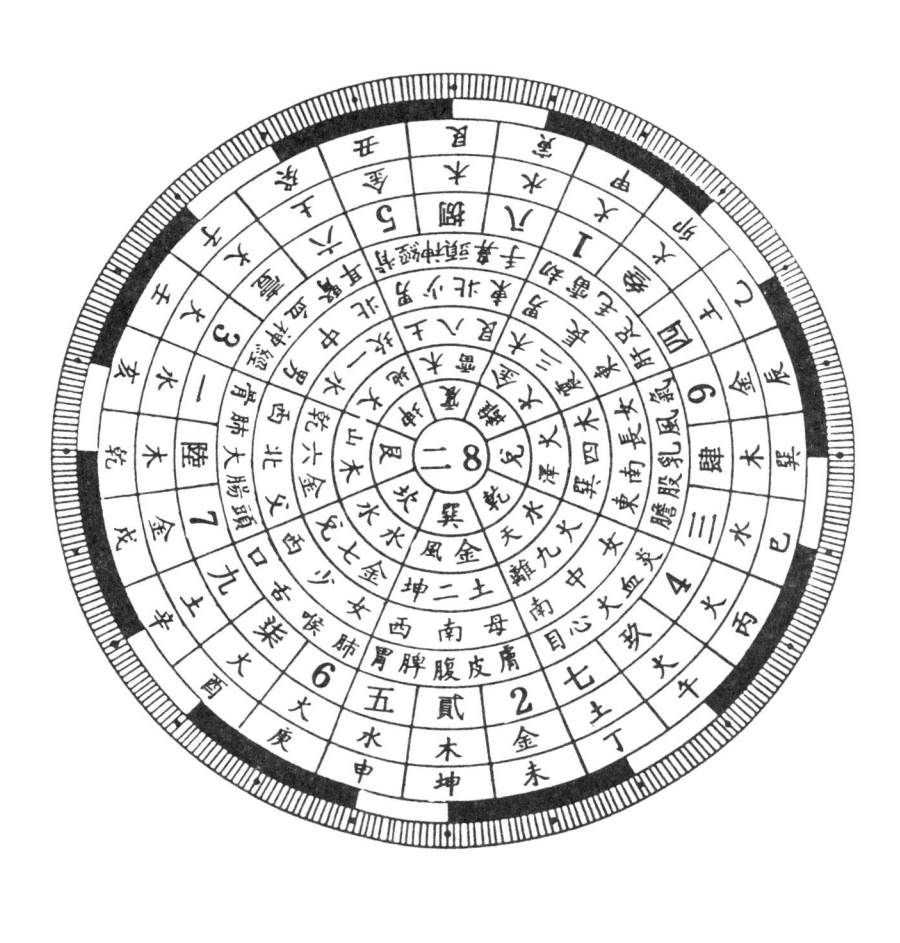

公式 75　五運未山、丑向

四	九	二
9 3	4 7	2 5

三	五	七
1 4	8 2 向山	6 9

八	一	六
5 8	3 6	7 1

　　此式旺星到山到向，西南有山，當運旺丁，東北有水，當運發財。北方有山，六運旺丁，西方有水，六運發財。南方有山，七運旺丁，西北有水，七運發財。東北有山，八運旺丁，東南有水，八運財平。西方有山，九運旺丁，東南有水，九運發財。西北有山，一運旺丁，東方有水，一運發財。東南有山，二運丁平，西南有水，二運發財。東南有山，三運旺丁，北方有水，三運發財。東方有山，四運旺丁，南方有水，四運發財。

對照 76　五運 坤山艮向
申　　寅

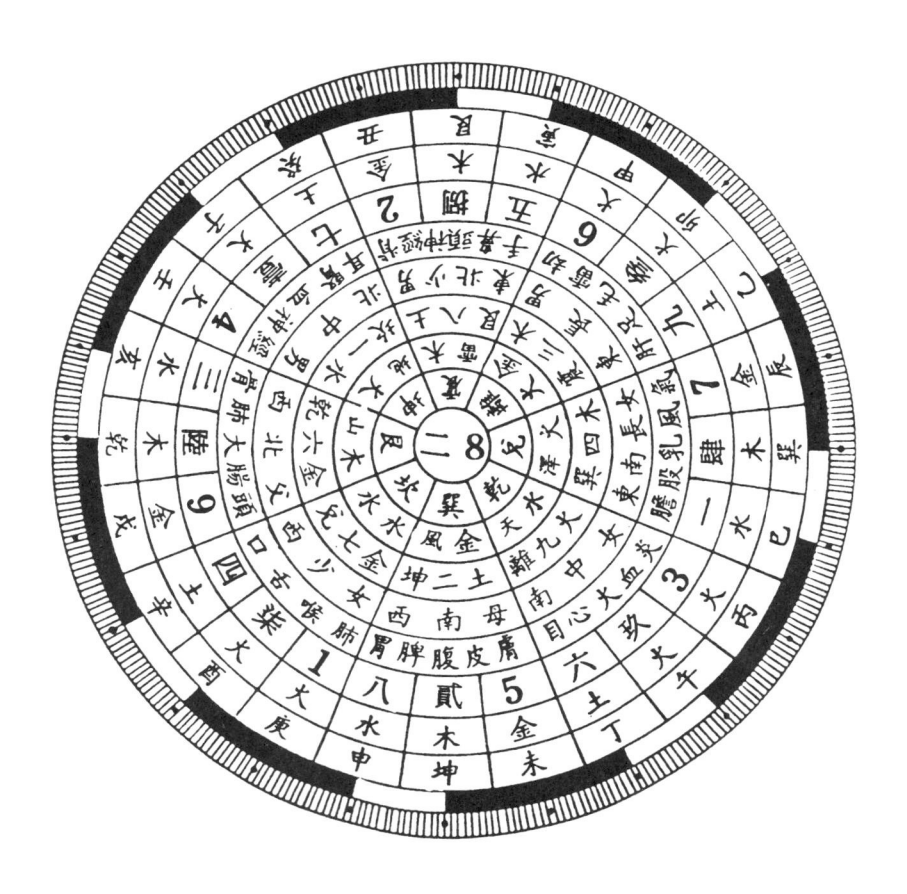

公式 76　五運坤申山、艮寅向

四 7 1	九 3 6	二 5 8
三 6 9	五 8 2 向山	七 1 4
八 2 5	一 4 7	六 9 3

　　此式旺星上山下水，東北有山，當運旺丁，西南有水，當運發財。南方有山，六運旺丁，東方有水，六運發財。北方有山，七運旺丁，東南有水，七運發財。西南有山，八運旺丁，西北有水，八運財平。東方有山，九運旺丁，西北有水，九運發財。東南有山，一運旺丁，西方有水，一運發財。西北有山，二運丁平，東北有水，二運發財。西北有山，三運旺丁，南方有水，三運發財。西方有山，四運旺丁，北方有水，四運發財。

對照 77　五運庚山甲向

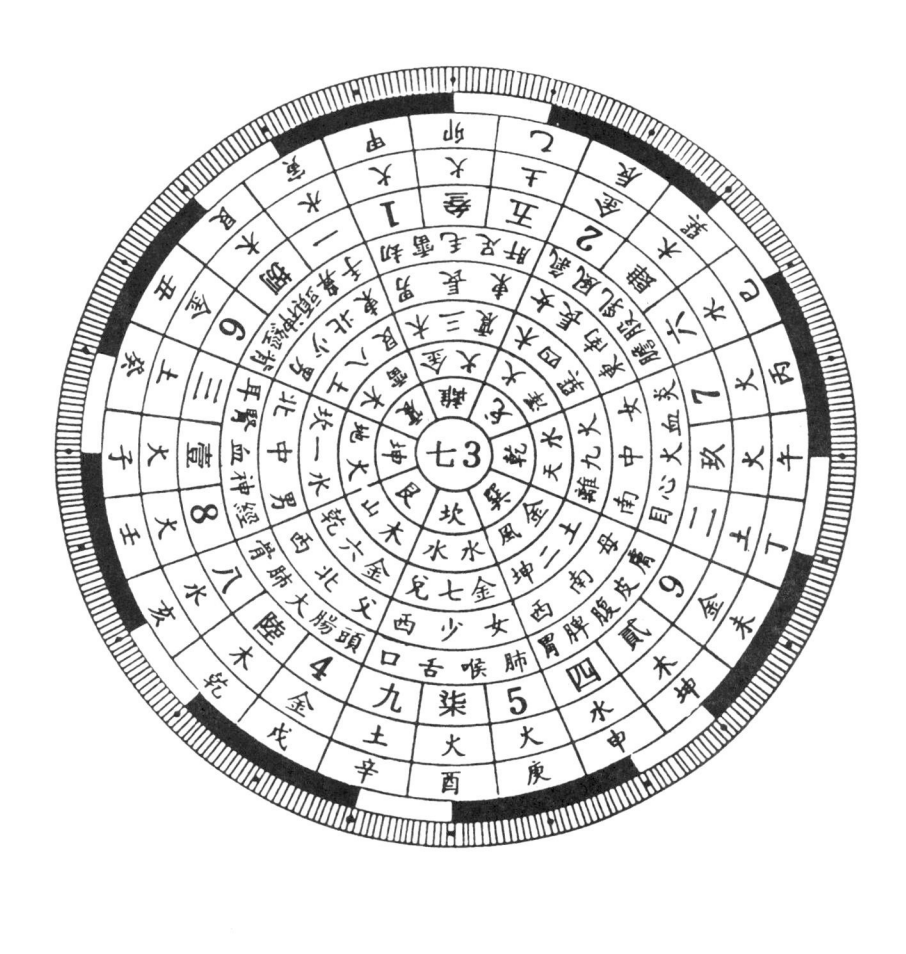

公式 77　五運庚山、甲向

四 2 6	九 7 2	二 9 4
三 1 5	五 3 7 向山	七 5 9
八 6 1	一 8 3	六 4 8

　　此式旺星上山下水，東方有山，當運旺丁，西方有水，當運發財。東南有山，六運旺丁，東北有水，六運發財。西北有山，七運丁平，南方有水，七運發財。西北有山，八運旺丁，北方有水，八運發財。西方有山，九運旺丁，西南有水，九運發財。東北有山，一運旺丁，東方有水，一運發財。南方有山，二運旺丁，東南有水，二運發財。北方有山，三運旺丁，西北有水，三運財平。西南有山，四運旺丁，西北有水，四運發財。

對照 78　五運 酉山卯向 / 辛山乙向

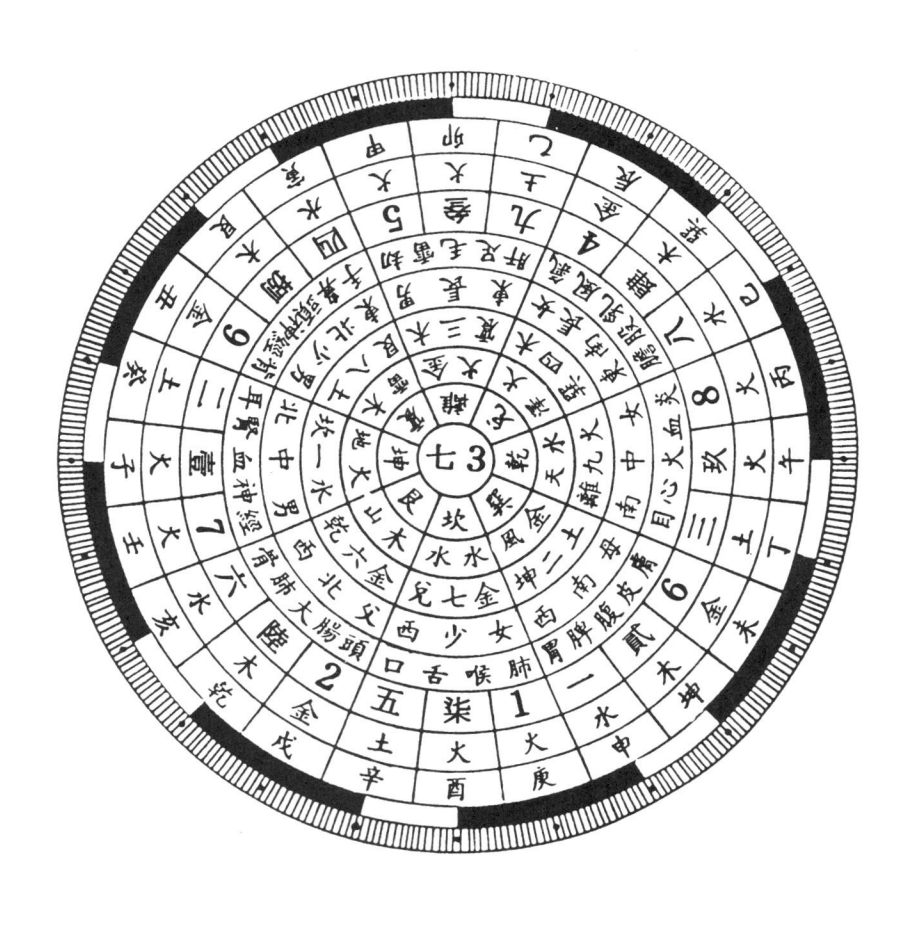

公式 78　五運酉辛山、卯乙向

四 4 8	九 8 3	二 6 1
三 5 9	五 3 7 向山	七 1 5
八 9 4	一 7 2	六 2 6

　　此式旺星到山到向，西方有山，當運旺丁，東方有水，當運發財。西北有山，六運旺丁，西南有水，六運發財。東南有山，七運丁平，北方有水，七運發財。東南有山，八運旺丁，南方有水，八運發財。東方有山，九運旺丁，東北有水，九運發財。西南有山，一運旺丁，西方有水，一運發財。北方有山，二運旺丁，西北有水，二運發財。南方有山，三運旺丁，東南有水，三運財平。東北有山，四運旺丁，東南有水，四運發財。

對照 79　五運戌山辰向

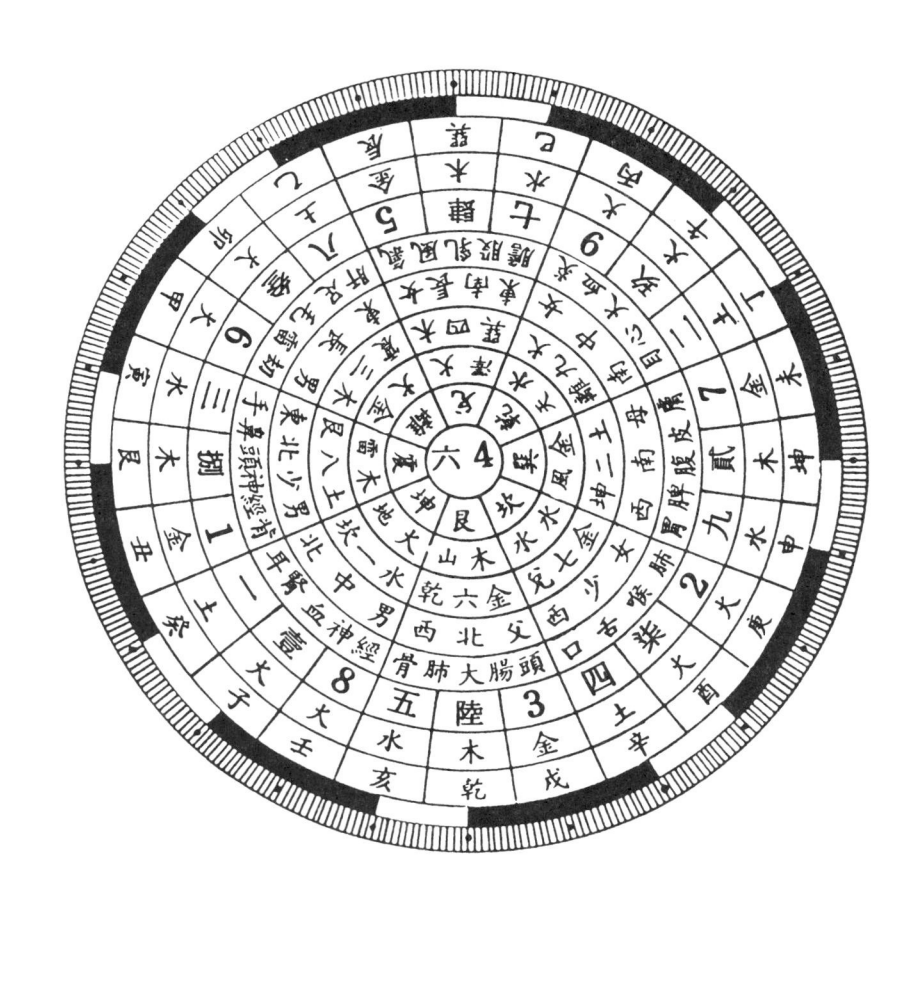

公式 79　五運戌山、辰向

四 5 7	九 9 2	二 7 9
三 6 8	五 4 6 向山	七 2 4
八 1 3	一 8 1	六 3 5

　　此式旺星到山到向，西北有山，當運旺丁，東南有水，當運發財。東南有山，六運丁平，東方有水，六運發財。東南有山，七運旺丁，西南有水，七運發財。東方有山，八運旺丁，北方有水，八運發財。西南有山，九運旺丁，南方有水，九運發財。北方有山，一運旺丁，東北有水，一運發財。南方有山，二運旺丁，西方有水，二運發財。東北有山，三運旺丁，西北有水，三運發財。西方有山，四運旺丁，東南有水，四運財平。

264　精髓陰陽絕學

對照 80　五運 乾山巽向 / 亥山巳向

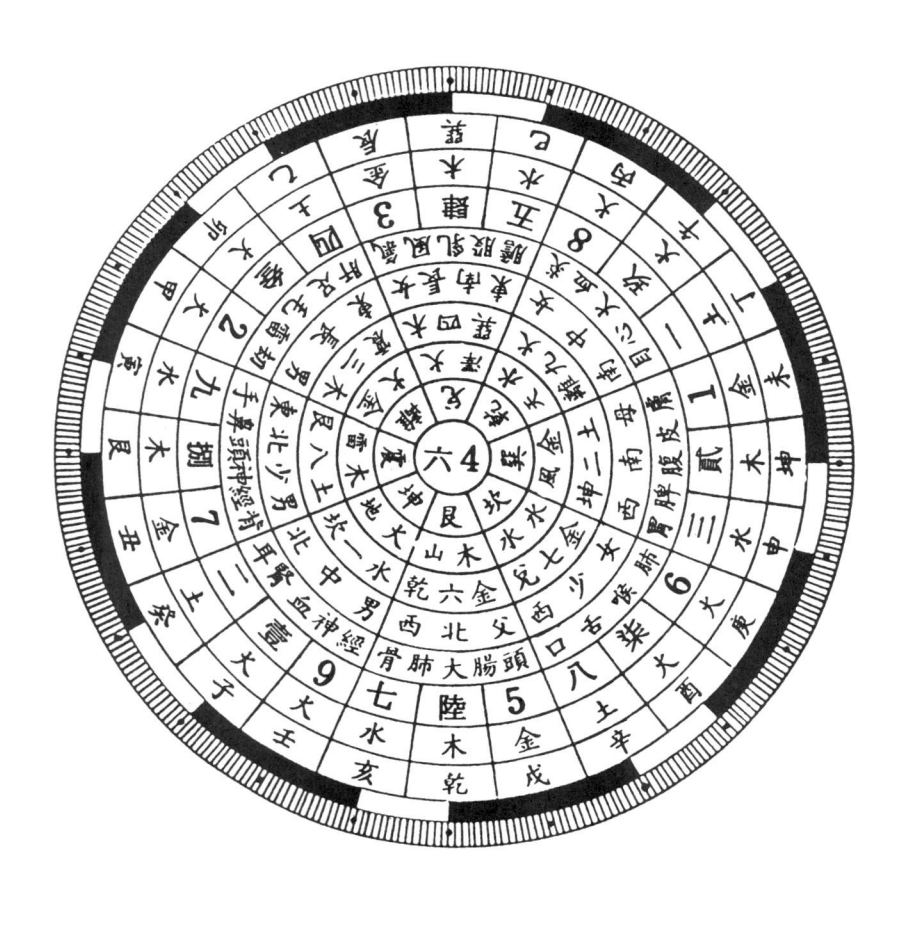

公式 80　五運乾亥山、巽巳向

四	九	二
3 5	8 1	1 3

三	五	七
2 4	4 6	6 8
	向山	

八	一	六
7 9	9 2	5 7

　　此式旺星上山下水，東南有山，當運旺丁，西北有水，當運發財。西北有山，六運丁平，西方有水，六運發財。西北有山，七運旺丁，東北有水，七運發財。西方有山，八運旺丁，南方有水，八運發財。東北有山，九運旺丁，北方有水，九運發財。南方有山，一運旺丁，西南有水，一運發財。北方有山，二運旺丁，東方有水，二運發財。西南有山，三運旺丁，東南有水，三運發財。東方有山，四運旺丁，西北有水，四運財平。

對照 81　六運壬山丙向

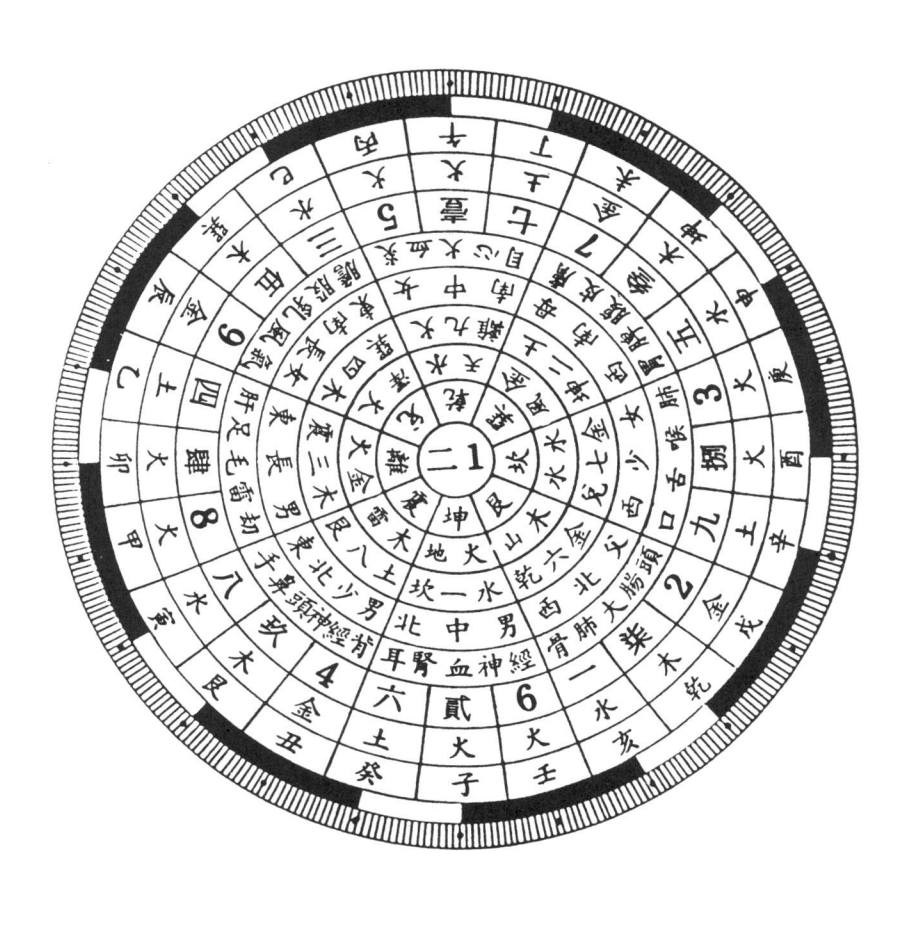

公式 81　六運壬山、丙向

五 9 3	一 5 7	三 7 5
四 8 4	六 1 2 向山	八 3 9
九 4 8	二 6 6	七 2 1

　　此式旺星會於北方，北方有山，當運旺丁，北方有水，當運發財。南方有山，七運旺丁，西南有水，七運發財。東北有山，八運旺丁，東方有水，八運發財。西方有山，九運旺丁，東南有水，九運發財。西北有山，一運旺丁，西北有水，一運財平。東南有山，二運丁平，西北有水，二運發財。東南有山，三運旺丁，西方有水，三運發財。東方有山，四運旺丁，東北有水，四運發財。西南有山，五運旺丁，南方有水，五運發財。

268 精髓陰陽絕學

對照 82　六運 子癸山 午丁向

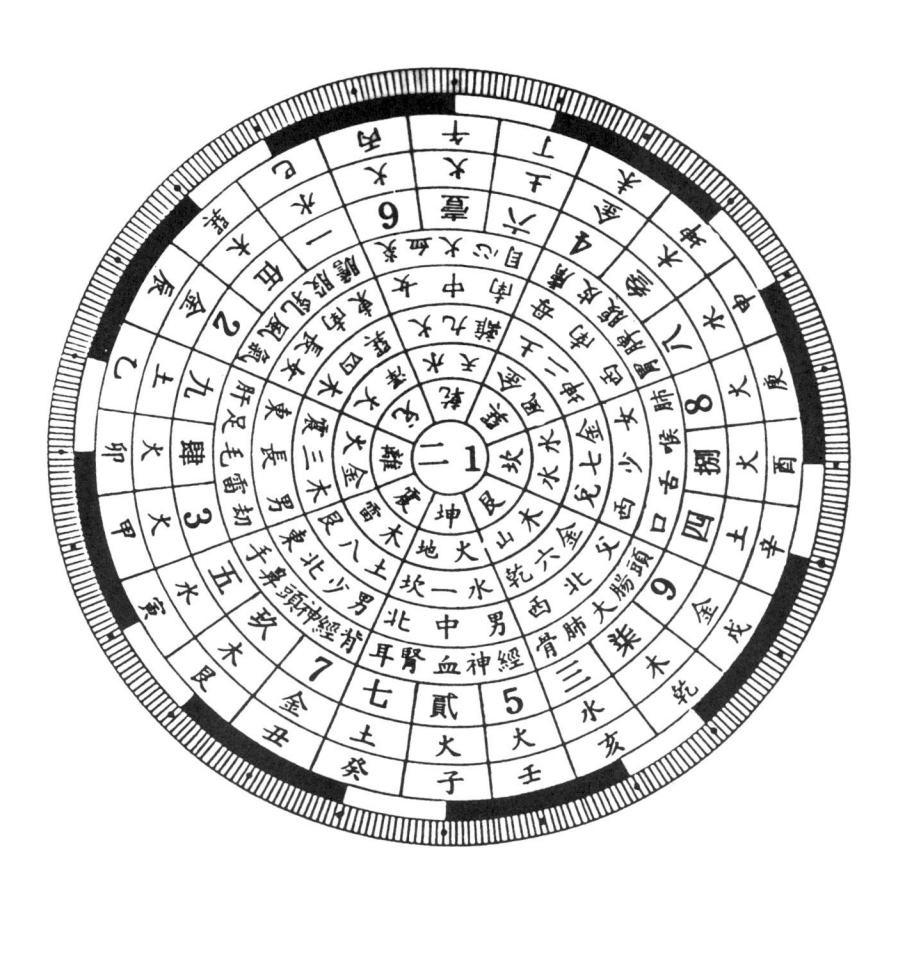

公式 82　六運子癸山、午丁向

五 2 1	一 6 6	三 4 8
四 3 9	六 1 2 向山	八 8 4
九 7 5	二 5 7	七 9 3

　　此式旺星會於南方，南方有山，當運旺丁，南方有水，當運發財。北方有山，七運旺丁，東北有水，七運發財。西南有山，八運旺丁，西方有水，八運發財。東方有山，九運旺丁，西北有水，九運發財。東南有山，一運旺丁，東南有水，一運財平。西北有山，二運丁平，東南有水，二運發財。西北有山，三運旺丁，東方有水，三運發財。西方有山，四運旺丁，西南有水，四運發財。東北有山，五運旺丁，北方有水，五運發財。

對照 83　六運丑山未向

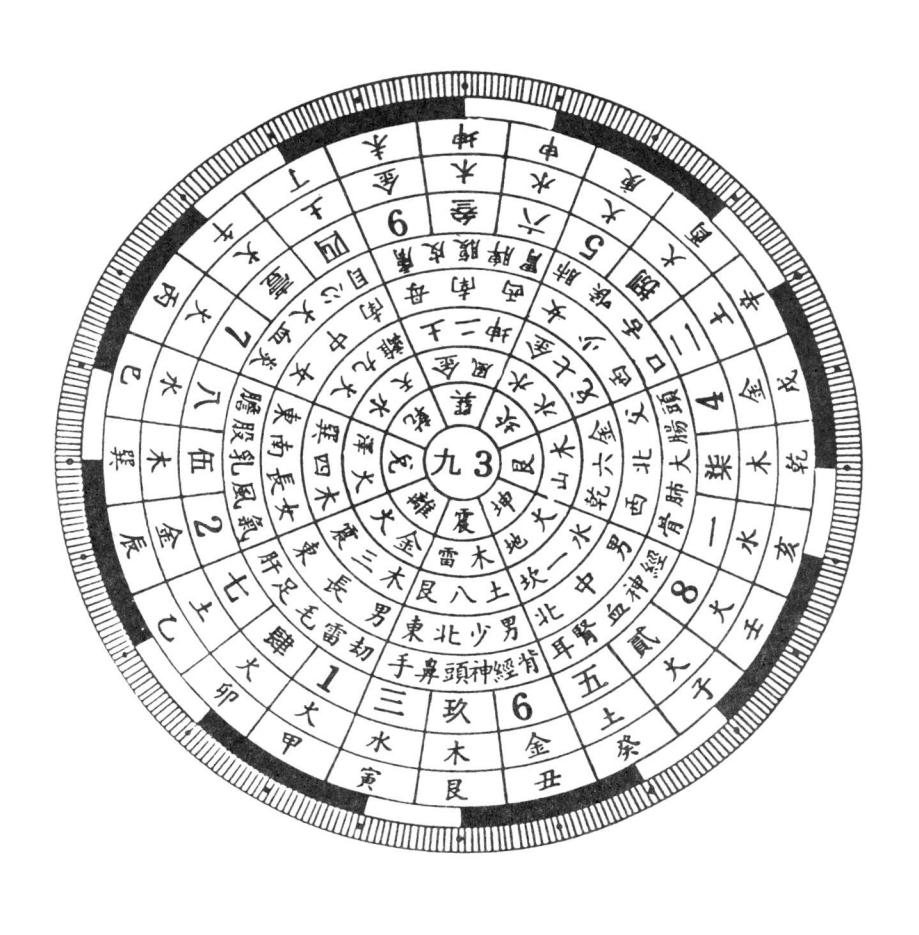

公式 83　六運丑山、未向

五 2 8	一 7 4	三 9 6
四 1 7	六 3 9 向山	八 5 2
九 6 3	二 8 5	七 4 1

　　此式旺星山上下水，西南有山，當運旺丁，東北有水，當運發財。東方有山，七運旺丁，南方有水，七運發財。東南有山，八運旺丁，北方有水，八運發財。西北有山，九運丁平，西南有水，九運發財。西北有山，一運旺丁，東方有水，一運發財。西方有山，二運旺丁，東南有水，二運發財。東北有山，三運旺丁，西北有水，三運財平。南方有山，四運旺丁，西北有水，四運發財。北方有山，五運旺丁，西方有水，五運發財。

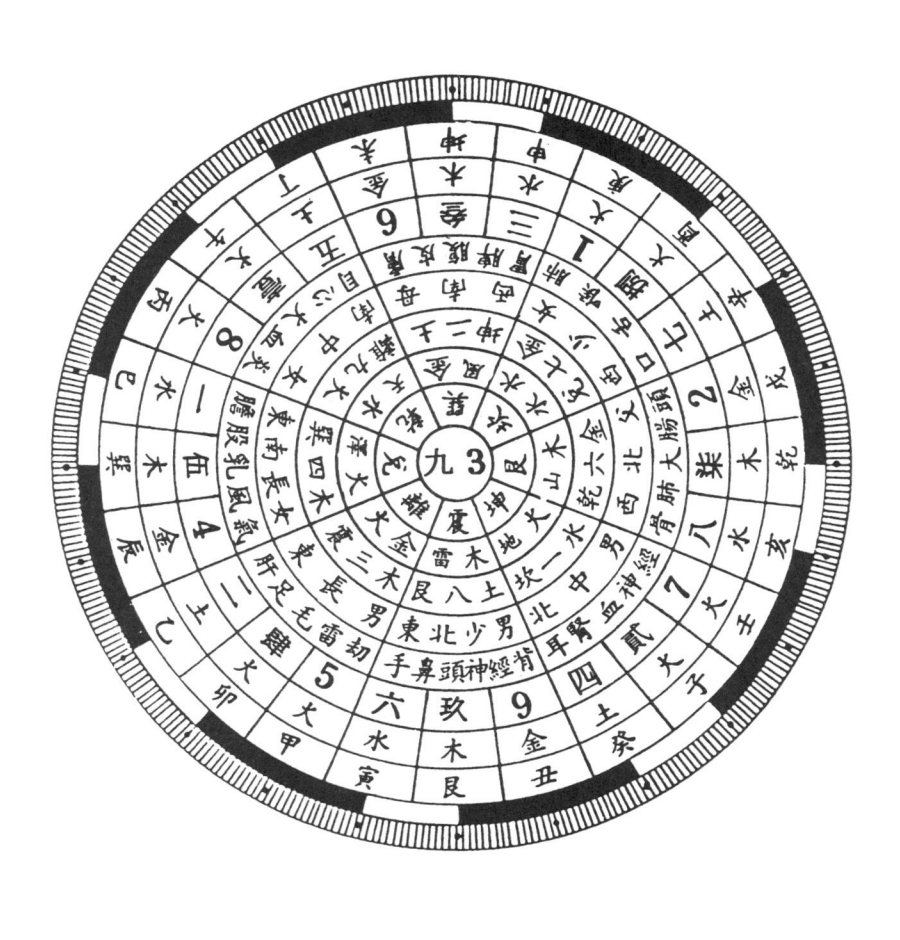

對照 84　六運 艮山 坤向
　　　　　　　　寅山 申向

公式 84　六運艮寅山、坤申向

```
   五          一          三
  4 1        8 5        6 3

   四          六          八
  5 2        3 9        1 7
             向山

   九          二          七
  9 6        7 4        2 8
```

　　此式旺星到山到向，東北有山，當運旺丁，西南有水，當運發財。西方有山，七運旺丁，北方有水，七運發財。西北有山，八運旺丁，南方有水，八運發財。東南有山，九運丁平，東北有水，九運發財。東南有山，一運旺丁，西方有水，一運發財。東方有山，二運旺丁，西北有水，二運發財。西南有山，三運旺丁，東南有水，三運財平。北方有山，四運旺丁，東南有水，四運發財。南方有山，五運旺丁，東方有水，五運發財。

對照 85　六運甲山庚向

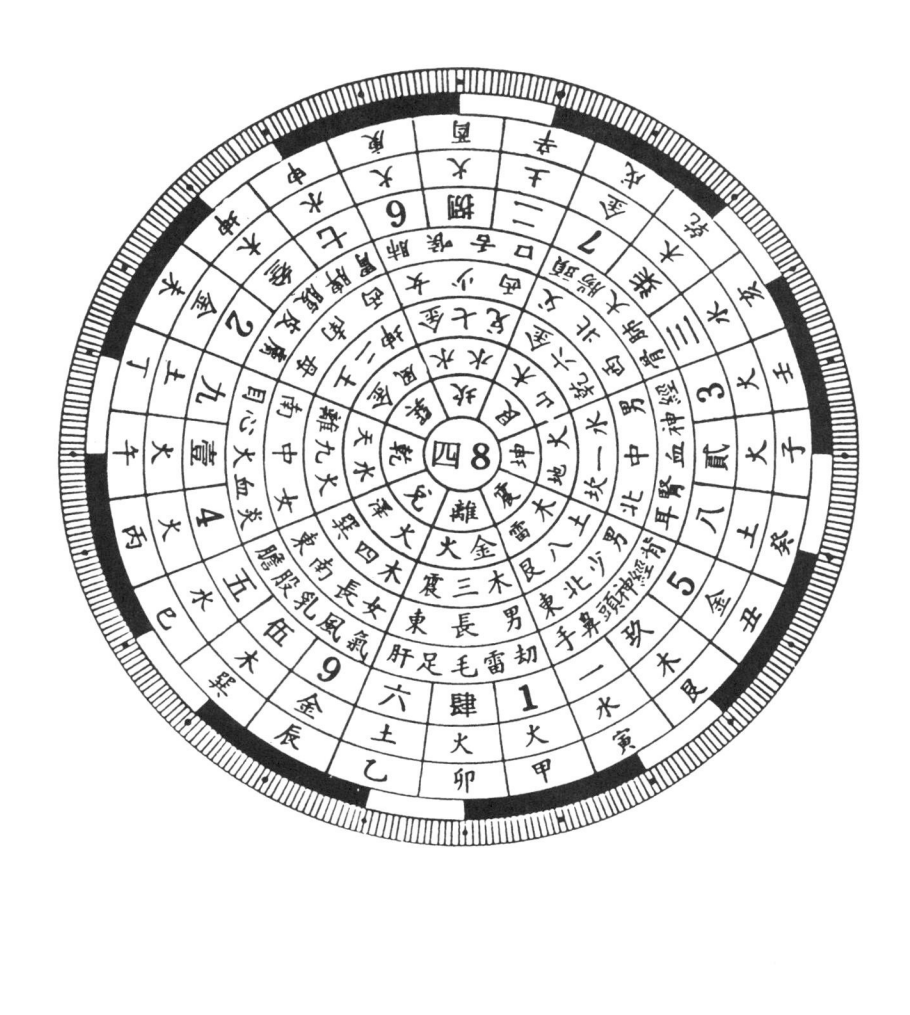

公式 85　六運甲山、庚向

五 9 5	一 4 9	三 2 7
四 1 6	六 8 4 向山	八 6 2
九 5 1	二 3 8	七 7 3

　　此式旺星到山到向，東方有山，當運旺丁，西方有水，當運發財。西南有山，七運旺丁，西北有水，七運發財。北方有山，八運旺丁，東南有水，八運財平。南方有山，九運旺丁，東南有水，九運發財。東北有山，一運旺丁，東方有水，一運發財。西方有山，二運旺丁，西南有水，二運發財。西北有山，三運旺丁，北方有水，三運發財。東南有山，四運丁平，南方有水，四運發財。東南有山，五運旺丁，東北有水，五運發財。

對照 86　六運 卯山酉向／乙山辛向

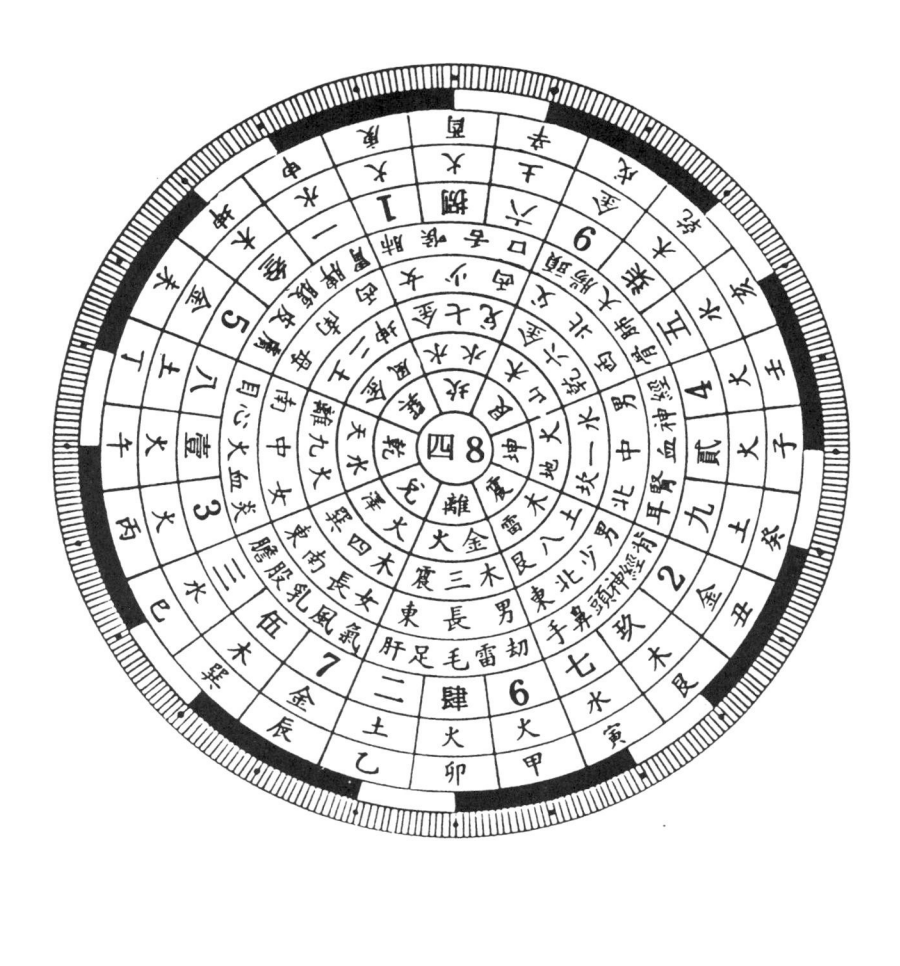

公式 86　六運卯乙山、酉辛向

五 7 3	一 3 8	三 5 1
四 6 2	六 8 4 向山	八 1 6
九 2 7	二 4 9	七 9 5

　　此式旺星山上下水，西方有山，當運旺丁，東方有水，當運發財。東北有山，七運旺丁，東南有水，七運發財。南方有山，八運旺丁，西北有水，八運財平。北方有山，九運旺丁，西北有水，九運發財。西南有山，一運旺丁，西方有水，一運發財。東方有山，二運旺丁，東北有水，二運發財。東南有山，三運旺丁，南方有水，三運發財。西北有山，四運丁平，北方有水，四運發財。西北有山，五運旺丁，西南有水，五運發財。

278　精髓陰陽絕學

對照 87　六運辰山戌向

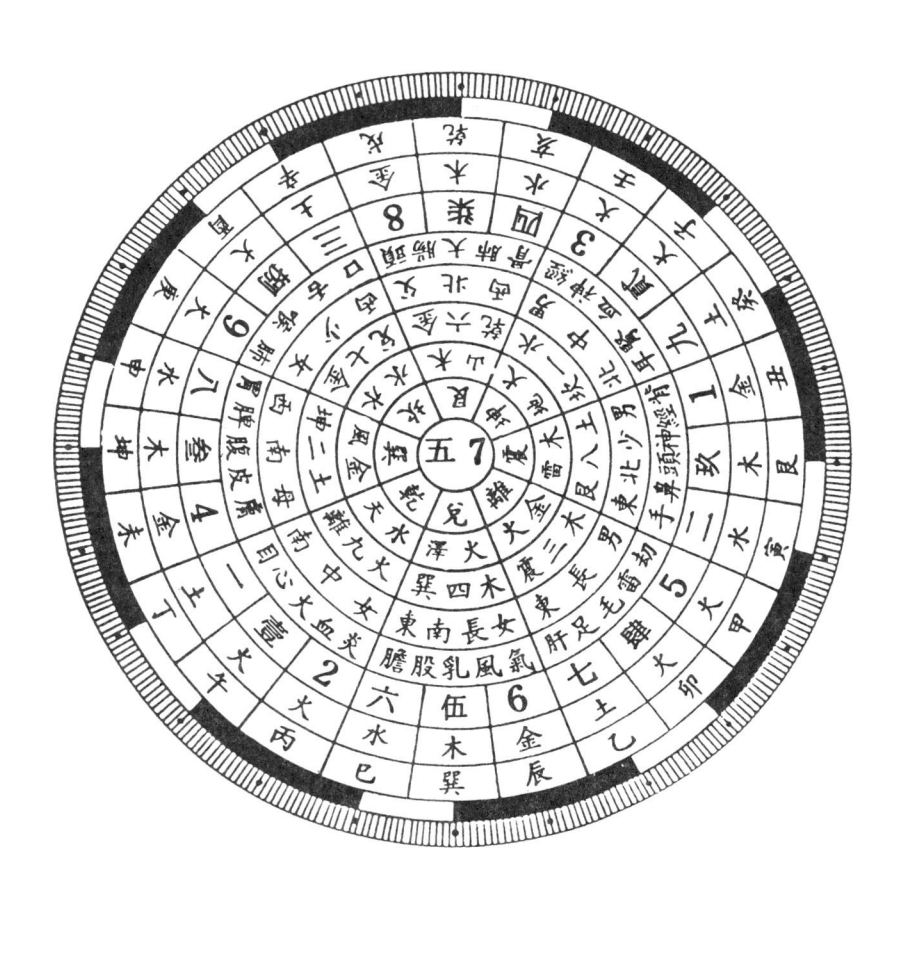

公式 87　六運辰山、戌向

五 6 6	一 2 1	三 4 8
四 5 7	六 7 5 向山	八 9 3
九 1 2	二 3 9	七 8 4

　　此式旺星會於東南，東南有山，當運旺丁，東南有水，當運發財。東方有山，七運旺丁，西北有水，七運財平。西南有山，八運旺丁，西北有水，八運發財。北方有山，九運旺丁，西方有水，九運發財。南方有山，一運旺丁，東北有水，一運發財。東北有山，二運旺丁，南方有水，二運發財。西方有山，三運旺丁，北方有水，三運發財。西北有山，四運旺丁，西南有水，四運發財。東南有山，五運丁平，東方有水，五運發財。

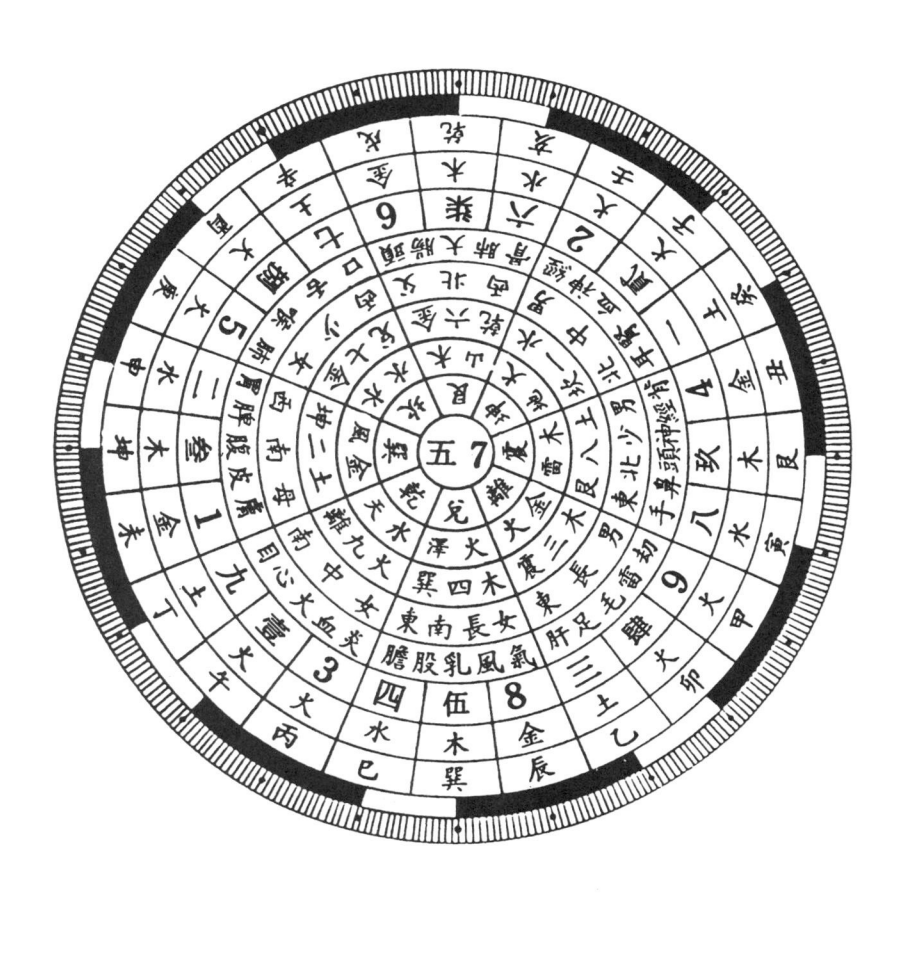

對照 88　六運 巽山乾向 / 巳山亥向

公式 88　六運巽巳山、乾亥向

五 8 4	一 3 9	三 1 2
四 9 3	六 7 5 向山	八 5 7
九 4 8	二 2 1	七 6 6

　　此式旺星會於西北，西北有山，當運旺丁，西北有水，當運發財。西方有山，七運旺丁，東南有水，七運財平。東北有山，八運旺丁，東南有水，八運發財。南方有山，九運旺丁，東方有水，九運發財。北方有山，一運旺丁，西南有水，一運發財。西南有山，二運旺丁，北方有水，二運發財。東方有山，三運旺丁，南方有水，三運發財。東南有山，四運旺丁，東北有水，四運發財。西北有山，五運丁平，西方有水，五運發財。

對照 89　六運丙山壬向

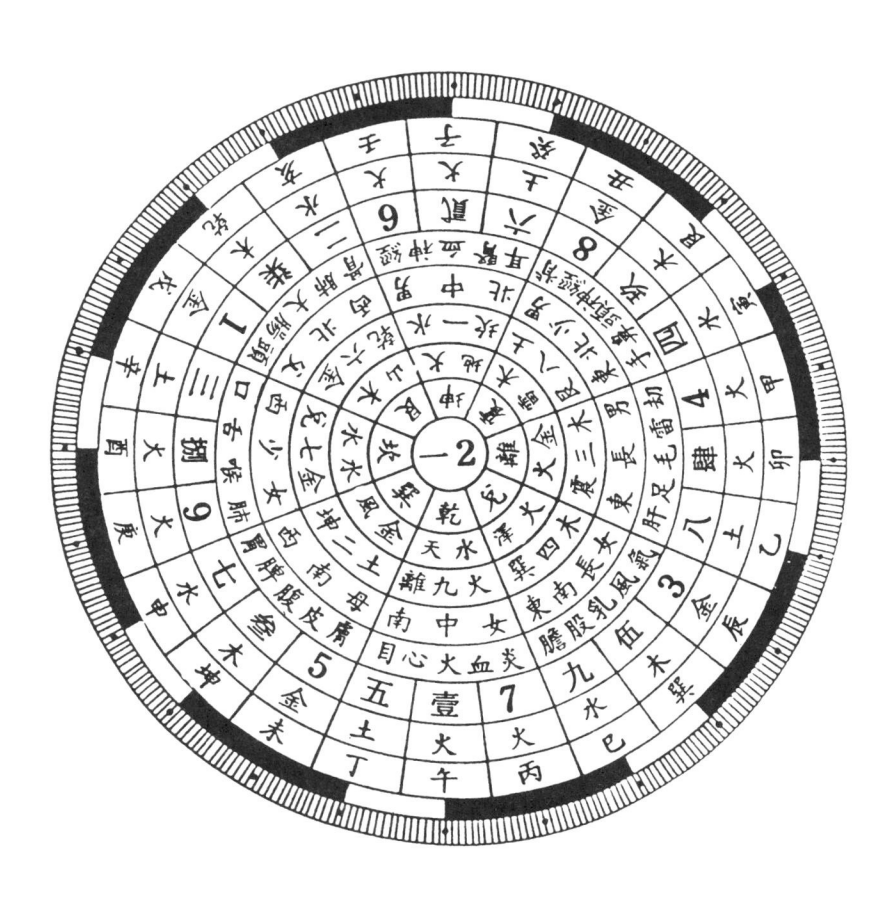

公式 89　六運丙山、壬向

五 3 9	一 7 5	三 5 7
四 4 8	六 2 1 向山	八 9 3
九 8 4	二 6 6	七 1 2

　　此式旺星會於北方，北方有山，當運旺丁，北方有水，當運發財。西南有山，七運旺丁，南方有水，七運發財。東方有山，八運旺丁，東北有水，八運發財。東南有山，九運旺丁，西方有水，九運發財。西北有山，一運丁平，西北有水，一運發財。西北有山，二運旺丁，東南有水，二運財平。西方有山，三運旺丁，東南有水，三運發財。東北有山，四運旺丁，東方有水，四運發財。南方有山，五運旺丁，西南有水，五運發財。

284　精髓陰陽絕學

對照 90　六運 午山子向／丁山癸向

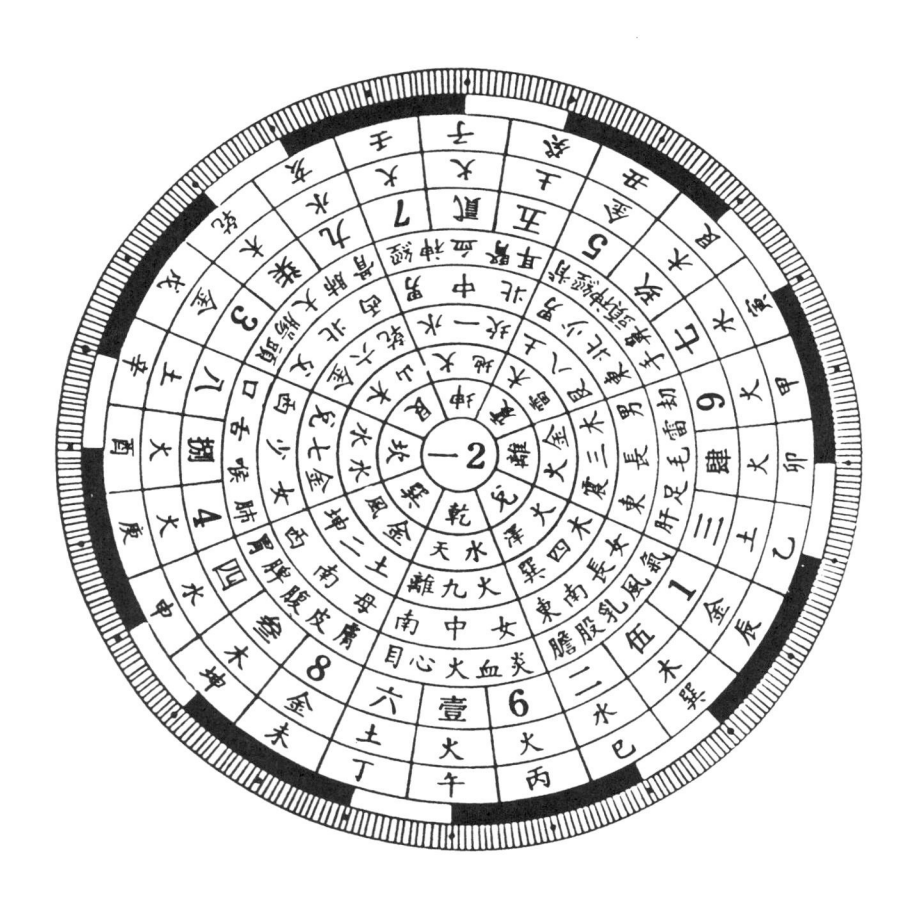

公式 90　六運午丁山、子癸向

五 1 2	一 6 6	三 8 4
四 9 3	六 2 1 向山	八 4 8
九 5 7	二 7 5	七 3 9

　　此式旺星會於南方，南方有山，當運旺丁，南方有水，當運發財。東北有山，七運旺丁，北方有水，七運發財。西方有山，八運旺丁，西南有水，八運發財。西北有山，九運旺丁，東方有水，九運發財。東南有山，一運丁平，東南有水，一運發財。東南有山，二運旺丁，西北有水，二運財平。東方有山，三運旺丁，西北有水，三運發財。西南有山，四運旺丁，西方有水，四運發財。北方有山，五運旺丁，東北有水，五運發財。

對照 91　六運未山丑向

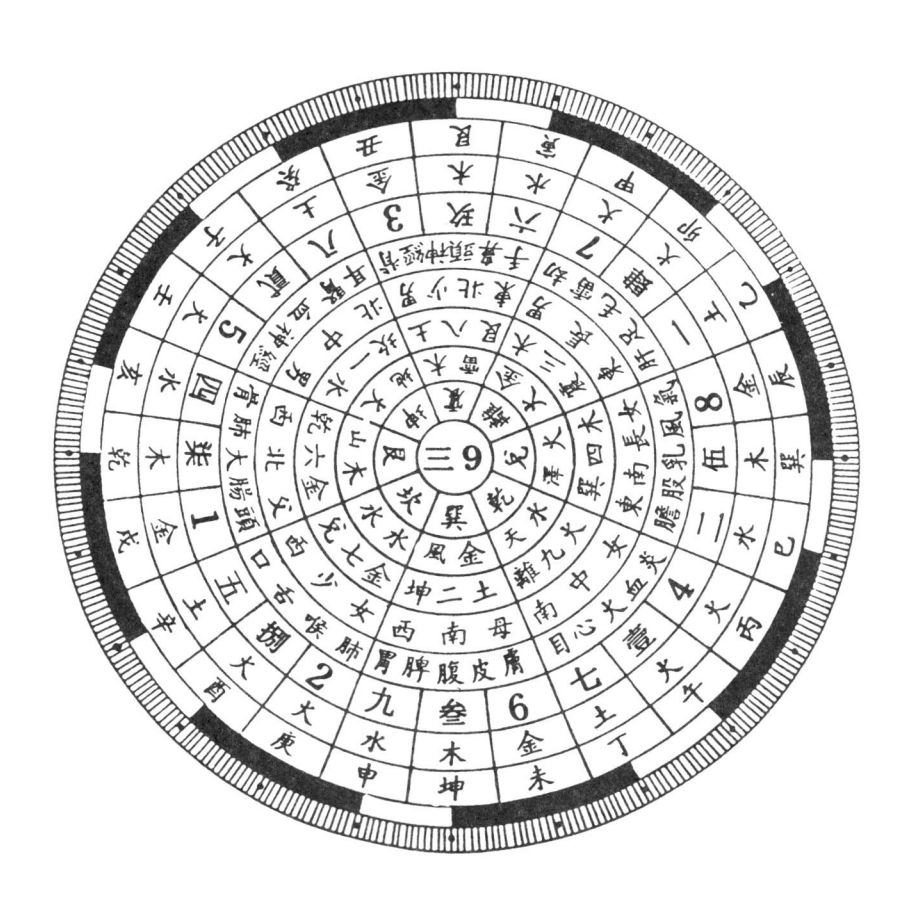

公式 91　六運未山、丑向

五 8 2	一 4 7	三 6 9
四 7 1	六 9 3 向山	八 2 5
九 3 6	二 5 8	七 1 4

　　此式旺星上山下水，東北有山，當運旺丁，西南有水，當運發財。南方有山，七運旺丁，東方有水，七運發財。北方有山，八運旺丁，東南有水，八運發財。西南有山，九運旺丁，西北有水，九運財平。東方有山，一運旺丁，西北有水，一運發財。東南有山，二運旺丁，西方有水，二運發財。西北有山，三運丁平，東北有水，三運發財。西北有山，四運旺丁，南方有水，四運發財。西方有山，五運旺丁，北方有水，五運發財。

對照 92　六運 坤山艮向
　　　　　　　申山寅向

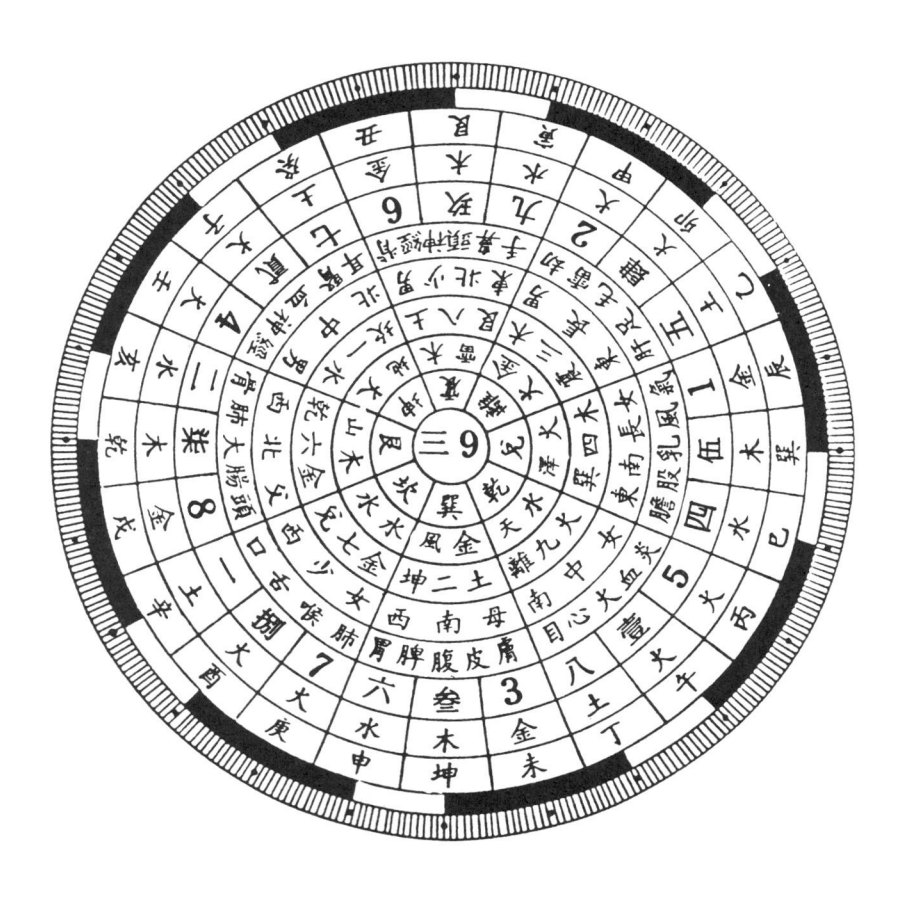

公式 92　六運坤申山、艮寅向

五 1 4	一 5 8	三 3 6
四 2 5	六 9 3 向山	八 7 1
九 6 9	二 4 7	七 8 2

　　此式旺星到山到向，西南有山，當運旺丁，東北有水，當運發財。北方有山，七運旺丁，西方有水，七運發財。南方有山，八運旺丁，西北有水，八運發財。東北有山，九運旺丁，東南有水，九運財平。西方有山，一運旺丁，東南有水，一運發財。西北有山，二運旺丁，東方有水，二運發財。東南有山，三運丁平，西南有水，三運發財。東南有山，四運旺丁，北方有水，四運發財。東方有山，五運旺丁，南方有水，五運發財。

對照93 六運庚山甲向

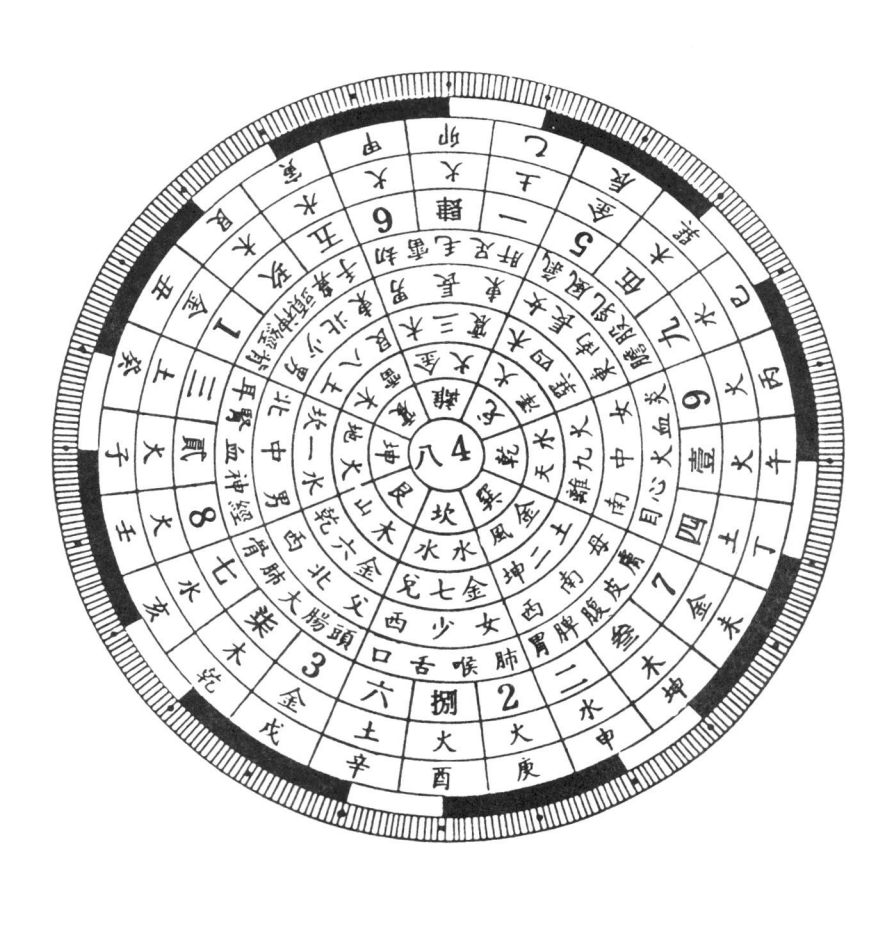

公式 93　六運庚山、甲向

五 5 9	一 9 4	三 7 2
四 6 1	六 4 8 向山	八 2 6
九 1 5	二 8 3	七 3 7

　　此式旺星到山到向，西方有山，當運旺丁，東方有水，當運發財。西北有山，七運旺丁，西南有水，七運發財。東南有山，八運丁平，北方有水，八運發財。東南有山，九運旺丁，南方有水，九運發財。東方有山，一運旺丁，東北有水，一運發財。西南有山，二運旺丁，西方有水，二運發財。北方有山，三運旺丁，西北有水，三運發財。南方有山，四運旺丁，東南有水，四運財平。東北有山，五運旺丁，東南有水，五運發財。

對照 94　六運 酉山卯向／辛山乙向

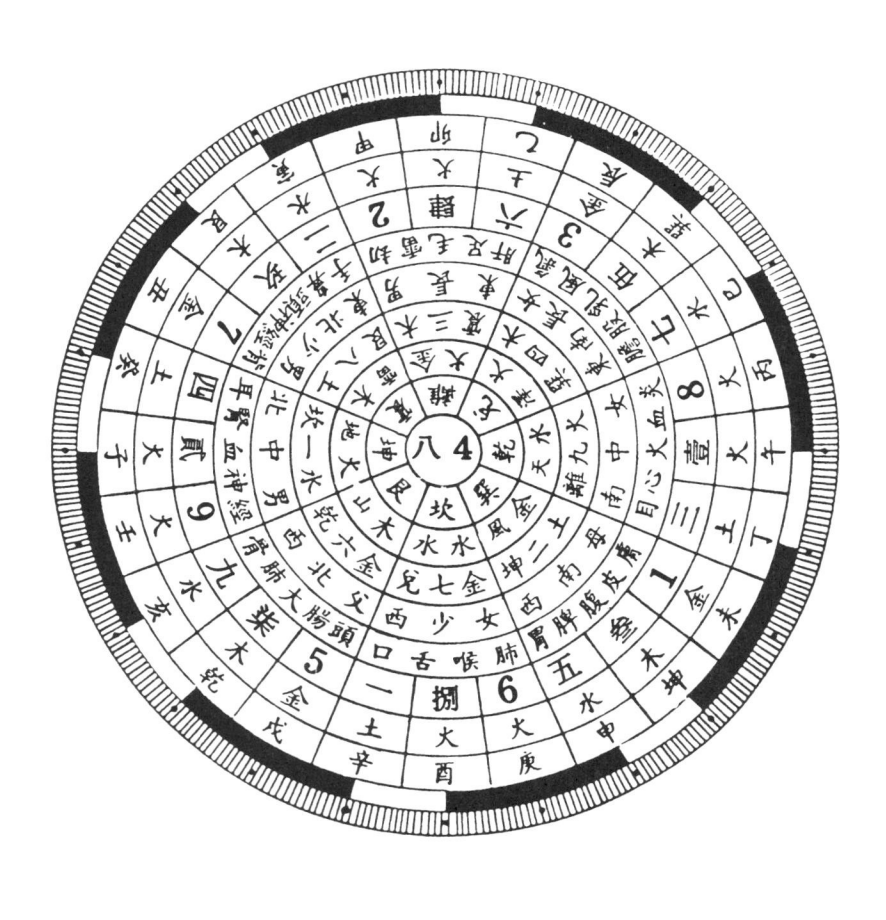

公式 94　六運酉辛山、卯乙向

五 3 7	一 8 3	三 1 5
四 2 6	六 4 8 向山	八 6 1
九 7 2	二 9 4	七 5 9

　　此式旺星上山下水，東方有山，當運旺丁，西方有水，當運發財，東南有山，七運旺丁，東北有水，七運發財。西北有山，八運丁平，南方有水，八運發財。西北有山，九運旺丁，北方有水，九運發財。西方有山，一運旺丁，西南有水，一運發財。東北有山，二運旺丁，東方有水，二運發財。南方有山，三運旺丁，東南有水，三運發財。北方有山，四運旺丁，西北有水，四運財平。西南有山，五運旺丁，西北有水，五運發財。

對照 95　六運戌山辰向

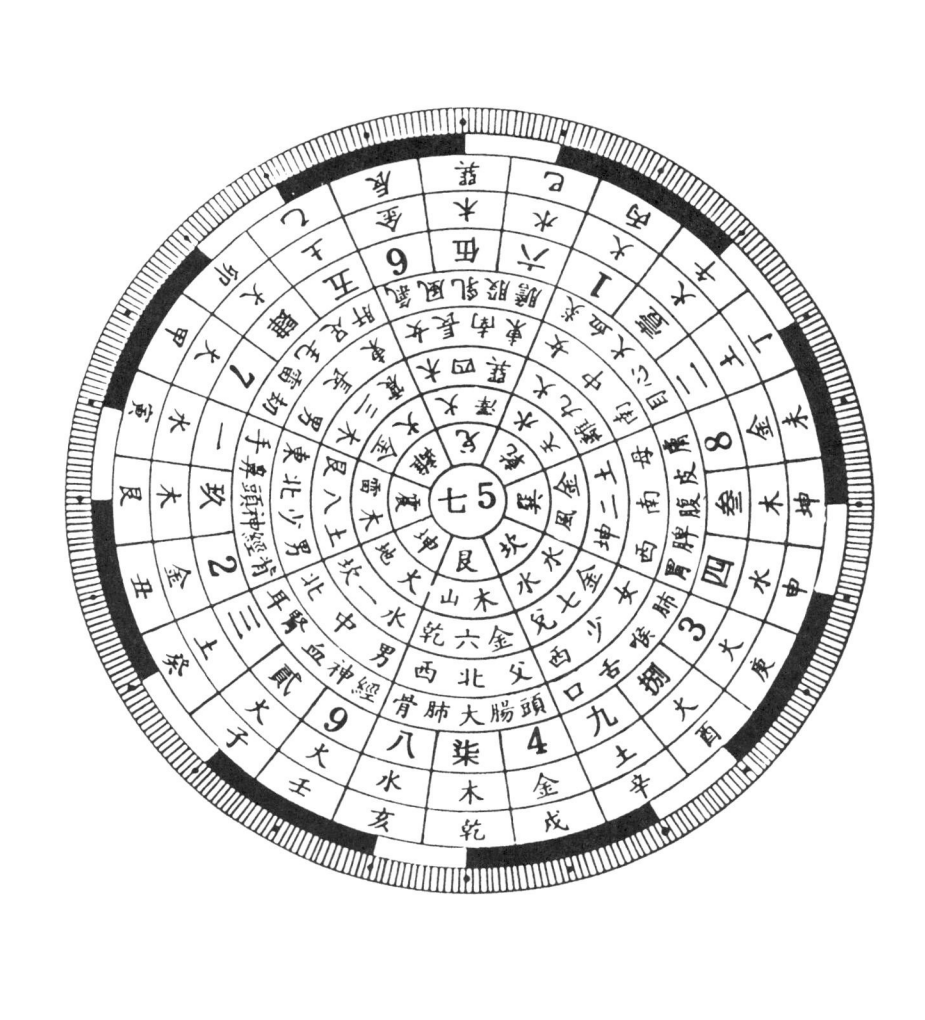

公式 95　六運戌山、辰向

五 6 6	一 1 2	三 8 4
四 7 5	六 5 7 向山	八 3 9
九 2 1	二 9 3	七 4 8

　　此式旺星會於東南，東南有山，當運旺丁，東南有水，當運發財。西北有山，七運丁平，東方有水，七運發財。西北有山，八運旺丁，西南有水，八運發財。西方有山，九運旺丁，北方有水，九運發財。東北有山，一運旺丁，南方有水，一運發財。南方有山，二運旺丁，東北有水，二運發財。北方有山，三運旺丁，西方有水，三運發財。西南有山，四運旺丁，西北有水，四運發財。東方有山，五運旺丁，東南有水，五運財平。

296　精髓陰陽絕學

對照 96　六運 乾山 巽向
　　　　　　　 亥山 巳向

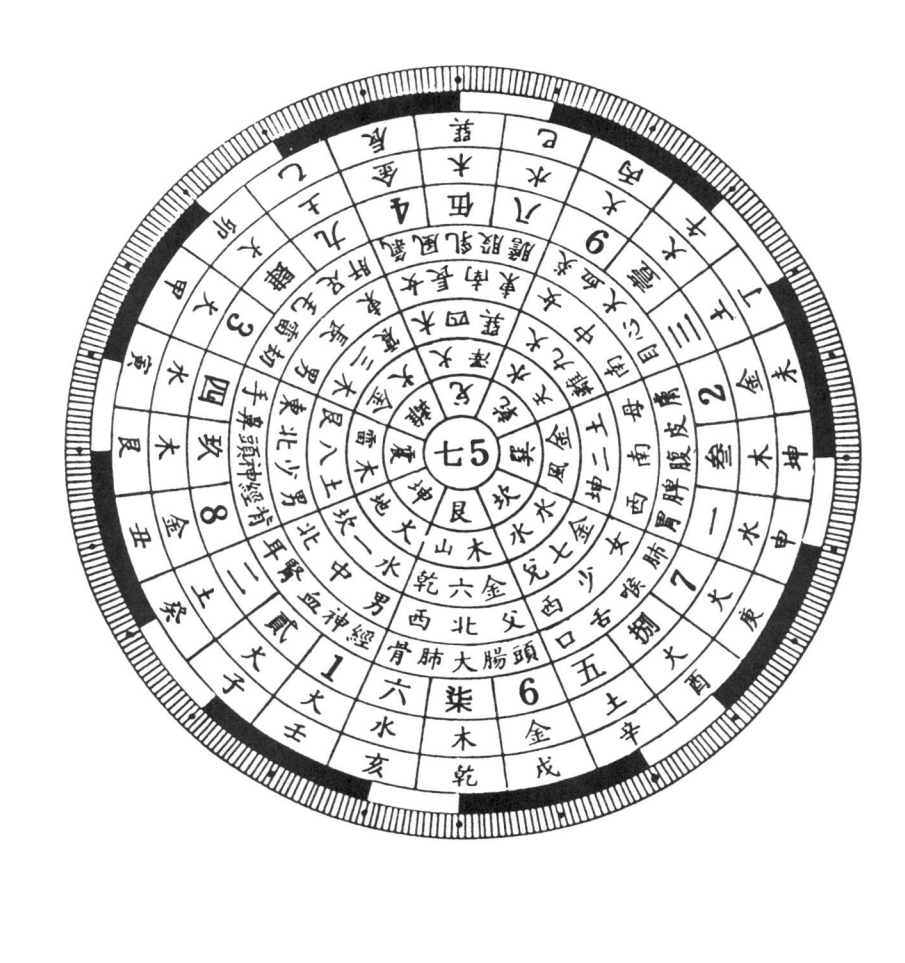

公式 96　六運乾亥山、巽巳向

五 4 8	一 9 3	三 2 1
四 3 9	六 5 7 向山	八 7 5
九 8 4	二 1 2	七 6 6

　　此式旺星會於西北，西北有山，當運旺丁，西北有水，當運發財。東南有山，七運丁平，西方有水，七運發財。東南有山，八運旺丁，東北有水，八運發財。東方有山，九運旺丁，南方有水，九運發財。西南有山，一運旺丁，北方有水，一運發財。北方有山，二運旺丁，西南有水，二運發財。南方有山，三運旺丁，東方有水，三運發財。東北有山，四運旺丁，東南有水，四運發財。西方有山，五運旺丁，西北有水，五運財平。

對照 97　七運壬山丙向

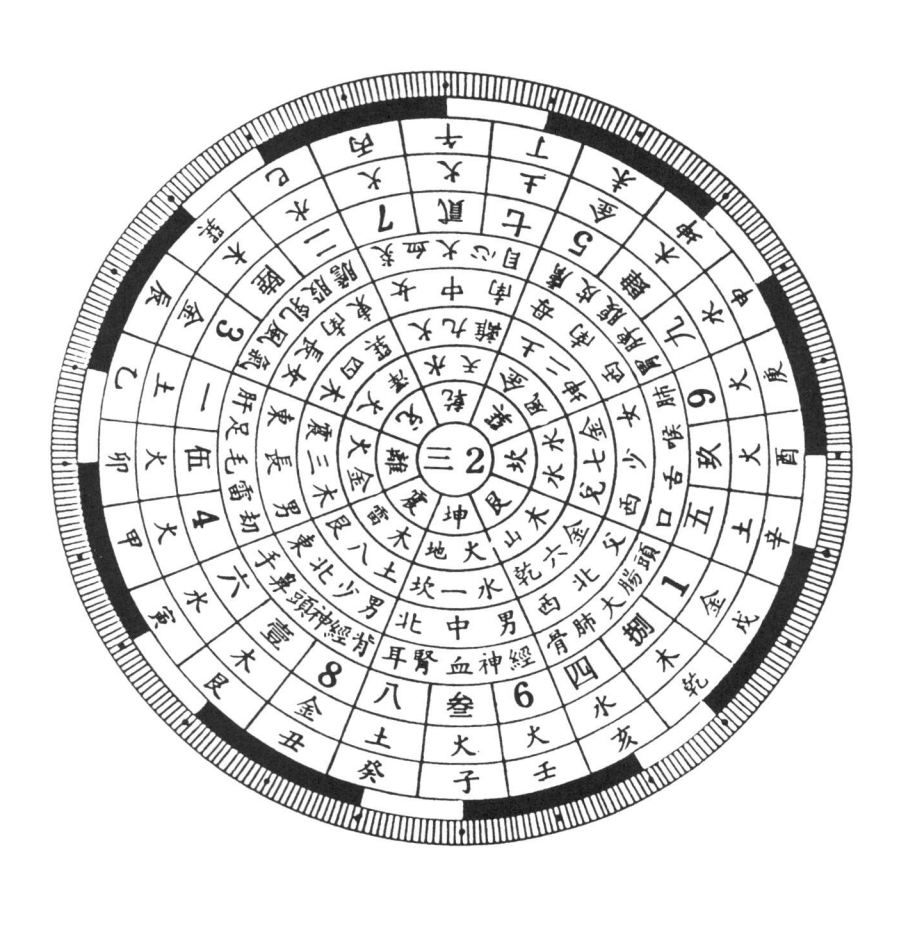

公式 97　七運壬山、丙向

六 3 2	二 7 7	四 5 9
五 4 1	七 2 3 向山	九 9 5
一 8 6	三 6 8	八 1 4

　　此式旺星會於南方，南方有山，當運旺丁，南方有水，當運發財。北方有山，八運旺丁，東北有水，八運發財。西南有山，九運旺丁，西方有水，九運發財。東方有山，一運旺丁，西北有水，一運發財。東南有山，二運旺丁，東南有水，二運財平。西北有山，三運丁平，東南有水，三運發財。西北有山，四運旺丁，東方有水，四運發財。西方有山，五運旺丁，西南有水，五運發財。東北有山，六運旺丁，北方有水，六運發財。

對照 98　七運 子山午向 / 癸山丁向

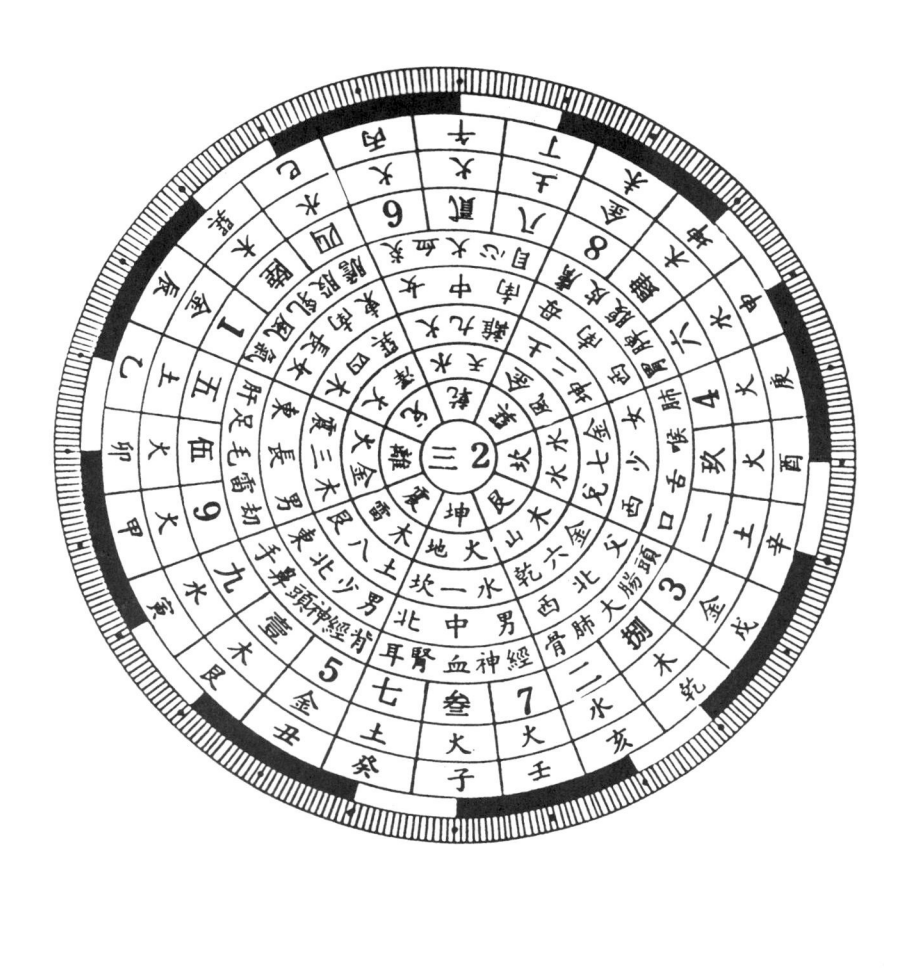

公式 98　七運子癸山、午丁向

六 1 4	二 6 8	四 8 6
五 9 5	七 2 3 向山	九 4 1
一 5 9	三 7 7	八 3 2

　　此式旺星會於北方，北方有山，當運旺丁，北方有水，當運發財。南方有山，八運旺丁，西南有水，八運發財。東北有山，九運旺丁，東方有水，九運發財。西方有山，一運旺丁，東南有水，一運發財。西北有山，二運旺丁，西北有水，二運財平。東南有山，三運丁平，西北有水，三運發財。東南有山，四運旺丁，西方有水，四運發財。東方有山，五運旺丁，東北有水，五運發財。西南有山，六運旺丁，南方有水，六運發財。

302 精髓陰陽絕學

對照 99　七運丑山未向

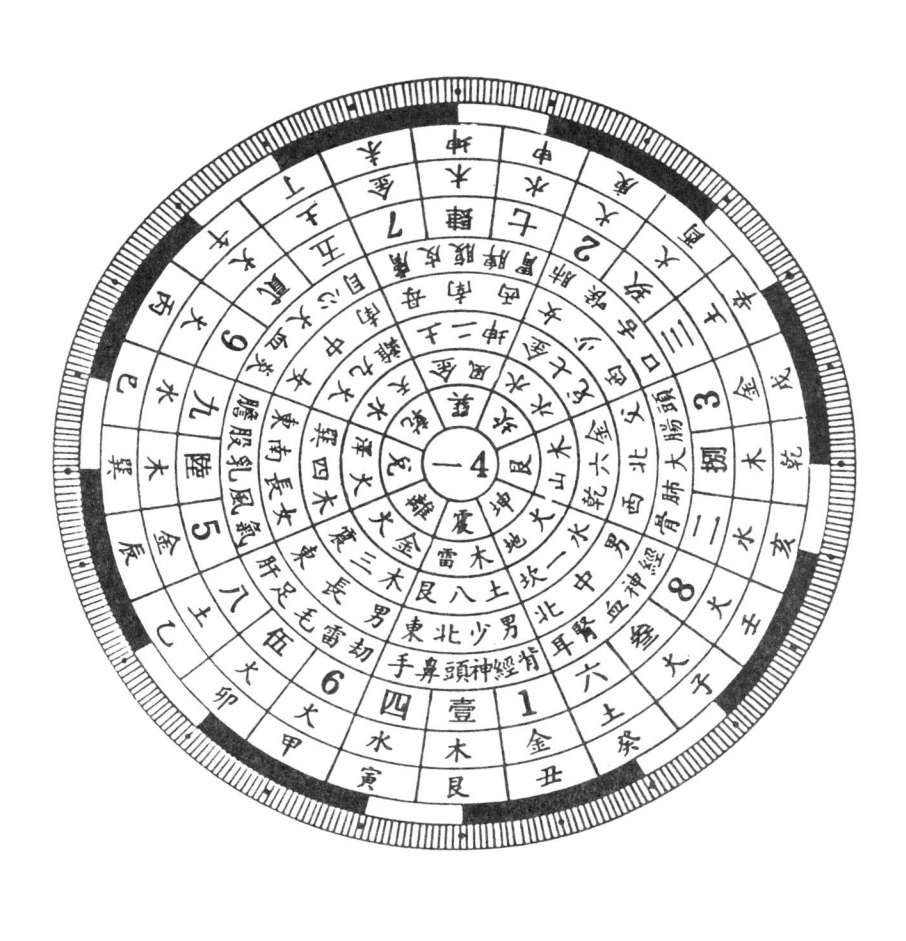

公式 99　七運丑山、未向

六 5 9	二 9 5	四 7 7
五 6 8	七 4 1 向山	九 2 3
一 1 4	三 8 6	八 3 2

　　此式旺星會於西南，西南有山，當運旺丁，西南有水，當運發財。東方有山，八運旺丁，北方有水，八運發財。東南有山，九運旺丁，南方有水，九運發財。西北有山，一運丁平，東北有水，一運發財。西北有山，二運旺丁，西方有水，二運發財。西方有山，三運旺丁，西北有水，三運發財。東北有山，四運旺丁，東南有水，四運財平。南方有山，五運旺丁，東南有水，五運發財。北方有山，六運旺丁，東方有水，六運發財。

對照 100　七運 艮山坤向／寅山申向

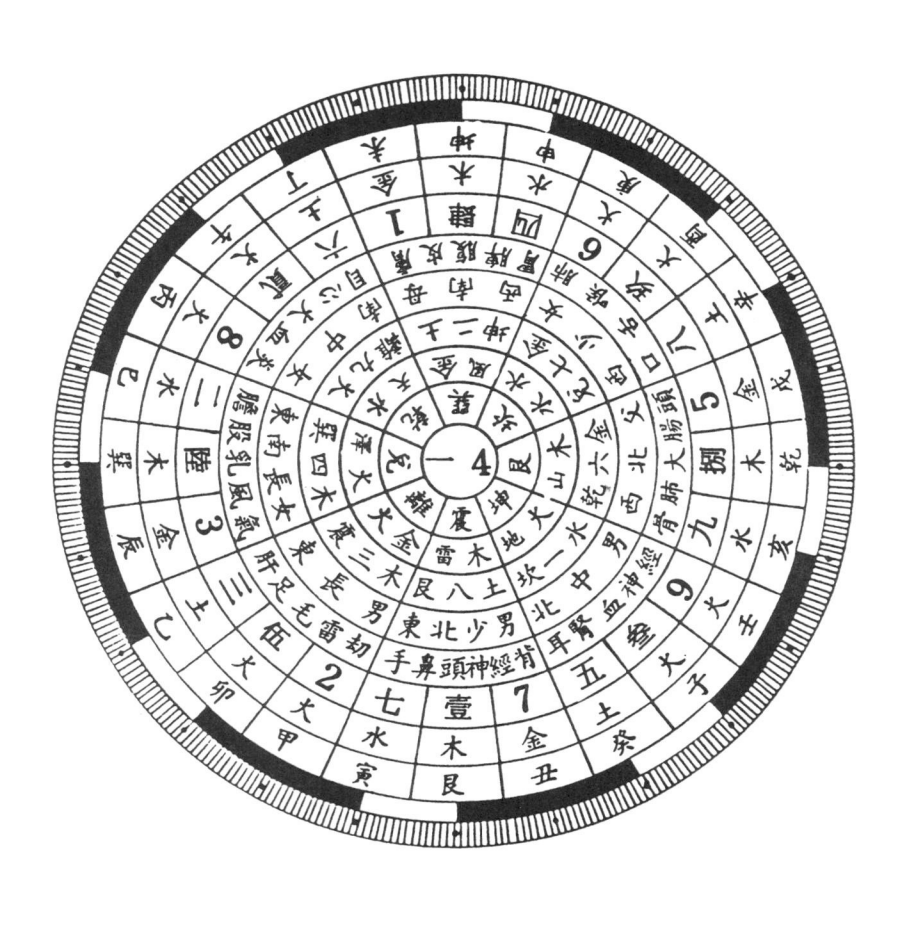

公式 100　七運艮寅山、坤申向

六 3 2	二 8 6	四 1 4
五 2 3	七 4 1 向山	九 6 8
一 7 7	三 9 5	八 5 9

　　此式旺星會於東北，東北有山，當運旺丁，東北有水，當運發財。西方有山，八運旺丁，南方有水，八運發財。西北有山，九運旺丁，北方有水，九運發財。東南有山，一運丁平，西南有水，一運發財。東南有山，二運旺丁，東方有水，二運發財。東方有山，三運旺丁，東南有水，三運發財。西南有山，四運旺丁，西北有水，四運財平。北方有山，五運旺丁，西北有水，五運發財。南方有山，六運旺丁，西方有水，六運發財。

對照 101　七運甲山庚向

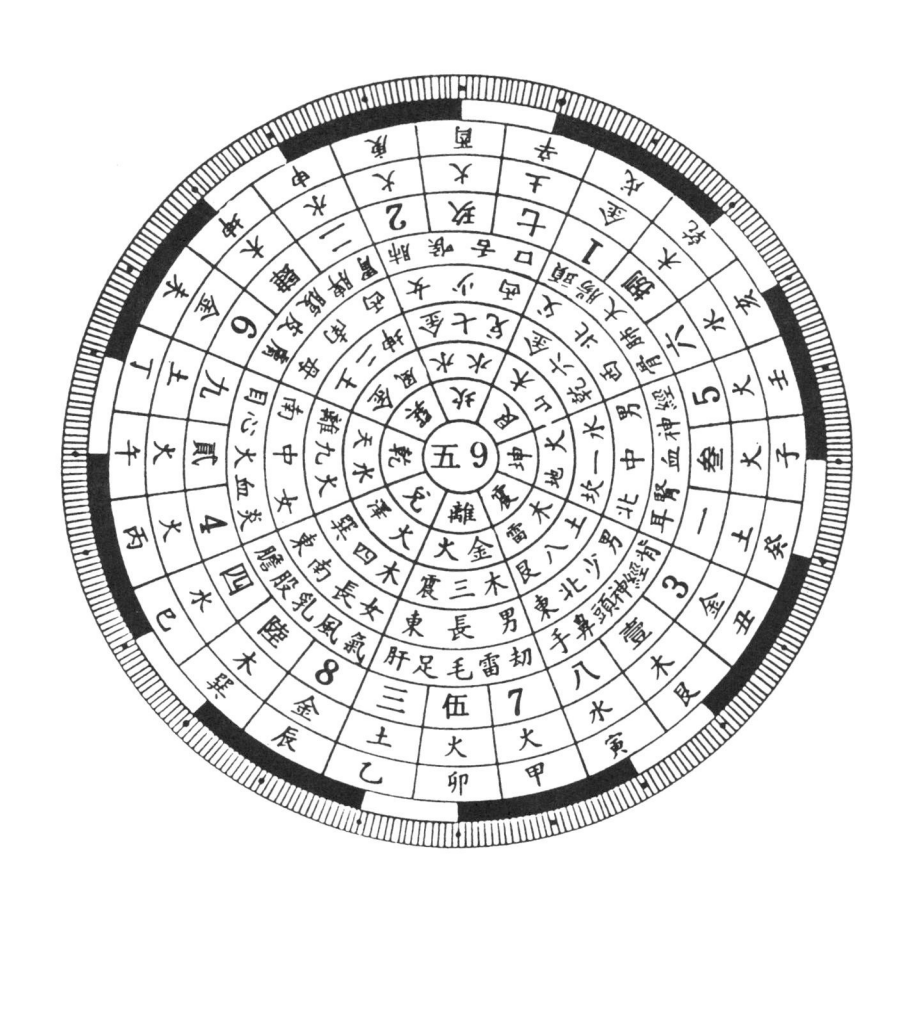

公式 101　七運甲山、庚向

六 8 4	二 4 9	四 6 2
五 7 3	七 9 5 向山	九 2 7
一 3 8	三 5 1	八 1 6

　　此式旺星上山下水，西方有山，當運旺丁，東方有水，當運發財。東北有山，八運旺丁，東南有水，八運發財。南方有山，九運旺丁，西北有水，九運財平。北方有山，一運旺丁，西北有水，一運發財。西南有山，二運旺丁，西方有水，二運發財。東方有山，三運旺丁，東北有水，三運發財。東南有山，四運旺丁，南方有水，四運發財。西北有山，五運丁平，北方有水，五運發財。西北有山，六運旺丁，西南有水，六運發財。

對照 102　七運 卯乙山 酉辛向

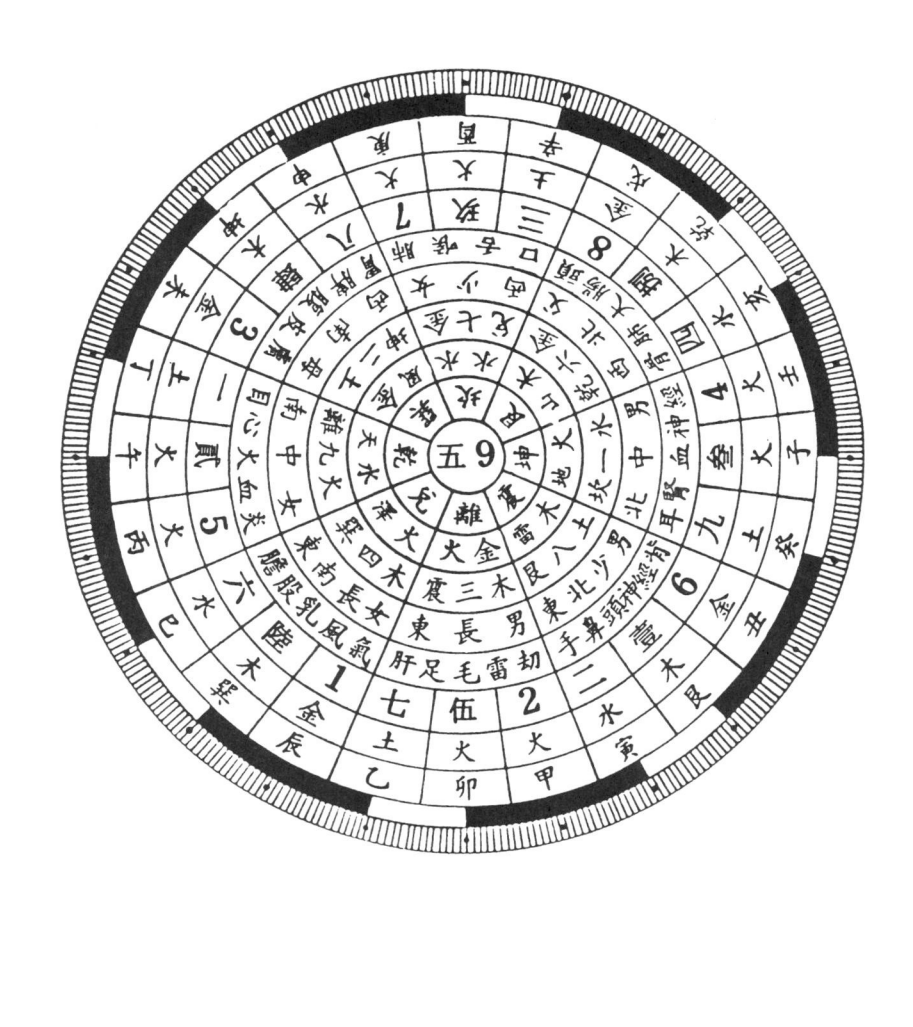

公式 102　七運卯乙山、酉辛向

六 1 6	二 5 1	四 3 8
五 2 7	七 9 5 向山	九 7 3
一 6 2	三 4 9	八 8 4

　　此式旺星到山到向，東方有山，當運旺丁，西方有水，當運發財。西南有山，八運旺丁，西北有水，八運發財。北方有山，九運旺丁，東南有水，九運財平。南方有山，一運旺丁，東南有水，一運發財。東北有山，二運旺丁，東方有水，二運發財。西方有山，三運旺丁，西南有水，三運發財。西北有山，四運旺丁，北方有水，四運發財。東南有山，五運丁平，南方有水，五運發財。東南有山，六運旺丁，東北有水，六運發財。

對照 103　七運辰山戌向

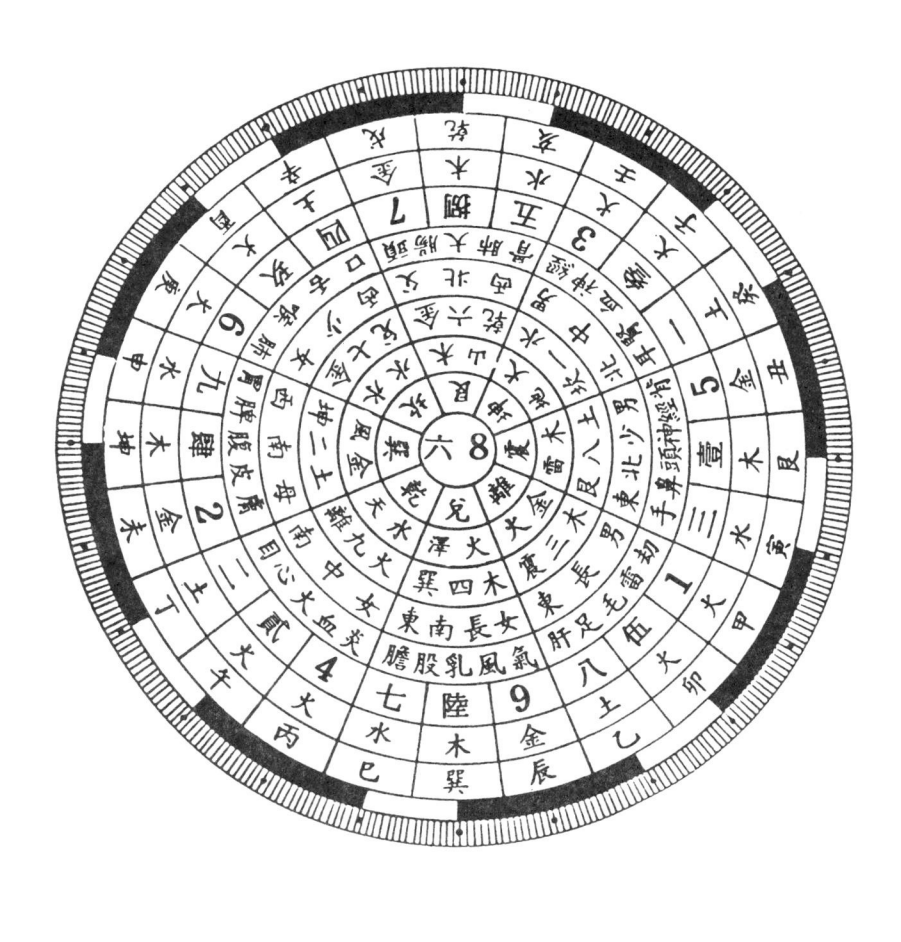

公式 103　七運辰山、戌向

六 9 7	二 4 2	四 2 9
五 1 8	七 8 6 向山	九 6 4
一 5 3	三 3 1	八 7 5

　　此式旺星到山到向，東南有山，當運旺丁，西北有水，當運發財。東方有山，八運旺丁，東南有水，八運財平。西南有山，九運旺丁，東南有水，九運發財。北方有山，一運旺丁，東方有水，一運發財。南方有山，二運旺丁，西南有水，二運發財。東北有山，三運旺丁，北方有水，三運發財。西方有山，四運旺丁，南方有水，四運發財。西北有山，五運旺丁，東北有水，五運發財。東南有山，六運丁平，西方有水，六運發財。

對照 104　七運 巽山乾向 / 巳山亥向

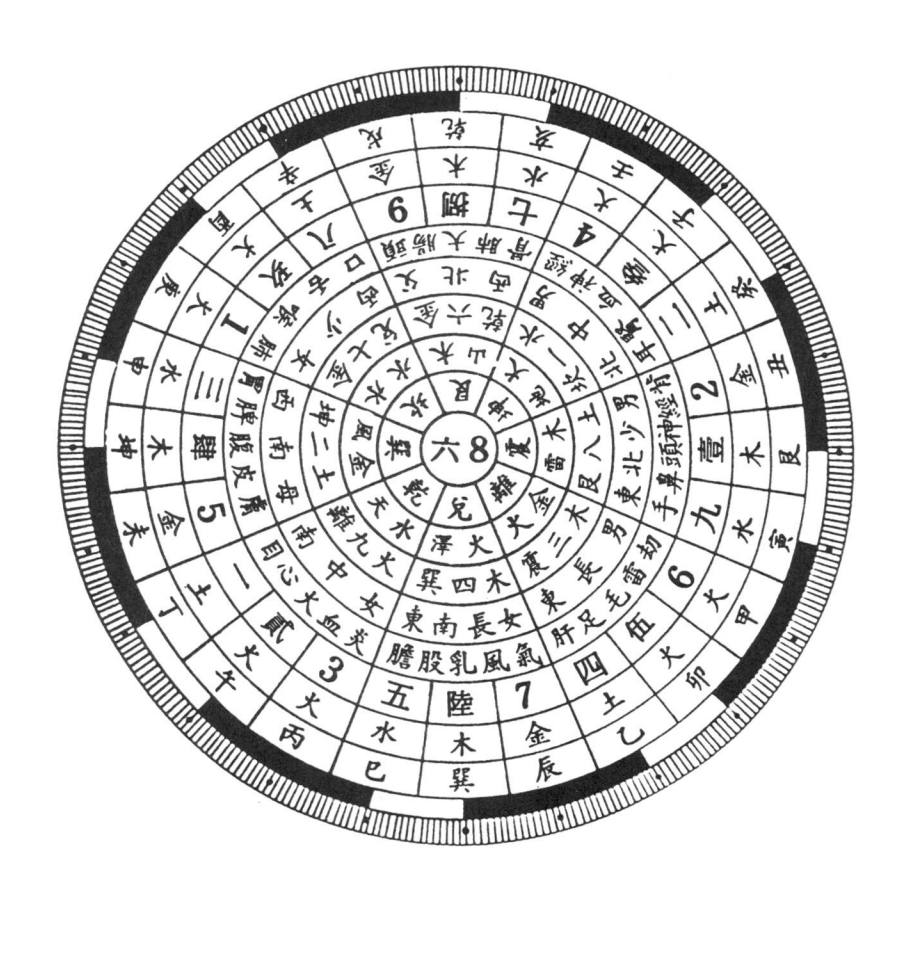

公式 104　七運巽巳山、乾亥向

六 7 5	二 3 1	四 5 3
五 6 4	七 8 6 向山	九 1 8
一 2 9	三 4 2	八 9 7

　　此式旺星上山下水，西北有山，當運旺丁，東南有水，當運發財。西方有山，八運旺丁，西北有水，八運財平。東北有山，九運旺丁，西北有水，九運發財。南方有山，一運旺丁，西方有水，一運發財。北方有山，二運旺丁，東北有水，二運發財。西南有山，三運旺丁，南方有水，三運發財。東方有山，四運旺丁，北方有水，四運發財。東南有山，五運旺丁，西南有水，五運發財。西北有山，六運丁平，東方有水，六運發財。

314 精髓陰陽絕學

對照 105　七運丙山壬向

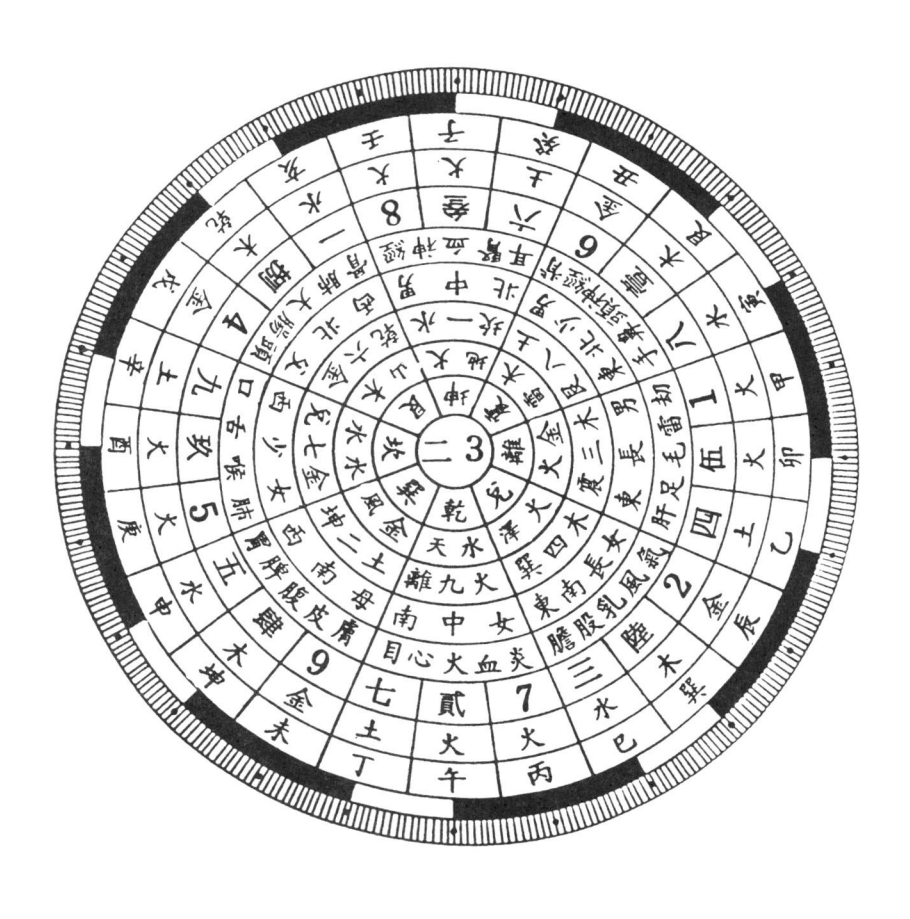

公式 105　七運丙山、壬向

六 2 3	二 7 7	四 9 5
五 1 4	七 3 2 向山	九 5 9
一 6 8	三 8 6	八 4 1

　　此式旺星會於南方，南方有山，當運旺丁，南方有水，當運發財。東北有山，八運旺丁，北方有水，八運發財。西方有山，九運旺丁，西南有水，九運發財。西北有山，一運旺丁，東方有水，一運發財。東南有山，二運丁平，東南有水，二運發財。東南有山，三運旺丁，西北有水，三運財平。東方有山，四運旺丁，西北有水，四運發財。西南有山，五運旺丁，西方有水，五運發財。北方有山，六運旺丁，東北有水，六運發財。

對照 106　七運 午山子向 / 丁山癸向

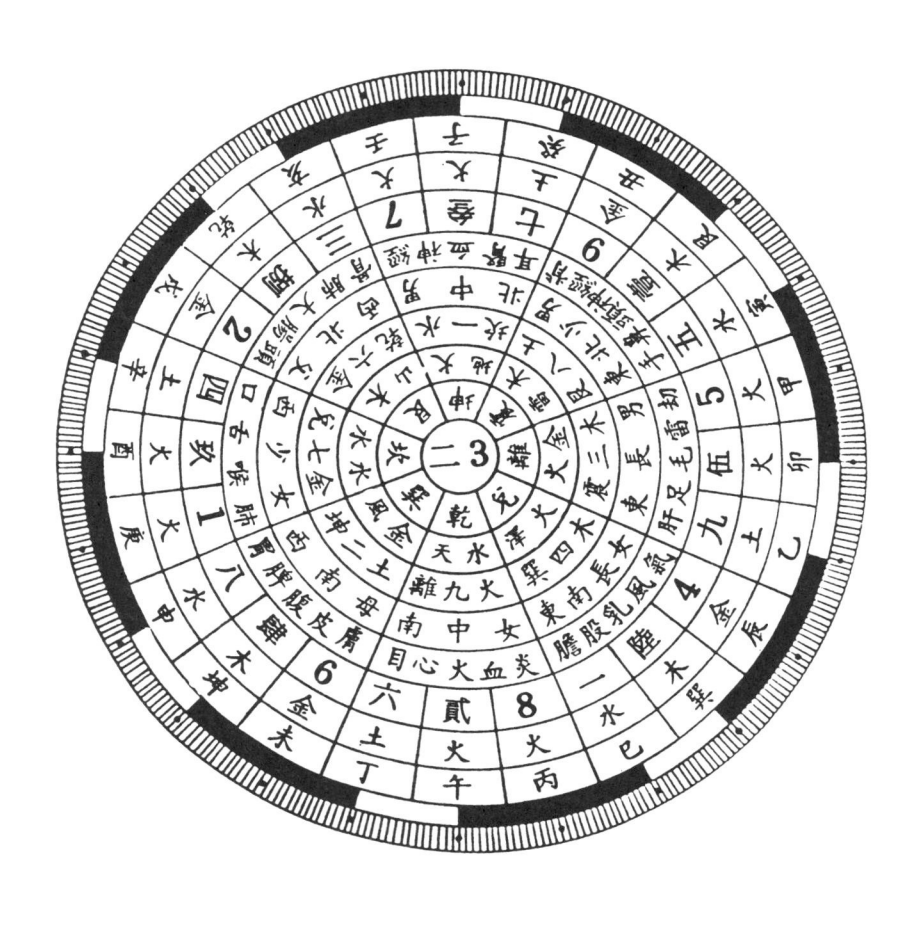

公式 106　七運午丁山、子癸向

六 4 1	二 8 6	四 6 8
五 5 9	七 3 2 向山	九 1 4
一 9 5	三 7 7	八 2 3

　　此式旺星會於北方，北方有山，當運旺丁，北方有水，當運發財。西南有山，八運旺丁，南方有水，八運發財。東方有山，九運旺丁，東北有水，九運發財。東南有山，一運旺丁，西方有水，一運發財。西北有山，二運丁平，西北有水，二運發財。西北有山，三運旺丁，東南有水，三運財平。西方有山，四運旺丁，東南有水，四運發財。東北有山，五運旺丁，東方有水，五運發財。南方有山，六運旺丁，西南有水，六運發財。

對照 107　七運未山丑向

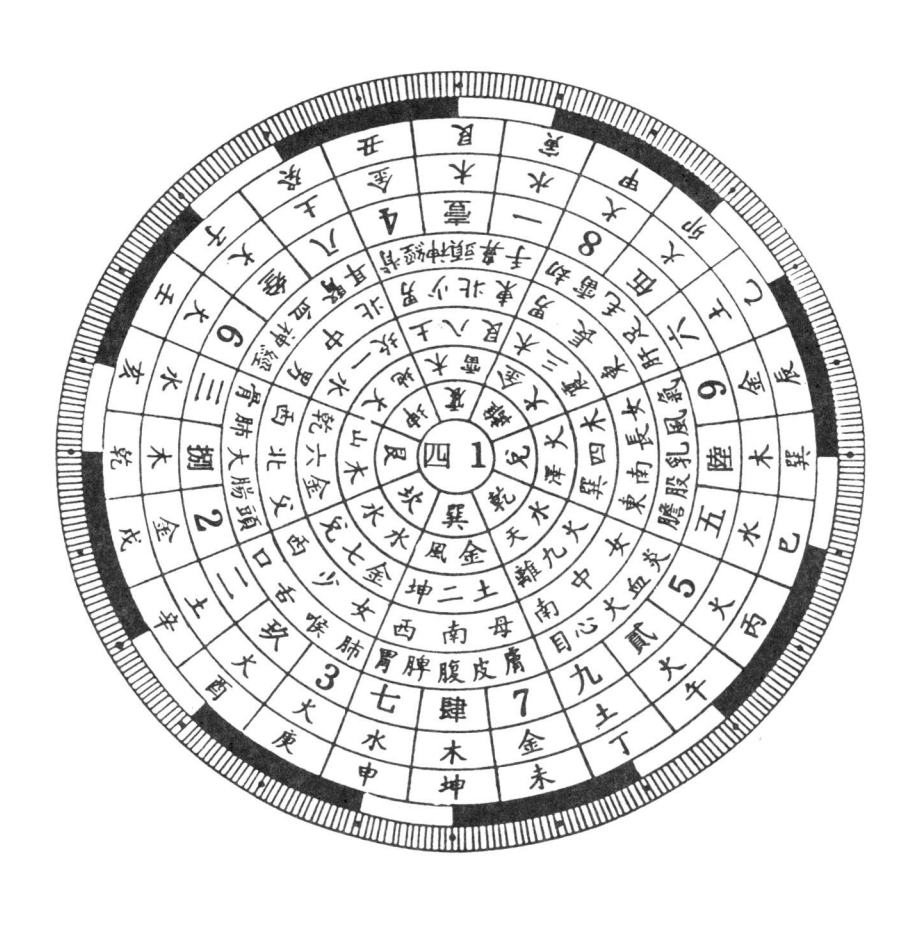

公式 107　七運未山、丑向

六 9 5	二 5 9	四 7 7
五 8 6	七 1 4 向山	九 3 2
一 4 1	三 6 8	八 2 3

　　此式旺星會於西南，西南有山，當運旺丁，西南有水，當運發財。北方有山，八運旺丁，東方有水，八運發財。南方有山，九運旺丁，東南有水，九運發財。東北有山，一運旺丁，西北有水，一運財平。西方有山，二運旺丁，西北有水，二運發財。西北有山，三運旺丁，西方有水，三運發財。東南有山，四運丁平，東北有水，四運發財。東南有山，五運旺丁，南方有水，五運發財。東方有山，六運旺丁，北方有水，六運發財。

對照 108　七運 坤山艮向／申山寅向

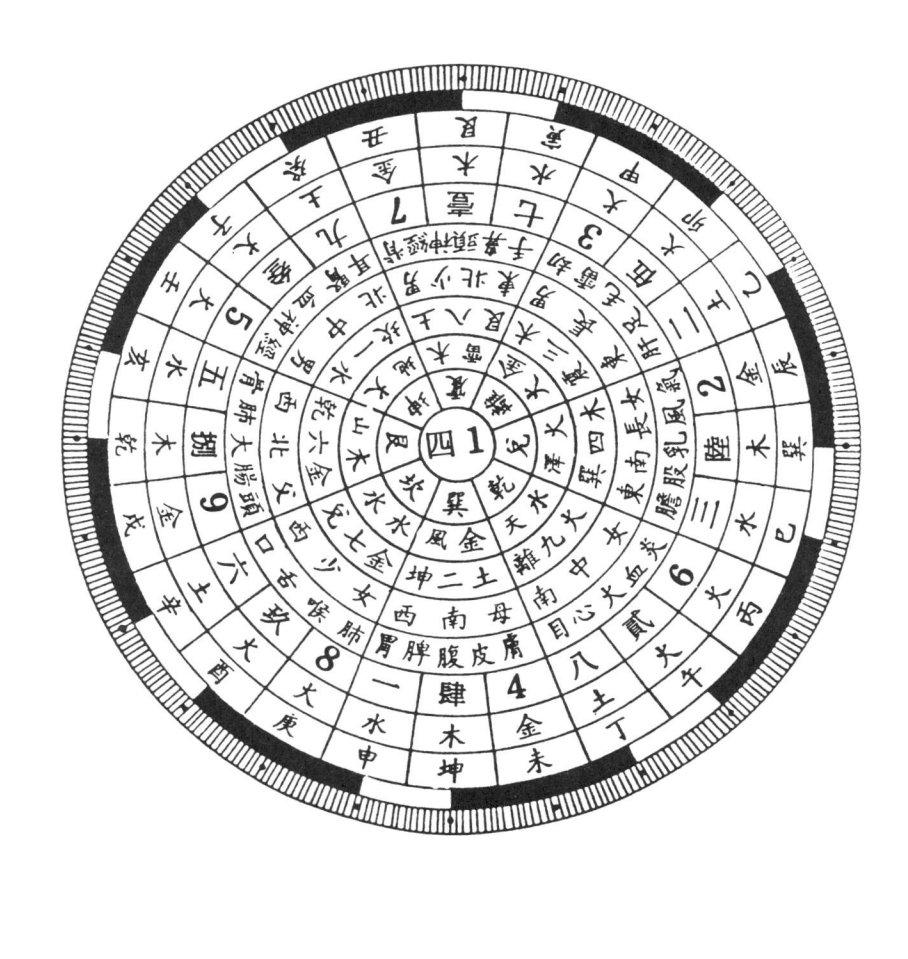

公式 108　七運坤申山、艮寅向

六 2 3	二 6 8	四 4 1
五 3 2	七 1 4 向山	九 8 6
一 7 7	三 5 9	八 9 5

　　此式旺星會於東北，東北有山，當運旺丁，東北有水，當運發財。南方有山，八運旺丁，西方有水，八運發財。北方有山，九運旺丁，西北有水，九運發財。西南有山，一運旺丁，東南有水，一運財平。東方有山，二運旺丁，東南有水，二運發財。東南有山，三運旺丁，東方有水，三運發財。西北有山，四運丁平，西南有水，四運發財。西北有山，五運旺丁，北方有水，五運發財。西方有山，六運旺丁，南方有水，六運發財。

322 精髓陰陽絕學

對照 109　七運庚山甲向

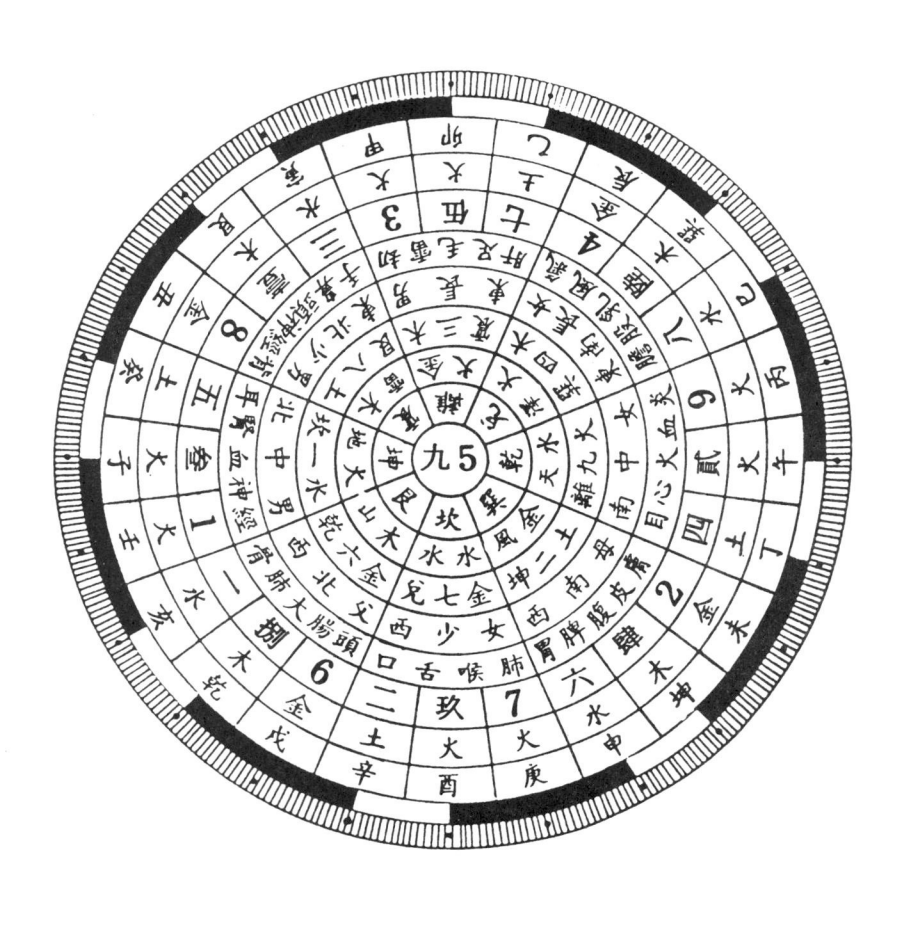

公式 109　七運庚山、甲向

六 4 8	二 9 4	四 2 6
五 3 7	七 5 9 向山	九 7 2
一 8 3	三 1 5	八 6 1

　　此式旺星上山下水，東方有山，當運旺丁，西方有水，當運發財。東南有山，八運旺丁，東北有水，八運發財。西北有山，九運丁平，南方有水，九運發財。西北有山，一運旺丁，北方有水，一運發財。西方有山，二運旺丁，西南有水，二運發財。東北有山，三運旺丁，東方有水，三運發財。南方有山，四運旺丁，東南有水，四運發財。北方有山，五運旺丁，西北有水，五運財平。西南有山，六運旺丁，西北有水，六運發財。

對照 110　七運 酉辛山 卯乙向

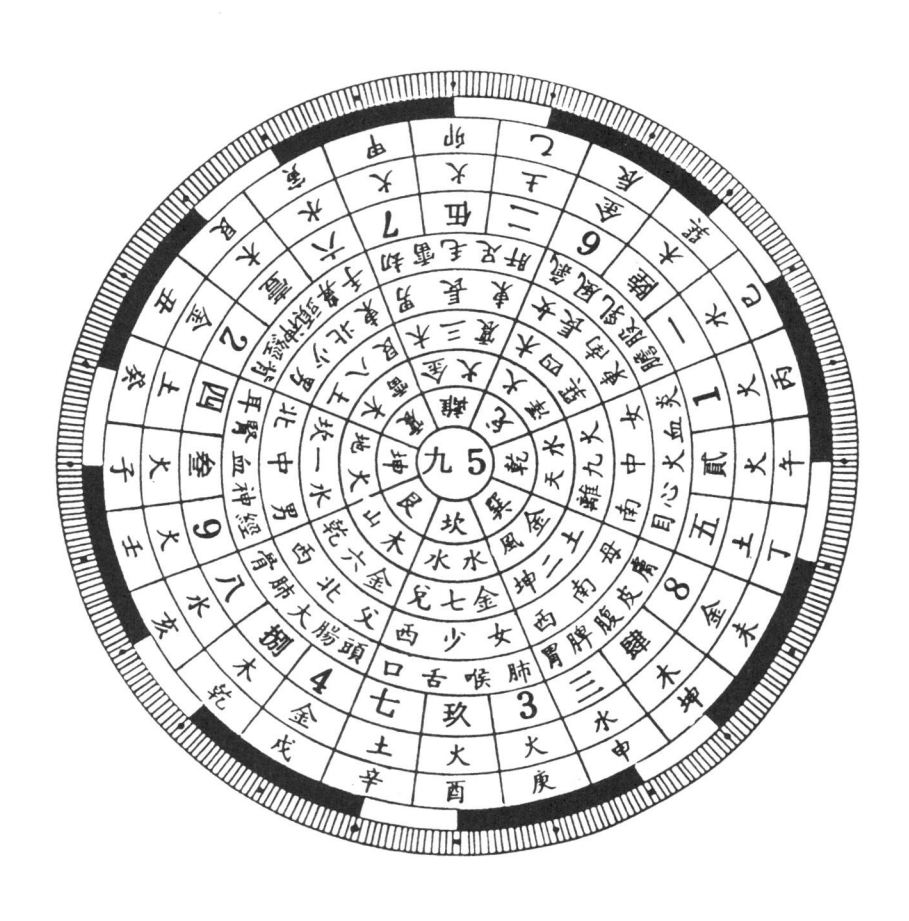

公式110　七運酉辛山、卯乙向

六 6 1	二 1 5	四 8 3
五 7 2	七 5 9 向山	九 3 7
一 2 6	三 9 4	八 4 8

　　此式旺星到山到向，西方有山，當運旺丁，東方有水，當運發財。西北有山，八運旺丁，西南有水，八運發財。東南有山，九運丁平，北方有水，九運發財。東南有山，一運旺丁，南方有水，一運發財。東方有山，二運旺丁，東北有水，二運發財。西南有山，三運旺丁，西方有水，三運發財。北方有山，四運旺丁，西北有水，四運發財。南方有山，五運旺丁，東南有水，五運財平。東北有山，六運旺丁，東南有水，六運發財。

對照 111　七運戌山辰向

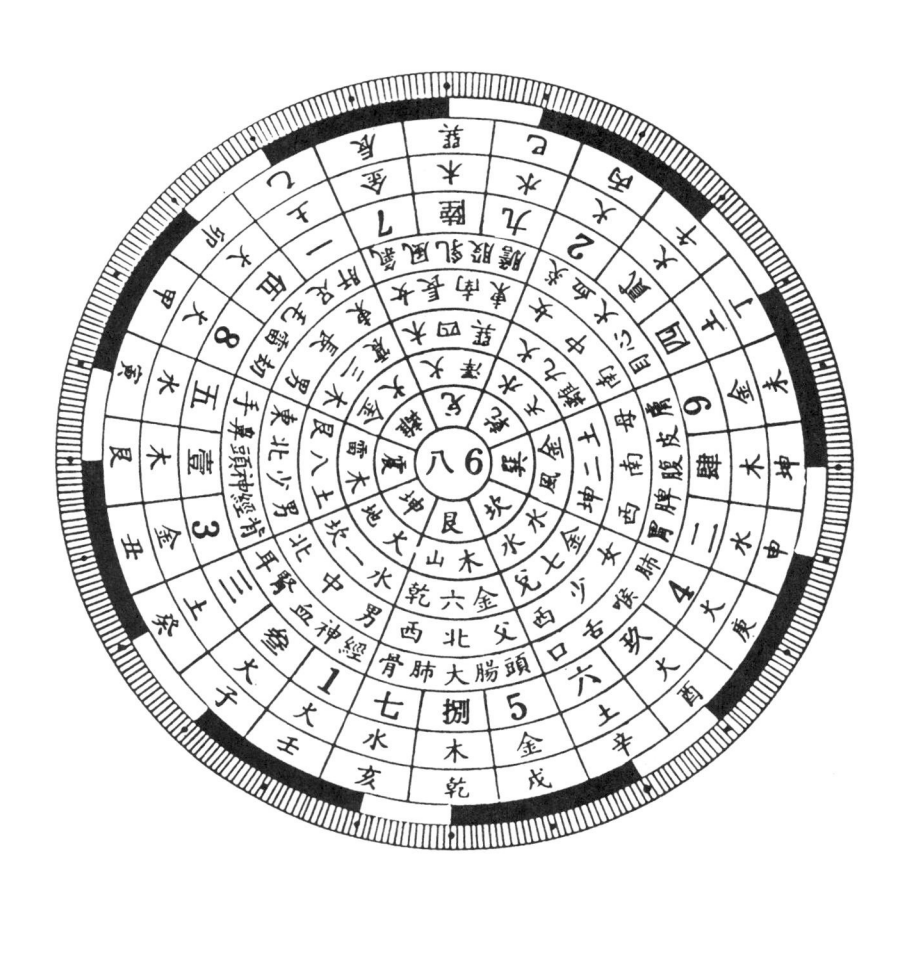

公式 111　七運戌山、辰向

六 7 9	二 2 4	四 9 2
五 8 1	七 6 8 向山	九 4 6
一 3 5	三 1 3	八 5 7

　　此式旺星到山到向，西北有山，當運旺丁，東南有水，當運發財。東南有山，八運丁平，東方有水，八運發財。東南有山，九運旺丁，西南有水，九運發財。東方有山，一運旺丁，北方有水，一運發財。西南有山，二運旺丁，南方有水，二運發財。北方有山，三運旺丁，東北有水，三運發財。南方有山，四運旺丁，西方有水，四運發財。東北有山，五運旺丁，西北有水，五運發財。西方有山，六運旺丁，東南有水，六運財平。

328 精髓陰陽絕學

對照 112　七運 乾山巽向／亥山巳向

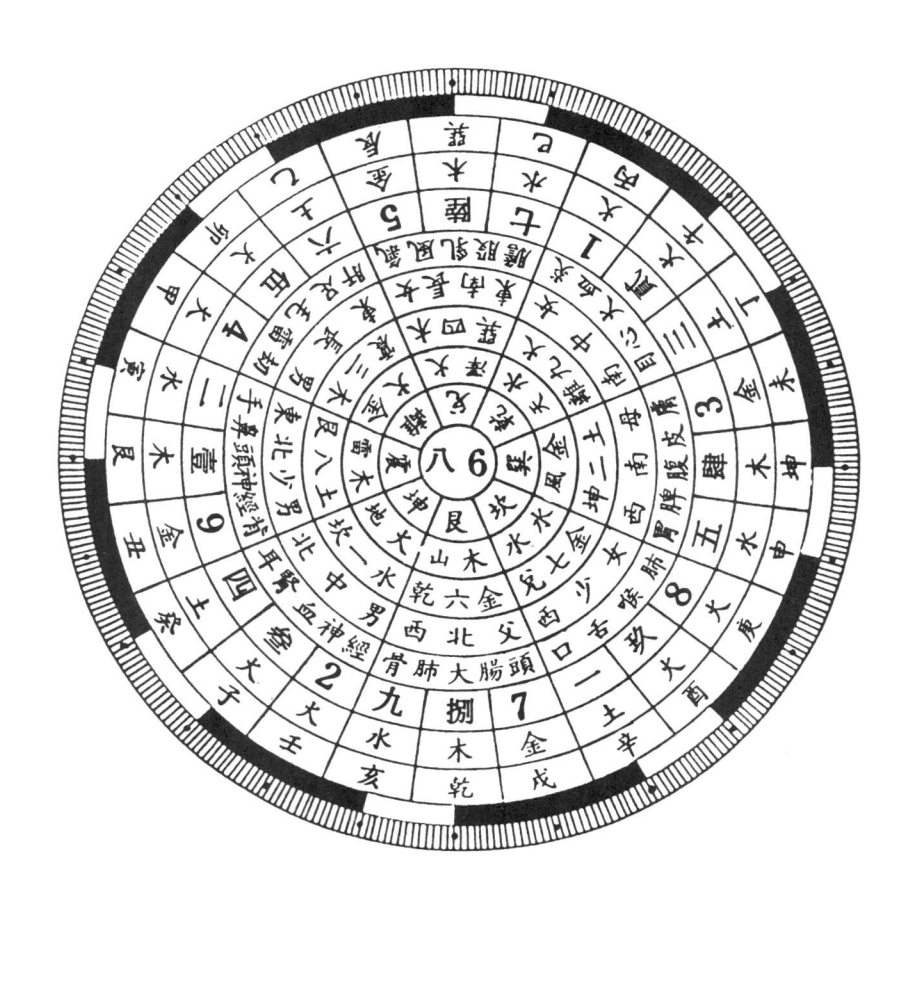

公式 112　七運乾亥山、巽巳向

六	二	四
5 7	1 3	3 5

五	七	九
4 6	6 8	8 1
	向山	

一	三	八
9 2	2 4	7 9

　　此式旺星上山下水，東南有山，當運旺丁，西北有水，當運發財。西北有山，八運丁平，西方有水，八運發財。西北有山，九運旺丁，東北有水，九運發財。西方有山，一運旺丁，南方有水，一運發財。東北有山，二運旺丁，北方有水，二運發財。南方有山，三運旺丁，西南有水，三運發財。北方有山，四運旺丁，東方有水，四運發財。西南有山，五運旺丁，東南有水，五運發財。東方有山，六運旺丁，西北有水，六運財平。

對照 113　八運壬山丙向

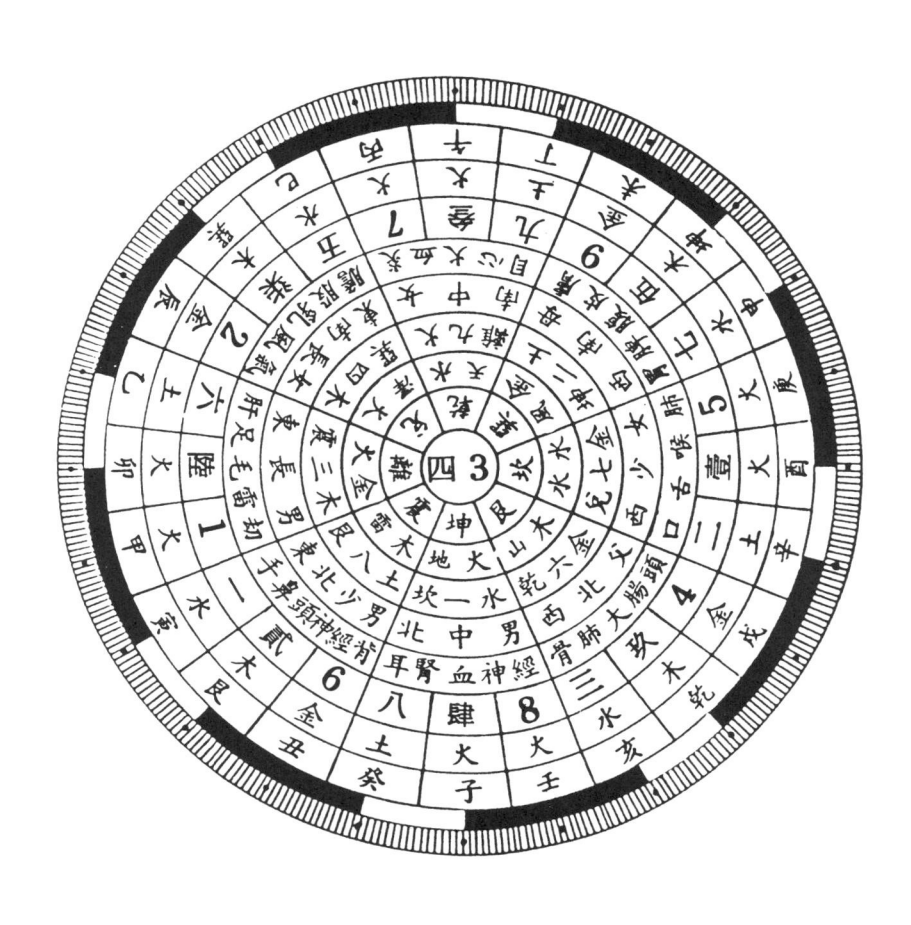

公式 113　八運壬山、丙向

七 2 5	三 7 9	五 9 7
六 1 6	八 3 4 向山	一 5 2
二 6 1	四 8 8	九 4 3

　　此式旺星會於北方，北方有山，當運旺丁，北方有水，當運發財。南方有山，九運旺丁，西南有水，九運發財。東北有山，一運旺丁，東方有水，一運發財。西方有山，二運旺丁，東南有水，二運發財。西北有山，三運旺丁，西北有水，三運財平。東南有山，四運丁平，西北有水，四運發財。東南有山，五運旺丁，西方有水，五運發財。東方有山，六運旺丁，東北有水，六運發財。西南有山，七運旺丁，南方有水，七運發財。

對照 114　八運 子癸山 午丁向

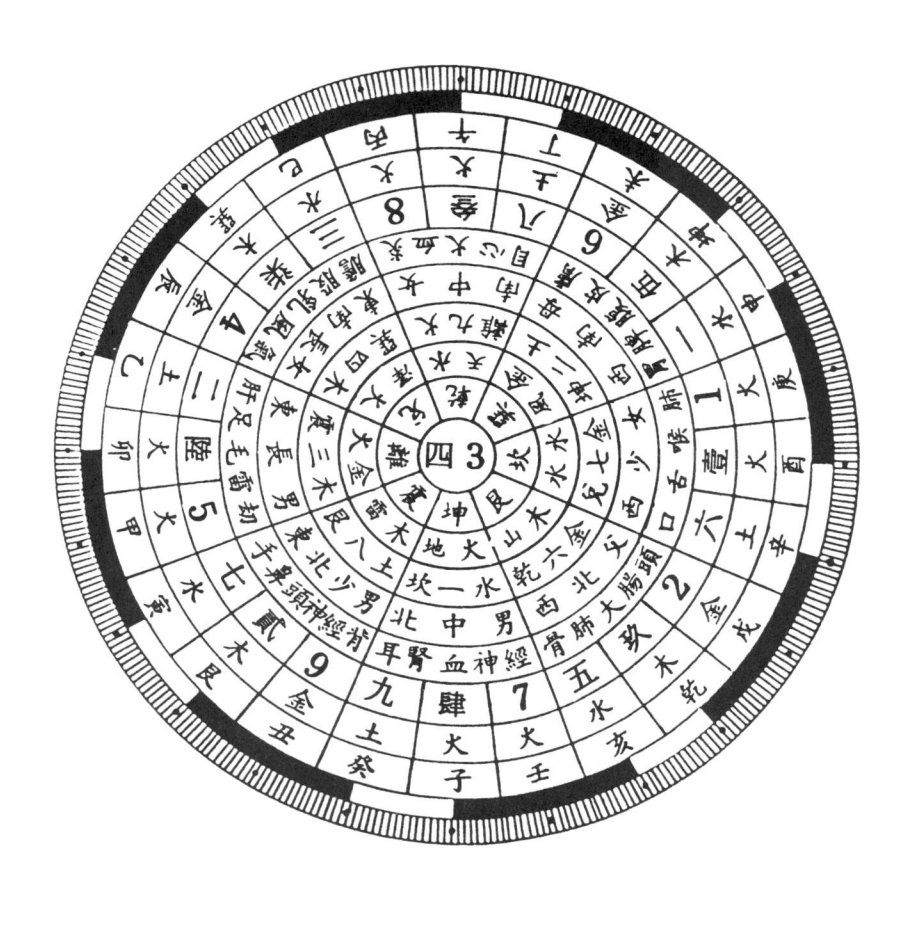

公式 114　八運子癸山、午丁向

七	三	五
4 3	8 8	6 1
六	八	一
5 2	3 4 向山	1 6
二	四	九
9 7	7 9	2 5

　　此式旺星會於南方，南方有山，當運旺丁，南方有水，當運發財。北方有山，九運旺丁，東北有水，九運發財。西南有山，一運旺丁，西方有水，一運發財。東方有山，二運旺丁，西北有水，二運發財。東南有山，三運旺丁，東南有水，三運財平。西北有山，四運丁平，東南有水，四運發財。西北有山，五運旺丁，東方有水，五運發財。西方有山，六運旺丁，西南有水，六運發財。東北有山，七運旺丁，北方有水，七運發財。

對照 115　八運丑山未向

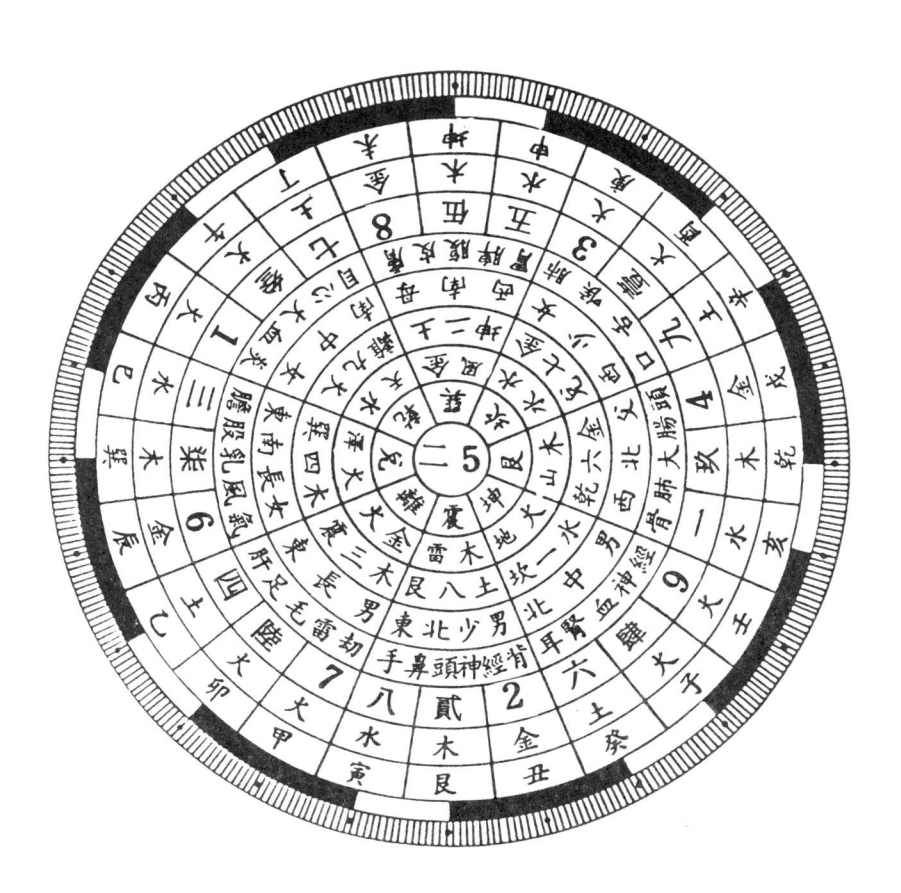

公式 115　八運丑山、未向

七 6 3	三 1 7	五 8 5
六 7 4	八 5 2 向山	一 3 9
二 2 8	四 9 6	九 4 1

　　此式旺星到山到向，東北有山，當運旺丁，西南有水，當運發財。西方有山，九運旺丁，北方有水，九運發財。西北有山，一運旺丁，南方有水，一運發財。東南有山，二運丁平，東北有水，二運發財。東南有山，三運旺丁，西方有水，三運發財。東方有山，四運旺丁，西北有水，四運發財。西南有山，五運旺丁，東南有水，五運財平。北方有山，六運旺丁，東南有水，六運發財。南方有山，七運旺丁，東方有水，七運發財。

對照 116　八運 艮山坤向
寅　　申

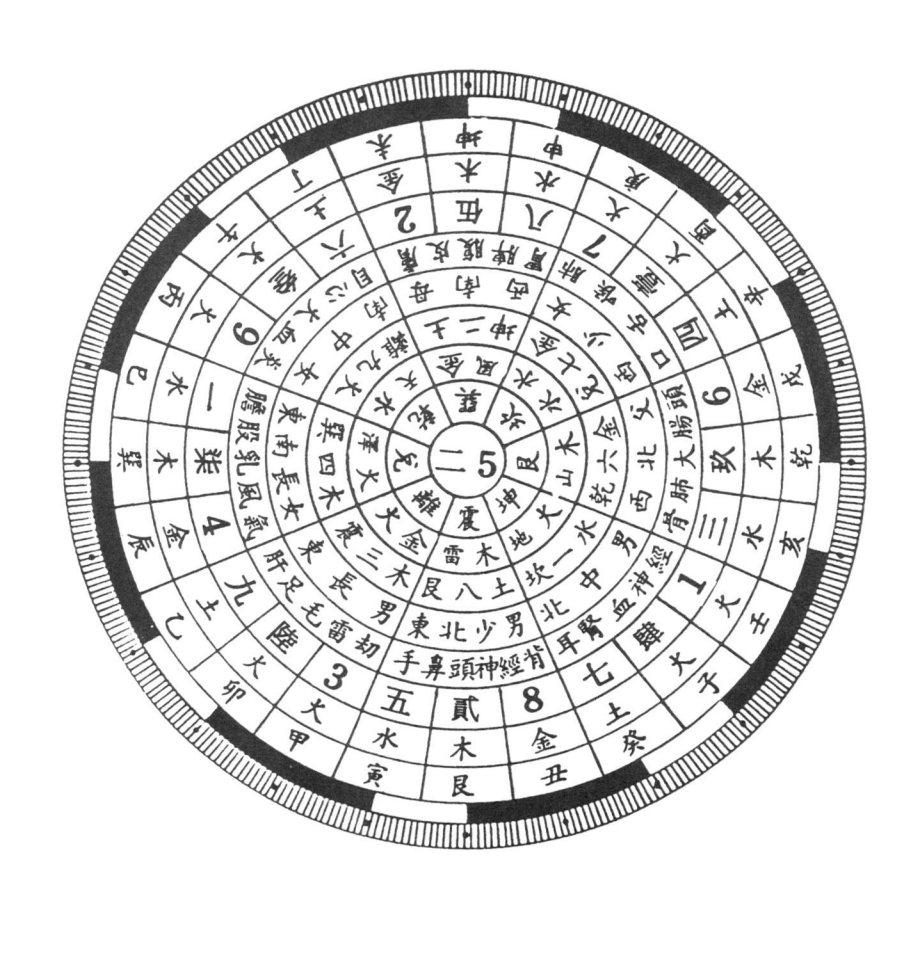

公式 116　八運艮寅山、坤申向

七	三	五
4 1	9 6	2 8

六	八	一
3 9	5 2 向山	7 4

二	四	九
8 5	1 7	6 3

　　此式旺星上山下水，西南有山，當運旺丁，東北有水，當運發財。東方有山，九運旺丁，南方有水，九運發財。東南有山，一運旺丁，北方有水，一運發財。西北有山，二運丁平，西南有水，二運發財。西北有山，三運旺丁，東方有水，三運發財。西方有山，四運旺丁，東南有水，四運發財。東北有山，五運旺丁，西北有水，五運財平。南方有山，六運旺丁，西北有水，六運發財。北方有山，七運旺丁，西方有水，七運發財。

對照 117　八運甲山庚向

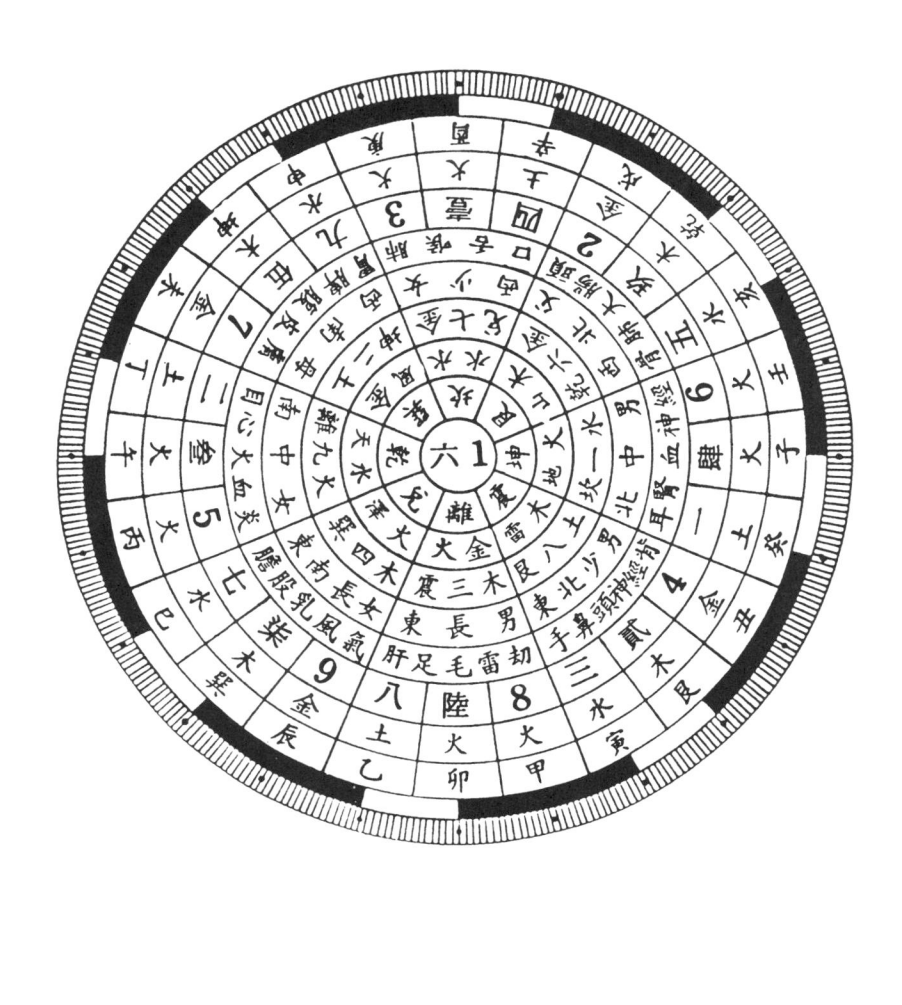

公式 117　八運甲山、庚向

七 9 7	三 5 2	五 7 9
六 8 8	八 1 6 向山	一 3 4
二 4 3	四 6 1	九 2 5

　　此式旺星會於東方，東方有山，當運旺丁，東方有水，當運發財。西南有山，九運旺丁，東南有水，九運發財。北方有山，一運旺丁，西北有水，一運財平。南方有山，二運旺丁，西北有水，二運發財。東北有山，三運旺丁，西方有水，三運發財。西方有山，四運旺丁，東北有水，四運發財。西北有山，五運旺丁，南方有水，五運發財。東南有山，六運丁平，北方有水，六運發財。東南有山，七運旺丁，西南有水，七運發財。

對照 118　八運 卯乙山 酉辛向

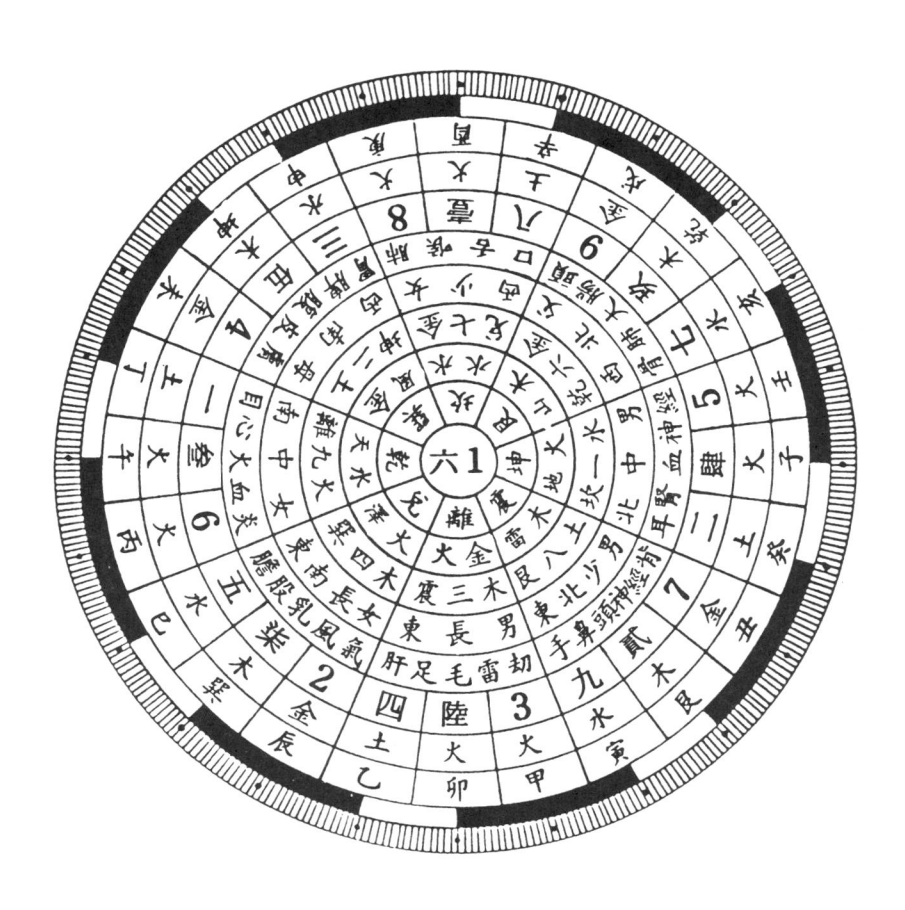

公式 118　八運卯乙山、酉辛向

七 2 5	三 6 1	五 4 3
六 3 4	八 1 6 向山	一 8 8
二 7 9	四 5 2	九 9 7

　　此式旺星會於西方，西方有山，當運旺丁，西方有水，當運發財。東北有山，九運旺丁，西北有水，九運發財。南方有山，一運旺丁，東南有水，一運財平。北方有山，二運旺丁，東南有水，二運發財。西南有山，三運旺丁，東方有水，三運發財。東方有山，四運旺丁，西南有水，四運發財。東南有山，五運旺丁，北方有水，五運發財。西北有山，六運丁平，南方有水，六運發財。西北有山，七運旺丁，東北有水，七運發財。

對照 119　八運辰山戌向

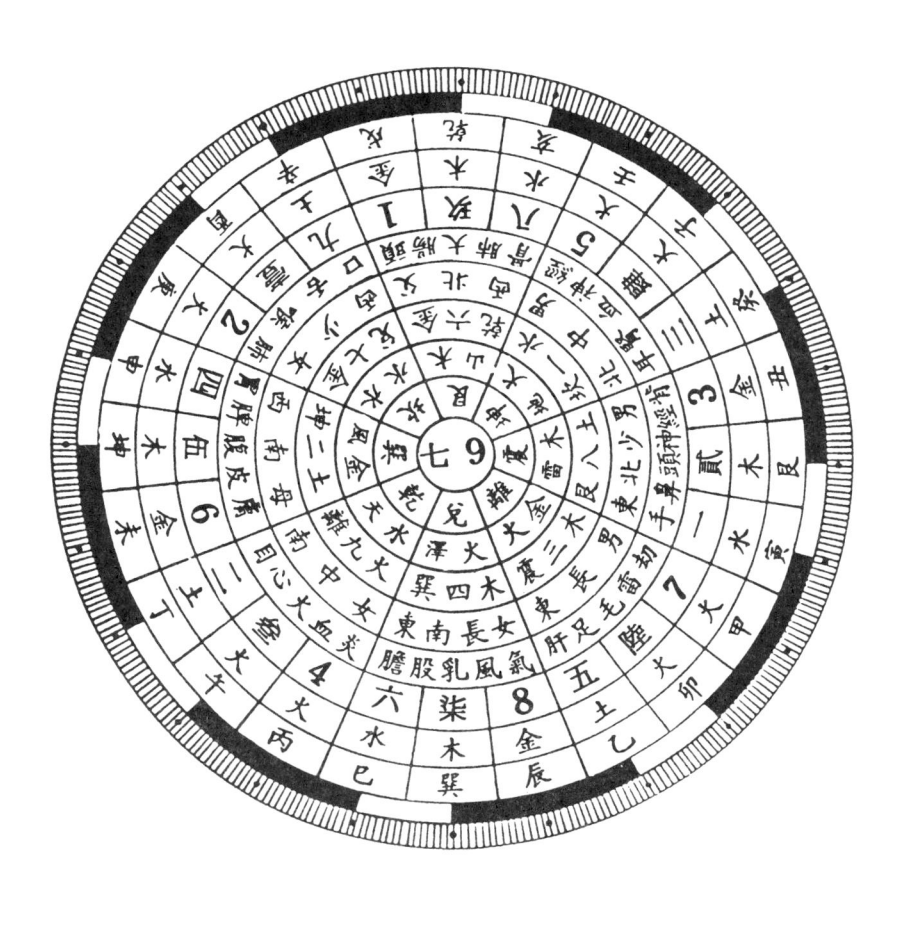

公式 119　八運辰山、戌向

七 8 6	三 4 2	五 6 4
六 7 5	八 9 7 向山	一 2 9
二 3 1	四 5 3	九 1 8

　　此式旺星上山下水，西北有山，當運旺丁，東南有水，當運發財。西方有山，九運旺丁，西北有水，九運財平。東北有山，一運旺丁，西北有水，一運發財。南方有山，二運旺丁，西方有水，二運發財。北方有山，三運旺丁，東北有水，三運發財。西南有山，四運旺丁，南方有水，四運發財。東方有山，五運旺丁，北方有水，五運發財。東南有山，六運旺丁，西南有水，六運發財。西北有山，七運丁平，東方有水，七運發財。

對照 120　八運 巽山乾向 / 巳山亥向

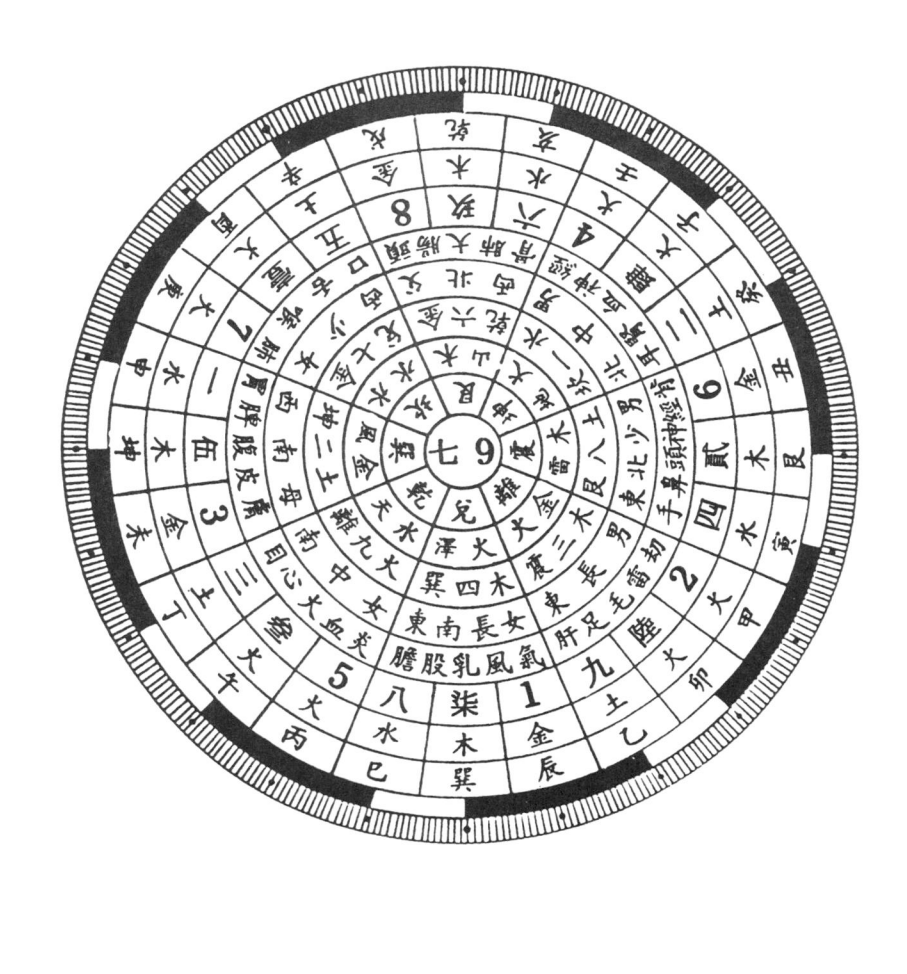

公式 120　八運巽巳山、乾亥向

七 1 8	三 5 3	五 3 1
六 2 9	八 9 7 向山	一 7 5
二 6 4	四 4 2	九 8 6

　　此式旺星到山到向，東南有山，當運旺丁，西北有水，當運發財。東方有山，九運旺丁，東南有水，九運財平。西南有山，一運旺丁，東南有水，一運發財。北方有山，二運旺丁，東方有水，二運發財。南方有山，三運旺丁，西南有水，三運發財。東北有山，四運旺丁，北方有水，四運發財。西方有山，五運旺丁，南方有水，五運發財。西北有山，六運旺丁，東北有水，六運發財。東南有山，七運丁平，西方有水，七運發財。

對照 121　八運丙山壬向

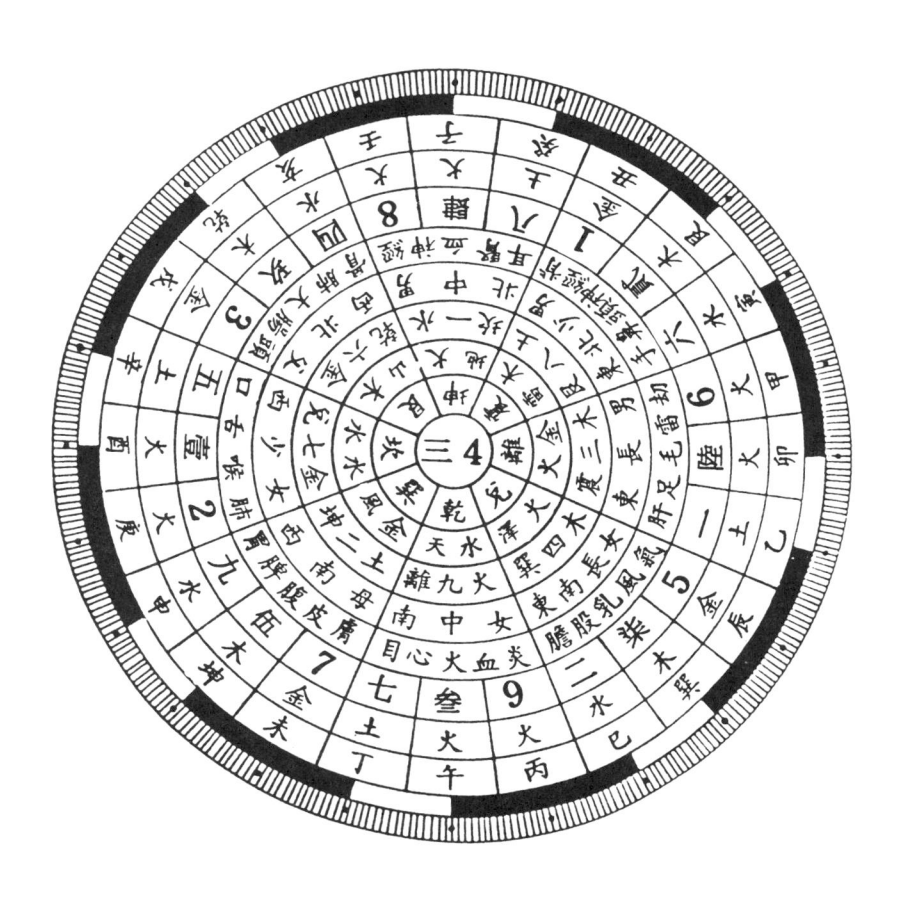

公式 121　八運丙山、壬向

```
   七           三           五
   5 2         9 7         7 9

   六           八           一
   6 1         4 3         2 5
              向山

   二           四           九
   1 6         8 8         3 4
```

　　此式旺星會於北方，北方有山，當運旺丁，北方有水，當運發財。西南有山，九運旺丁，南方有水，九運發財。東方有山，一運旺丁，東北有水，一運發財。東南有山，二運旺丁，西方有水，二運發財。西北有山，三運丁平，西北有水，三運發財。西北有山，四運旺丁，東南有水，四運財平。西方有山，五運旺丁，東南有水，五運發財。東北有山，六運旺丁，東方有水，六運發財。南方有山，七運旺丁，西南有水，七運發財。

對照 122　八運午山子向/丁山癸向

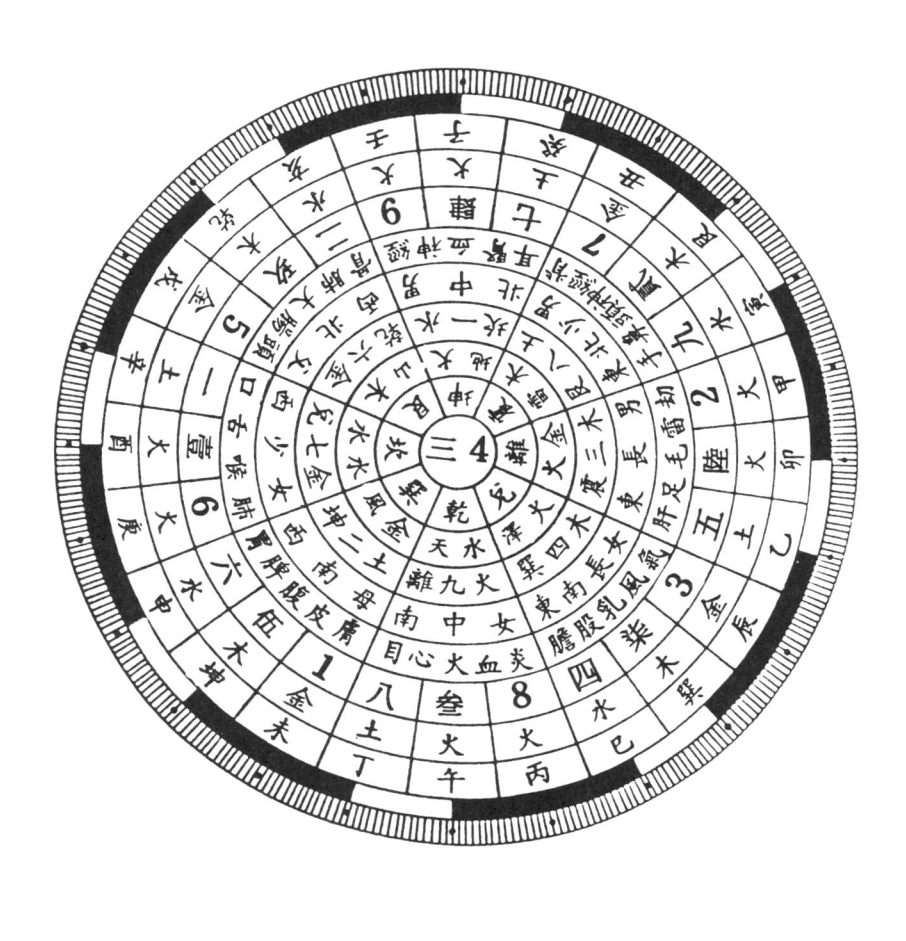

公式 122　八運午丁山、子癸向

七 3 4	三 8 8	五 1 6
六 2 5	八 4 3 向山	一 6 1
二 7 9	四 9 7	九 5 2

　　此式旺星會於南方，南方有山，當運旺丁，南方有水，當運發財。東北有山，九運旺丁，北方有水，九運發財。西方有山，一運旺丁，西南有水，一運發財。西北有山，二運旺丁，東方有水，二運發財。東南有山，三運丁平，東南有水，三運發財。東南有山，四運旺丁，西北有水，四運財平。東方有山，五運旺丁，西北有水，五運發財。西南有山，六運旺丁，西方有水，六運發財。北方有山，七運旺丁，東北有水，七運發財。

對照 123　八運未山丑向

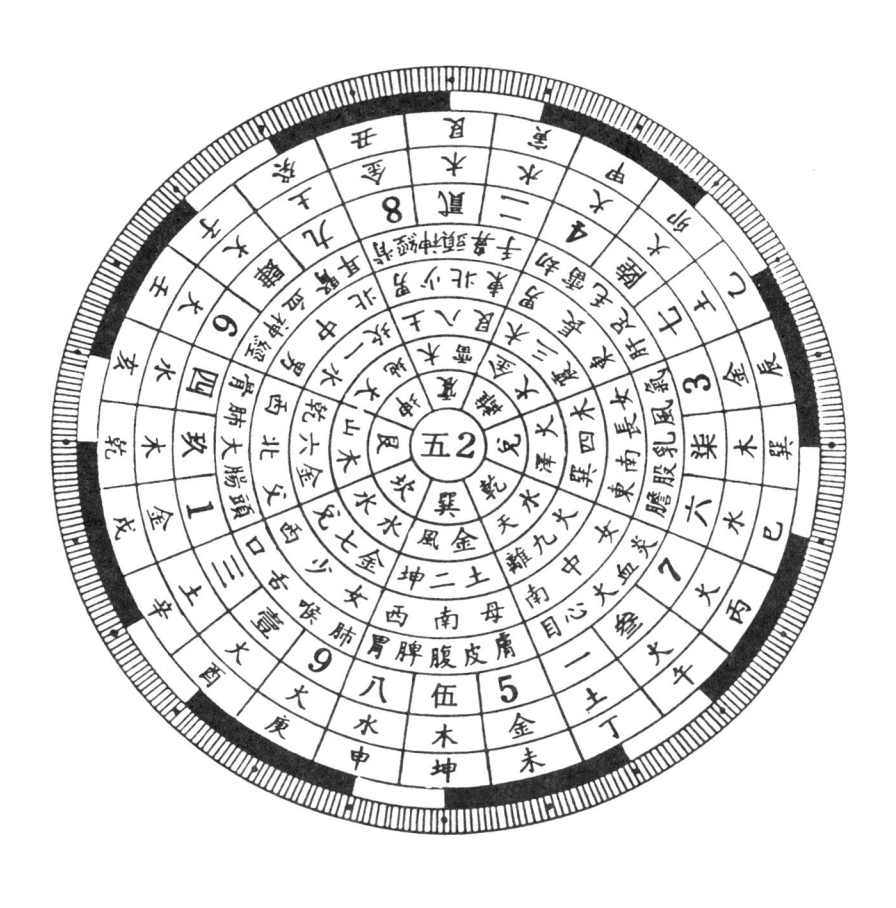

公式 123　八運未山、丑向

七 3 6	三 7 1	五 5 8
六 4 7	八 2 5 向山	一 9 3
二 8 2	四 6 9	九 1 4

　　此式旺星到山到向，西南有山，當運旺丁，東北有水，當運發財。北方有山，九運旺丁，西方有水，九運發財。南方有山，一運旺丁，西北有水，一運發財。東北有山，二運旺丁，東南有水，二運財平。西方有山，三運旺丁，東南有水，三運發財。西北有山，四運旺丁，東方有水，四運發財。東南有山，五運丁平，西南有水，五運發財。東南有山，六運旺丁，北方有水，六運發財。東方有山，七運旺丁，南方有水，七運發財。

對照 124　八運 坤山艮向
申山寅向

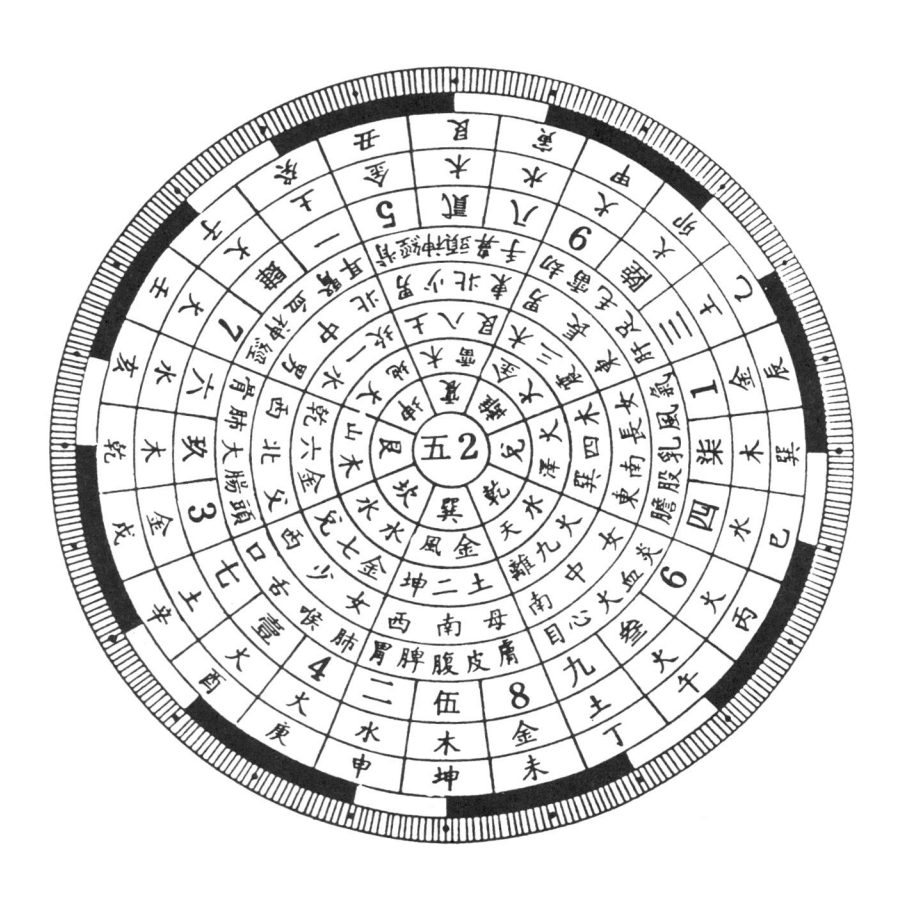

公式 124　八運坤申山、艮寅向

七 1 4	三 6 9	五 8 2
六 9 3	八 2 5 向山	一 4 7
二 5 8	四 7 1	九 3 6

　　此式旺星上山下水，東北有山，當運旺丁，西南有水，當運發財。南方有山，九運旺丁，東方有水，九運發財。北方有山，一運旺丁，東南有水，一運發財。西南有山，二運旺丁，西北有水，二運財平。東方有山，三運旺丁，西北有水，三運發財。東南有山，四運旺丁，西方有水，四運發財。西北有山，五運丁平，東北有水，五運發財。西北有山，六運旺丁，南方有水，六運發財。西方有山，七運旺丁，北方有水，七運發財。

對照 125　八運庚山甲向

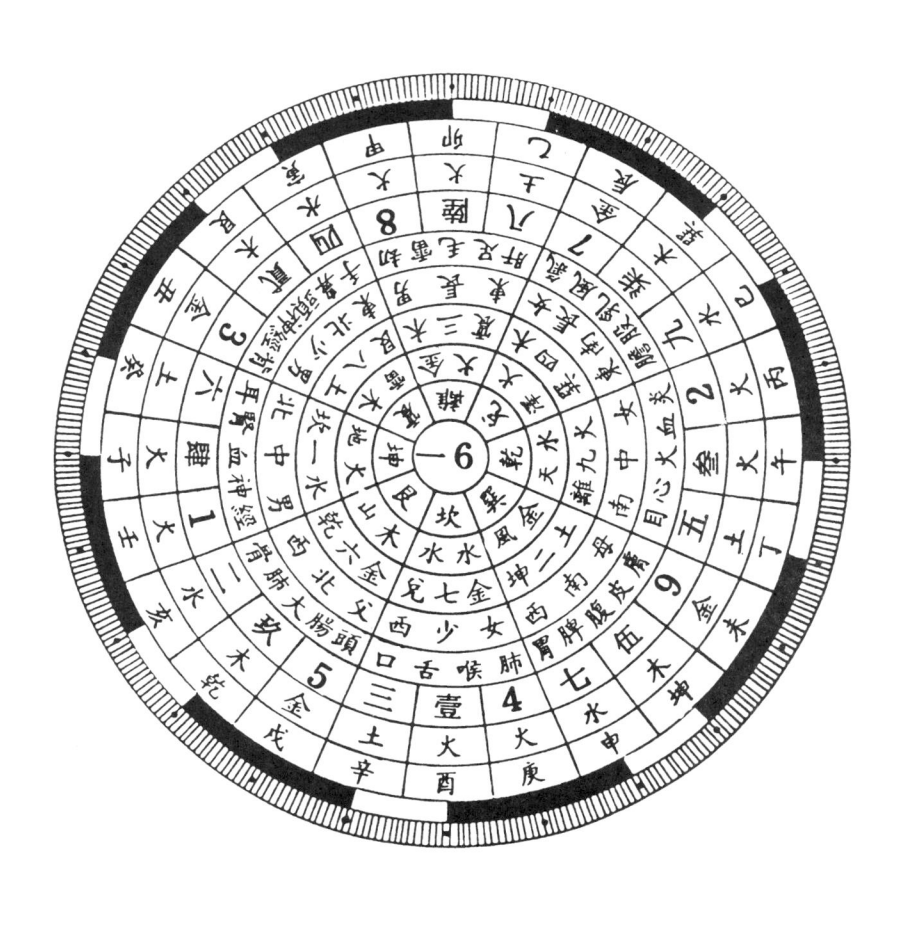

公式 125　八運庚山、甲向

七	三	五
7 9	2 5	9 7

六	八	一
8 8	6 1 向山	4 3

二	四	九
3 4	1 6	5 2

　　此式旺星會於東方，東方有山，當運旺丁，東方有水，當運發財。東南有山，九運旺丁，西南有水，九運發財。西北有山，一運丁平，北方有水，一運發財。西北有山，二運旺丁，南方有水，二運發財。西方有山，三運旺丁，東北有水，三運發財。東北有山，四運旺丁，西方有水，四運發財。南方有山，五運旺丁，西北有水，五運發財。北方有山，六運旺丁，東南有水，六運財平。西南有山，七運旺丁，東南有水，七運發財。

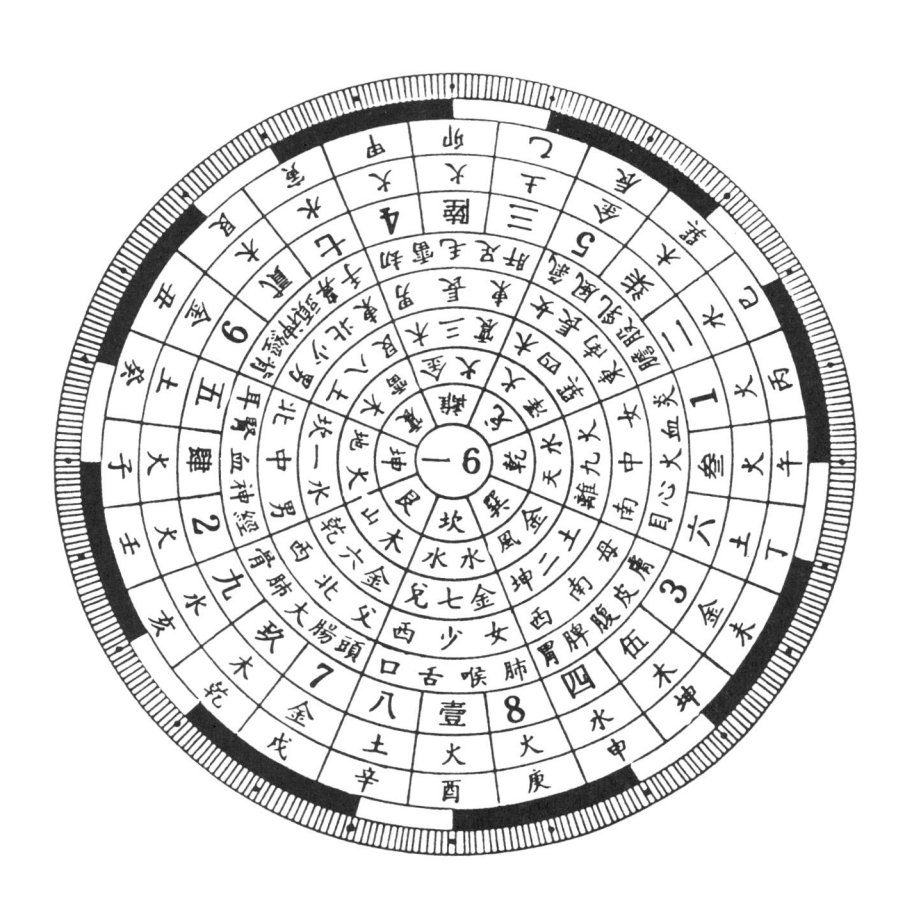

對照 126　八運 酉辛山 卯乙向

公式 126　八運酉辛山、卯乙向

七	三	五
5 2	1 6	3 4

六	八	一
4 3	6 1	8 8
	向山	

二	四	九
9 7	2 5	7 9

　　此式旺星會於西方，西方有山，當運旺丁，西方有水，當運發財。西北有山，九運旺丁，東北有水，九運發財。東南有山，一運丁平，南方有水，一運發財。東南有山，二運旺丁，北方有水，二運發財。東方有山，三運旺丁，西南有水，三運發財。西南有山，四運旺丁，東方有水，四運發財。北方有山，五運旺丁，東南有水，五運發財。南方有山，六運旺丁，西北有水，六運財平。東北有山，七運旺丁，西北有水，七運發財。

對照 127　八運戌山辰向

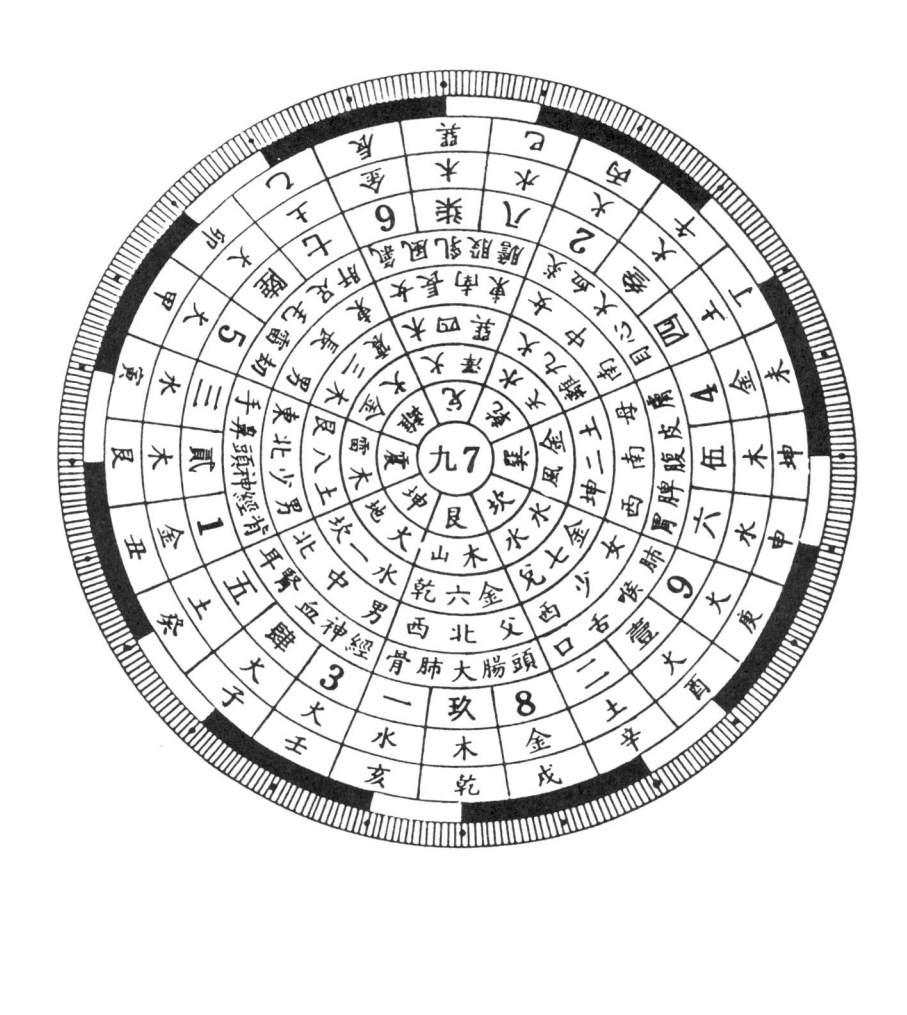

公式 127　八運戌山、辰向

七	三	五
6 8	2 4	4 6
六	八	一
5 7	7 9 向山	9 2
二	四	九
1 3	3 5	8 1

　　此式旺星上山下水，東南有山，當運旺丁，西北有水，當運發財。西北有山，九運丁平，西方有水，九運發財。西北有山，一運旺丁，東北有水，一運發財。西方有山，二運旺丁，南方有水，二運發財。東北有山，三運旺丁，北方有水，三運發財。南方有山，四運旺丁，西南有水，四運發財。北方有山，五運旺丁，東方有水，五運發財。西南有山，六運旺丁，東南有水，六運發財。東方有山，七運旺丁，西北有水，七運財平。

對照 128　八運 乾亥山 巽巳向

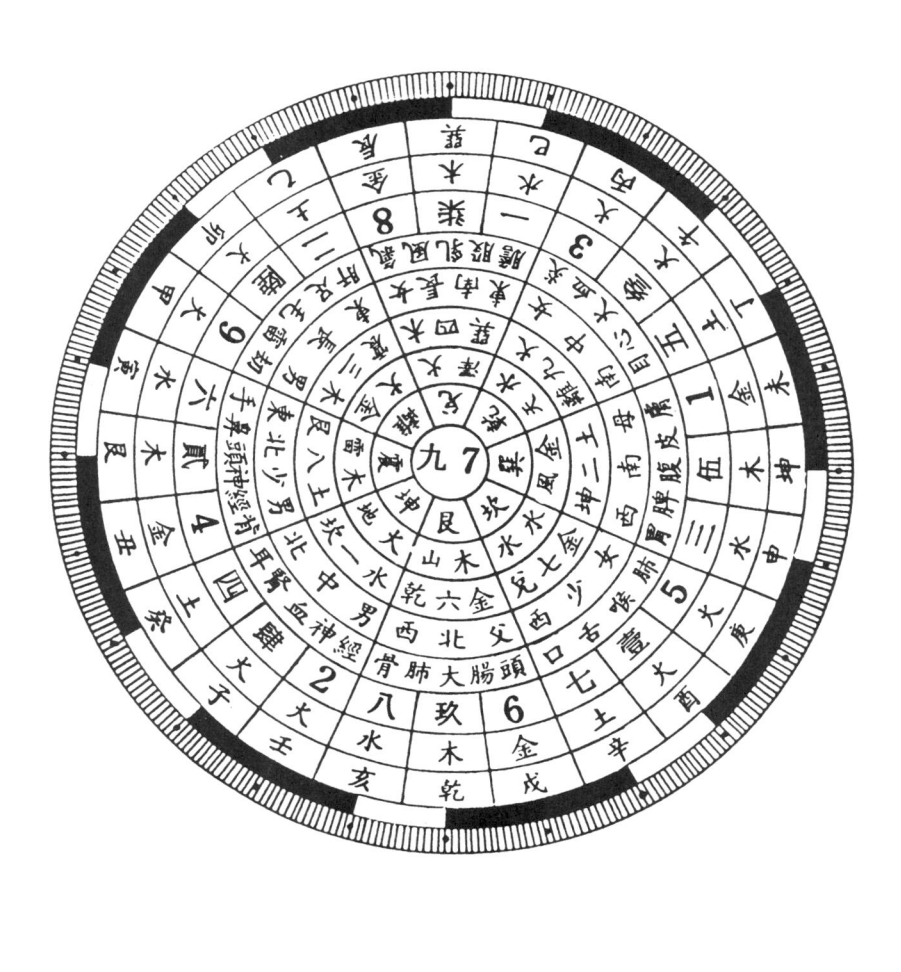

公式 128　八運乾亥山、巽巳向

七	三	五
8 1	3 5	1 3
六	八	一
9 2	7 9 向山	5 7
二	四	九
4 6	2 4	6 8

　　此式旺星到山到向，西北有山，當運旺丁，東南有水，當運發財。東南有山，九運丁平，東方有水，九運發財。東南有山，一運旺丁，西南有水，一運發財。東方有山，二運旺丁，北方有水，二運發財。西南有山，三運旺丁，南方有水，三運發財。北方有山，四運旺丁，東北有水，四運發財。南方有山，五運旺丁，西方有水，五運發財。東北有山，六運旺丁，西北有水，六運發財。西方有山，七運旺丁，東南有水，七運財平。

對照 129　九運壬山丙向

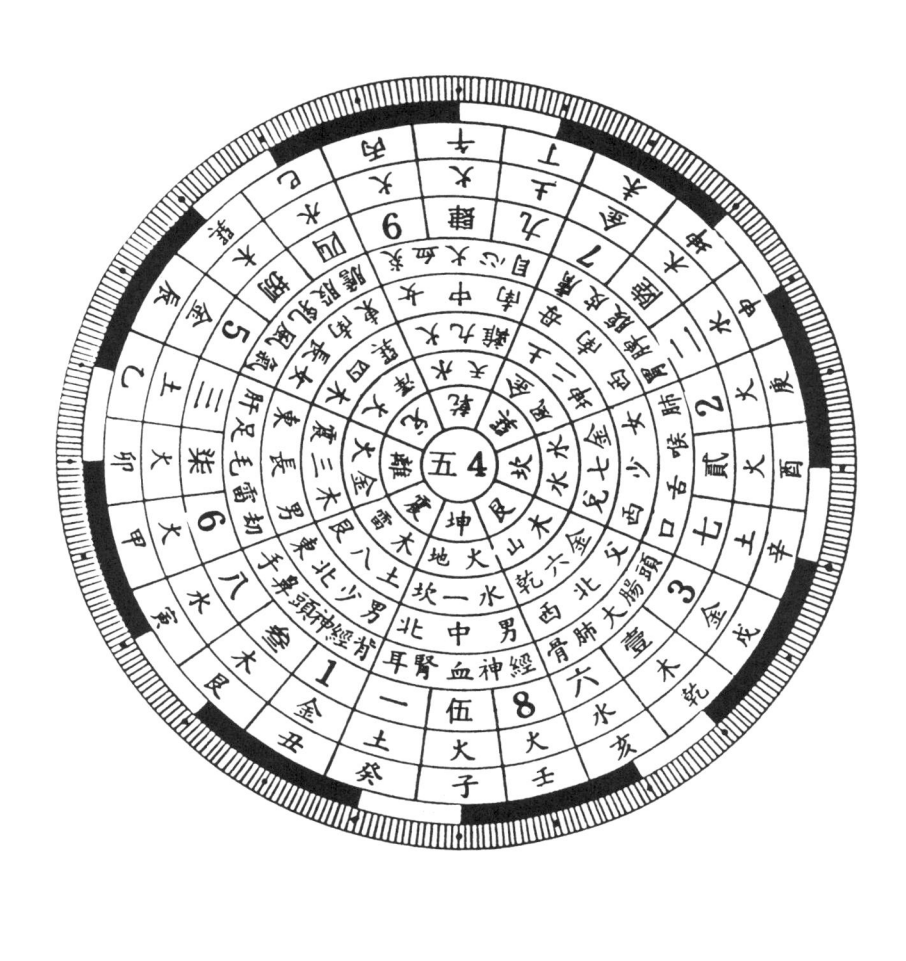

公式 129　九運壬山、丙向

八 5 4	四 9 9	六 7 2
七 6 3	九 4 5 向山	二 2 7
三 1 8	五 8 1	一 3 6

　　此式旺星會於南方，南方有山，當運旺丁，南方有水，當運發財。北方有山，一運旺丁，東北有水，一運發財。西南有山，二運旺丁，西方有水，二運發財。東方有山，三運旺丁，西北有水，三運發財。東南有山，四運旺丁，東南有水，四運財平。西北有山，五運丁平，東南有水，五運發財。西北有山，六運旺丁，東方有水，六運發財。西方有山，七運旺丁，西南有水，七運發財。東北有山，八運旺丁，北方有水，八運發財。

對照 130　九運 子癸山午丁向

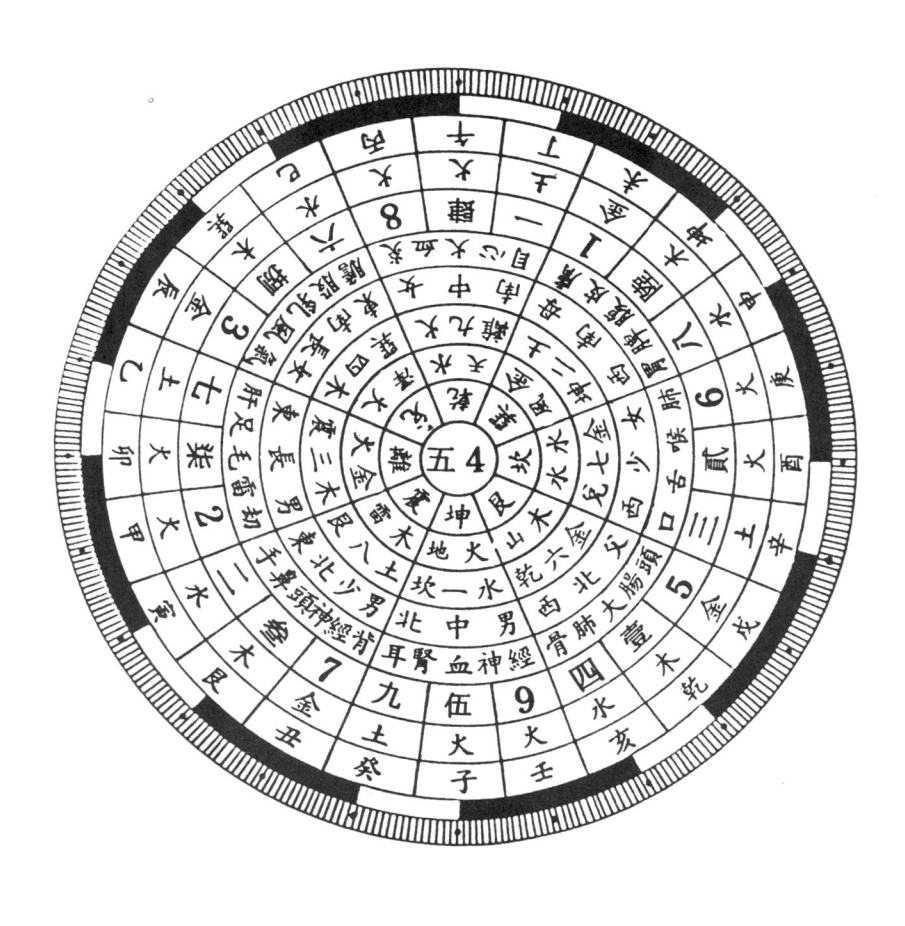

公式 130　九運子癸山、午丁向

八　3 6	四　8 1	六　1 8
七　2 7	九　4 5 向山	二　6 3
三　7 2	五　9 9	一　5 4

　　此式旺星會於北方，北方有山，當運旺丁，北方有水，當運發財。南方有山，一運旺丁，西南有水，一運發財。東北有山，二運旺丁，東方有水，二運發財。西方有山，三運旺丁，東南有水，三運發財。西北有山，四運旺丁，西北有水，四運財平。東南有山，五運丁平，西北有水，五運發財。東南有山，六運旺丁，西方有水，六運發財。東方有山，七運旺丁，東北有水，七運發財。西南有山，八運旺丁，南方有水，八運發財。

對照 131　九運丑山未向

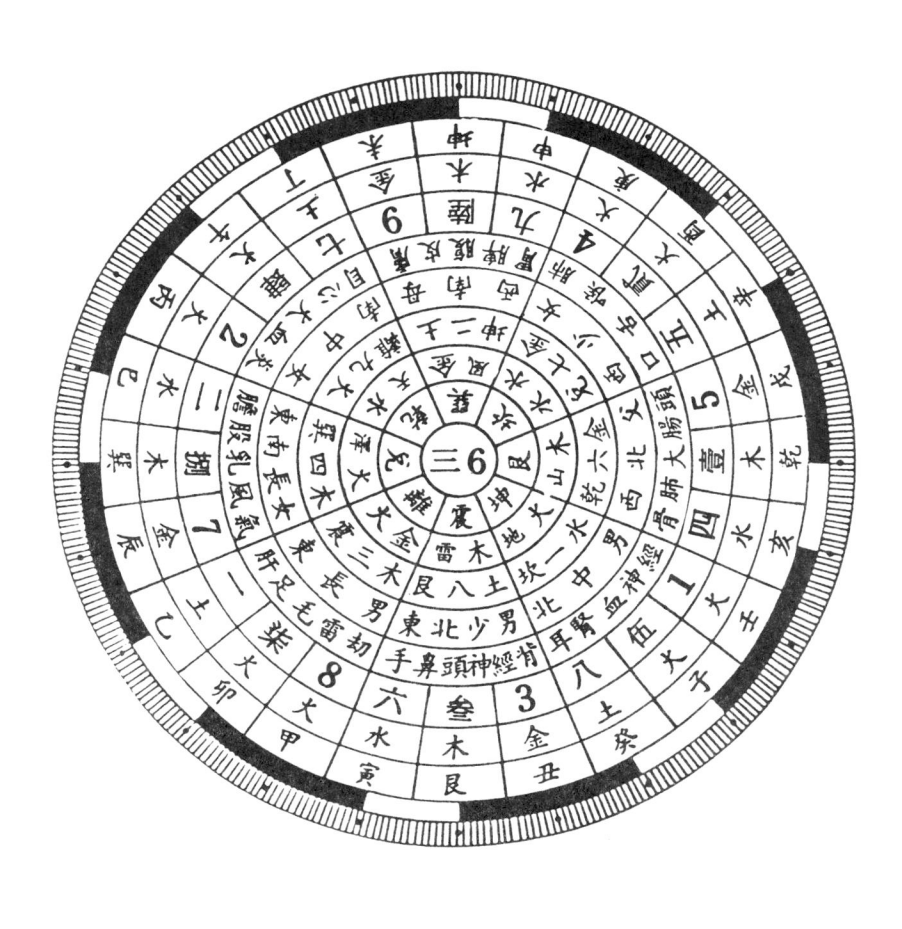

公式 131　九運丑山、未向

八 7 2	四 2 7	六 9 9
七 8 1	九 6 3 向山	二 4 5
三 3 6	五 1 8	一 5 4

　　此式旺星會於西南，西南有山，當運旺丁，西南有水，當運發財。東方有山，一運旺丁，北方有水，一運發財。東南有山，二運旺丁，南方有水，二運發財。西北有山，三運丁平，東北有水，三運發財。西北有山，四運旺丁，西方有水，四運發財。西方有山，五運旺丁，西北有水，五運發財。東北有山，六運旺丁，東南有水，六運財平。南方有山，七運旺丁。東南有水，七運發財。北方有山，八運旺丁，東方有水，八運發財。

對照 132　九運 艮山坤向 / 寅山申向

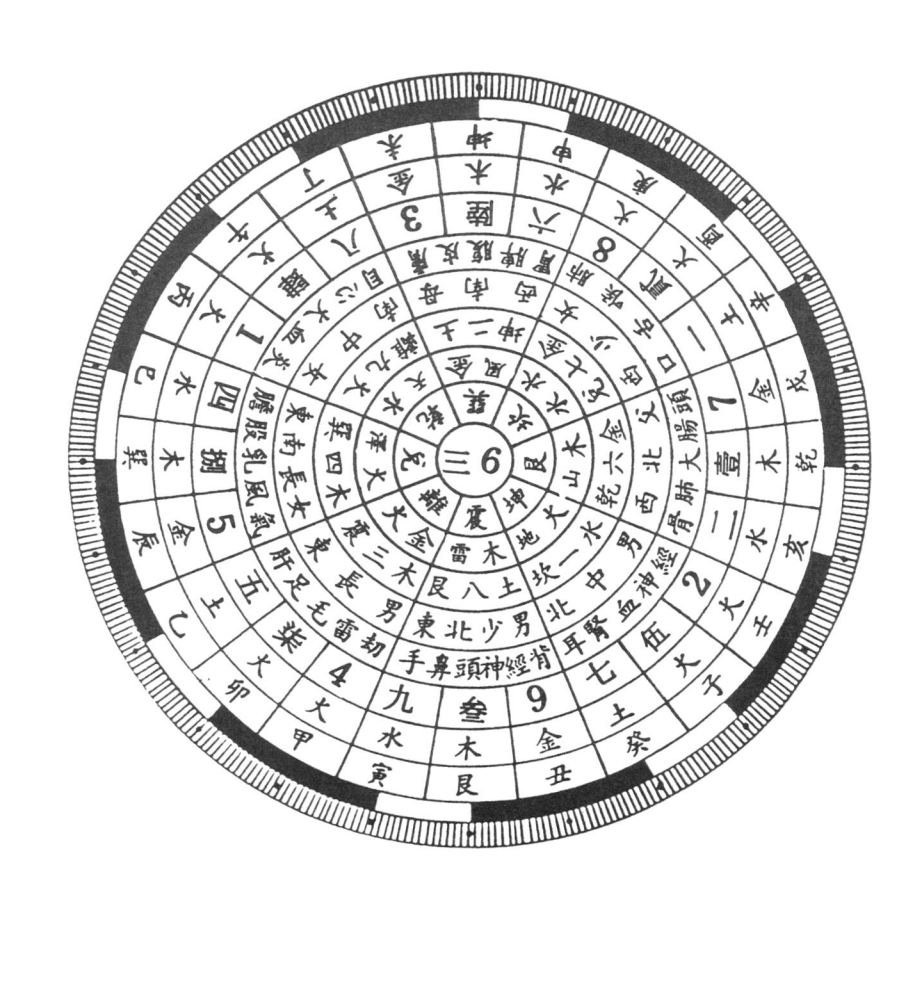

公式 132　九運艮寅山、坤申向

八	四	六
5 4	1 8	3 6

七	九	二
4 5	6 3 向山	8 1

三	五	一
9 9	2 7	7 2

　　此式旺星會於東北，東北有山，當運旺丁，東北有水，當運發財。西方有山，一運旺丁，南方有水，一運發財。西北有山，二運旺丁，北方有水，二運發財。東南有山，三運丁平，西南有水，三運發財。東南有山，四運旺丁，東方有水，四運發財。東方有山，五運旺丁，東南有水，五運發財。西南有山，六運旺丁，西北有水，六運財平。北方有山，七運旺丁，西北有水，七運發財。南方有山，八運旺丁，西方有水，八運發財。

對照 133　九運甲山庚向

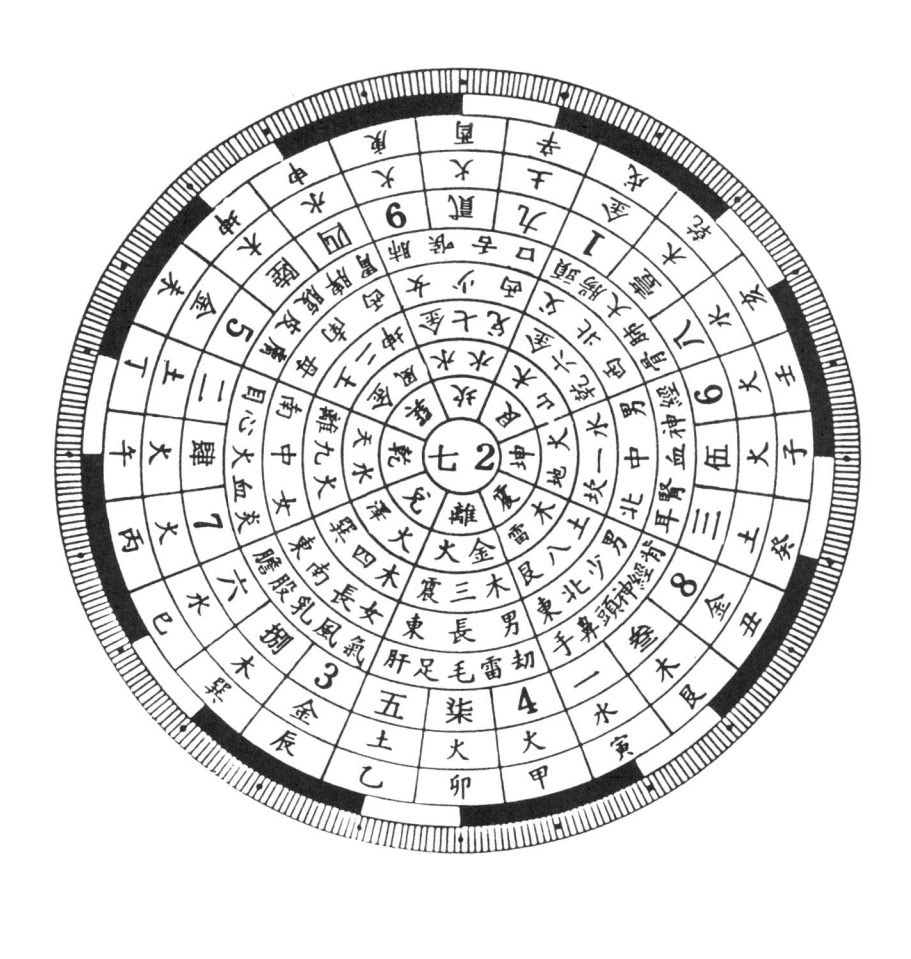

公式 133　九運甲山、庚向

八 3 6	四 7 2	六 5 4
七 4 5	九 2 7 向山	二 9 9
三 8 1	五 6 3	一 1 8

　　此式旺星會於西方，西方有山，當運旺丁，西方有水，當運發財。東北有山，一運旺丁，西北有水，一運發財。南方有山，二運旺丁，東南有水，二運財平。北方有山，三運旺丁，東南有水，三運發財。西南有山，四運旺丁，東方有水，四運發財。東方有山，五運旺丁，西南有水，五運發財。東南有山，六運旺丁，北方有水，六運發財。西北有山，七運丁平，南方有水，七運發財。西北有山，八運旺丁，東北有水，八運發財。

對照 134　九運 卯乙山 酉辛向

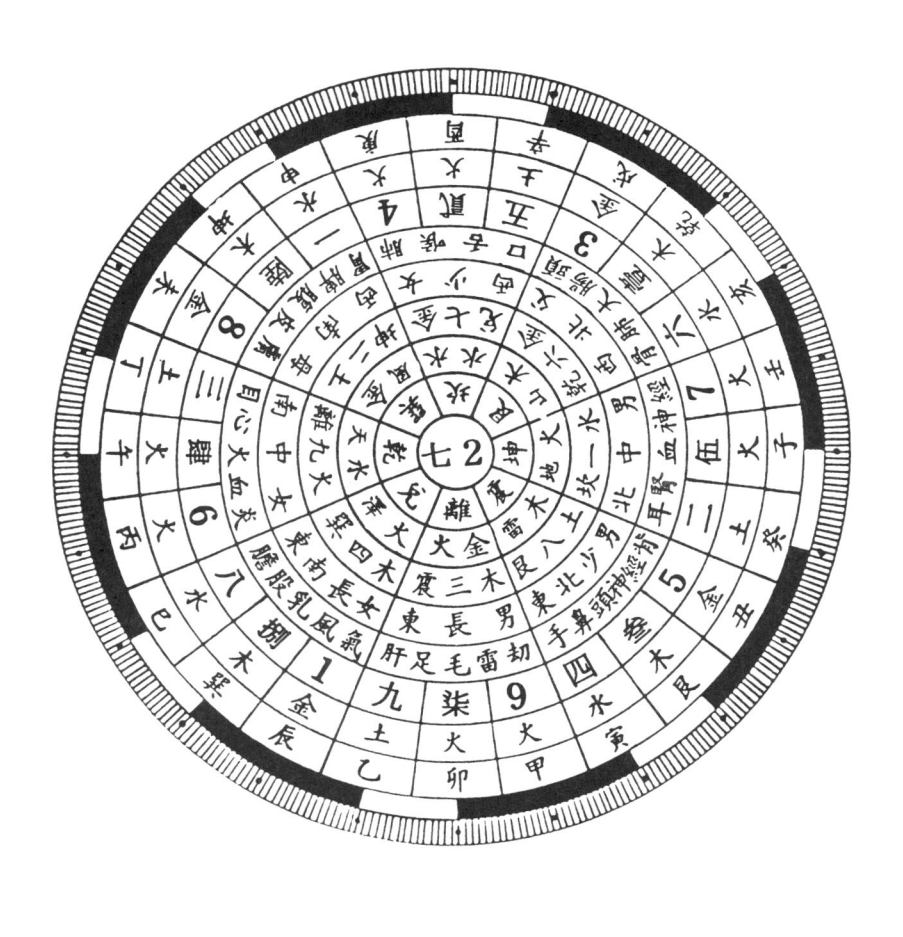

公式 134　九運卯乙山、酉辛向

八 1 8	四 6 3	六 8 1
七 9 9	九 2 7 向山	二 4 5
三 5 4	五 7 2	一 3 6

　　此式旺星會於東方，東方有山，當運旺丁，東方有水，當運發財。西南有山，一運旺丁，東南有水，一運發財。北方有山，二運旺丁，西北有水，二運財平。南方有山，三運旺丁，西北有水，三運發財。東北有山，四運旺丁，西方有水，四運發財。西方有山，五運旺丁，東北有水，五運發財。西北有山，六運旺丁，南方有水，六運發財。東南有山，七運丁平。北方有水，七運發財。東南有山，八運旺丁，西南有水，八運發財。

對照 135　九運辰山戌向

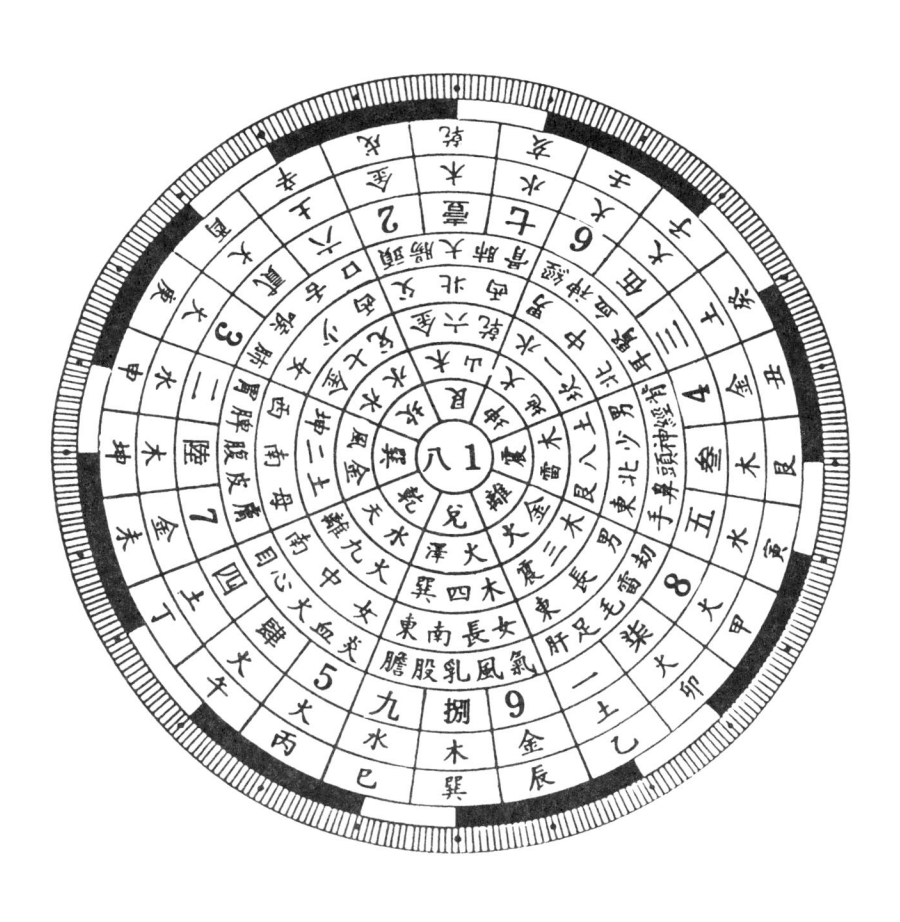

公式 135　九運辰山、戌向

八 9 9	四 5 4	六 7 2
七 8 1	九 1 8 向山	二 3 6
三 4 5	五 6 3	一 2 7

　　此式旺星會於東南，東南有山，當運旺丁，東南有水，當運發財。東方有山，一運旺丁，西北有水，一運財平。西南有山，二運旺丁，西北有水，二運發財。北方有山，三運旺丁，西方有水，三運發財。南方有山，四運旺丁，東北有水，四運發財。東北有山，五運旺丁，南方有水，五運發財。西方有山，六運旺丁，北方有水，六運發財。西北有山，七運旺丁，西南有水，七運發財。東南有山，八運丁平。東方有水，八運發財。

對照 136　九運 巽山乾向／巳山亥向

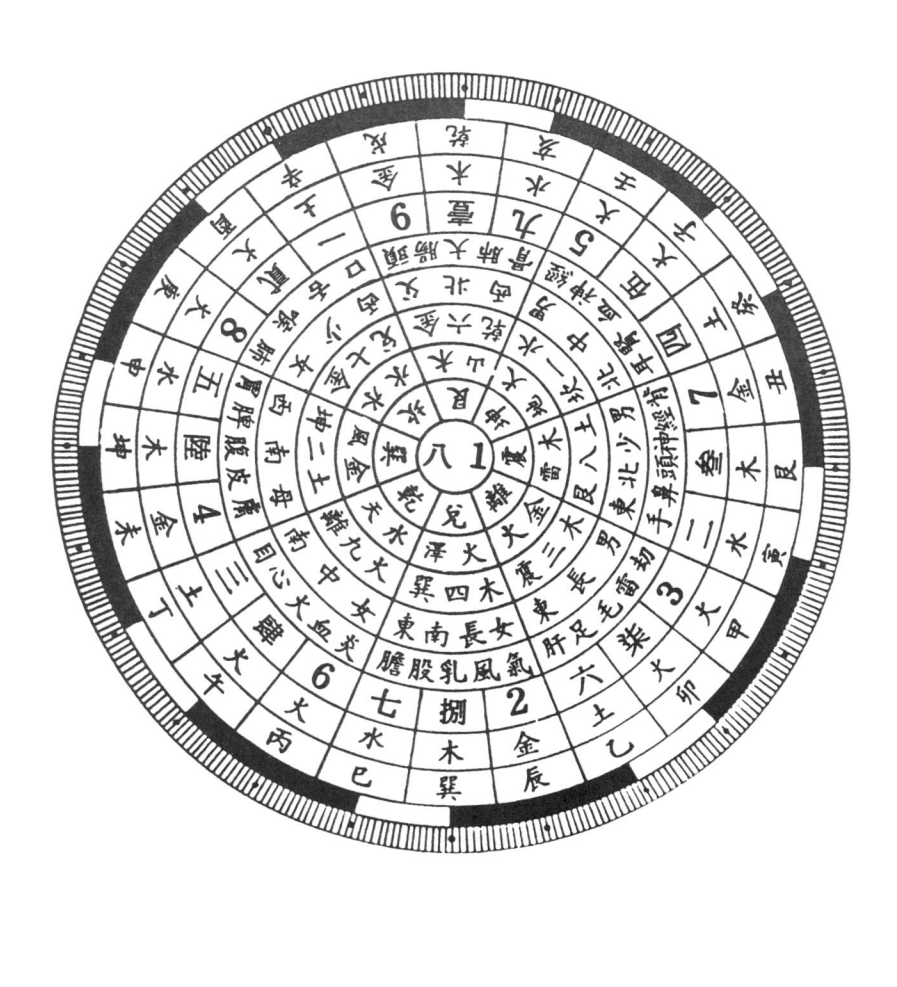

公式 136　九運巽巳山、乾亥向

八 2 7	四 6 3	六 4 5
七 3 6	九 1 8 向山	二 8 1
三 7 2	五 5 4	一 9 9

　　此式旺星會於西北，西北有山，當運旺丁，西北有水，當運發財。西方有山，一運旺丁，東南有水，一運財平。東北有山，二運旺丁，東南有水，二運發財。南方有山，三運旺丁，東方有水，三運發財。北方有山，四運旺丁，西南有水，四運發財。西南有山，五運旺丁，北方有水，五運發財。東方有山，六運旺丁，南方有水，六運發財。東南有山，七運旺丁，東北有水，七運發財。西北有山，八運丁平，西方有水，八運發財。

對照 137　九運丙山壬向

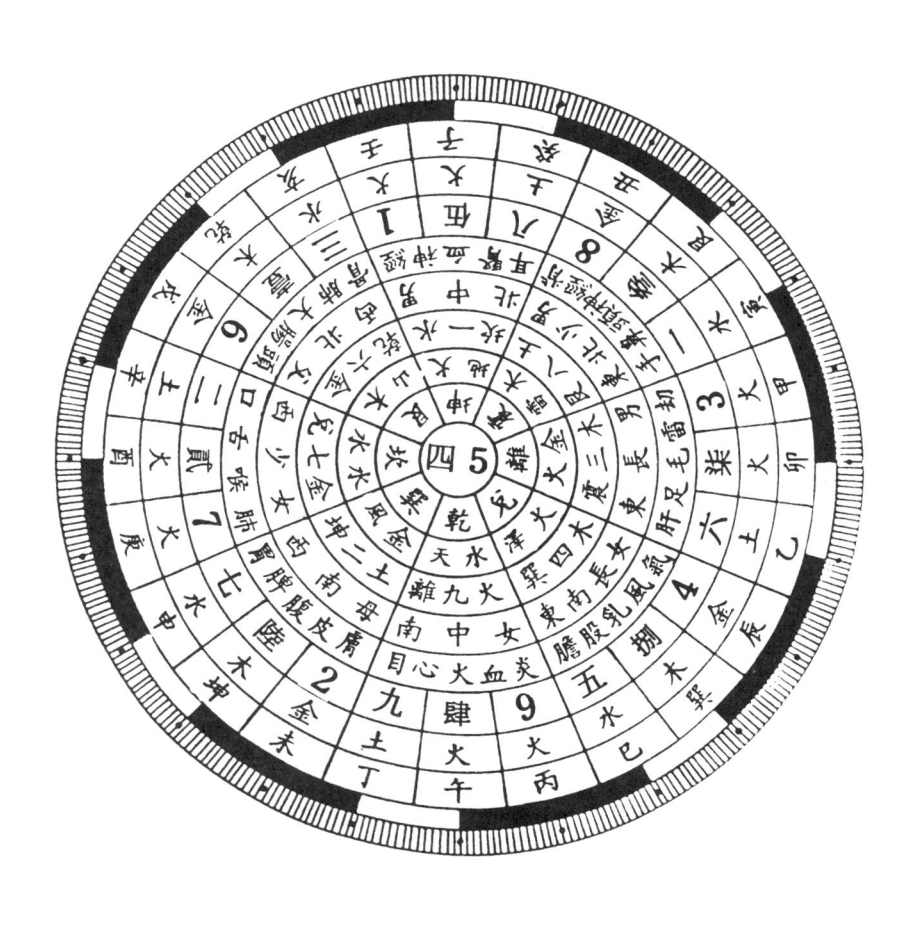

公式 137　九運丙山、壬向

八 4 5	四 9 9	六 2 7
七 3 6	九 5 4 向山	二 7 2
三 8 1	五 1 8	一 6 3

　　此式旺星會於南方，南方有山，當運旺丁，南方有水，當運發財。東北有山，一運旺丁，北方有水，一運發財。西方有山，二運旺丁，西南有水，二運發財。西北有山，三運旺丁，東方有水，三運發財。東南有山，四運丁平，東南有水，四運發財。東南有山，五運旺丁，西北有水，五運財平。東方有山，六運旺丁，西北有水，六運發財。西南有山，七運旺丁，西方有水，七運發財。北方有山，八運旺丁，東北有水，八運發財。

對照 138　九運 午山子向／丁山癸向

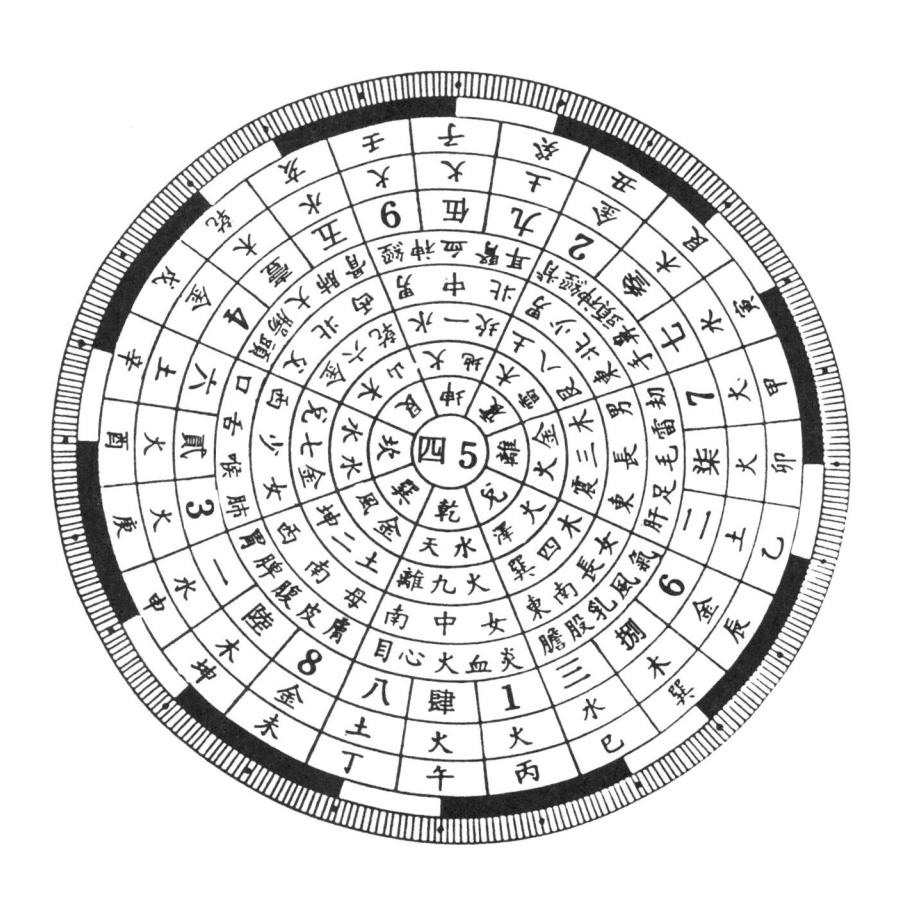

公式 138　九運午丁山、子癸向

八 6 3	四 1 8	六 8 1
七 7 2	九 5 4 向山	二 3 6
三 2 7	五 9 9	一 4 5

　　此式旺星會於北方，北方有山，當運旺丁，北方有水，當運發財。西南有山，一運旺丁，南方有水，一運發財。東方有山，二運旺丁，東北有水，二運發財。東南有山，三運旺丁，西方有水，三運發財。西北有山，四運丁平，西北有水，四運發財。西北有山，五運旺丁，東南有水，五運財平。西方有山，六運旺丁，東南有水，六運發財。東北有山，七運旺丁，東方有水，七運發財。南方有山，八旺運丁，西南有水，八運發財。

對照 139　九運未山丑向

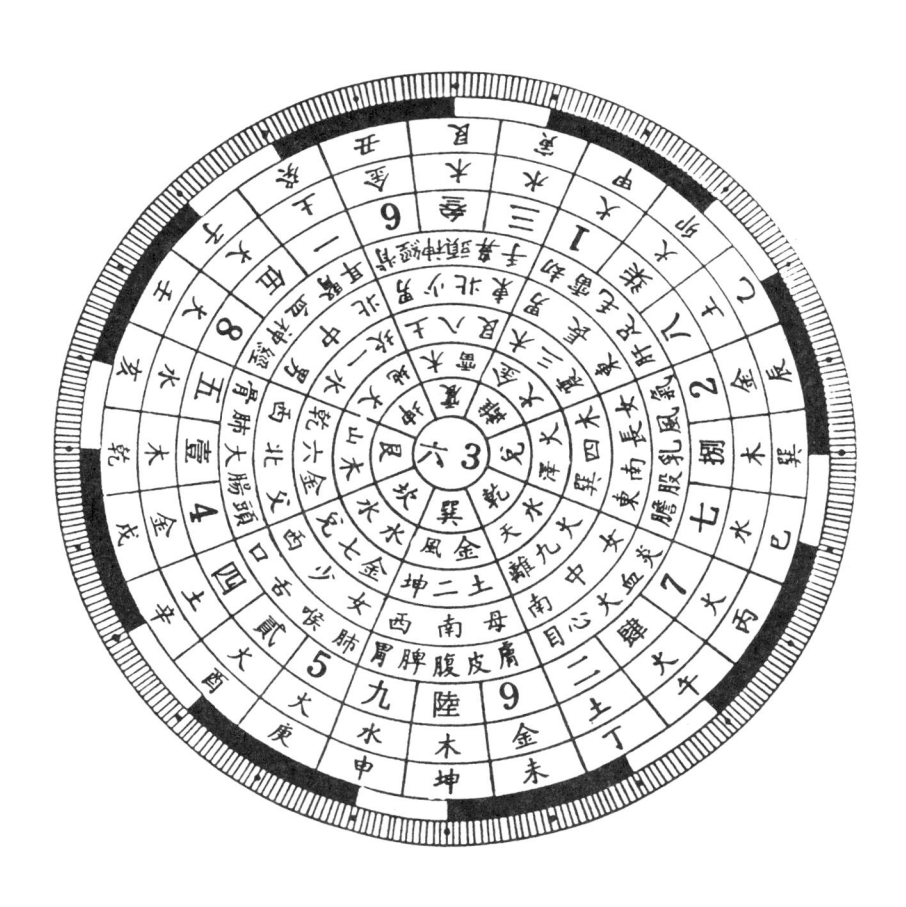

公式 139　九運未山、丑向

八 2 7	四 7 2	六 9 9
七 1 8	九 3 6 向山	二 5 4
三 6 3	五 8 1	一 4 5

　　此式旺星會於西南，西南有山，當運旺丁，西南有水，當運發財。北方有山，一運旺丁，東方有水，一運發財。南方有山，二運旺丁，東南有水，二運發財。東北有山，三運旺丁，西北有水，三運財平。西方有山，四運旺丁，西北有水，四運發財。西北有山，五運旺丁，西方有水，五運發財。東南有山，六運丁平，東北有水，六運發財。東南有山，七運旺丁，南方有水，七運發財。東方有山，八運旺丁，北方有水，八運發財。

對照 140　九運 坤申山 艮寅向

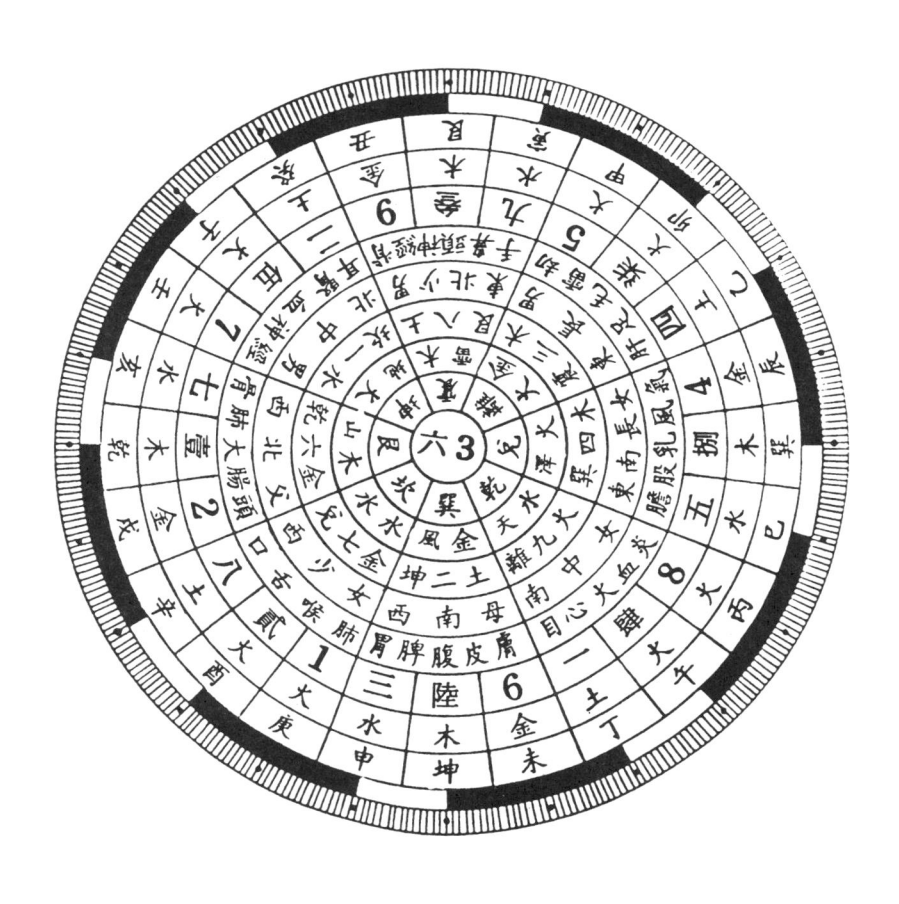

公式 140　九運坤申山、艮寅向

八 4 5	四 8 1	六 6 3
七 5 4	九 3 6 向山	二 1 8
三 9 9	五 7 2	一 2 7

　　此式旺星會於東北，東北有山，當運旺丁，東北有水，當運發財。南方有山，一運旺丁，西方有水，一運發財。北方有山，二運旺丁，西北有水，二運發財。西南有山，三運旺丁，東南有水，三運財平。東方有山，四運旺丁，東南有水，四運發財。東南有山，五運旺丁，東方有水，五運發財。西北有山，六運丁平，西南有水，六運發財。西北有山，七運旺丁，北方有水，七運發財。西方有山，八運旺丁，南方有水，八運發財。

對照 141　九運庚山甲向

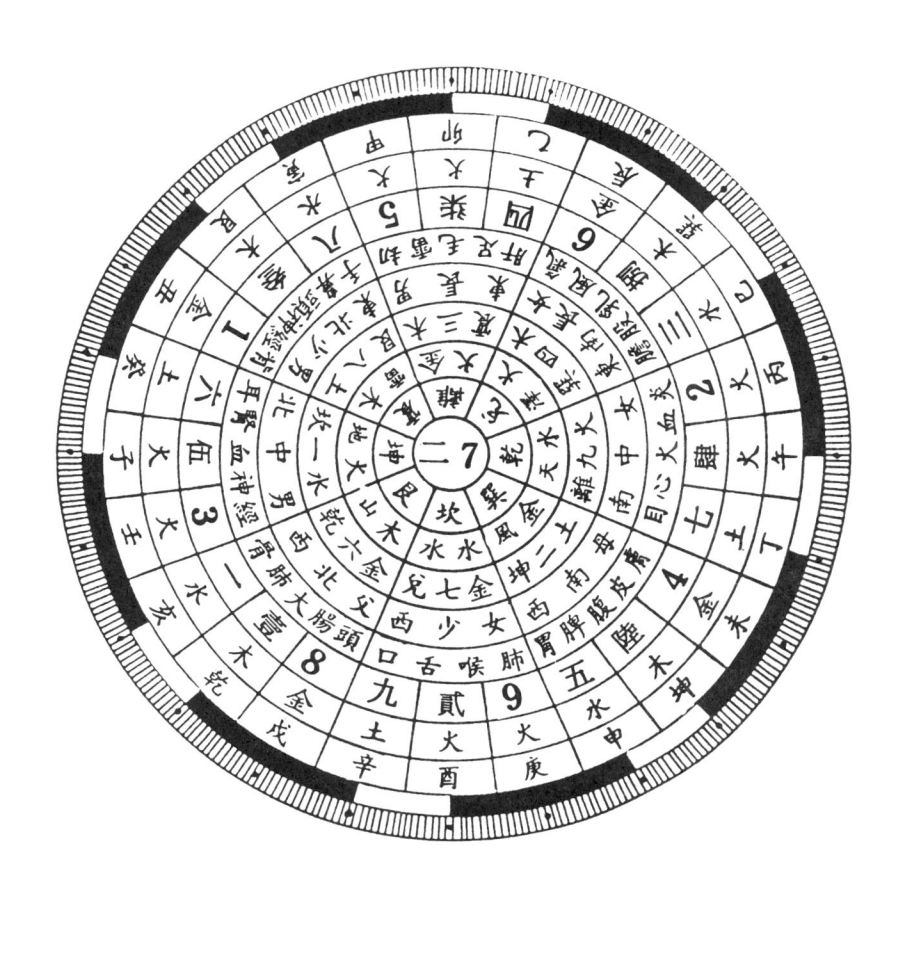

公式 141　九運庚山、甲向

八 6 3	四 2 7	六 4 5
七 5 4	九 7 2 向山	二 9 9
三 1 8	五 3 6	一 8 1

　　此式旺星會於西方，西方有山，當運旺丁，西方有水，當運發財。西北有山，一運旺丁，東北有水，一運發財。東南有山，二運丁平，南方有水，二運發財。東南有山，三運旺丁，北方有水，三運發財。東方有山，四運旺丁，西南有水，四運發財。西南有山，五運旺丁，東方有水，五運發財。北方有山，六運旺丁，東南有水，六運發財。南方有山，七運旺丁，西北有水，七運財平。東北有山，八運旺丁，西北有水，八運發財。

388　精髓陰陽絕學

對照 142　九運 酉辛山 卯乙向

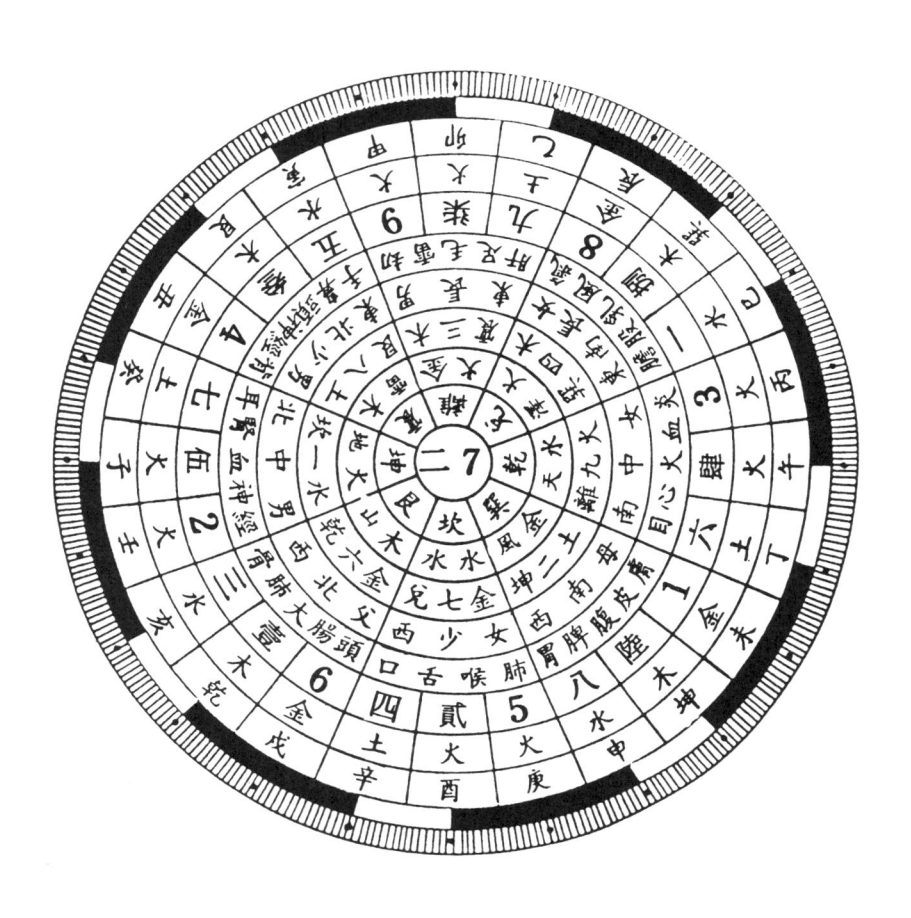

公式 142　九運酉辛山、卯乙向

八 8 1	四 3 6	六 1 8
七 9 9	九 7 2 向山	二 5 4
三 4 5	五 2 7	一 6 3

　　此式旺星會於東方，東方有山，當運旺丁，東方有水，當運發財。東南有山，一運旺丁，西南有水，一運發財。西北有山，二運丁平，北方有水，二運發財。西北有山，三運旺丁，南方有水，三運發財。西方有山，四運旺丁，東北有水，四運發財。東北有山，五運旺丁，西方有水，五運發財。南方有山，六運旺丁，西北有水，六運發財。北方有山，七運旺丁，東南有水，七運財平。西南有山，八運旺丁，東南有水，八運發財。

390　精髓陰陽絕學

對照 143　九運戌山辰向

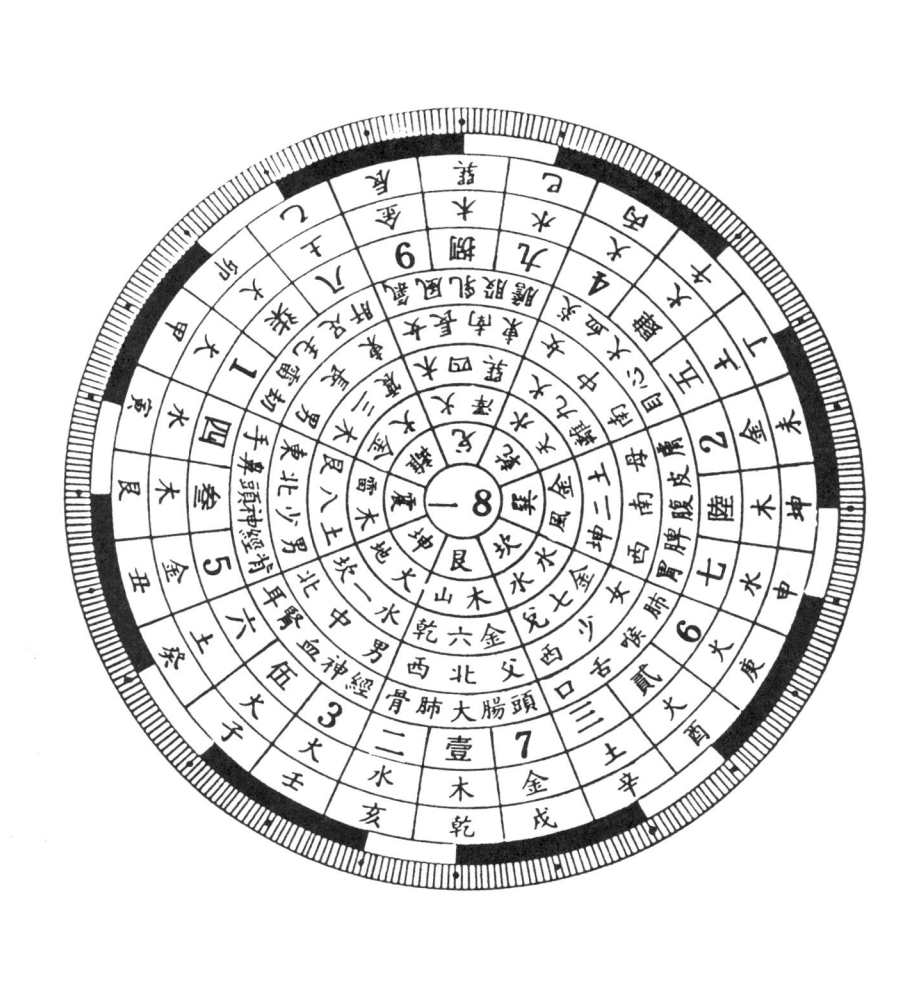

公式 143　九運戌山、辰向

八 9 9	四 4 5	六 2 7
七 1 8	九 8 1 向山	二 6 3
三 5 4	五 3 6	一 7 2

　　此式旺星會於東南，東南有山，當運旺丁，東南有水，當運發財。西北有山，一運丁平，東方有水，一運發財。西北有山，二運旺丁，西南有水，二運發財。西方有山，三運旺丁，北方有水，三運發財。東北有山，四運旺丁，南方有水，四運發財。南方有山，五運旺丁，東北有水，五運發財。北方有山，六運旺丁，西方有水，六運發財。西南有山，七運旺丁，西北有水，七運發財。東方有山，八運旺丁，東南有水，八運財平。

對照 144　九運 乾山巽向 / 亥山巳向

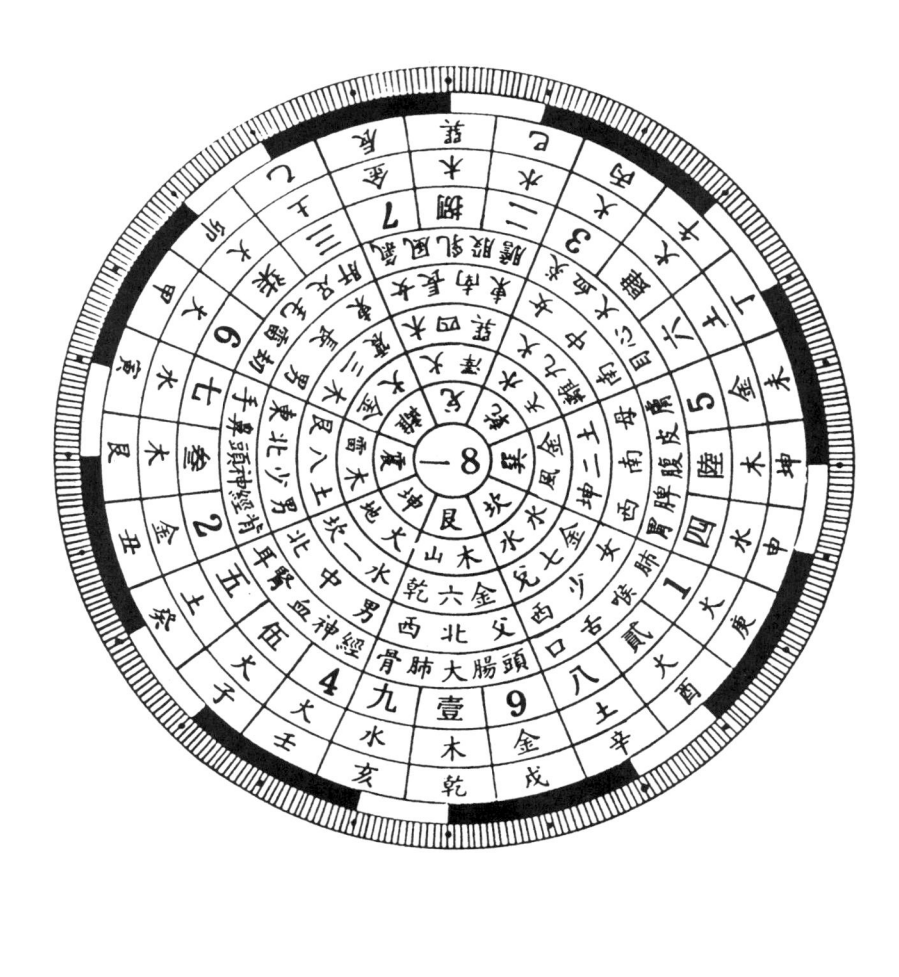

公式 144　九運乾亥山、巽巳向

八 7 2	四 3 6	六 5 4
七 6 3	九 8 1 向山	二 1 8
三 2 7	五 4 5	一 9 9

　　此式旺星會於西北，西北有山，當運旺丁，西北有水，當運發財。東南有山，一運丁平，西方有水，一運發財。東南有山，二運旺丁，東北有水，二運發財。東方有山，三運旺丁，南方有水，三運發財。西南有山，四運旺丁，北方有水，四運發財。北方有山，五運旺丁，西南有水，五運發財。南方有山，六運旺丁，東方有水，六運發財。東北有山，七運旺丁，東南有水，七運發財。西方有山，八運旺丁，西北有水，八運財平。

第二十二節　四季月令節氣表

春	孟	正寅	端	開端一年的開始春耕農忙期	立春	春天開始	雨水	雨多開始下雨
	仲	二卯	花	百花開	驚蟄	春雷打驚蟲出	春分	日月對分
	季	三辰	桐	桐樹桐花開	清明	祭祖掃墓	谷雨	水萍長谷湖青
夏	孟	四巳	梅	梅果桃果採麥秋大麥成熟	立夏	天氣轉熱	小滿	稻穀結胎
	仲	五午	蒲	樹葉做扇子扇涼用	芒種	青色昆蟲堂螂出	夏至	晝最長夜最短
	季	六未	荔	荔枝荔果盛採期	小暑	天氣熱	大暑	天氣最熱的時候
秋	孟	七申	瓜	百瓜採	立秋	天氣吹起涼風	處暑	無熱氣
	仲	八酉	桂	藥材用之樹皮桂肉採	白露	早晚有露水	秋分	日月對分
	季	九戌	菊	菊花開菊花採	寒露	露水凍露水冷	霜降	早晚下霜
冬	孟	十亥	陽	小陽春有如春天	立冬	冬天到早晚涼	小雪	早晚下小雪
	仲	十一子	葭	蘆葦草生新芽，表示嫁出女兒思遠親	大雪	早晚下大雪	冬至	晝最短夜最長
	季	十二丑	臘	年到做臘肉香肉	小寒	小冷	大寒	天氣最冷

第二十三節　論葬

　　中國葬法有天葬、海葬、土葬、火葬、樹葬，台灣以土葬為多。古書青囊序云：「請驗人家舊日墳，十墳埋下九墳貧，或有一墳能發福，去水來山盡合情。」此言庸師太多，故其所埋之墳，十之九貧窮。偶有誤葬得宜而發福者，僅十之一耳。祇有陰陽學家所埋之墳，均當發福。其有不發福者，必因未得自由用事，受事主拘束限制。例如主事僅有一穴之地；或仙命遺囑要用某地某向；或因房分太多，受地形山水限制，難於盡合，只能敷衍了事。此非行道應有之態度也。陰陽家行道，應我行我素，富貴不能淫，貧賤不能移，威武不能屈。其能發福者葬之。不能發福者，明告事主而後去之，方不失陰陽學家之風度。無如真陰陽學家難得，自古皆然。於今為甚。江湖術士俗師太多。不得陰陽家埋葬，寧可火化。保證免召凶禍。屍骨高溫火化以後，所有骸骨組成之化學元素，均已化為灰燼，與子女骨骼組成之元素大異，故其放射性不能使其受影響也。屍骨既然火化，已無埋葬價值，不必再費人力物力，可盛以牢固之小瓶，固封其口，註明姓名、某年生、某日死、安置祖堂，不占地方又不會作怪。聊盡孝道。

第二十四節　人生破月 鐵掃破骨 免忌論

　　古書神峰闢謬云，此皆爲例，免忌，是唐呂才，欲愚外夷，反自愚中國，蓋萬古之罪人也，孔聖云，生事死葬，又孝經載，卜其宅兆，而安厝之，春秋祭祀，以時恩之，有志孝道者，必要牛眠馬鬣，擇其善土以安親骸，何可忌此爲例，甘棄親骨於荒塚暴露，此心何忍乎，設一本身有犯此例，能無戚戚不願乎，何甘蹈此極不孝之大罪耶，又孟子云，無使土親膚於人心，獨無效，試問身從何來，鴉有反哺之義，羊有跪乳之恩，何以人而不如禽獸乎，木本水源宜念，何其不敢修墳啓攢，忍視其凹壞，竟自忍於風雨暴露棄親骸於不顧，大不近人類也，吾願天下人，當有珍重親墳，切念孝思，不匱永錫，爾類而毋忌此僞例焉可。

第二十四節　人生破月鐵掃破骨免忌論

生　年	男　掃	女　掃
子年鼠	正　月	十二月
丑年牛	六　月	九　月
寅年虎	四　月	七　月
卯年兔	二　月	八　月
辰年龍	正　月	十二月
巳年蛇	六　月	九　月
午年馬	四　月	七　月
未年羊	二　月	八　月
申年猴	正　月	十二月
酉年雞	六　月	九　月
戌年狗	四　月	七　月
亥年豬	二　月	八　月

(表題：人生破月鐵掃帚)

破碎骨月破生人		
破　女	破　男	年　生
六　月	二　月	子年鼠
四　月	三　月	丑年牛
三　月	十　月	寅年虎
正　月	五　月	卯年兔
六　月	十二月	辰年龍
四　月	正　月	巳年蛇
三　月	八　月	午年馬
正　月	九　月	未年羊
六　月	四　月	申年猴
四　月	十一月	酉年雞
二　月	六　月	戌年狗
正　月	七　月	亥年豬

第二十五節　改換天心生死辨

　　天心也，知天心真巧妙，天心開八卦變，陰變陽，陽變陰，運轉，山變，水也變，吉變凶，凶變吉，學者知轉運，改天心良師也。

　　改換天心法則，陽宅瓦屋，擇吉日時辰，揭去一部分屋瓦及天花板，讓太陽光直射，隨後恢復原狀，均為改換天心。如床必須在床位正上方開兩台尺空，讓太陽光直射至床一時辰，這才算改換天心，如神位，灶台，書桌等，同樣法則。

　　大樓不分十層八層何時建造，當一樓要改換天心時，必須從頂樓開空，貫穿至一樓，鋼筋不用切除，讓太陽光直射至一樓地板，這樣才算改天心。

　　陰宅棺木凶葬者，擇日挖開墳頂泥土，使棺木見太陽一時辰，隨後恢復原狀，均為改換天心。骨甕土吉葬者，同樣法則，須打開罐蓋。骨甕屋吉葬者，與陽宅改換天心同樣法則。

　　前陳副總統墓，葬於泰山，在1984甲子年時，作修改墓穴，無形中改換天心，改換天心後，其後代達官顯貴。隨後火化骸骨，蓋火化後，骨骸經過高溫，所有組

成之化學元素大異，與其子女骨骸組成之化學元素大異，骨骸無法放射化學元素，故無法影響後代達官顯貴，火化後其後代當平民也。

　　2004年父子得意事，父老老師得了最高智慧諸葛亮獎，由王金平院長頒獎。子小老師智慧更高，小老師強調全台灣有那一位地理師會比我小老師高竿，小老師再強調：參閱劉訓昇大師著作「陰陽學」改換天心篇。陽宅方面，三合院即在大廳前瓦拆掉二尺四方，曬太陽一時辰，再蓋新瓦回去。大樓擇日，將前後門及窗卸下洗淨，移動床、灶及打掃，再裝回去，整個屋內全改換天心。荒唐，鬼扯小老師，呷無三塊豆腐想成仙，不識天心，一派胡言。

　　世間流傳改換天心，用大鏡子引太陽光照射屋內法則，稱為改換天心，這樣做法，有如兒戲不可當真。俗師不知天心與陽光及空氣，氣流有密切關係。

　　2005年某風水學會，開年度大會，來賓及會員百多人參會，有位連創三支學會，創會理事長，向大會百多人公佈，世人所學通書天乙貴人，甲戊庚牛羊，六辛逢馬虎有誤，惟創會理事長，所學甲戊兼牛羊，庚辛逢馬虎為真，此言一出，震怒全台編曆者，強烈大反彈，創會理事長，學術不精，不求真實，為人師表，誤人子弟。學術是要用心研究，而不是南抄北抄，東偷西偷，上拼下拼，不作研究，作為己有，有失良心，缺德。

第二十六節　八曜歌

　　坎龍坤兔震山猴，巽雞乾馬兌蛇頭，艮虎離豬爲殺曜，犯之宅墓一齊休。

　　曜殺從卦爻中生者也，故以八名如坎卦戊辰爲官鬼爻，故坎忌見辰水。艮卦中丙寅爲官鬼爻，故艮忌見寅水，震卦中庚申爲官鬼爻，故震忌見申水。巽卦中辛酉爲官鬼爻，故巽忌見酉水。離卦中己亥爲官鬼爻，故離忌見亥水。坤卦中乙卯爲官鬼爻，故坤忌見卯水。兌卦中丁巳爲官鬼爻，故兌忌見巳水。乾卦中壬午爲官鬼爻，故乾忌見午水。

　　按八曜殺中惟兌龍見巳水係生方。玉尺經云：曜在生方例難同斷。

　　依筆者對照實例，以上理論百分之五十正確、百分之五十不正確。不可全信也？

第二十七節　零正催照水

　　蔣云：陰陽二字看零正坐向須知病若遇正神正位裝撥水入零堂零堂正向須知好認取來山腦水上排龍點位裝積粟萬餘倉。

　　以上是蔣大鴻大師對零正催照水全文解說。後人不知何方神聖解答爲：

　　1.正神爲旺氣、旺氣是指當令元運之旺神，如七運則以七爲正神；八運則以八爲正神；九運則以九爲正神。

　　2.零神爲衰氣，衰氣是指失去元運之衰神，若七運三爲零神，八運二爲零神，九運一爲零神。總之正神與零神的關係是合十兩對面。

　　3.正神爲旺氣方，不可見水，見水名爲正煞。正煞者損丁又傷人口，終究財丁兩敗。零神爲衰氣方，水以衰爲旺，見水最佳財丁旺，文才不絕。

　　4.催財水，是指與元運合十，以七運爲例：七運之七與三運合十，故三震東方爲催財位，得催財水，主大富貴。八運之催財位在二坤西南方位，九運之催財位在一北方。

第二十七節　零正催照水

	南	
4	9	2
3	5	7
8	1	6

東　　　　　西
北

七運之零正神方位
西方為七運之正神
東方為七運之零神

	南	
4	9	2
3	5	7
8	1	6

東　　　　　西
北

八運之零正神方位
東北方為八運之正神
西南方為八運之零神

	南	
4	9	2
3	5	7
8	1	6

東　　　　　西
北

九運之零正神方位
南方為九運之正神
北方為九運之零神

	南	
4	9	2
3	5	7
8	1	6

東　　　　　西
北

六運之零正神方位
西北方為六運之正神
東南方為六運之零神

5.催官水，是指元運合生成之數：一六共宗，二七同道，三八為朋，四九為友，五十同途，以七運為例：七與二合生之數，二七同道，故二坤在西南方位為催官位，八運催官位三震在東三八為朋，故八運東方為催官位，九運催官位四巽在東南方四九為友，故九運東南方為催官位。

6.吉照水是指一二三四運取六七八九之水為吉照

水，而六七八九運取一二三四之水爲吉照水。

```
      南
   4  9  2
東  3  5  7  西
   8  1  6
      北
```
七運七爲元運
三爲催財水
二爲催官水

```
      南
   4  9  2
東  3  5  7  西
   8  1  6
      北
```
八運八爲元運
二爲催財水
三爲催官水

```
      南
   4  9  2
東  3  5  7  西
   8  1  6
      北
```
九運九爲元運
一爲催財水
四爲催官水

元運	一	二	三	四	五	六	七	八	九
正神	1	2	3	4	五運前十年奇坤爲八白運之零神，二黑運之煞。後十年奇艮，爲二黑運之零神，八白運之煞。	6	7	8	9
零神	9	8	7	6		4	3	2	1
催財	9	8	7	6		4	3	2	1
催官	6	7	8	9		1	2	3	4
吉照	78	69	69	78		23	41	41	32

以上理論經筆者用數千斷驗實例比對，其準確度達百分之二十，不準確達百分之八十。此種解說不可採信，信者害眾生。

第二十八節　論城門水

　　經曰：高山頂上空無穴，無城無門不結穴，凡向之令星飛到用神之水口，即爲城門水，用之當運即發。而前唐沈竹礽，以天元向之左右兩天元卦有陰水，地元向之左右兩地元卦有陰水，人元向之左右兩人元卦有陰水，均屬城門水，左爲正馬，右爲借馬，如三運乾山巽向，巽爲天元向，其左右兩天元卦爲卯午，卯挨一白之子，午挨七赤之酉，卯與午均屬陰，此二方有水，均爲城門水，卯爲正馬，午爲借馬。如下圖

第二十八節　論城門水

借馬

正馬

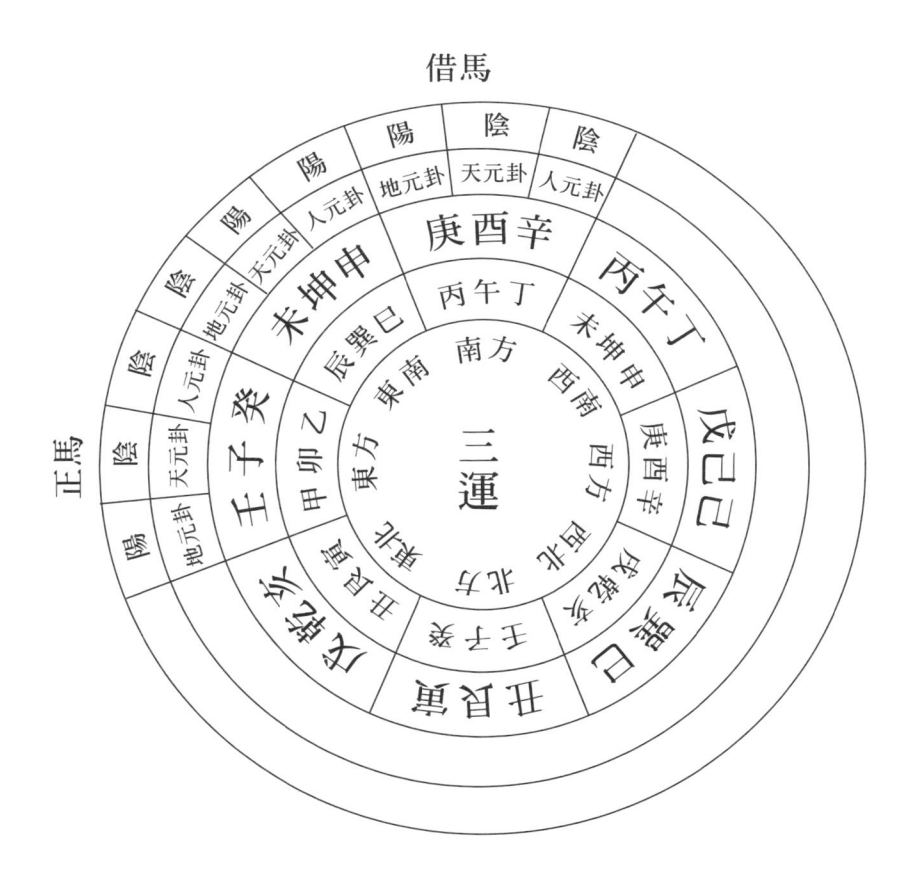

三運

如四運子山午向，午為天元向，其左右兩天元卦為巽坤，巽挨三碧之卯，坤挨一白之子，卯與子均屬陰，此二方有水，均為城門水，巽水為正馬，坤水為借馬。如下圖

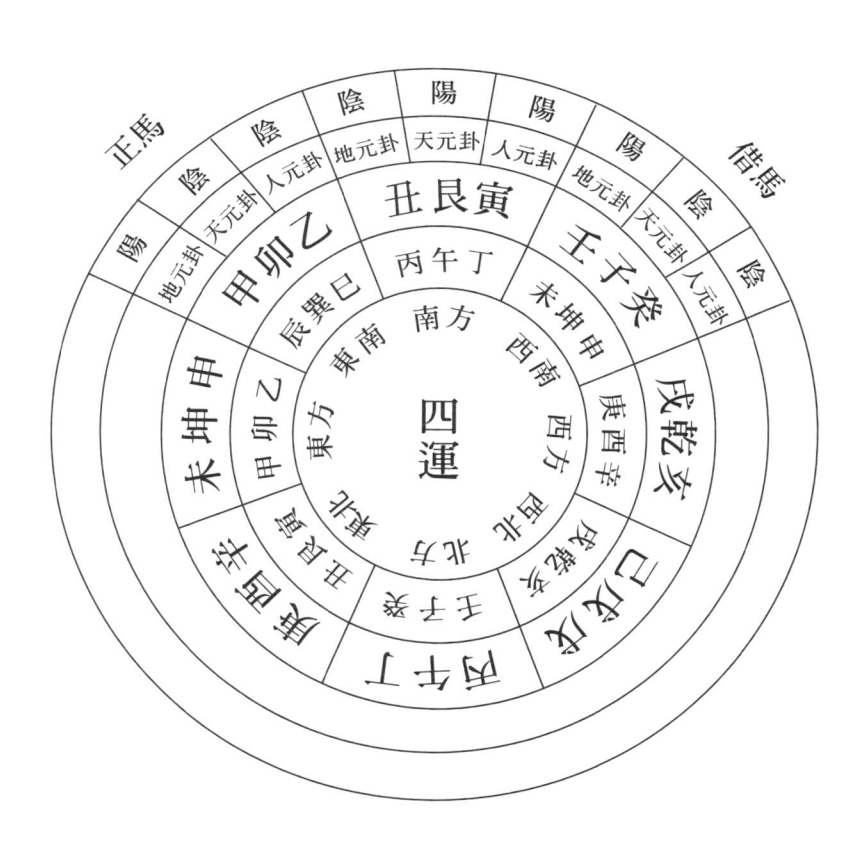

又如五運壬山丙向，丙爲地元向，其左右兩地元卦爲辰未，辰與未均屬陰，此二方有水，均爲城門水，辰水爲正馬，未水爲借馬。如下圖

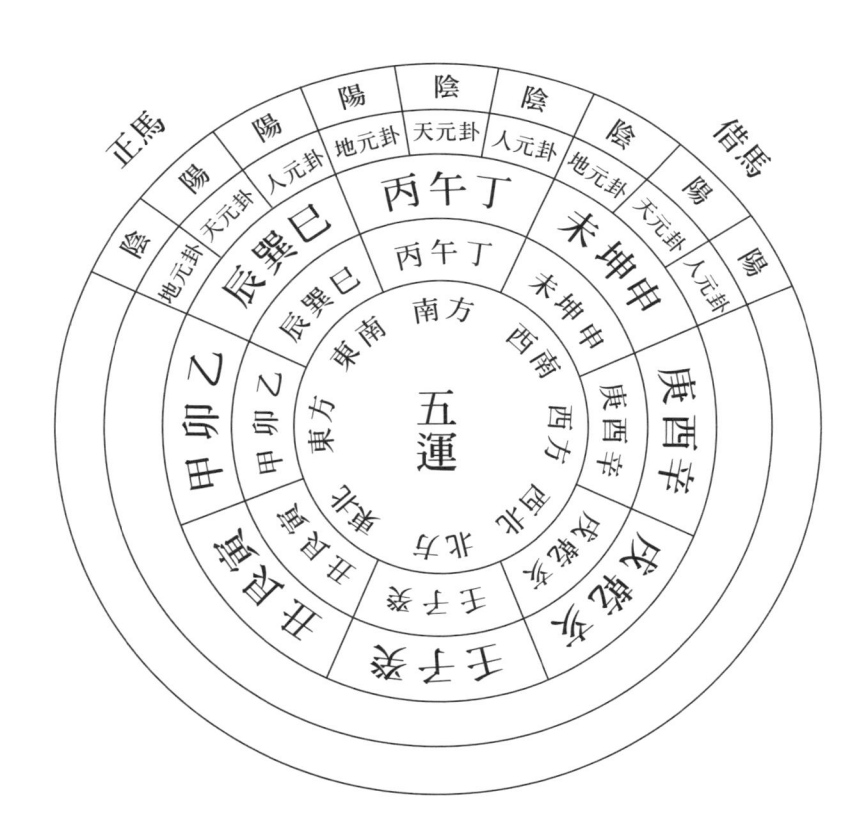

以上所言與寶照經所云：城門一訣最爲良，立宅安墳大吉昌。老師與筆者用數千實例對照，與經義相違，其準確度，未達預期，不可採信也。

第二十九節　實例 1

實例：台北縣樹林鎮中正路四十五巷底一至五層樓公寓，七運建戌山辰向正線。

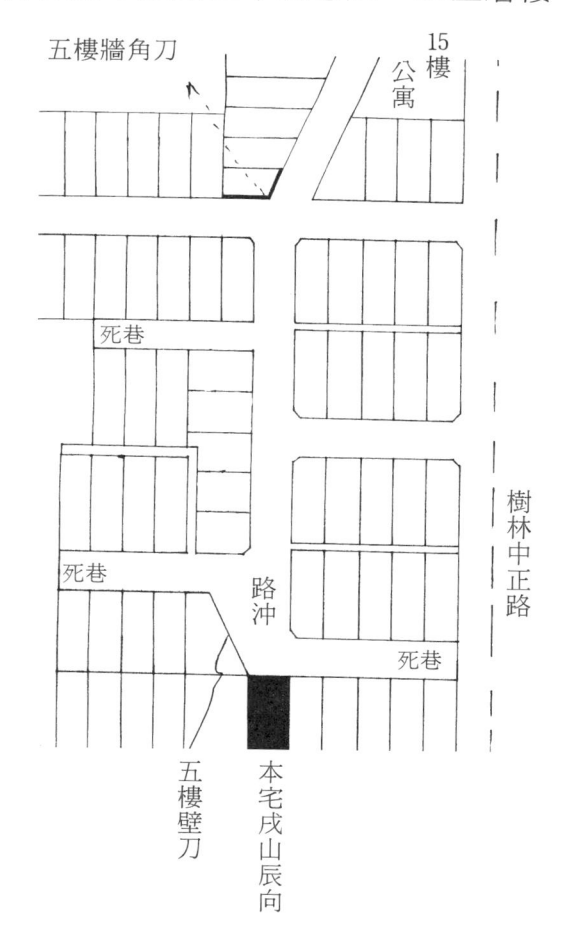

形勢：東南方五百公尺處有十五層樓高大公寓，正前方巽卦三百公尺處有五層樓高牆角刀及正路沖本樓層，東方有死巷又有五層樓壁刀直切至本樓門前，坤方死巷長三十公尺，乾方空地。

家況：一至五樓五戶人家進住後財丁大旺，兒女乖巧孝順大賺錢，戶

戶賓士代步。

　　理由：東方方高大公寓及牆角刀山盤之九，七運九為較遠之生氣七運內九無助旺丁財，因生氣八入中宮，九星理當生氣用也，出孝子旺丁財。正前方路沖水盤之七為當令之旺星，理當大賺錢賓士代步。此宅八運中後，會慢慢敗財。

六 ⑦⑨	二 2 4	四 9 2
五 8 1	七 6 8 水山	九 4 6
一 3 5	三 1 3	八 5 7

水盤旺氣 ← ⑦
山盤生氣 ← ⑨

實例 2

實例： 桃園縣中壢市中正路四八七巷羅春貴先生租用樓房六運建乙山辛向。

形勢： 一排十三間樓房二樓建中央間，前為學校空地，東方有四樓天主教堂，他方均為二樓洋房。

家況： 羅先生 1988 年結婚至 1992 年羅太太身體狀況不佳，四處求醫毫無起色，經醫師診斷懷孕機率微小。筆者查究建議改換天心，羅先生考慮後，決定在天井下當臥房，擇日掀開天井上方玻璃，讓陽光及氣流直射至地板一時辰，即恢復原狀加蓋石棉瓦、臥房上方加裝天花板，房門開在西方，頭朝東方腳朝西方正對門，睡覺時打開房門讓門氣沖腳部，配羅姓夫妻命宮收兌

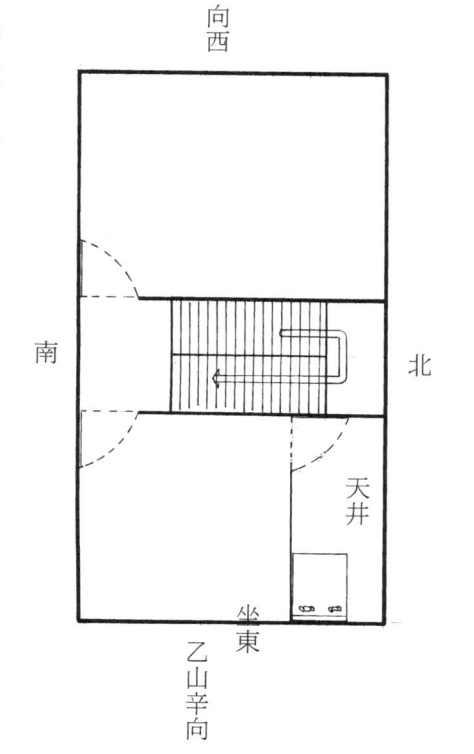

卦吉氣。改後果在 1993 年喜生一男。

理由：六運建乙山辛向乃上山下水局，東方有教堂山盤之 2 失運均有婦女病、腹病、流產、不孕、丁財兩敗。西方空地水盤之 1 失運均有卵巢輸卵管病，子宮病、流產、不孕，丁財兩財。故有此應驗。

該宅臥房改換天心為七運到山到向局，東方教堂山盤之七當令，西方空地水盤之七為當運之旺星，雙七前後山水當令旺丁財，出武貴，發刑名，生貴子也。

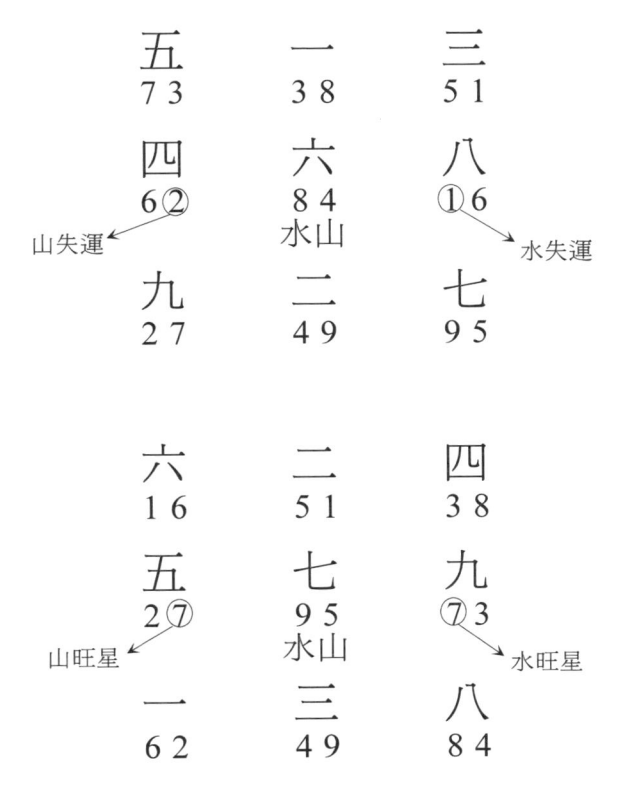

五 7 3	一 3 8	三 5 1
四 6 ② ← 山失運	六 8 4 水山	八 ① 6 ← 水失運
九 2 7	二 4 9	七 9 5

六 1 6	二 5 1	四 3 8
五 2 ⑦ ← 山旺星	七 9 5 水山	九 ⑦ 3 ← 水旺星
一 6 2	三 4 9	八 8 4

實例 3

台北陳先生住家案例： 陳先生住處坐向是七運酉山卯向，房間睡午山子向，門氣開在金王星，在陳先生還未開口之前，家父便向他請教是否有皮膚、胃腸以及睡不好的毛病，陳先生驚訝地回答：確實如家父說的準確無誤，於是請教老師該如何改床位方向，經勘查後，建議陳先生搬去隔壁書房間，睡子山午向，此時門氣開在冥王星得運，經此三個月後，陳先生在睡眠方面上，以及胃腸皮膚都有明顯的改善。

台北陳先生工作室案例： 台北陳先生在一家汽車材料行經營汽車零件，早期經商賺了不少錢，因此在台北某處地方租了一間房子，坐向是六運子山午向，辦公室員工有好幾位，其中有一位員工與陳先生坐在一起，辦公室的坐向是卯山西向，陳先生的門氣開在火王星失運，所以常常在決策事情時，拿捏不定，而且其他員工也不太聽從陳先生的指示，所以公司的決策只好交給旁邊的員工去處理；這位員工也是坐卯山西向，但門氣卻是開在冥王星得運，所以公司大大小小的事情都是他說了算，陳先生也照他的意思去處理，所以公司的業績在

這位員工的指揮下，不斷地向上成長，但這位員工作了一年，便離職自己另外創業開店，導致陳先生公司的營運業績被這位員工拉走，業績損失不少；透過徐教授的介紹，請家父到現場勘查，所幸陳先生的辦公室有公式可以更改，於是便把陳先生的辦公桌稍作變動，一樣是坐卯山西向，門氣開在冥王星得運，此後陳先生在工作事業上變得較有主見，很多情都可以拿捏得當，員工也比較聽從陳先生的指示，最後公司的營運也恢復正常。

416　精髓陰陽絕學

台北陳先生改前工作辦公室坐卯山酉向

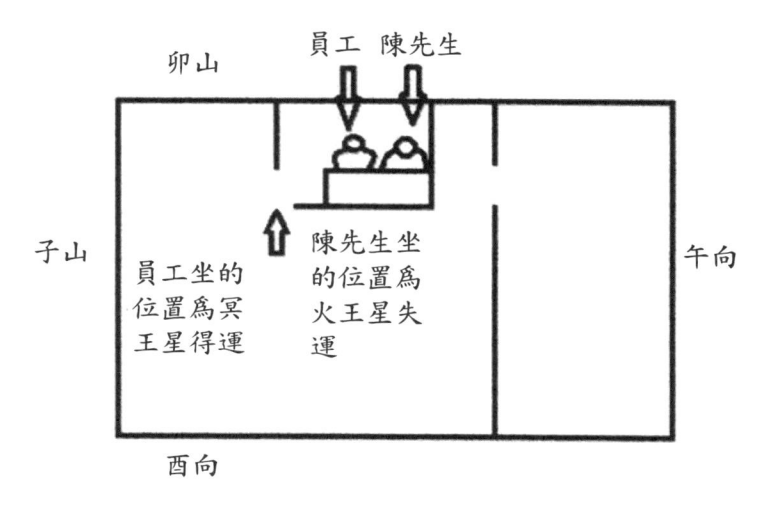

卯山　員工　陳先生

子山　　　　　　　　　　　　　　午向

員工坐的位置為冥王星得運

陳先生坐的位置為火王星失運

酉向

台北陳先生改後工作辦公室坐卯山酉向

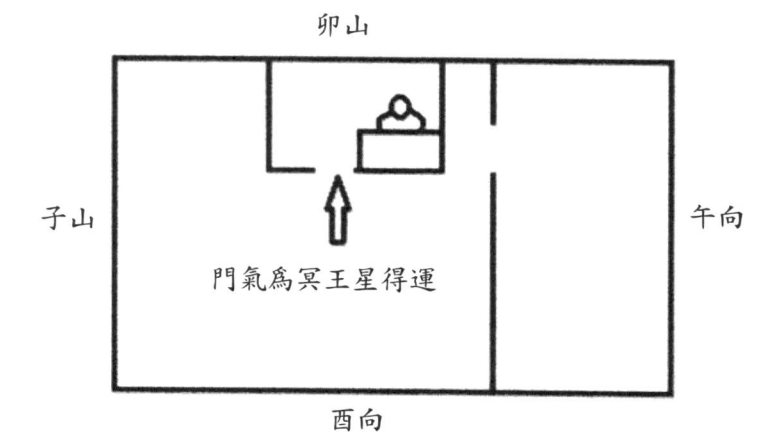

卯山

子山　　　　　　　　　　　　　　午向

門氣為冥王星得運

酉向

台北陳先生改前與改後工作辦公室平面圖

第二十九節　實例 3　417

台北陳先生改前七運午山子向

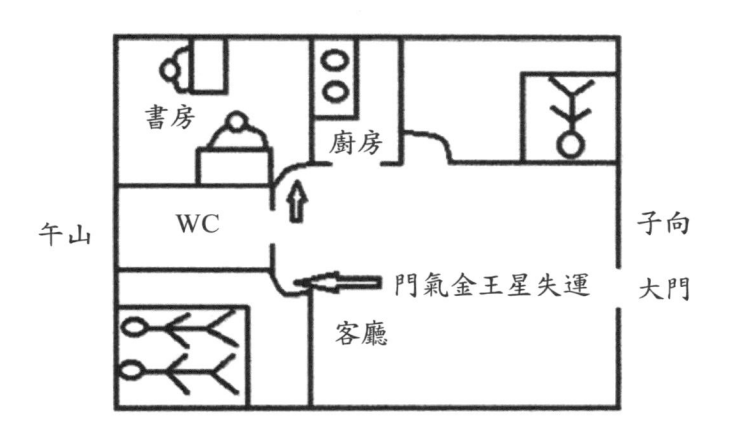

午山　　WC　書房　廚房　　　子向
　　　　　　　　　　　　　　大門
　　　　　　門氣金王星失運
　　　　　　客廳

台北陳先生改後睡七運子山午向

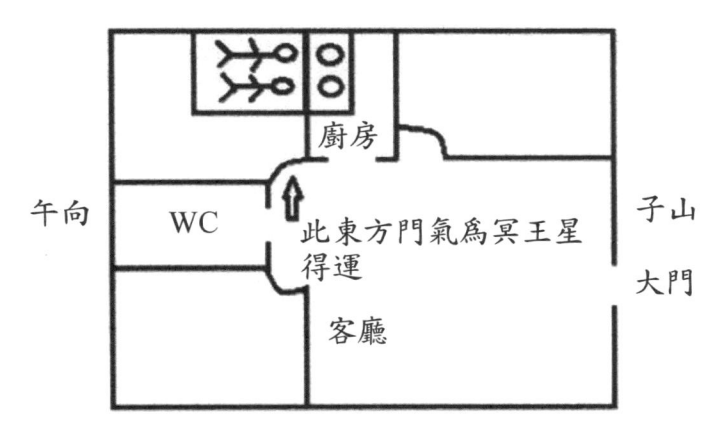

午向　　WC　廚房　　　　　　子山
　　　　　　此東方門氣爲冥王星　大門
　　　　　　得運
　　　　　　客廳

台北陳先生改前與改後床位平面圖

實例 4

桃園龜山陳小姐：陳小姐在建築事務所上班，因升遷關係，所以這三個月都在補習準備考建築師執照，又礙於工作繁忙，分身乏術。因陳小姐原先睡八運卯山酉向，門氣開在西南方火王星，此星失運，故陳小姐有作夢、睡不好，力不從心等狀況，機緣下透過朋友介紹請家父幫忙勘查家裡的風水，其上述的狀況與家父所說的無誤，所以向家父請教該如何做床位更改，老師則建議將床遷移到隔壁間，改睡午山子向，腳正對著房門睡，此門氣在北方為冥王星得運，三個月後，陳小姐果真順利拿到建築師執照，且之前睡不好的問題也漸漸消除了。

因陳小姐在考執照時有使用到書桌，原先坐八運酉山卯向，大門開在東南方為木王星失運，陳小姐因此有胃腸、皮膚的毛病，而且與人溝通時，說話也比較直接，所以容易得罪人，為了求職升官，也請家父在書桌上稍做變動，將書桌轉向，改成子山午向，大門開在南方海王星當運，因此三個月後，陳小姐果真順利考到建築師執照，身體的毛病也漸漸好轉，所以由此可見，床

位與書房兩者相互搭配，可以讓官運快速升遷，也能調整身體恢復健康，實爲玄空飛星奧妙的地方，與其他派系不同一般。

桃園龜山陳小姐改前書桌坐八運酉山卯向

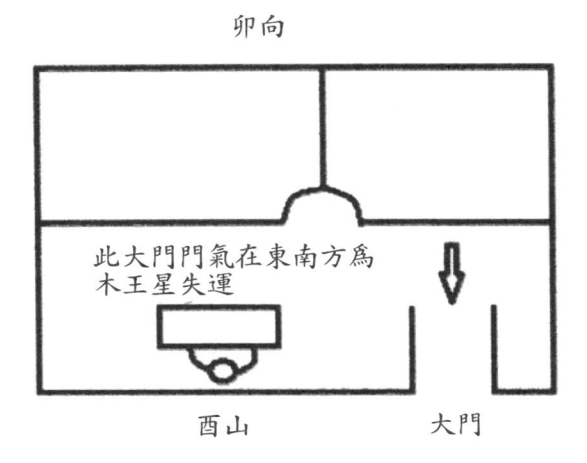

卯向

此大門門氣在東南方為木王星失運

酉山　　大門

桃園龜山陳小姐改後書桌坐八運子山午向

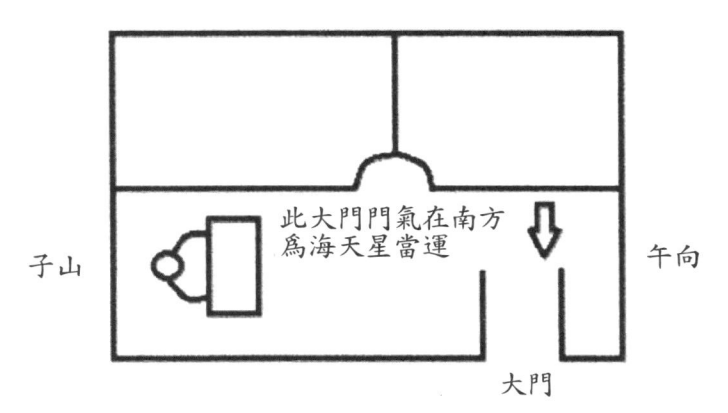

此大門門氣在南方為海天星當運

子山　　　　　　　　午向

大門

桃園龜山陳小姐改前與改後書桌平面圖

第二十九節 實例4

桃園龜山陳小姐改前睡八運卯山酉向

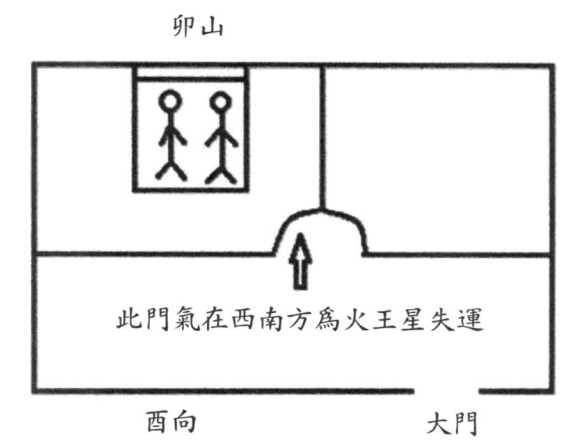

卯山

此門氣在西南方為火王星失運

酉向　　　　　大門

桃園龜山陳小姐改後睡八運午山子向

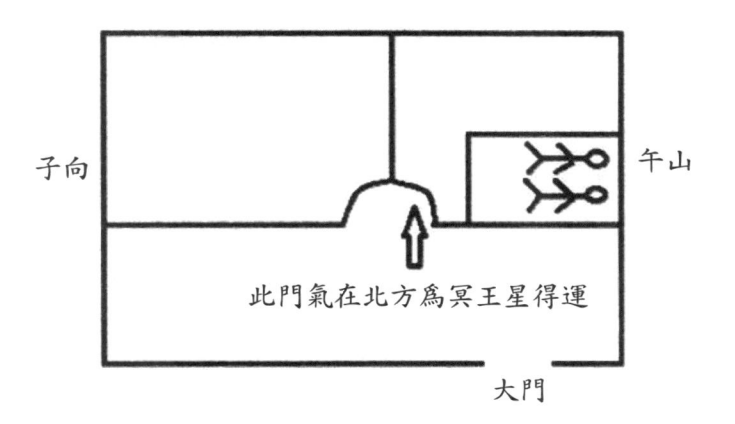

子向　　　　　　　午山

此門氣在北方為冥王星得運

大門

桃園龜山陳小姐改前與改後床位平面圖

實例 5

桃園大溪黎小姐：黎小姐是家庭主婦，平時在家幫忙帶小孩，因透過親友的介紹，特地請家父來家裡勘查住家風水，經羅盤確認住家與床位方向後，黎小姐原睡八運乙山辛向，門氣開在東北方為天王星失運，故黎小姐有睡不好、喉嚨、肺部與胃腸的問題，而且容易與人有口舌是非的問題產生，於是請教家父該如何改善這些狀況，經家父建議後，將原先睡的地方更改至隔壁間，一樣睡八運乙山辛向，門氣開在西方為海王星當運，幾個月後，黎小姐便感覺到很好入睡，上述的毛病也漸漸減輕許多，還透過介紹者稱讚家父的學術的確很有一套，確實改善了許多，因此黎小姐也很感謝家父的幫忙。

第二十九節　實例 5

桃園大溪黎小姐改前睡八運乙山辛向

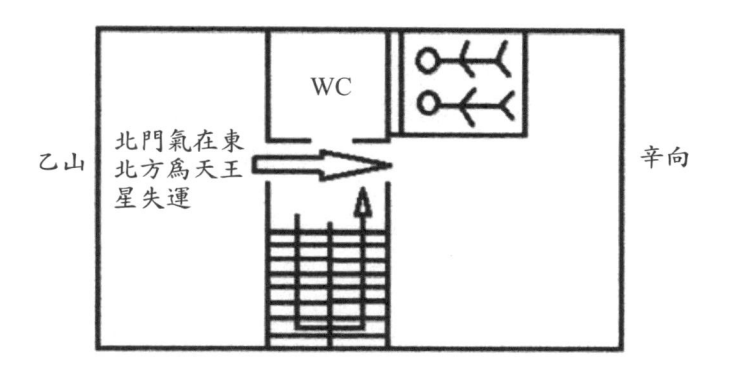

乙山　　北門氣在東北方為天王星失運　　WC　　辛向

———

桃園大溪黎小姐改後睡八運乙山辛向

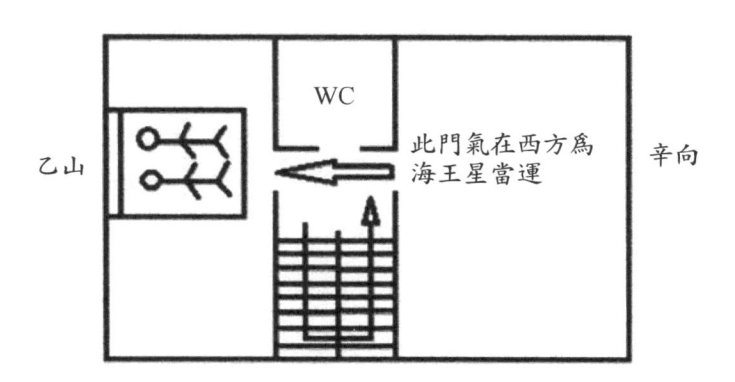

乙山　　WC　　此門氣在西方為海王星當運　　辛向

桃園大溪黎小姐改前與改後床位平面圖

實例 6

　　台北王小姐住家案例：台北王小姐平常從事編輯的工作，透過徐教授的介紹，特地請家父來住家勘查風水，經勘查後，發現王小姐原先睡八運申山寅向，門氣開在南方為土王星失運，故王小姐有偏頭痛、腸胃、肺部等問題，於是請教家父是否有其他公式可以做床位更改，經家父建議後，床位不變，頭與腳顛倒過來睡，改睡八運寅山申向，門氣開在南方為冥王星得運，聽到家父這樣的建議後，王小姐竟然二話不說地答應了，可見介紹人徐教授的人格與品格是受到王小姐的肯定，也對家父的專業程度也相當認同，至今也有幾個月了，王小姐感覺到睡眠品質有比之前好很多，對家父的學術也大為讚嘆，甚至到書局買了家父的書籍，就是想多了解為何可以這麼神奇達到驅除病痛以及改善睡眠品質的效果，此後王小姐對家父所學的學術，開始深入研究，為了就是要探討玄空飛星的奧秘，好讓更多讀者受益。

　　台北王小姐電腦桌案例：王小姐平時在公司有使用電腦的習慣，下班後也會處理一些公司的事情，所以多少也會用到家裡的電腦，但覺得在電腦桌的使用上，仍

有一些不適,原先坐八運巳山亥向,門氣開在南方為木王星失運,經家父勘查後,發現王小姐長期坐在電腦桌上使用電腦或處理一些文書時,都會有胃腸、皮膚等症狀的問題產生,於是請教該如何做更改,但由於空間有限,故兩張電腦桌只有一張稍作更改,改後坐八運寅山申向,門氣開在南方為冥王星得運,日後的幾個月,王小姐在使用上覺得很順暢,上述的症狀與毛病也都漸漸減輕許多,事後王小姐也特地致電感謝家父的協助與幫忙,甚感歡喜。

台北王小姐改前睡八運申山寅向

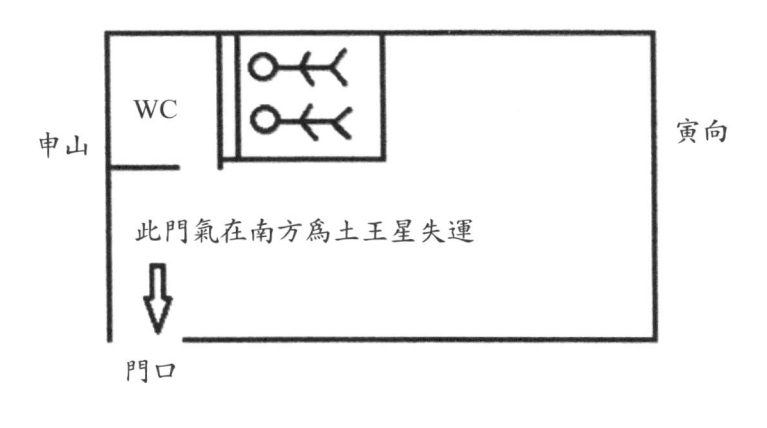

申山　WC　　　　　　　　　　寅向

此門氣在南方為土王星失運

門口

台北王小姐改睡八運寅山申向

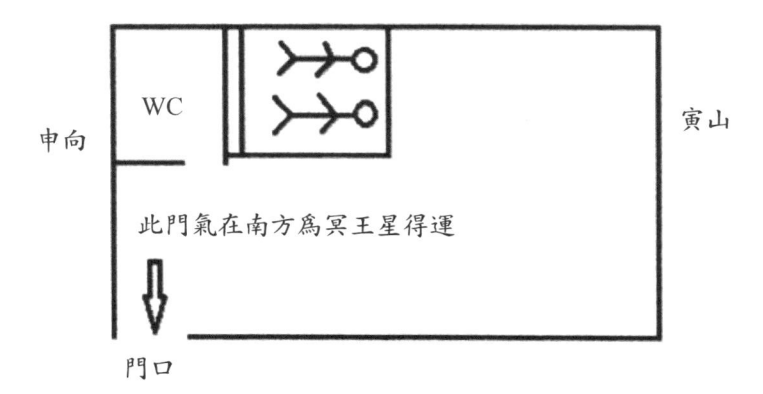

申向　WC　　　　　　　　　　寅山

此門氣在南方為冥王星得運

門口

台北王小姐改前與改後床位平面圖

第二十九節 實例 6

台北王小姐電腦桌改前坐八運巳山亥向

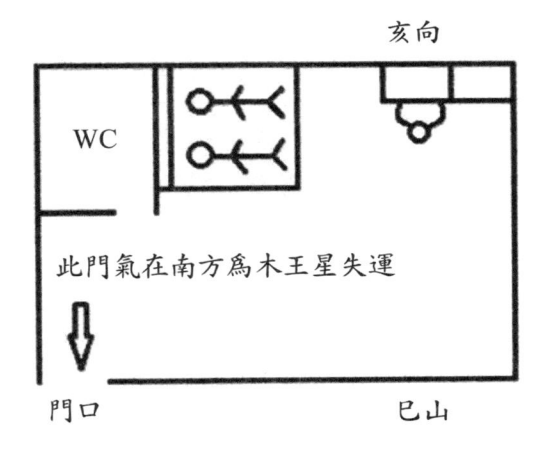

亥向

WC

此門氣在南方為木王星失運

門口　　　　　　　　巳山

台北王小姐電腦桌改後坐八運寅山申向

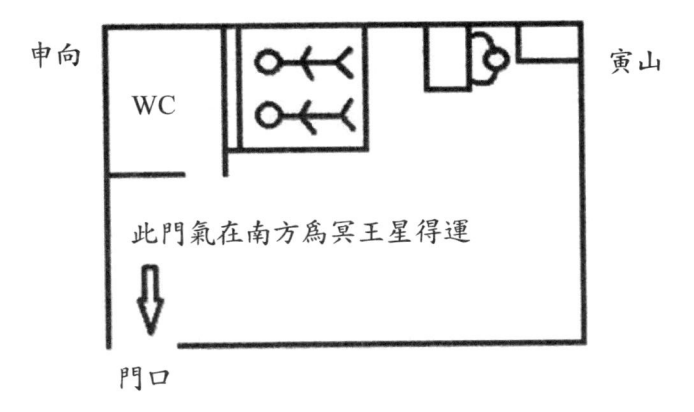

申向　　　　　　　　　　寅山

WC

此門氣在南方為冥王星得運

門口

台北王小姐改前與改後電腦桌平面圖

實例 7

　　桃園鍾小姐： 鍾小姐目前在一家公司擔任會計，除了上班外，自己也有想要繼續升學的打算，於是在某大學念了研究所，又因忙於工作，怕工作耽誤到研究所的進度而無法順利畢業，苦無方法之下，透過親友介紹家父，請老師來住家看風水，經家父勘查後，鍾小姐原先睡八運壬山丙向，門氣開在東南方為金王星失運，因此鍾小姐有皮膚、胃腸以及睡不好等症狀發生，也因此在工作上與求學上壓力越來越大，經家父的建言後，鍾小姐決定採納老師的方法，將原先睡的床位改成八運庚山甲向，門氣開在東方為海王星當運，經幾個月後，鍾小姐在工作上以及求學過程中壓力漸漸減輕，皮膚、胃腸以及睡不好的症狀也減輕不少，研究所也得以順利畢業，讓鍾小姐感到神奇，原來風水除了可以改善病痛，還可以讓工作與求學都順利，對家父更是讚嘆有加。

桃園鍾小姐改前睡八運壬山丙向

丙向

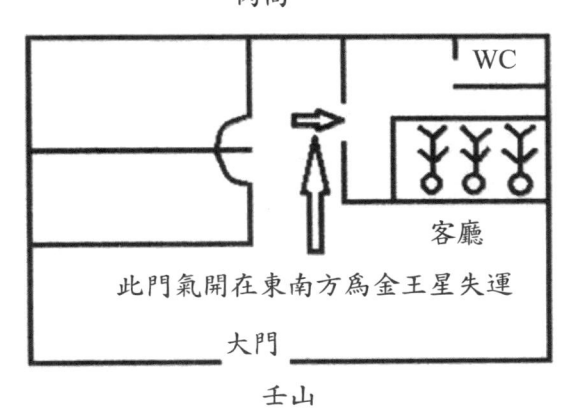

此門氣開在東南方為金王星失運

大門

壬山

桃園鍾小姐改後睡八運庚山甲向

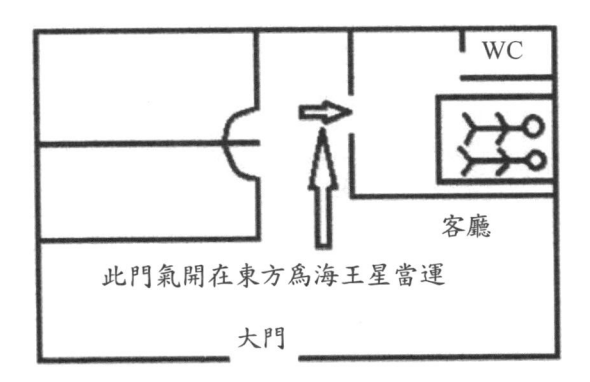

此門氣開在東方為海王星當運

大門

桃園鍾小姐改前與改後床位平面圖

實例 8

　　桃園中壢陳小姐：陳小姐在台北一家公司擔任會計助理，因家住桃園，所以便在台北租房子住，但每天都覺得睡不飽，公司的事情也越來越多處理不完，壓力也日漸越大，在一次朋友的聚餐中，與朋友聊起風水，於是便透過朋友的介紹，請家父到住家勘查風水，陳小姐原先睡六運子山午向，門氣開在東南方，此門氣為金王星失運，故陳小姐有胃腸、皮膚以及睡不好、壓力大的症狀產生，因陳小姐老家在桃園，因此家父建議再去老家勘查風水，經勘查老家後，建議陳小姐每天通勤回老家住，經過協調後，陳小姐最後採納家父的建議，決定回桃園老家住，改後睡八運丁山癸向，門氣開在北方為冥王星得運，經數月後，陳小姐在工作上的壓力漸漸減輕許多，上述的一些毛病與症狀也都改善，對家父的學術也有濃厚的興趣，於是開始接觸五術命理，希望能發展另一興趣與專長。

第二十九節　實例8　431

桃園中壢陳小姐改前睡六運子山午向

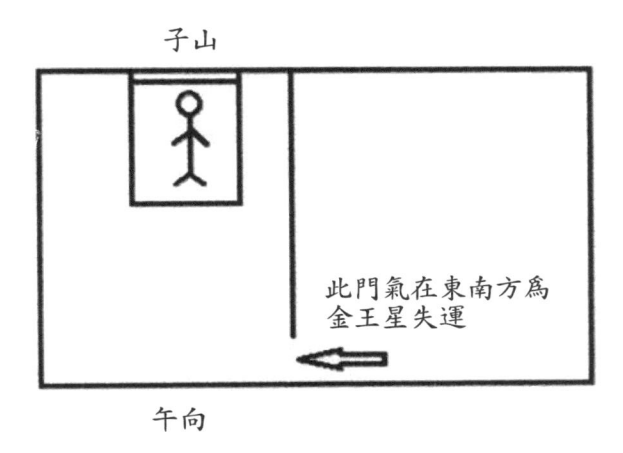

子山

此門氣在東南方為
金王星失運

午向

桃園中壢陳小姐改後睡八運丁山癸向

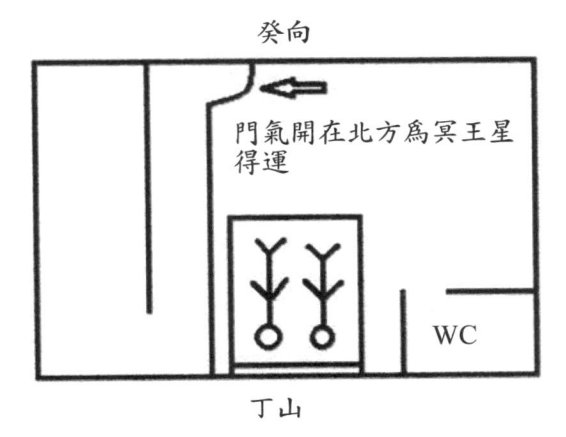

癸向

門氣開在北方為冥王星
得運

WC

丁山

桃園中壢陳小姐改前與改後床位平面圖

實例 9

蘇澳黎先生：黎先生從事旅遊業，負責司機調派的工作，因為是自己的公司，所以對工作都要求嚴謹，但自從搬來蘇澳住後，諸多事情都不是很順利，剛好透過自己親人的介紹，於是請了家父來住家勘查風水，發現到黎先生原先睡七運卯山西向，門氣開在西方為天王星失運，故黎先生常與人有口角上的問題產生，夫妻之間也容易爭執不斷，也有喉嚨、肺部等毛病，後請教家父該如何做更改，老師則建議將原先睡的房間，搬到隔壁間，改睡七運午山子向，門氣開在東北方為冥王星得運，經數月後，黎先生的公司不但業績有所成長，上述家父所提到的毛病也減輕許多，口角問題以及黎先生本人的脾氣都有所收斂，也非常感謝家父的幫忙與協助。

第二十九節 實例9

蘇澳黎先生改前睡七運卯山酉向

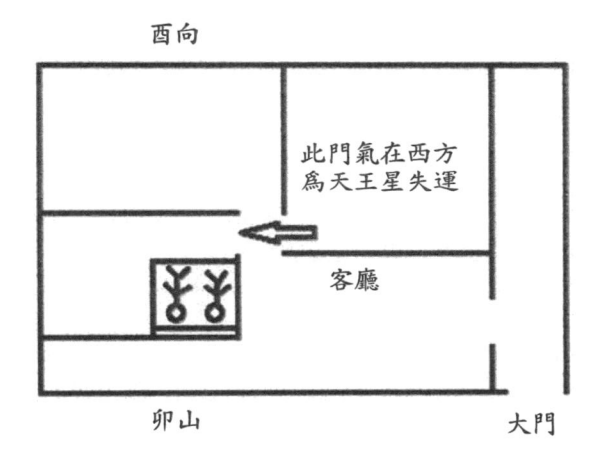

（西向 / 卯山 / 大門）

此門氣在西方 爲天王星失運

客廳

蘇澳黎先生改後睡七運午山子向

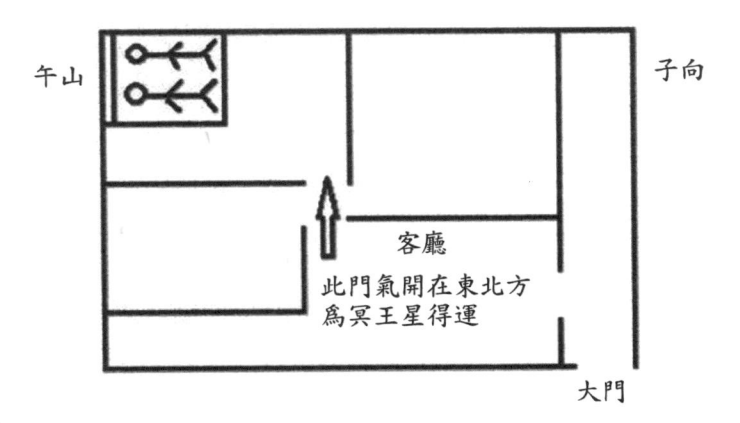

（午山 / 子向 / 大門）

此門氣開在東北方 爲冥王星得運

客廳

蘇澳黎先生改前與改後床位平面圖

實例 10

花蓮吉安鄉黎先生：黎先生從事機車行業，平時沒有看風水的習慣，耳聞聽到朋友介紹風水，又巧遇家父來花蓮走走，想說試看看也好，所以就順道請家父來家裡看看風水，家父也欣然答應，便到黎先生家勘查風水，經勘查後，發現黎先生原先睡六運巳山亥向，門氣開在西北方為土王星失運，故黎先生有肺部、筋骨等毛病，經家父建議後，將原睡改成六運申山寅向，門氣開在西北方為海王星當運，數月後，黎先生透過親友來電感謝家父，讓他多年症狀有些許改善，對家父甚是滿懷感恩。

第二十九節 實例 10

花蓮吉安鄉黎先生改前睡六運巳山亥向

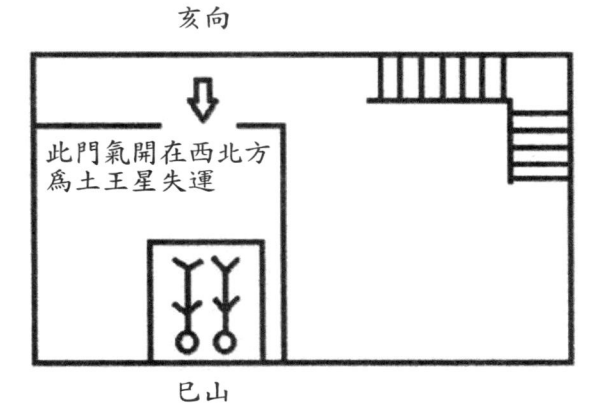

亥向

此門氣開在西北方
爲土王星失運

巳山

花蓮吉安鄉黎先生改後睡六運申山寅向

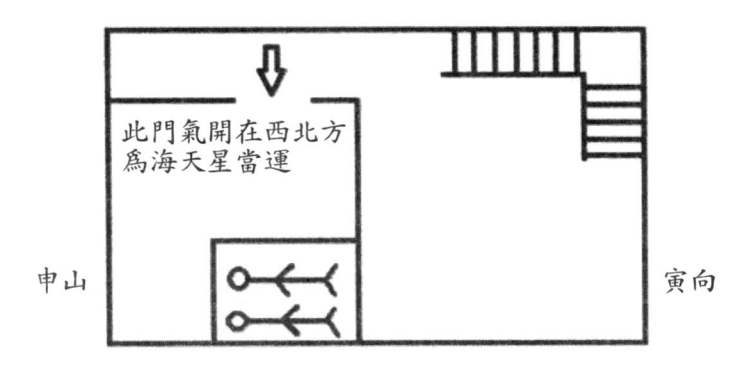

申山　　　　　　　　　　　　　　寅向

此門氣開在西北方
爲海天星當運

花蓮吉安鄉黎先生改前與改後床位平面圖

實例 11

花蓮瑞穗黎先生：黎先生從事計程車的行業，年輕時打拼賺了不少錢，想說最近買了一間房子想請老師看看，於是透過親友的介紹，特地請家父來新房子看風水，經家父勘查後，發現此新屋並不適合長期居住，於是建議黎先生暫居老家，老家原先睡六運辰山戌向，門氣開在南方以及西南方為金王星與火王星失運，入首龍在西北為火王星失運，因此黎先生有皮膚、胃腸、睡不好、做夢、精神不佳、甚至跟人講話會有耳邊風等問題，所以想請教家父是否有補救的方法，家父則建議將原先睡的方位改成六運戌山辰向，門氣在南方與西南方為水王星與海王星，入首龍在西北方為海王星當運，在短短數月後，黎先生竟感覺到上述老師提到的毛病與症狀幾乎減輕許多，對家父的功夫也感到神奇，因此相繼介紹給親友，希望家人親友都能平安順利。

第二十九節　實例 11　437

花蓮瑞穗黎先生改前睡六運辰山戌向

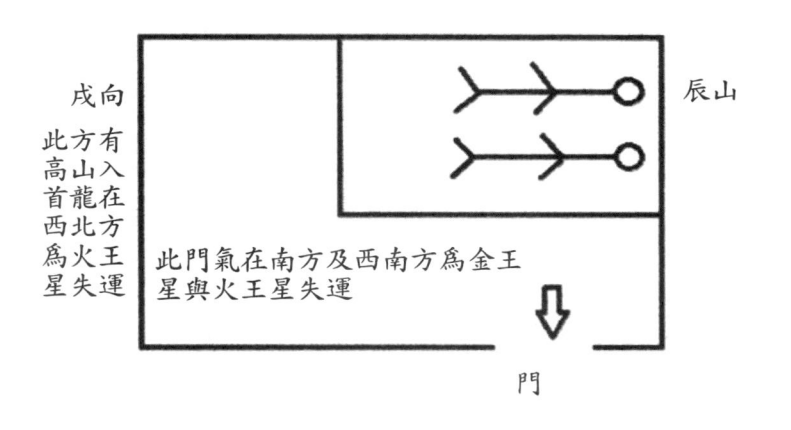

戌向
此方有高山入首龍在西北方爲火王星失運

此門氣在南方及西南方爲金王星與火王星失運

辰山

門

花蓮瑞穗黎先生改睡六運戌山辰向

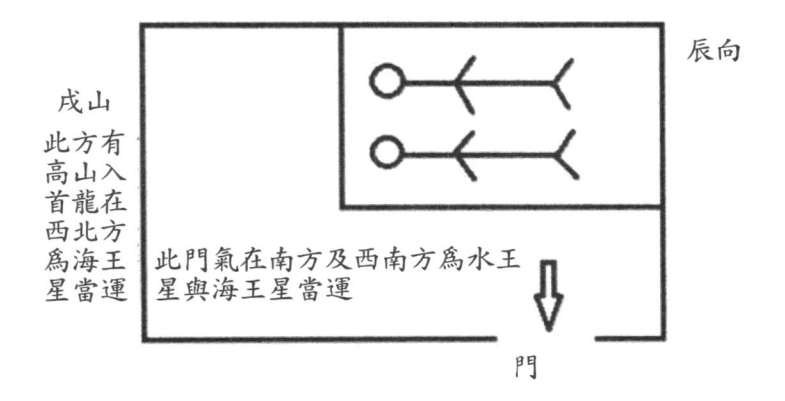

戌山
此方有高山入首龍在西北方爲海王星當運

此門氣在南方及西南方爲水王星與海王星當運

辰向

門

花蓮瑞穗黎先生改前與改後床位平面圖

實例 12

花蓮吉安鄉老闆：黎老闆早期從事建築事業，在這幾年間賺了不少錢，後又接觸水電行業，也有穩定的收入，但自從搬進新屋住後，發現收入並不如從前，也經常睡不好，所以特定請家父來住家勘查風水，經勘查後，發現黎老闆有肺部、胃腸、睡不好、常做夢的症狀發生，而且也常吃藥，於是請教老師該如何調整，原先睡七運辰山戌向，門氣在開在西方為土王星失運，後改成七運戌山辰向，門氣開在西南方為冥王星得運，數月後，黎老闆的公司收入漸漸穩定成長，睡眠品質以及身體狀況也有些微改善，事後特地致電答謝家父，也非常感謝家父的幫忙。

第二十九節　實例 12　439

花蓮吉安鄉黎老闆改前睡七運辰山戌向

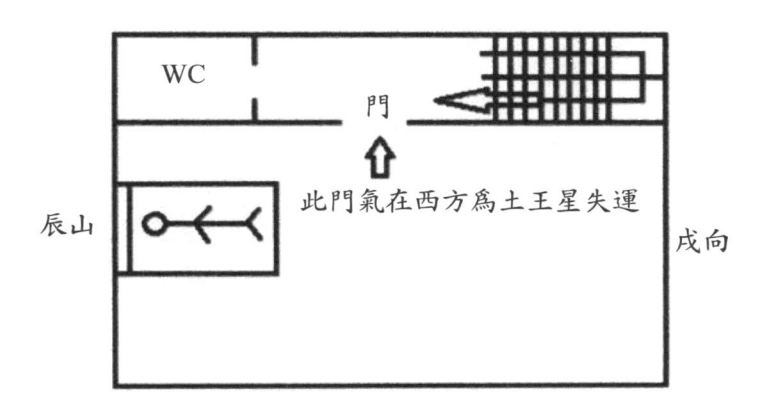

辰山　　　　　　　　　　　　　　　戌向

此門氣在西方為土王星失運

花蓮吉安鄉黎老闆改後睡七運戌山辰向

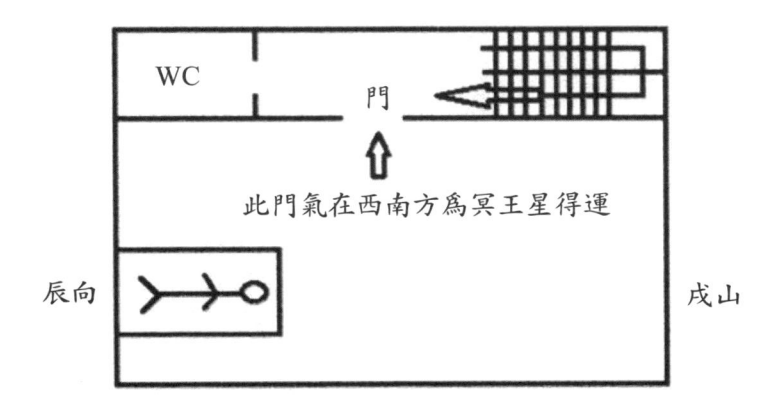

辰向　　　　　　　　　　　　　　　戌山

此門氣在西南方為冥王星得運

花蓮吉安鄉黎老闆改前與改後床位平面圖

實例 13

　　花蓮吉安鄉黎老闆的老婆黎太太：黎太太原先睡七運戌山辰向，門氣開在北方與東北方為水王星與地王星失運，故黎太太有下延系統、婦科病、及筋絡酸痛等症狀發生，經家父建議後，將床位改成七運丑山未向，門氣開在北方為海王星當運，數月後，黎太太身體狀況好轉，在工作上也得心順手，遇到很多貴人提攜與幫助，事後也謝謝家父的協助幫忙。

花蓮吉安鄉黎老闆的老婆黎太太改前睡七運戌山辰向

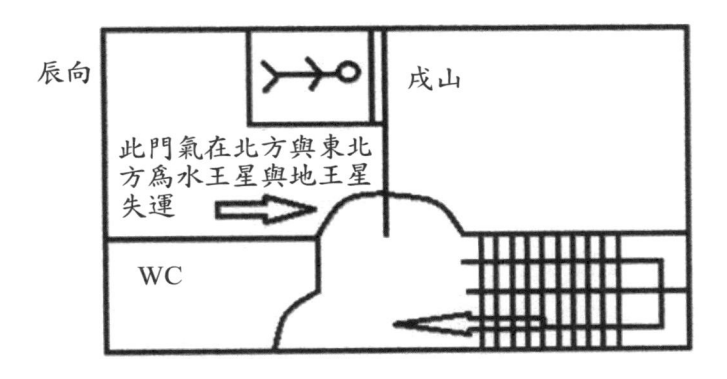

（圖：辰向／戌山，此門氣在北方與東北方為水王星與地王星失運，WC）

花蓮吉安鄉黎老闆的老婆黎太太改後睡七運丑山未向

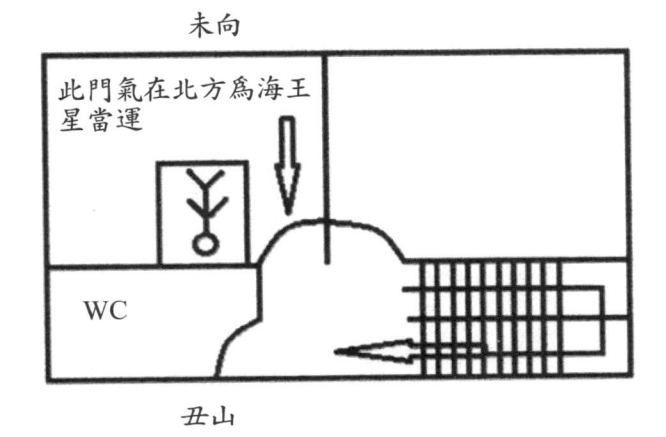

（圖：未向／丑山，此門氣在北方為海王星當運，WC）

花蓮吉安鄉黎老闆的老婆黎太太改前與改後床位平面圖

實例 14

花蓮吉安鄉黎老闆的小孩：黎老闆的小孩原先睡七運辰山戌向，門氣開在東北方為木王星失運，經家父勘查後，發現此小孩會有胃腸、皮膚不好等症狀發生，嚴重可能會導致吃藥或吸菸等狀況發生，黎老闆聽了之後，便請教老師該如何調整，家父則建議將床位改成未山丑向，門氣開在東方為海王星當運，黎老闆小孩本來在學校功課不是很好，經調整數月後，發現小孩在學校的成績不但進步，排名也從後面排到前面去，更明顯的是皮膚長痘痘的問題也漸漸減輕許多，這讓黎老闆與黎太太覺得很不可思議，更讓他們相信風水確實可以改善一個人的運勢與健康。

第二十九節　實例 14　443

花蓮吉安鄉黎老闆的小孩改前睡七運辰山戌向

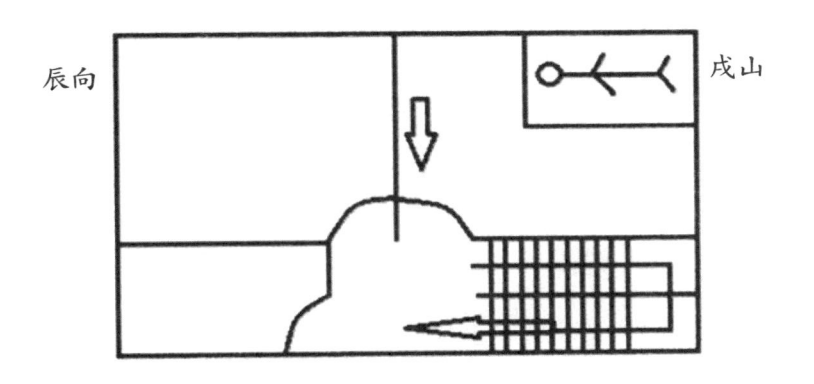

花蓮吉安鄉黎老闆的小孩改後睡七運未山丑向

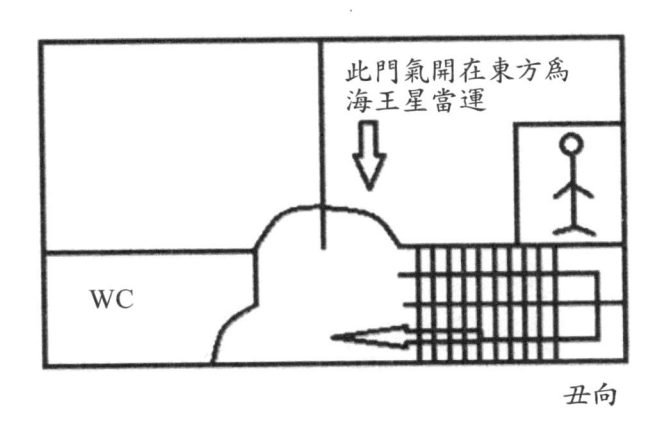

此門氣開在東方為海王星當運

花蓮吉安鄉黎老闆的小孩改前與改後床位平面圖

實例 15

桃園徐博士：徐博士在某公家機關擔任主管，並且為某大學的兼任教授。平時常鑽研五術命理，並對「形家派」的地理風水頗有研究。近年來頻發表行銷專業著作，五年前更曾破格一次陞遷三級，可謂事業有成，家庭美滿的人生勝利組。

在某一次的機緣下，徐博士擔任五術命理協會所主辦的講座主講人，在台上以專業的角度剖析新媒體運用及網路行銷模式，內容非常精彩。筆者也參與當次盛會，對徐博士印象深刻。筆者就讀明新科技大學管理研究所碩士班，正在準備畢業論文口試，需要尋覓兩位校內委員，一位校外委員，苦尋不到與風水相關的校外委員時，透過某協會理事長的引見，結識徐博士。就這樣與徐博士第二次碰面，也很榮幸得到他的指導與協助，讓我的碩士論文得以順利完成畢業，除了感恩，還是感恩！

本人在 2017 年 6 月 25 日，偕家父與他的學生洪老闆，到徐博士位於桃園市區的住家拜訪，這裡是他們剛遷入一年的新居。徐博士仰慕家父已久，初來乍到便考

驗試探家父的功夫,於是問了家父住家風水如何?床位風水是否有問題?家父則要求徐博士先帶他到住家的頂樓看一看,經勘察完畢後,回到徐博士的住家,就開始勘察房間、書房以及廚房。

徐博士原先睡八運巳山亥向,門氣開在北方為火王星失運,故徐博士有筋骨痠痛、偏頭痛的問題產生,經徐博士證實無誤,故徐博士提問游老師是否能做調整,家父則考驗我們倆師兄弟,詢問我們該如何調整?我與洪老闆同時想出一樣的公式,仍睡八運巳山亥向,但床底直接正對著房門,成為門氣開在西北方的局,為海王星當運,東方又有高樓為冥王星得運,而依八字來看,徐博士命格也有貴人相助,以上種種條件共有五顆吉星相拱,如此只睡一個晚上,徐博士隔天就覺得精神飽滿,特別好睡!

一個禮拜過後,徐博士偏頭痛的問題竟然不藥而癒,特地致電游老師,親口答謝告知。自初次到府後,家父與我相隔二至三週再次登門拜訪,這段期間當中,徐博士已詳細閱讀劉訓昇大師的《陰陽學》,所以他主動提出了一個頗有深度的問題:他認為上次家父與我似乎尚有一處未調整─那就是還需製造一個水局。倘若要製造水局又應放置於何處?可見徐博士對於陰陽學風水很慧根,自行研讀後短期間即能提出這個問題。當天,

在家父協助下，為徐博士佈好水局。翌日，徐博士提出反饋，自言調整當晚睡至半夜兩、三點即已睡飽，等同於平時整夜的睡眠效果；再次睡下後，至四、五點又再醒來，反覆多次。就好像電池快速充電一般，睡眠品質極好，精神百倍！

徐博士是所有案例中，最明顯也是時間最短的成功案例，這令我們感到非常驚訝！經此一個月左右，徐博士的兒子竟從台積電的工程師晉階，原本就已經年薪破百，陞遷後又加薪近百萬元，這也讓徐博士感到意外，竟可以這麼神奇奧妙的影響到子女的運勢，又特地致電游老師表示謝意。

經二個月後，徐夫人順利接到廣告生意的高額訂單；在某大學聘任的教職，也再額外加開一門課程，這對徐博士一家而言，又是喜訊。床位改變，除了子女外，也直接拉抬夫妻運勢，讓徐博士對劉訓昇的《陰陽學》以及游景的《精髓陰陽學》更感興趣，勤加研讀，深入探討陰陽學與現代環境居住科學的關係，以及為何會影響一個人的疾病與運勢的吉凶。

針對這樣的風水調整，徐博士以老師的身分向我提出他個人的觀點，他認為：人的吉凶禍福皆有其因果循環，即便能夠得到地理名師的指點，也是緣於累積福報。誠如《易經・坤卦・文言》所謂：「積善之家，必

有餘慶；積不善之家，必有餘殃。」徐博士開導我，希望我對風水有更宏觀的理解。劉訓昇大師的《陰陽學》取自家傳的玄空飛星，最早源自於周文王所創的「後天八卦」，也是脫胎自《易經》的一門學問。然而風水之術固然高深，也還是以人之力，窺天之機的一種「術」，這些「術」的表層意義，是教人如何趨吉避凶，但是內部更深奧的精神是要教人以「善」爲出發點，以行善積德爲宗旨，種善因，得善果。徐博士更勉勵我，爲學貴在根本，「堪輿」、「卜筮」與「陰陽學」等理論固然浩瀚，可廣泛應用於生活的諸多面向，但是除了精熟應用之法，更要體會其背後真正至高的精神，那就是抱持著服務貢獻的善念，自然能造福積德、逢凶化吉，得到吉應。就好比我們此次的相識，也是冥冥之中自有安排的福報，彼此互爲對方的貴人，是以「善」相交的「善友」。

　　經三個月後，徐博士被他機關主管告知，擬調陞其職務，這也讓徐博士對陰陽學的功效更加肯定。本人將此書的書名定爲《陰陽絕學》，也代表本學說特異獨絕，與其他派系有所不同。再次感謝徐博士這些日的協助幫忙，讓我順利初版本著作，除了感恩還是感恩。

桃園徐博士改前睡八運巳山亥向

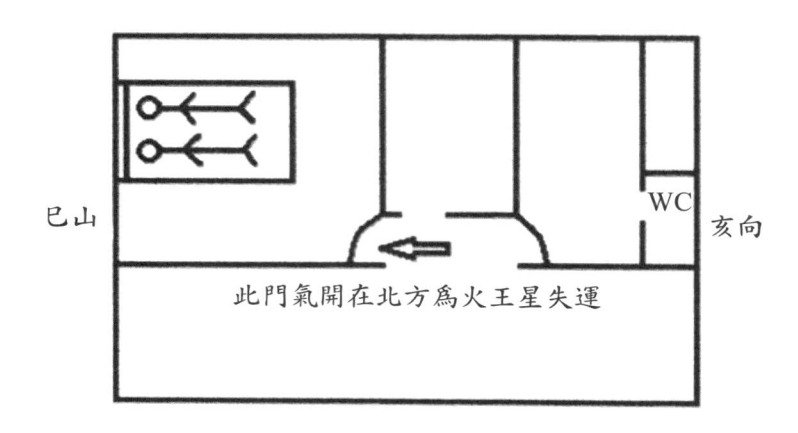

巳山　　　　　　　　　　　　WC　　亥向

此門氣開在北方為火王星失運

桃園徐博士改後睡八運巳山亥向

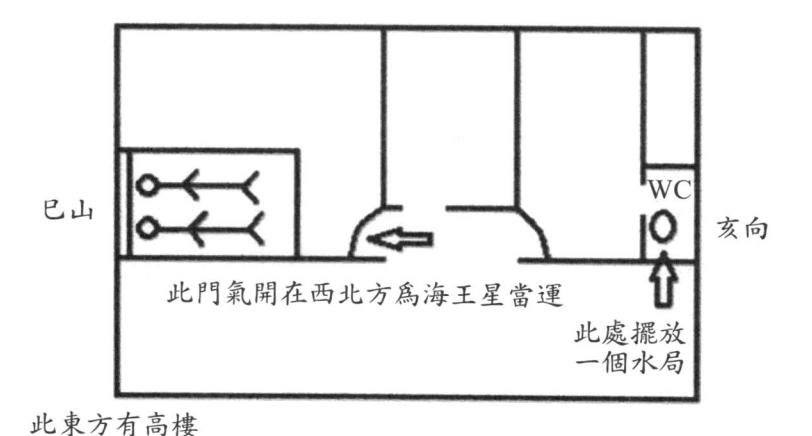

巳山　　　　　　　　　　　　WC　　亥向

此門氣開在西北方為海王星當運

此處擺放一個水局

此東方有高樓

桃園徐博士改前與改後床位平面圖

實例 16

案例分享： 兌宅坐東北向西南，丑山未向，為陽山陰向，黃先生庚戌年生，黃太太癸丑年生，床立坐西北向西南，為陰山陰向，房門開東方，為海王星，當今吉星，吉星應該事事如意，為何黃先生夫妻無法生育，因黃先生三宮命為長男命，房門開東方為長男，長男配長男為陽對陽，又床立戌山辰向為陰山陰向，所謂孤陰不能生，孤陽不能存也。

調整後： 床立坐西向東北，房門開西南方，為海王星，當令吉星，後天八卦西南方為坤卦，為老母陰卦，黃先生男命配陰卦，為陰陽正配，理當生育也。

2007年初改床位。果在2008戊子年喜生一男，2009己丑年喜生次男也。

450　精髓陰陽絕學

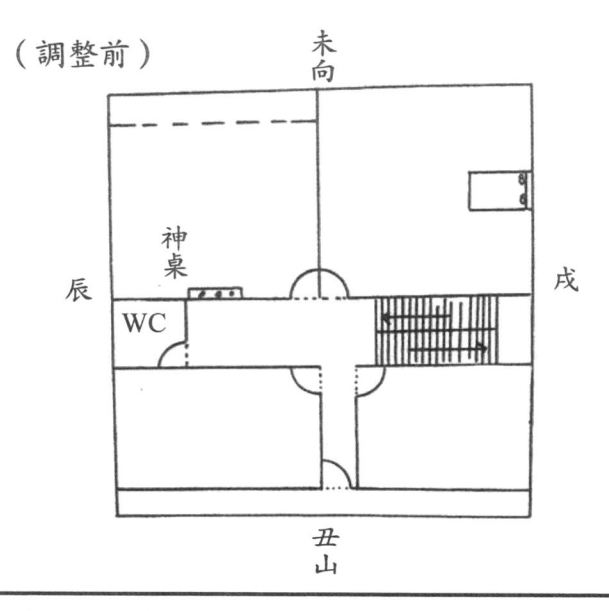

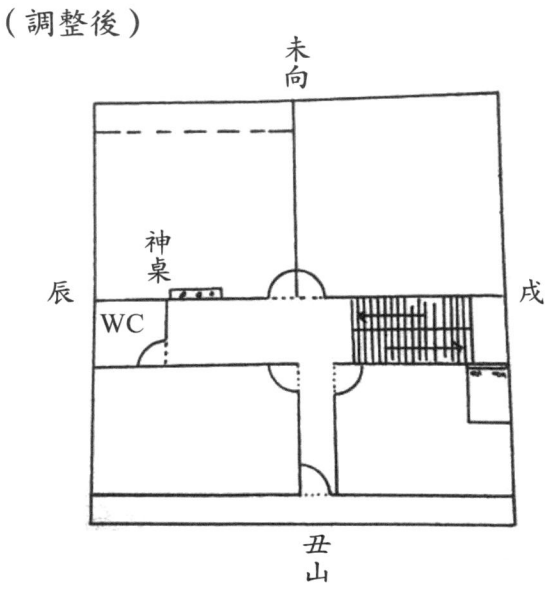

（調整前）

實例 17

癌症案例： 兌宅辰山戌向，女主人庚寅年生，床立坐西南，向東北，房門開北方門，為玉卦、失令、主脾胃病、毒瘡、癌症等等。

女主人在 2015 年身體不適，經醫院檢驗出骨癌二期。

調整後： 2015 年底改床位，在藥物控制至今安然無事。

（調整前）

丑向

戌

辰

未山

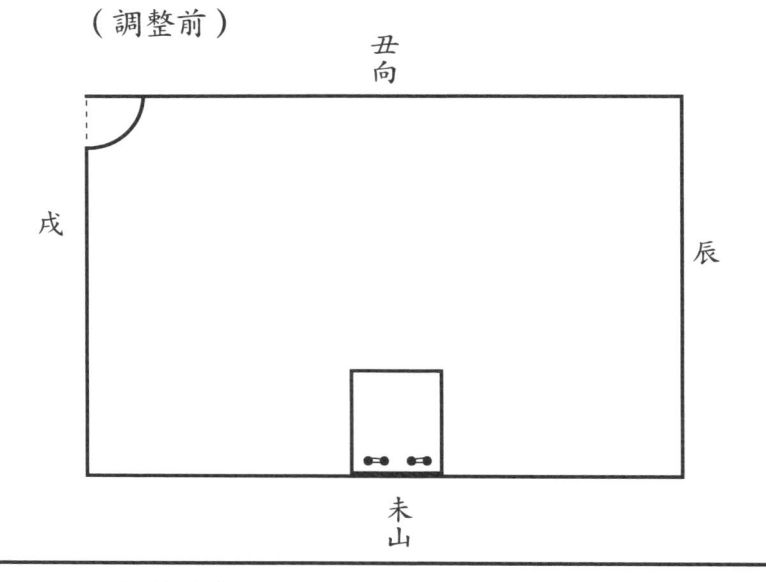

（調整後）

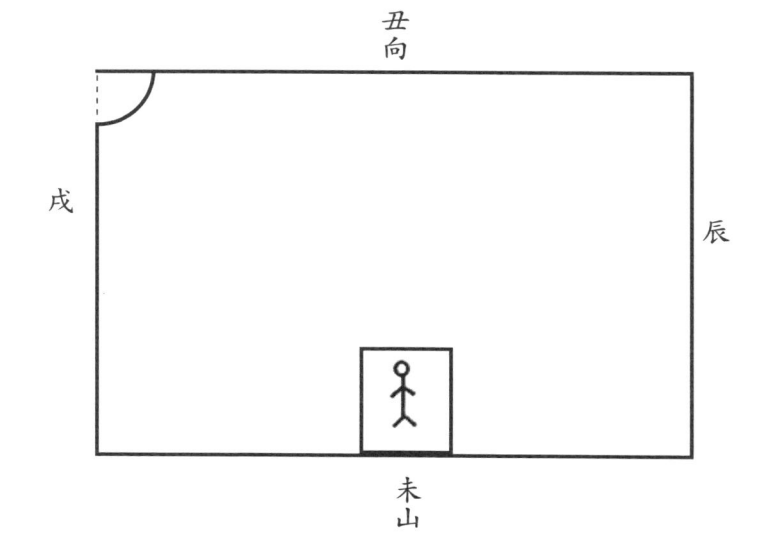

丑向

戌

辰

未山

實例 18

雙胞胎案例：羅先生、精通人相、卜卦、姓名學、風水地理、羅先生辛卯年生，太太乙未年生，兒子辛酉年生，一宮命。羅先生獨生子，交了一個女朋友，跟羅先生夫妻說，要結婚，經羅先生夫妻託媒婆去談婚事時，才知道女方育有生兩個兒子，當羅姓夫妻知道此事時，氣得半死，後來跟兒子商量、兒子說我們親戚某某人可以，為何我不行？經勸導後無結果，兒子堅持要娶，羅先生夫妻真是無奈啊無奈！

某天找我聊此事，談聊中我建議說，你們陽宅房間隔局是否有問題，當時他邀我去察看，當我一看果然問題多多，羅先生二樓洋宅，分前後兩段不同時建造，後為乾宅，前為兌宅，宅坐西向東秉辛三度，羅先生床坐北向南，房間門開西南方，為火王星，失令主股病、膽病，風疾，對兒女說話有如耳邊風等等。兒子床立坐南向北，房間門開西北方，為地王星，失令主背義不仁，馬失前蹄也。

調整後：2010年初建議改床位，改後第三個月，就跟女朋友分手，年中又交個讀書時的女同學，隔年結婚了，2013癸巳年喜生雙胞胎女兒。恭喜賀喜也。

454　精髓陰陽絕學

（調整前）

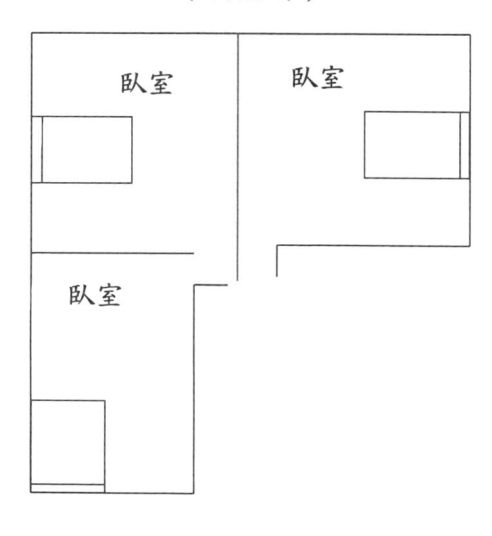

臥室　臥室

臥室

（調整後）

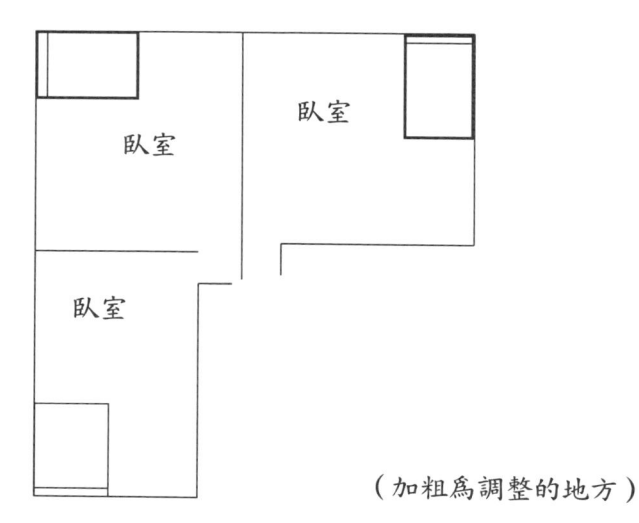

臥室　臥室

臥室

（加粗爲調整的地方）

實例 19

生意經商案例：楊先生，戊申年生五宮命。兌宅天元卦，二層樓洋房，坐東南向西北，巽山乾向兼巳五度，陽山陽向，屋深長、到山到向局。

2008 年底我們去勘察楊先生陽宅佈局，睡後面房間，床立坐東北向西南，房間門開西方，為土王星，失令，主頭骨肺不佳，賊搶，負義忘恩等等。一樓爐灶坐東南向西北，門開西方，為水王星，失令，主下元系統不佳，女人月經不順等等。楊先生經營各種品牌馬達生意，在縣內同行有十來家，依總公司規定在縣內，那家經銷商，生意做得好，第一名者，公司有獎勵補貼金，楊先生每天早出晚歸，很賣力的去談生意，還是了了無幾，一度想收攤不幹，但心有不甘，打拼了那麼多年的江山，要放水流嗎？

調整後：一、一樓爐灶改坐西南向東北，門開西北門，為冥王星，當令，富貴雙全。二、一床改坐東北向西南，房間門開南方。為海王星，當令，主名揚四海，文武雙全，財源滾滾也。當時楊先生考慮了很久，跟我說，你幫我佈這個局，不好吧？那有人建議我們床對者

門、正對者長四十公尺的巷道這樣睡覺，這樣是犯了大穿堂煞、會出事嗎？我對楊先生一在強調說，我幫你佈這是因，你這陽宅是到山到向局。就是後要有山靠、前要有大水來潮。這樣才會有二十年好運，不怕沒錢發。楊先生考慮了一星期後，改了，改後日日生意轉好，兩個月後，生意全縣第一名。

第二十九節 實例19

（調整前）

1F　　　　　　　　　　2F

———

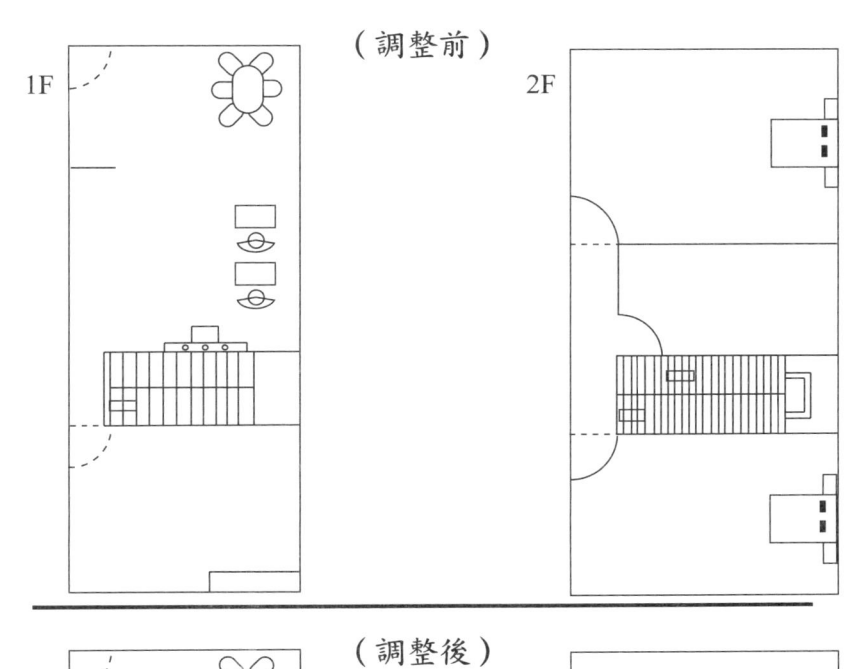

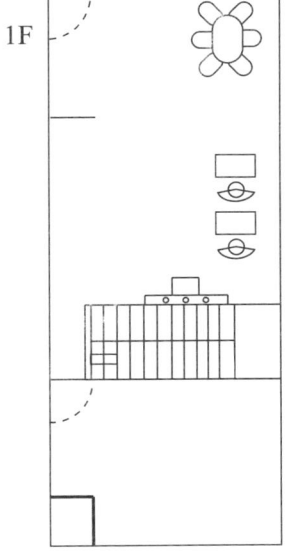

（調整後）

1F　　　　　　　　　　2F

（加粗為調整的地方）

實例 20

流產三次案例：陳先生，乾宅天卦坐東南向西北，巽山乾向兼巳四度。二樓洋宅，陳先戊戌年生，六宮命，陳先生在當地是一名有名氣的中醫師，開了一間中藥店，常為當地住民把脈開藥方。結婚後三次懷孕、三次流產。自己當醫生，也無能為力，非常無奈也。

陳先生床立坐西向東北，房間門開東方，為金王星、失令、脾胃病、精神病、不育、流產等等。

調整後：1994 改床位及爐灶位，床改坐東北向西南，東南方用木板隔一道牆至南方，為南方門吉氣，為海王星，當令，又陳先生六宮命為老父，又見南方門為中女，為陰陽正配，理當生育也。一樓爐灶坐東南向西北，門開西方，為木王星，失令，毒也，不孕也。爐灶改坐西南，向東北，門開西北，為冥王星，當今生生不息也。

1995 年喜生一男兒。恭喜賀喜也。

第二十九節　實例 20　459

（調整前）

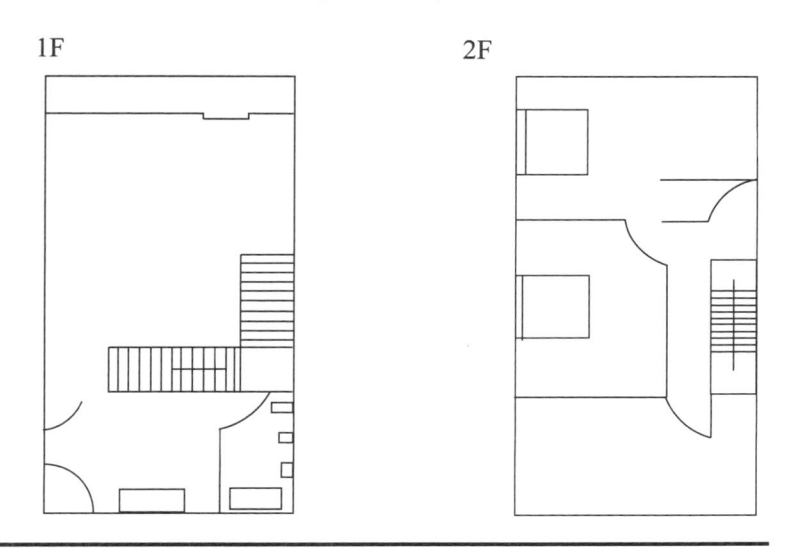

1F　　　　　　　　2F

（調整後）

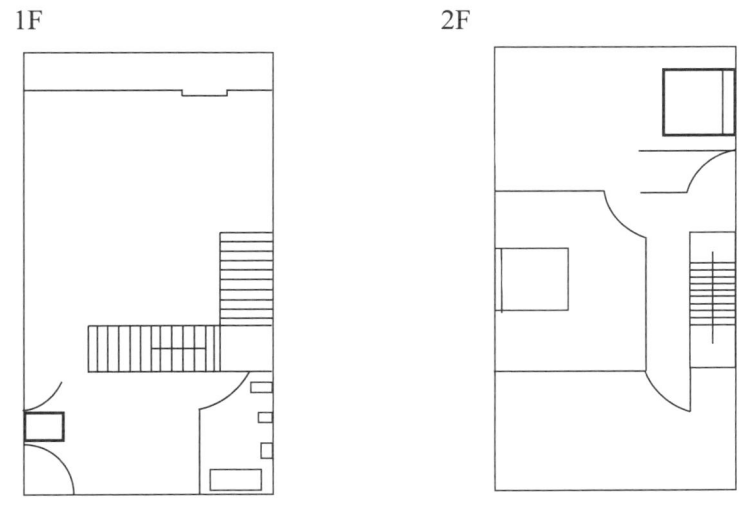

1F　　　　　　　　2F

（加粗為調整的地方）

實例 21

不孕與控制胎兒性別案例：劉先生乾宅天卦，洋宅二層樓房，坐東向西卯山西向兼乙三度，睡二樓，床立坐午山子向，房間門開東北方，為木王星，失令，主黃腫，毒瘡，皮膚胃腸病。劉先生是一名藥劑師自己開一間藥莊店。兩夫妻多有皮膚病、吃很多西藥無法根治，劉先生 1980 年結婚後，連生兩千金後，因太太生了一場小病後，在也無法懷孕、經各大醫院做多次人工受孕也無結果

調整後：1997 年改床睡，原床不移動，人一百八十度轉頭睡。

立子山午向，門開東北方，為天王星，當令，醫卜興家，主出神童也。

果在 1998 年喜生一男也。改後劉先生夫妻皮膚病不藥而癒。

第二十九節　實例 21　461

（調整前）

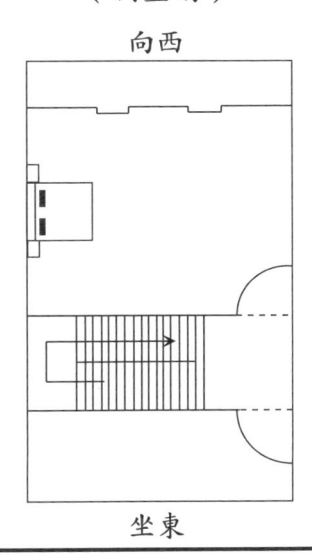

向西

坐東

（調整後）

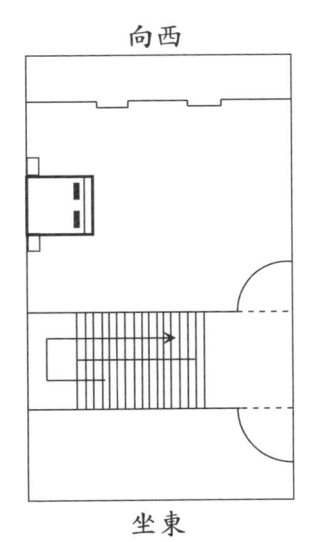

向西

坐東　　　　　　（加粗爲調整的地方）

實例 22

癌症案例： 兌宅，坐東向西，卯山西向兼甲三度，屋主顏先生，丁酉年生，顏太太戊戌年生，顏先生在當地是有名氣的中醫師，常為病人看診抓藥。又精通風水陰陽宅，而太太也是一名人像學大師，學生滿天下。

顏大師床立坐北向南，房門開東北方，為玉卦，玉卦失令毒瘡，黃腫病。本命金見東北房門又是五黃毒，癌症也，2013年顏先生得了骨癌、全身酸痛無法行動。

調整後： 2014年底改床位、床改坐南向北，房門東北方，為冥王星，為生氣，主身體健康，除百病，事事如意。

第二十九節　實例 22　463

（調整前）

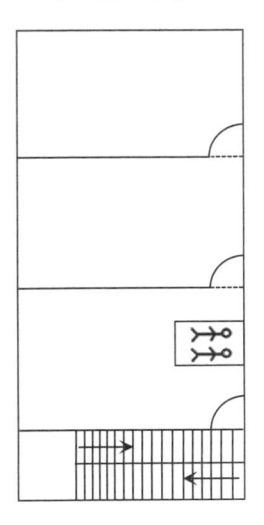

（調整後）

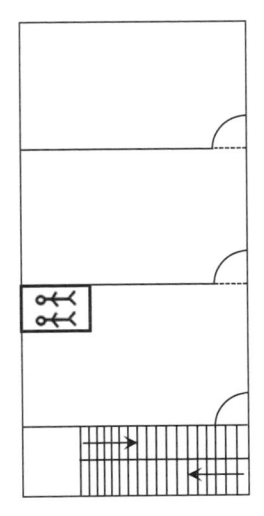

（加粗爲調整的地方）

實例 23

不孕症案例：許先生住兌宅，坐東北向西南，艮山坤向兼寅五度，許先生己未年生三宮命，許太太庚申年生五宮命，2001 年結婚至 2008 無生育，這七年間到醫院做三次人工受孕無結果，夫妻兩無奈才收養一女兒。

調整後：2008 年底改床位，床改坐東北向西南，房門開南方為海王星，當令，又許先生三宮命為長男，配南方門氣為中女，為男女正配，理當生育也。許先生果在 2010 年喜生一男也。

第二十九節　實例 23

（調整前）

向西南

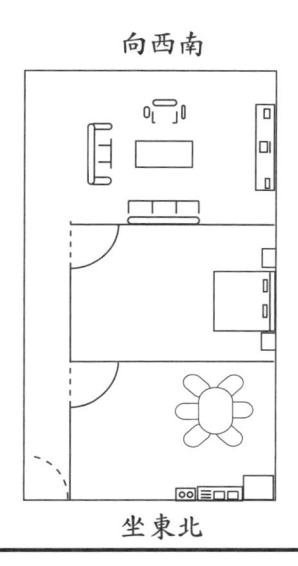

坐東北

（調整後）

向西南

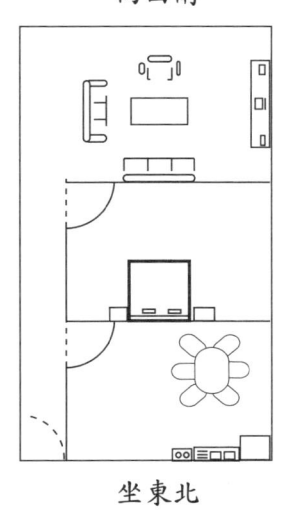

坐東北

（加粗爲調整的地方）

實例 24

控制胎兒性別案例：乾宅，二層樓房，坐東向西，卯山西向兼乙四度，屋主范先生夫妻兩，進住後八次懷孕，兩次雙胞胎，共生十千金。

范姓夫妻為何連生十女兒，因觀念不同，又怕無後傳宗接代，俗語說不孝有三，無後為大所置，可是老天就不他兩機會。范先生床立坐北向南、房間門開西南方，為火王星，失令，又見陽山陽氣，理當女兒也。

調整後：在當時我們建議范姓夫妻，改換天心，必須在二樓擺床的上方挖出三十公分空，讓太陽光及空氣直射二樓地板一時辰，然後在用水泥回復原狀，這樣就是改換天心，床就擱在太陽直射到的中心點，這樣就能保證生男兒，事業發達，心想事成。而范先生考慮了一年後施工，果在隔年喜生一男也。事業也日日轉好，改善了經濟來源、恭喜賀喜也。

第二十九節　實例 24

（調整前）
向西

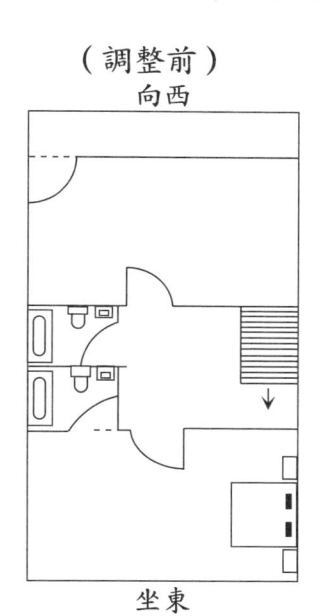

坐東

（調整後）
向西

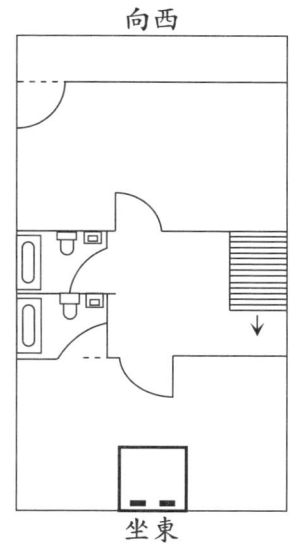

坐東　　　　　（加粗為調整的地方）

實例 25

癌症案例： 林先生某協會理事長：林先生乙酉年生，林太太己丑年生，兌宅，午山子向兼丁三度，床坐東向西，房門開南方。為木王星，失令主毒瘡、癌症。

林太太本命見南門為五黃，又被先天尅本命，癌症也。林太太2002年發現得了乳癌、2003年十二月往生。

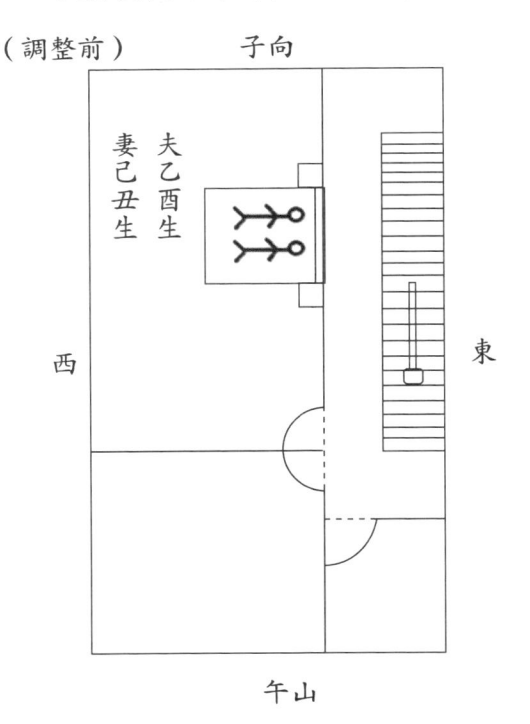

（調整前）　　子向

夫乙酉生
妻己丑生

西　　　　東

午山

實例 26

廈門古先生：陽宅布置勘查前後圖。

（調整前）

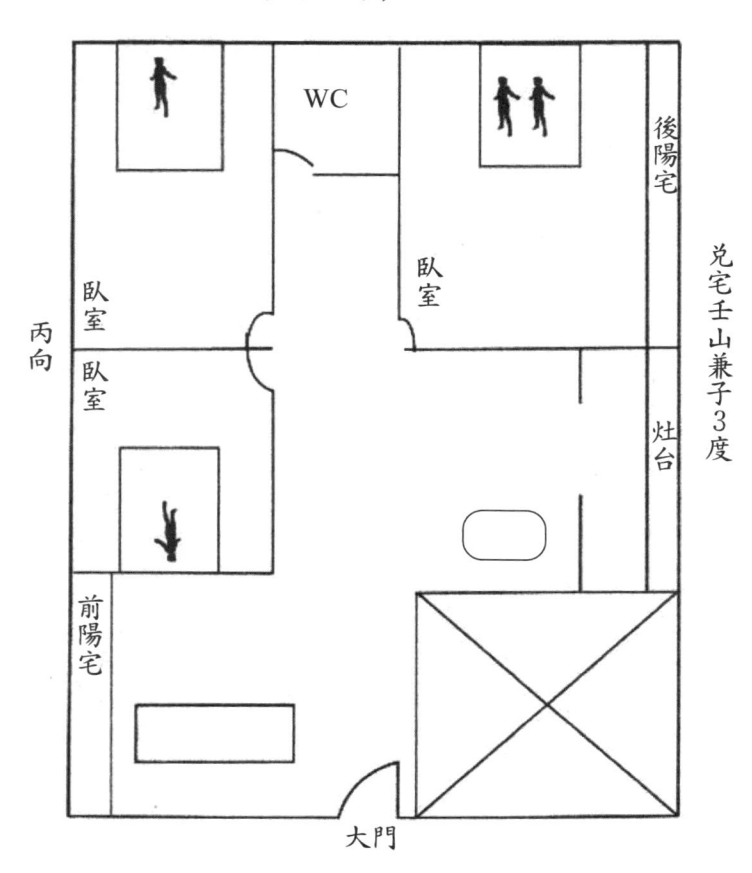

（調整後）

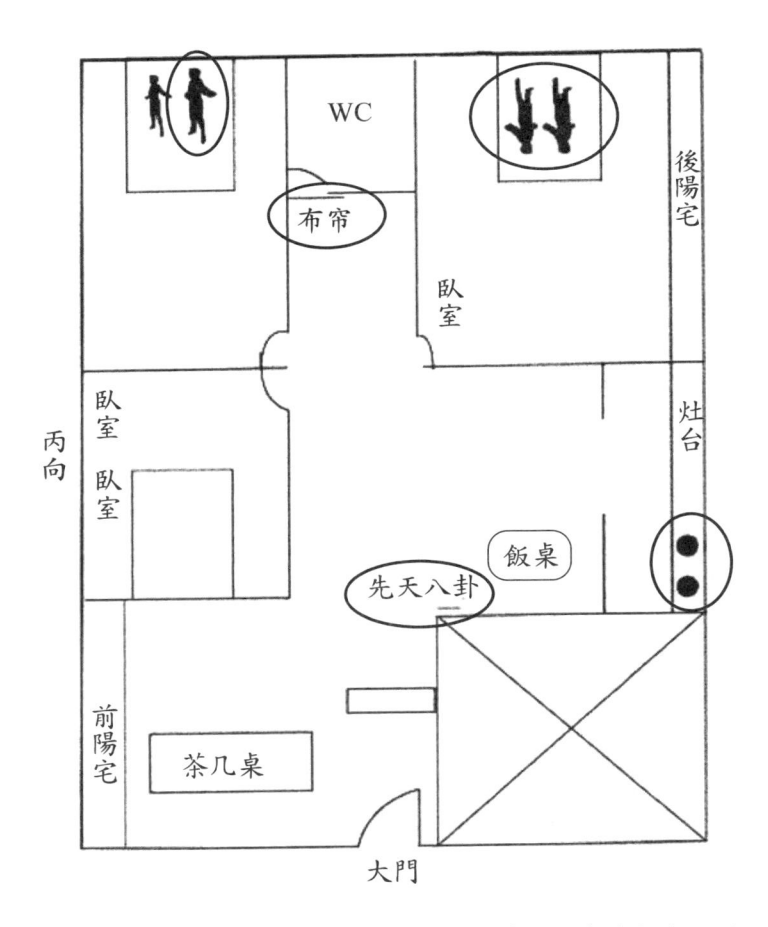

（加圈者為調整的地方）

實例 27

　　陽宅大樓、海王星運建造、坐東向西、卯山酉向吉線內、福州市六一中路八十號棕櫚泉國際花園、宅主彭姓夫婦、經營全美世界化妝品傳銷商、經銷得不是很理想、當時彭太太身體不適、因癌細胞纏身。後經台灣林教授介紹本人到府診斷氣場、得知其臥房門氣磁場失運所致癌細胞增生。原床擺坐西向東、房間門開在南方為水星、水星不得當運所致。而彭太太乙卯生為八宮命、南方門氣為震卦又不得當運。先天卦五行又相尅、所導致運勢不佳。當時在二〇一七年十月、我們建議修改格局、床改擺坐北向南、房門南方、門氣為海王星、海王星當旺、改後除百病、事事如意、事業紅紅火火。旺丁又旺財也。

472　精髓陰陽絕學

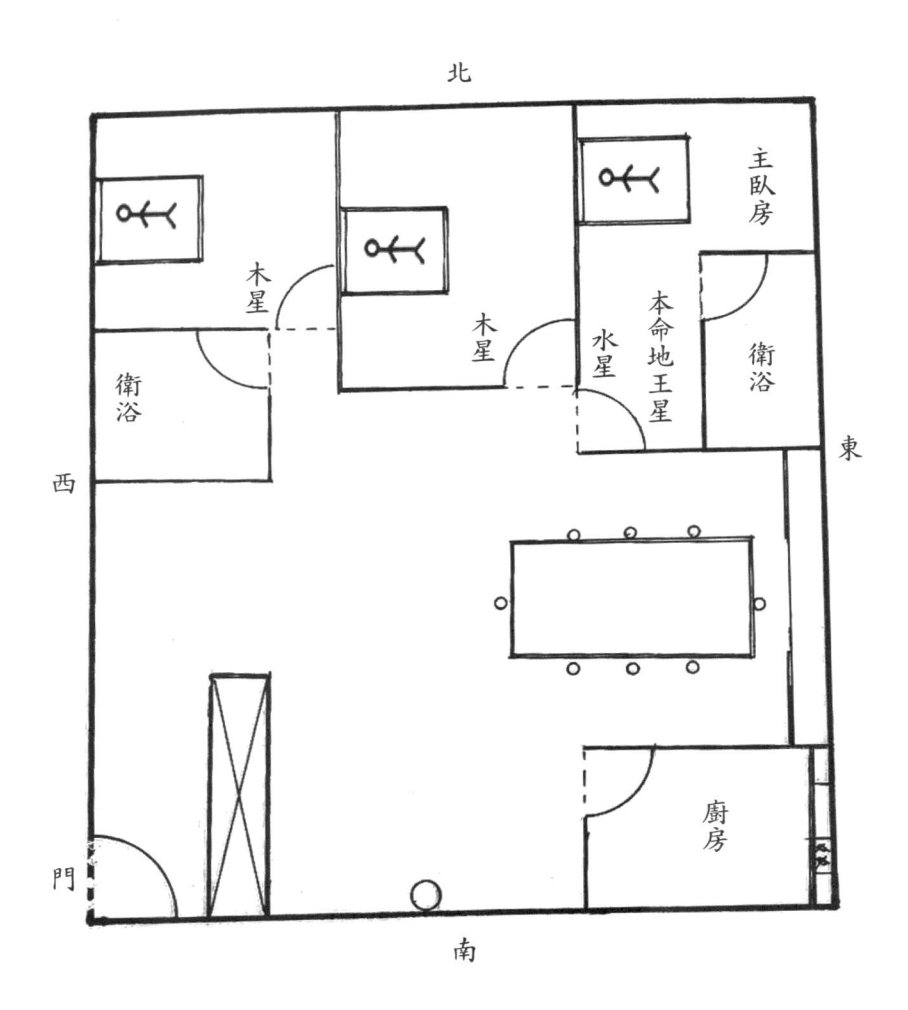

（調整前）

第二十九節　實例 27

（調整後）

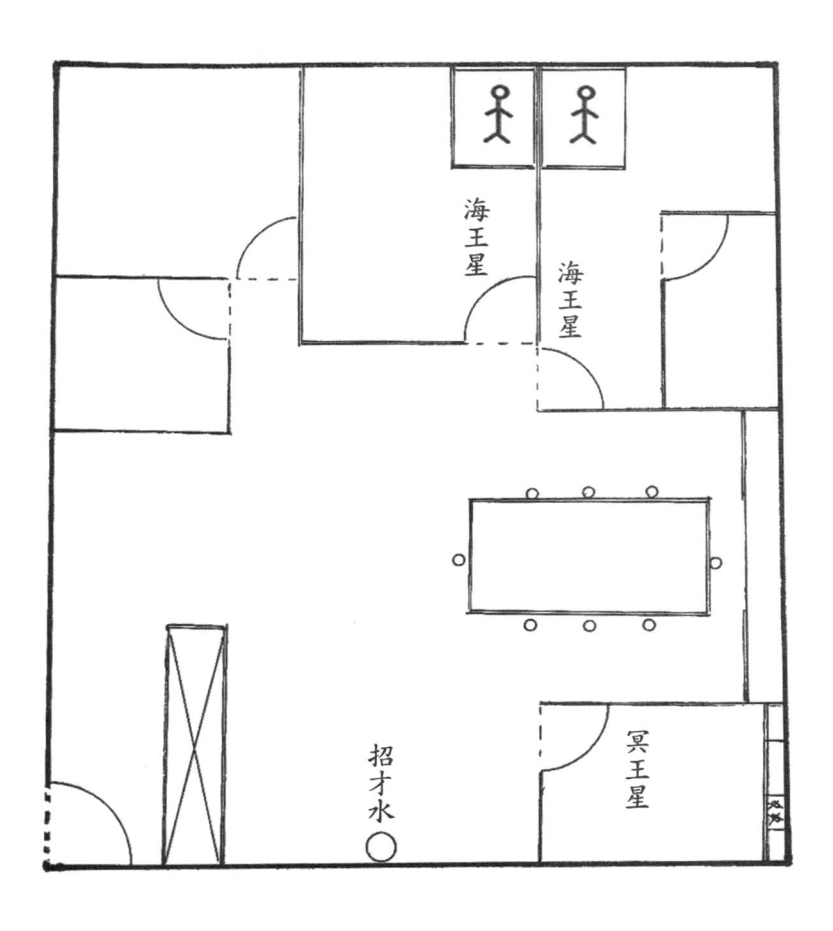

海王星
海王星
冥王星
招才水

實例 28

　　福州寶龍廣場後面、福機新苑大樓、海王星運建造、屋主常女士、經營整骨疼痛推拿事業、經營的不是很理想、本人在一九一八年看診。得知其住宅坐北朝南、子山午向吉度內、床擺坐西朝東、房門開在東南方、爲玉卦木星、木星失令、而爲（毒）當場我們斷常女士腸胃、皮膚不佳、建議如果睡的時間久的話、肯定會得癌症。當時她說確實有其症狀。隨後我們就幫她改換另問房間、床擺坐西向東、門開東北方爲冥王星當令、爐灶原坐東向西門氣火星失令、改坐北向南、門氣海王星當令、辦公桌原坐北向南門氣土星失令、改坐西向東、門在東北旺氣。經改半年後其身體健康、事業一帆風順。財源滾滾。

第二十九節　實例 28　475

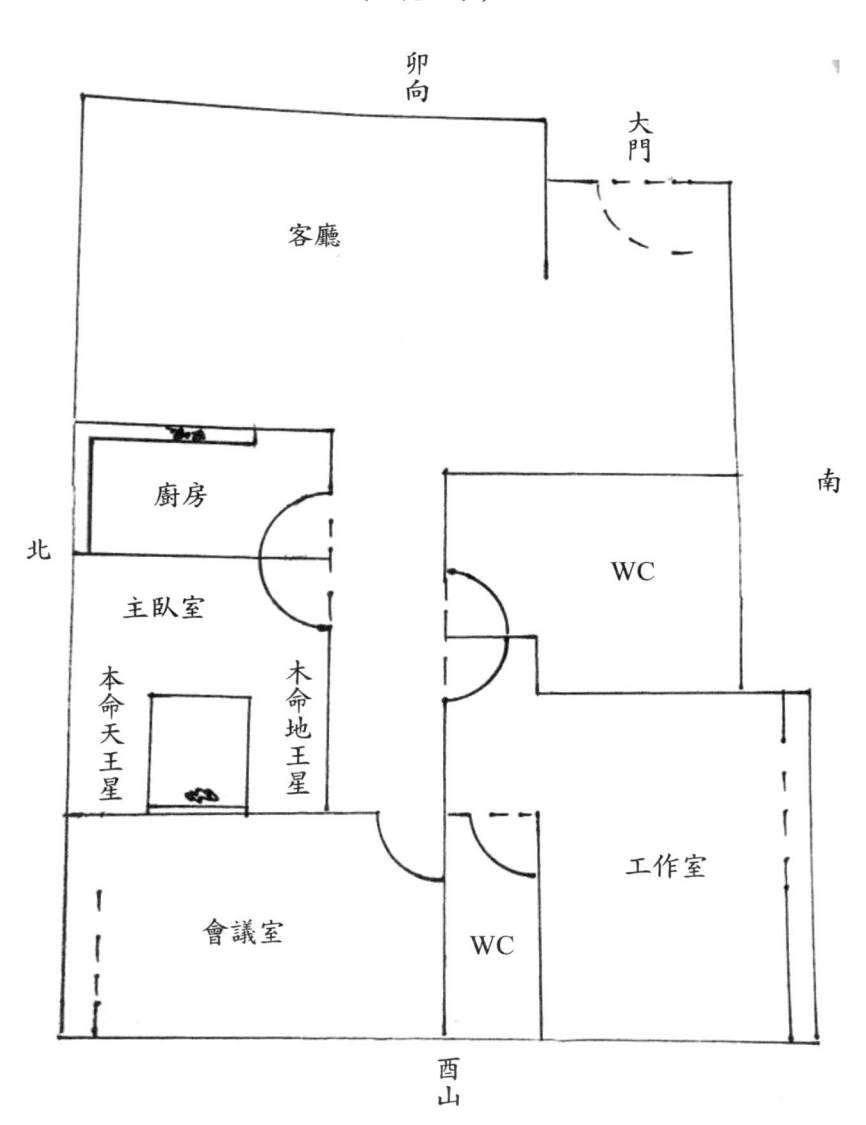

（調整前）

476　精髓陰陽絕學

（調整後）

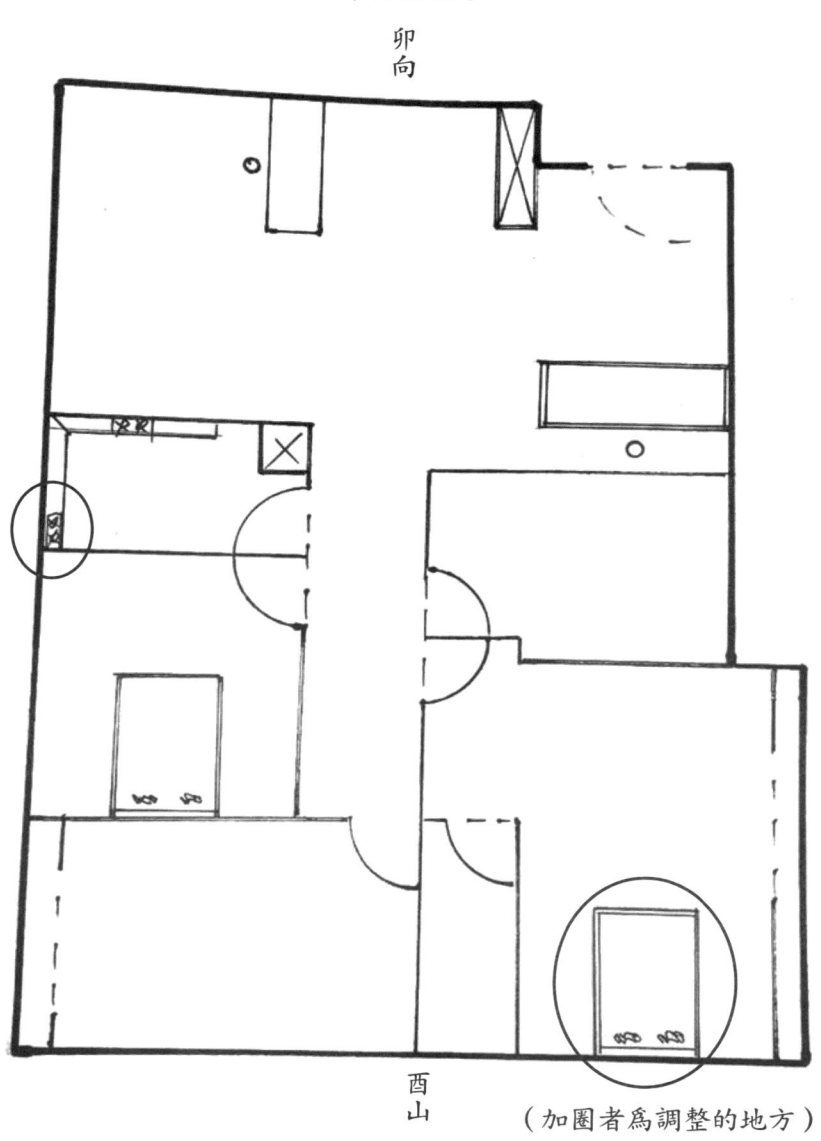

卯向

酉山

（加圈者為調整的地方）

實例 29

　　福州鼓樓區得貴路新聞出版局宿舍、天王星運建造樓、午山子向兼丙三度半。屋主吳女士、甲寅生、七宮命、二〇一九年四月三日看診、主人床立坐西向東、房間門開東北方、為金星、金星失令、腹瀉、脾胃、邪病、精神病、皮內病、惡夢、見女鬼、受女子小人害等等……。吳女士經營圖文事業、開了十家分公司。因信仰宗教關係、認識一位大姐、這位大姐向吳女士說、他是上帝的帶言人、你一定要乖乖聽我的指意辦事、不然妳女兒會如何又如何？所以女士在十年內被騙了快上億元。吳女士在這段期間生不如死。每天都在為錢在煩惱、每天都無法好好入眠。而經改磁場後有如重生改變一切好時光也。我們建議她的床不用移動、只轉個方向睡覺就可以。我們建議妳頭朝南腳向北、房間門不用移動、為冥王星當令、門氣只要當令旺氣者萬事一切順利、有求必應。而後這位騙財的仙姑法律制裁她坐牢也。

478　精髓陰陽絕學

（調整前）

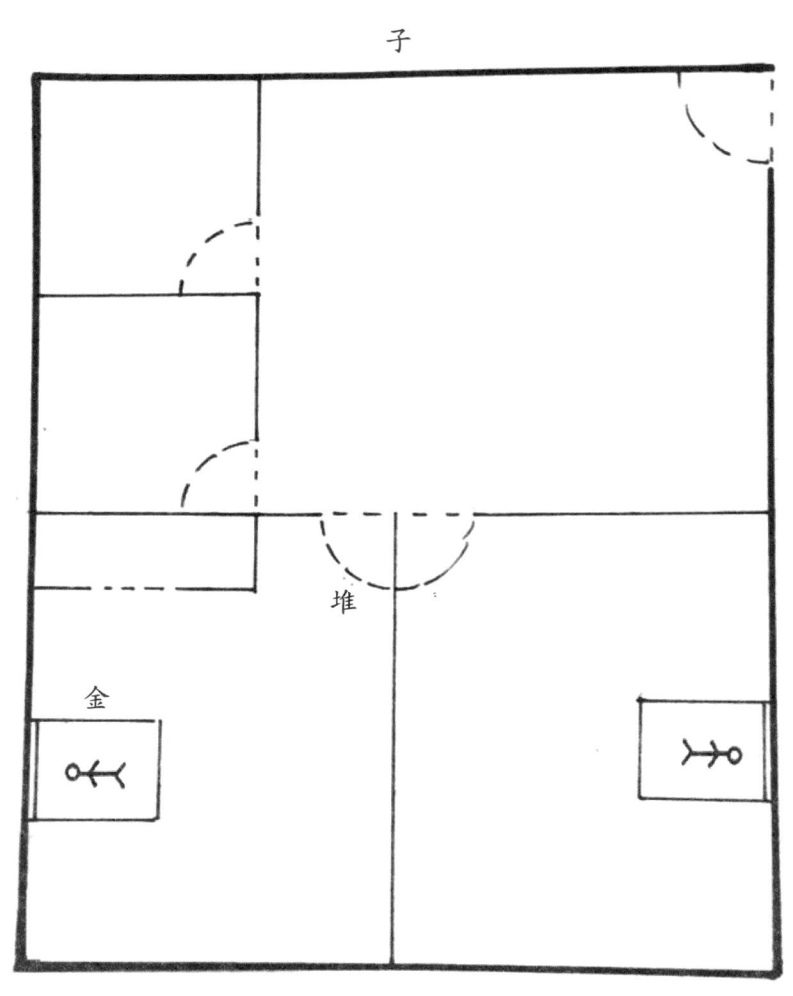

子

堆

金

午兼丙 3.5 度

第二十九節　實例 29　479

（調整後）

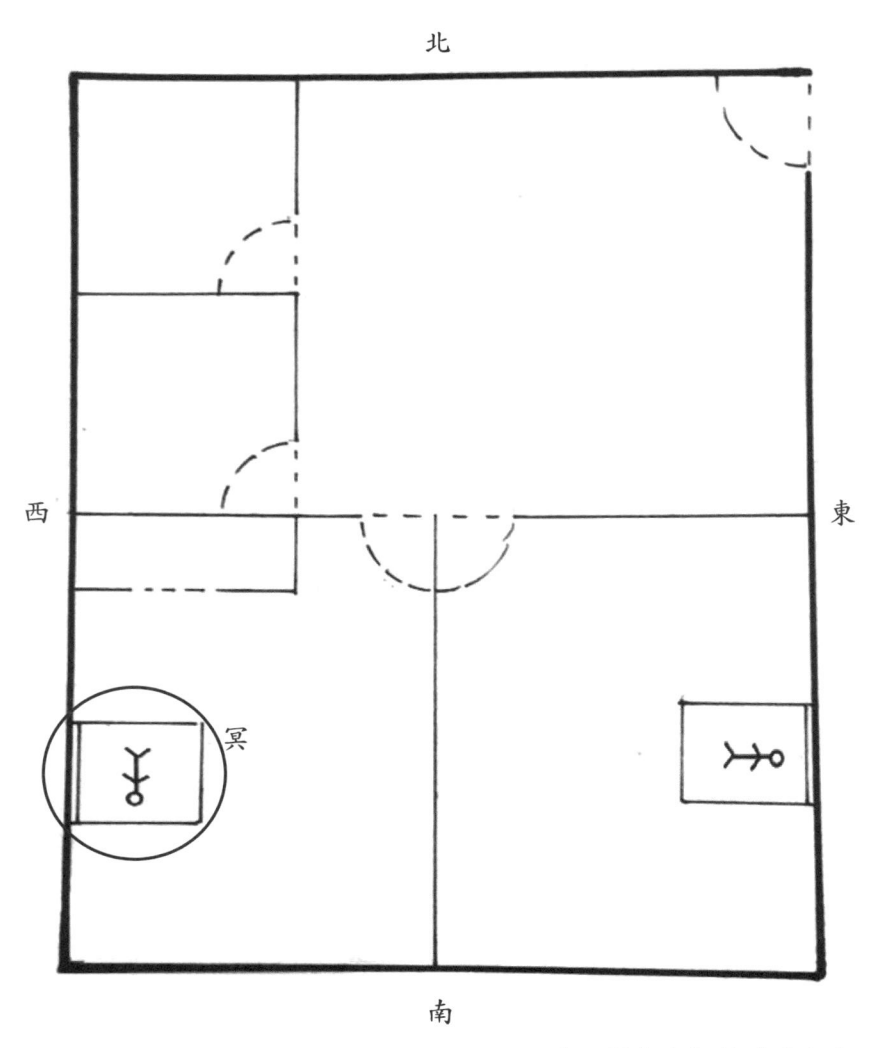

北

西　　　　　　　　　　　　　東

冥

南

（加圈者爲調整的地方）

實例 30

　　二〇一八年初林教授說要帶我去看一棟大樓房、教授說、台灣南部有位某大老板、在福州開了好幾家餐廳。而在當地請了一位黑白兩道吃得開的一位人物、當總經理、管理所有餐廳人員、這位總經理住在五四北萬科、其住樓坐北向南、癸山丁向兼丑三度半、跟父母同住、這先生育有兩女兒、大女兒和父母同住一間房、床立向坐南向北、房間門開在東南方、爲玉卦五黃（毒）卦。當我看診時、就有告訴主人說這樣睡很危險、嚴重會得癌症。主人翁聽我說了後、對我說我媽媽是有得癌症、可是以經切除了、應該不會在有了吧？而我當面說還會再來、當時我建議他父親的床改個方向睡覺、改了就會很安全。那他說要如何改。我建議床改坐北朝南腳正朝門睡覺、這樣就會平安無事。當時他父親聽了說那有人腳朝著門睡覺。我就說腳朝門睡覺是有時間性的。他說他會跟他父母商量看看。給果他父母不肯。不是睡原來的地方。一直到二〇〇〇年林教授跟我說他們的大女兒癌症過世了。

第二十九節　實例 30　481

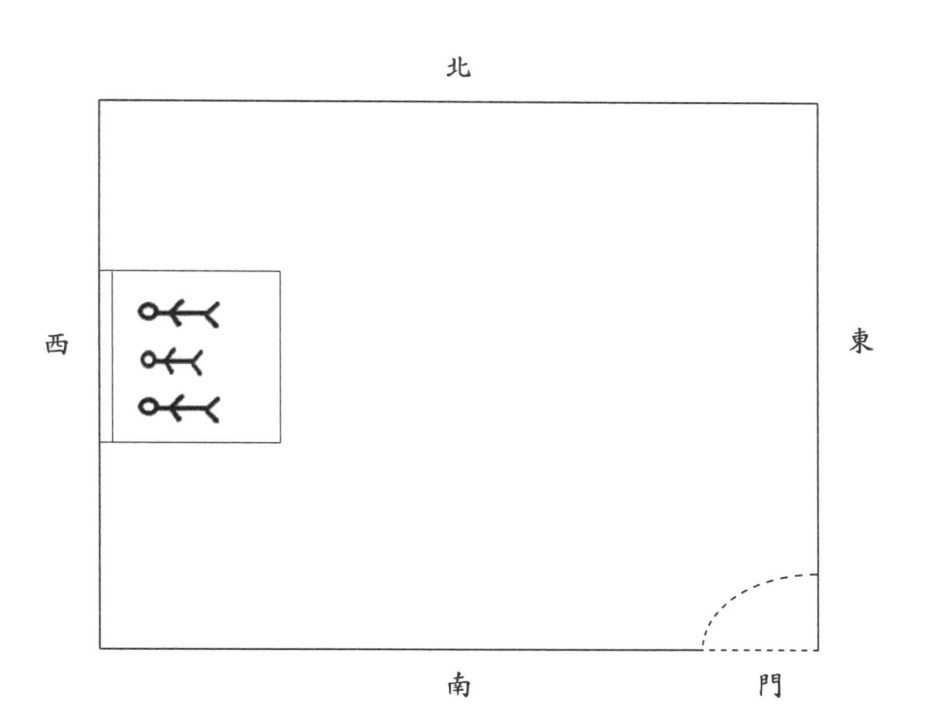

北

西　東

南　門

實例 31

　　福州市台江區寶龍廣場後面、福機新苑高層樓房、有位東先生住宅、在二〇一八年中、林教授跟台北王芳茂先生帶我去看東先生住宅是否吉凶、當時是東夫人帶著我們去看她的的閨房、這棟樓房是（海王星）當運建造樓房、坐南向北、午山子向吉度線內。床擺坐東向西、房間門開西南方、為火星、火星為失令、會有股、膽、乳、氣血、中風、呼吸氣管、月事不順等等……病症。此磁場不當運、肯定會有以上症狀發生、當時我就說這樣睡覺會有月經不順的問題，還有你們兩夫妻在教育小孩時、小孩會常常把你兩夫妻所說的話會當做耳邊風、東夫人說確實會有這種現象發生、她又說來經確實不準、還會疼痛。這就是門氣磁場沒運導致。我們斷準後當場改床坐向、改為床頭坐北朝南、床尾正朝南方門、為冥王星當旺。身體健康、事事順心如意財源滾滾也。

第二十九節　實例 31

（調整前）

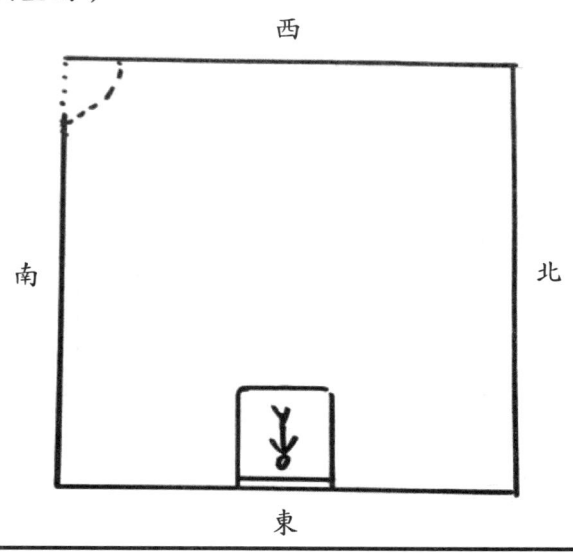

西

南　　　　　　　　　北

東

（調整後）

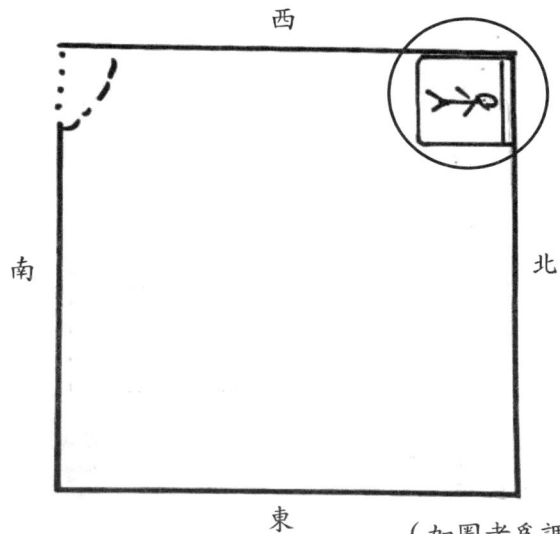

西

南　　　　　　　　　北

東

（加圈者爲調整的地方）

實例 32

　　福州市倉山區、泰禾福卅院子：高樓房、海王星運建造樓房、坐北朝南、子山午向兼壬三度半。房主人廖姓夫婦、進住兩年多、本人於 2024 年看診、此房床擺坐西向東、房間門開東南方為（玉）卦毒也。腸、胃、皮膚、便秘、黃腫、毒瘡、毒、癌症等等……。

　　犯玉卦者、最輕者、皮膚及腸胃不佳。當我告訴廖姓夫婦時、廖太太對我說、沒有啊我們兩夫妻腸胃都很好、什麼都可以吃？只是我大概十來天才大便一次而已。我說這就是腸胃不佳所帶來的結果！我又說廖太太、妳這樣睡妳本命犯了（地王星）卦、為腿、足、跌倒、無腿足、肝臟等等……。妳要小心腳會痛、會受傷、她立即把褲管拉起來、說半年前去玩滑板、不小心跌倒小腿骨折了。

第二十九節　實例 32　485

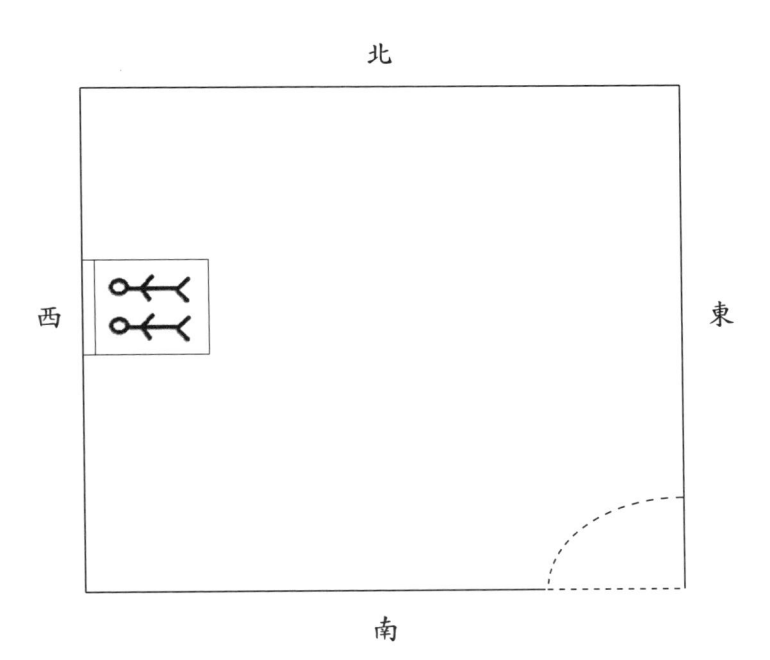

北

西　　　　　　　　　　　　　東

南

實例 33

　　桃園市大溪區、平房海王星運建造房、坐東南向西北、辰山戌向兼巽四度、房間門開在西方為金王星、失令、不得運、簡先生夫婦2017年結婚、婚後多年無法懷孕、經三次人工受孕沒成功、後由游老師在2022年初調整臥房磁場、床調巽山乾向正線、房間門開西北方、床正對房門、果然在2023年元月19日下午4點半喜生一女兒。恭喜賀喜也。

第二十九節　實例33　487

（調整前）

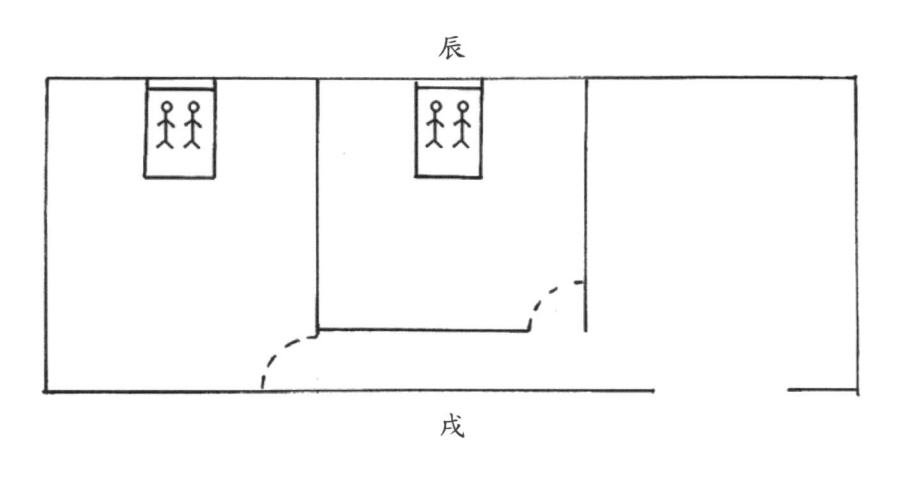

辰

戌

（調整後）

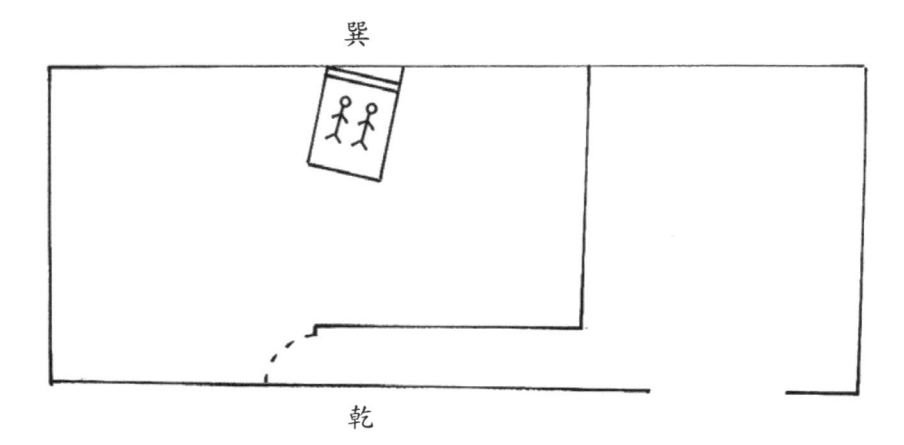

巽

乾

十辰行星九運二十四山向擇吉優劣比對表：

子山午向：每運初期立春十五天後、改換天心、永無敗運；一百分。
午山子向：每運初改換天心；九十八分。
癸山丁向：每運初改換天心；九十六分。
丁山癸向：每運初改換天心；九十四分。
壬山丙向：每運初改換天心；九十二分。
丙山壬向：每運初改換天心；九十分。
戌山辰向：每運初改換天心；八十五分。
辰山戌向：每運初改換天心；八十三分。
乾山巽向：每運初改換天心；八十一分。
巽山乾向：每運初改換天心；七十九分。
亥山巳向：每運初改換天心；七十七分。
巳山亥向：每運初改換天心；七十五分。
酉山卯向：每運初改換天心；七十二分。
卯山酉向：每運初改換天心；七十一分。
辛山乙向：每運初改換天心；七十分。
乙山辛向：每運初改換天心；六十九分。
丑山未向：每運初改換天心；六十八分。

未山丑向：每運初改換天心；六十七分。
甲山庚向：每運初改換天心；六十五分。
庚山甲向：每運初改換天心；六十四分。
艮山坤向：每運初改換天心；六十三分。
坤山艮向：每運初改換天心；六十二分。
寅山申向：每運初改換天心；六十一分。
申山寅向：每運初改換天心；六十分。

堪輿風水學（十大星辰）與人事吉凶關係、陰陽學著作人劉訓昇大師、天下第一絕學術乃仙人劉伯溫代代傳承絕學：

劉氏風水乃世代家傳，源於江西劉江東一脈。劉公江東，字淵則，名七碗，晚號劉白頭，不僅是風水鼻祖唐楊筠松的兩大弟子之一（另一位即大弟子曾文辿），更是楊公堪輿理論和實踐的主要記錄者、傳播者和發揚者。時有其次子劉穎傳承其術，傳至宋徽宗時不僅出了名播朝野的嫡孫劉謙，還出了個名追楊祖的國師賴文俊（即賴布衣）；另一支江東公女婿⋯⋯。

江蘇鹽阜「沙浦劉氏」開基始祖九三公，於元末由江西南昌梓溪來江蘇鹽城任教諭，娶卞氏（元末農民起義領袖卞元亨之女），經其以家傳之學堪輿，卜居於阜寧沙浦莊，世稱「沙浦劉氏」。遂族繁丁茂，在朝為官者代不乏人，明有劉伯溫，五世祖劉十峰，進士出身，嘉靖年間任廣西主考，與淮安才子吳承恩（「西遊記」作者）交情甚深，並請其為劉氏族譜作序題詞。歷朝出文翰武舉庠生甚眾，同時也有不少劉氏風水救民益眾的真實故事，不但民間流傳，且登載於縣府兩誌之中，屬典型的「名門望族」。而這一切，先祖的堪輿之功實不可沒也。

「沙浦劉氏」按「⋯⋯學於古訓，必得其名⋯⋯」

等輩份字,代代必有嚴格的風水傳承。到十七世「古」字輩約十人,其中最有名的是長房線的劉古文(字子彬,劉訓昇之父,當年人稱「劉半仙」,望族大戶,開明鄉紳)。「訓」字輩為十八世,傳承風水的共十三人,其中,最著名的是劉訓昇(字頌吾,古文第三子,黃埔六期畢業,抗戰時任中央社電務部代主任,親自督辦蔣之手諭,直接指揮全國通信網並負責國際通聯事務。49 年春隨蔣去臺,87 年負某要務經特殊通道回大陸,遂隱居),於風水一學理法皆通,文武雙全,經歷傳奇,出類拔萃,陽壽百歲……。游景老師於 1980 年有幸誓拜劉訓昇門下,跟隨恩師研習陰陽絕學多年,後經過自身四十多年實踐,深得恩師精髓,為劉訓昇大師最為得意之弟子。因恩師遺言,為將國術傳回大陸,游景老師幾經波折來到福州預將陰陽絕學學術回歸大陸,中華文化後繼有人,恩師若泉下有知,亦甚寬慰也!

有詩為證:

堪輿從來多晦隱

汗牛充棟最少真

淵則伯溫誰家子

劉氏一脈傳到今

育林出版社圖書目錄
堪輿叢書

編號	書名	作者	定價
KA-01	葬經青烏經白話註釋(平)(附難解二十四問)	陳天助 著	$300元
KA-02	蔣氏家傳地理真書(平)	杜薇之鈔藏本	$800元
KA-03	標點撼龍經疑龍經(平)	楊筠松 著	$250元
KA-04	繪圖魯班木經匠家鏡(平)	魯公輸 著	$150元
KA-05	增補堪輿洩祕(平)	清 熊起磻原著 民 王仁貴編釋	$600元
KA-06	八宅造福周書(平)	黃一鳳 編撰	$350元
KA-07	相宅經纂(平)	清高見男 彙輯	$300元
KA-08	白話陽宅三要(平)	清 趙九峰著 民 北辰重編	$280元
KA-09	陽宅實證斷驗法(平)	蕭汝祥 著	$350元
KA-11	陽宅形局斷驗法(平)	林進來 著	$320元
KA-12	鎮宅消災開運法(平)	蕭汝祥 著	$450元
KA-14	贛州風水秘傳(平)	北辰 編撰	$380元
KA-16	八運玄空陽宅秘訣(平)	李哲明 著	$480元
KA-17	陽宅化煞開運訣(平)	李哲明 著	$380元
KA-18	後天派陽宅實證(平)	吳友聰 著	$450元
KA-19	地理真經(平)	王祥安 著	$380元
KC-20	堪輿明燈(軟精)	張淵理 著	$800元
KA-21	堪輿法鑑(平)	李哲明 著	$480元
KA-22	玄空大卦羅經詳解(平)	李哲明 著	$320元
KA-23	地理窰基(平)	林珏田 著	$380元
KA-24	乾坤國寶龍門八局圖解(平)	林志縈 著	$500元
KA-25	原來陽宅開運化煞好簡單(平)	白漢忠 著	$280元
KB-26	精髓陰陽學(精)	游 景 著	再版中
KC-27	玄空陽宅實例(軟精)	張淵理 著	再版中
KA-28	玄空風水玄機飛星賦評註(平)	林志縈 著	$500元
KA-29	陽宅堪輿實務(平)	宋英成 著	$350元
KA-30	玄空薪傳六法解密(平)	李宗駒 著	$600元
KA-31	名人堪輿實記(平)	黃澤元 著	$600元
KA-32	三元地理真傳(平)	趙文鳴 編著 張成春 編纂	$600元
KC-33	玄空六法理氣圖訣(軟精)	李哲明 著	再版中

編號	書名	作者	價格
KA-34	玄空薪傳　形家解密內巒頭篇(平)	李宗駒 著	$400元
KC-35	玄空堪輿正論(軟精)	張淵理 著	再版中
KA-36	地理錄要(平)	蔣大鴻 著	$300元
KA-37	陽宅形局杖眼法(平)	黃澤元 著	$350元
KA-39	三元玄空挨星圖解(平)	邱馨誼 著	$350元
KA-40	玄空薪傳　宅譜解密(平)	李宗駒 著	$600元
KA-41	三元地理些子法揭秘(平)	林志縈 著	再版中
KA-42	金字玄空地理錦囊(平)	劉信雄 著	$500元
KA-43	風水求真與辨偽防騙(平)	冠　元 著	$600元
KA-44	楊公三元地理真解(平)	王健龍 著	再版中
KA-45	玄空實例精析(平)	冠　元 著	$450元
KA-46	三元玄空暨內外六事實證(平)	邱馨誼 著	$350元
KA-47	紫白飛星技法(平)	陳藝夫 著	$350元
KA-48	陽宅形煞三百訣(上集)(平)	陳藝夫 著	$350元
KA-49	陽宅形煞三百訣(下集)(平)	陳藝夫 著	$350元
KB-50	地理大全二集理氣秘旨(上下不分售)	漢陽 李國木　新加坡 張成春	再版中
KB-51	談氏三元地理大玄空路透(精)	談養吾 著	$600元
KB-52	談氏三元地理大玄空實驗(精)	談養吾 著	$600元
KD-54	玄空紫白訣(平)	趙景義 著	$800元
KB-55	玄空本義談養吾全集(精)	談養吾 編著　張成春 編纂	$1800元
KB-56	新玄空紫白訣(精)	趙景義 編著　張成春 編纂	$1200元
KB-57	安親常識地理小補　　合　玄空法鑑元運發微　　編(精)	談養吾 編著　張成春 編纂	$1200元
KB-59	玄空六法秘訣圖解(精)	林志縈 著	$1500元
KB-60	玄空理氣經緯(精)	紫虛 著	$1200元
KA-61	玄空薪傳　青囊辨正解秘(平)	李宗駒 著	$600元
KA-62	三元玄空‧派多門多各自說(平)	邱馨誼 著	$350元
KA-63	教你做生基延壽招財秘訣(平)	林吉成 著	$800元
KA-64	現代環境學完整篇(平)	林進來 著	$280元
KB-65	玄空理氣啟蒙(精)	紫虛 著	$1200元
KA-66	圖解地理乾坤國寶(平)	鄭守嵐 著	$500元
KB-67	地理大全一集-形勢真訣(上中下不分售)(精)	漢陽 李國木　新加坡 張成春	$3800元
KA-68	玄空三元九運24山向論證	邱馨誼 著	$380元
KA-69	玄空正法揭秘	冠　元 著	$550元
KA-70	九運玄空陽宅詳解	木星齋主著	$880元
KA-71	兩元玄空形勢水法120局註解	古宗正 著	$380元

符咒叢書

編號	書名	作者	定價
FA-01	萬教符咒開運秘笈（平）	真德大師 合著 永靖大師	$500元
FA-02	萬教符咒總集 上下冊（平）	真德大師 合 觀慈大師 道濟大師 著	$800元
FA-03	閭山符咒發運招財（平）	真德大師 合 永靖大師 著	$400元
FA-04	符令速學指鑑（平）	林吉成 著	$850元
FA-05	開運招財經典（平）	林吉成 著	$500元
FA-06	招財開運寶典訣（平）	林吉成 著	$600元
FA-07	桃花感情和合經典（平）	林吉成 著	$600元
FA-08	五路財神開運符（平）	林吉成 著	$600元
FA-09	桃花驛馬感情符（平）	林吉成 著	$500元
FA-10	真傳實用招財寶典（平）	永靖大師 著	$600元
FA-11	六壬絕學秘錄（平）	永靖大師 著	$600元
FA-12	真傳茅山符咒秘笈（平）	永靖大師 著	$600元
FA-13	真傳陰山派神符寶鑑（平）	永靖大師 著	$600元
FA-14	閭山觀落陰寶鑑（平）	永靖大師 著	$400元
FA-15	閭山地府進錢科儀（平）	永靖大師 著	$400元
FA-16	真傳法師指訣總集（平）	永靖大師 著	$850元

命理叢書

編號	書名	作者	定價
MB-01	三命通會（精）	中央圖書館藏本	$500元
MA-02	滴天髓補註（平）	徐樂吾 評註	$200元
MA-03	窮通寶鑑（欄江網）（平）	徐樂吾 著	$250元
MB-04	訂正滴天髓徵義（精）	徐樂吾 著	$500元
MA-05	子平真詮辯證（平）	曾富雄 編著	$500元
MA-06	命學新義（平）	水繞花堤館主著	$200元
MA-07	子平歸真實錄（平）	劉錦漢 著	$350元
MA-08	八字命理點竅（平）	陳藝夫 著	$350元
MD-09	子平八字秘笈（平）	曾泗淮 編纂	$200元
MD-10	滴天髓 窮通寶鑑 合訂本（平）		$160元
MA-11	教你如何論八字（平）	王彥貿 著	$450元
MA-12	四、五言獨步論命（平）	劉錦漢 著	$350元
MB-13	盲派絕傳秘竅（精）	梁飛 編著	$1200元

紫微斗數叢書

編號	書名	作者	定價
ZA-00	紫微斗數捷徑(平)	藍元陽 著	$200元
ZA-01	飛星紫微斗數應用(平)	蕭汝祥 著	$380元
ZA-02	飛星紫微斗數實例(平)	蕭汝祥 著	$380元
ZB-03	紫微斗數天策三書之星曜詮論(精)	陳昊聯 著	$480元
ZC-04	紫微斗數天策三書之斗數宣微上(精)	陳昊聯 著	$480元
ZA-05	紫微斗數精解(平)	白雲居士 著	$280元
ZC-06	紫微般若五七六相法(精)	鄭智祐 著	$700元
ZA-07	紫微斗數經典(平)	白雲居士 著	$320元
ZA-08	紫微斗數大全(平)	白雲居士 著	$380元
ZA-09	聖威門紫微斗數斷訣(平)	盧立群 著	$330元
ZA-10	紫微斗數賦文辯正全集(平)	曾正興 著	$450元
ZA-11	紫微斗數全書-重新斷義(平)	曾正興 著	$380元
ZA-12	白雲居士專論四化飛星紫微斗數(平)	白雲居士 著	$550元

三式叢書

編號	書名	作者	定價
SA-01	劉氏神數(平)	劉廣斌 著	$800元
SA-02	六壬神課金口訣大全課例注釋(平)	孫臏 著	$500元
SA-03	應用六壬金口訣預測法(平)	孫臏 著	$450元
SD-04	神授法奇門秘笈(平)	張子房 纂	$1000元
SB-05	大六壬精解(精)	北辰 編撰	$1000元
SB-07	劉氏神數(精)	劉廣斌 著	$900元

姓名學叢書

編號	書名	作者	定價
NA-01	神奇姓名學(平)	林家驊 著	$350元
NA-02	財丁貴姓名學(平)	高樹熊 著	$600元

國家圖書館出版品預行編目(CIP)資料

```
精髓陰陽絕學/游景著.--初版.--臺北市：育林出版社,
2024.10
    面；   公分
  ISBN 978-986-6677-83-0(平裝)

  1.CST: 堪輿

294                                          113012456
```

精髓陰陽絕學

版 權 所 有·翻 印 必 究

著　作　者：游景 著
發　行　人：李炳堯
出　版　者：育林出版社
地　　　址：台北市士林區大西路18號
電　　　話：(02)28820921　(02)28831039
傳　　　真：(02)28820744
E-mail：service@yulinpress.com.tw
網路書店：www.yulinpress.com.tw
登　記　證：局版台業字第5690號
總　經　銷：紅螞蟻圖書有限公司
地　　　址：台北市114內湖區舊宗路2段121巷19號
電　　　話：02-27953656　傳真：02-27954100
E-mail：red0511@ms51.hinet.net
定　　　價：新台幣 800 元
出版日期：2024年10月 初版

歡迎至門市選購
地址：台北市士林區大西路18號1樓
電話：(02)28820921傳真：(02)28820744
本書如有缺頁、破損、倒裝請寄回更換